歴史言語学の射程

沖森卓也［編］

三省堂

序

私が論文を執筆し始めた一九七〇年代半ばごろ、国語学、すなわち日本語学は歴史的研究が主流であった。現代語研究は言語学を中心に行われてはいたが、日本語教育も端緒についたばかりであった。そして、日本語学の研究は隣接する日本文学とともに、大いに活況を呈していた。それには大きく二つの要因が考えられる。一つは、第二次世界大戦後、日本は高度経済成長を迎えて大学進学者数が増大し、大学は短期大学を含めて国語国文学科、すなわち日本語日本文学科、また国語科の設置が相次ぎ、その結果、斯界の研究に数多くの人材が集まり、さまざまな方面で深化したことである。もう一つは、戦後、旧来の社会構造が激変した結果、それまで知られていなかった資料が続々と公開され発掘されて、新たな知見が次々に得られるようになったことである。これらによって、研究は量的に拡大し、質的にも向上することとなった。

しかし、その状況はいつまでも続くものではない。未公開の資料も埋蔵資料を除くと、その量が次第に逓減していくのは自明であり、歴史的研究の方法も、新出資料の紹介や報告という発見型から、複数の資料を関係づけたり、ある事象を総合的に観察もしくは再分析したりするといった、いわば思考型に推移していくこととなった。これに加えて、二〇世紀末以降は国際化、情報化、学際的研究などという掛け声が強まる中で、日本語日本文学研究を目指す大学院進学者が下降線をたどることとなり、一時は日本語教育の分野で勢いを盛り返すかに見えた日本語学の研究状況も徐々に衰えが目立つようになってきている。ただし、このことは嘆くに値するほどのことでなく、また、再びの栄華を願うという筋合いのものでもなかろう。それは戦後日本の社会を背景とした歴史的な出来事であり、むしろ特異な現象であったというべきであろう。量が質を高めるという状況は空前絶後であって、今後にそれを望むべくもないのである。とはいえ、このような悲観的な見通しを憂うるのではなく、淀みの中に沈殿した結晶を冷静に拾い出し、それを磨く絶好の時であると言える。

言葉は語られたその瞬間に過去のものとなる。その意味で、文献資料をも含めて、言語の研究は歴史的なものに立脚している。しかし、言語の歴史的変遷を研究することが言語史研究において大きな位置を占めるにせよ、ここでいう歴史言語学とは、一九世紀のヨーロッパを中心に、同系語の認定、共通祖語の再建などを目的とする比較言語学を代表とする歴史的研究の学問分野という意にとどまらない。日本語で言えば、日本語そのものを、世界史、人類史、文化史の一環として捉えることをも含意している。日本への漢字の本格的な伝来は、後漢滅亡後の混乱した中国を背景として、四世紀末に高句麗が朝鮮半島を南へと侵攻していったことに起因する。また、ポルトガル語に始まる外来語の使用は、ルターの宗教改革に対抗したイエズス会の活動に基づく出来事であり、幕末明治期における新漢語の出現は、ヨーロッパの帝国主義に対抗するべく、広く洋学を摂取しようとしたことを背景としている。日本語の歴史は国内や地域にとどまるものではなく、世界史の上での出来事として解釈されるべきものでもある。それによって、言語の変遷を言語内的要因だけなく、言語外的要因にも留意して分析していくことが担保されると考えられる。ミクロな視点からの観察が必要であると同時に、マクロな見方も見落としてはならない。

歴史的研究はすぐに役立つかどうかという面から見るのではなく、歴史の歩みが後の時代の事象を導くという視点に立ち、うつりゆく姿を的確に捉え、来るべき世界をより良いものとしていくためのものである。そして、言葉が人間活動の基底にあって、それによって森羅万象が把握され認識されるのであるから、言語の研究は諸学の基礎をなすとも言える。それゆえ、歴史言語学の射程は広く深い。また、研究対象も分析方法も実にさまざまである。先学の輝かしき学恩に衷心より感謝するとともに、今後のさらなる研究の進展を大いに念じるものである。

二〇一八年一〇月

沖森卓也

目次

（＊時代順。（　）内は巻末からの横組みのページ番号）

いわゆる「母音交代」をめぐって

沖森卓也

1　はじめに

さまざまの言語に、複数の形態素（語根）の間で、位置を同じくして母音が他の母音と入れ替わる現象がよく見られる。たとえば英語で、母音が時制によってsing／sang／sung、また、名詞としてsongというように、母音が交替する現象がよく知られている。このようなインド・ヨーロッパ語族に見られる母音の変換はAblautと呼ばれ、一般に「母音交替」と訳されている。日本語においても、「あま」と「あめ」〈天・雨〉、「あさ」〈浅〉と「うす」〈薄〉などのように、それぞれamV, VsVのVの位置に立つ母音が入れ替わって、意味や用法を差異化させる例が見える。前者は、後で詳しく述べるように、有坂秀世によって被覆形と露出形との関係を論じる際に「母音交替」という用語で説明され、その後もこの言い方（表記）が広く用いられている。これに対して、後者には「母音交代」や「母音交替」が用いられ、呼び方は同じでも表記が一定していない憾みがある。

これに加えて、カキ甲〈垣〉・カズ〈数〉・キ甲ズ〈疵〉という名詞に対する動詞カク・ム〈囲〉・カゾ甲・フ〈数〉・キ甲ザ・ム〈刻〉の関係にも、イ甲類—ウ、ウ—オ甲類、ウ—アというような母音の対応関係が想定され、山口佳紀はこれを「異価的交替」と名付けている〈『古代日本語文法の成立の研究』有精堂　一九八五〉。「交替」という表記は、動詞語幹と名詞という、文法的機能の異なる関係における母音の変異であることに留意したものと見られ、被覆形と露出形という文法的機能の違いを敷衍したものとして首肯できる。この考え方に立つと、母音の入れ替わりについて、文法的機能に差異がある場合には「交替」、文法的機能が類同である場合には「交代」と表記することができる。

このような整理によれば、たとえば「はしきやし―はしけやし〈愛〉」「しみらに―しめらに〈充〉」という関係や、「あさ〈浅〉―うす〈薄〉」「か〈彼〉―こ乙〈此〉」という関係は「母音交代」ということになる。しかし、この両者は文法的機能に差異は認められないものの、前者は音変化に基づくのに対して、後者は意味の差異に対応する母音の入れ替わりである。上代日本語の形成を考える上で、このように質的に異なるものを一様に「母音交代」などと記すことには問題がある。そこで、本稿ではまず「母音交替」について論じることを手がかりに、母音の入れ替わりにはいくつかのレベルがあることを確認し、さらなる整理を施したいと思う。

2　母音交替

有坂秀世は「国語にあらはれる一種の母音交替」（『音声の研究』一九三二・一二）、および「母音交替の法則について」（『音声学協会会報』一九三四・九）（いずれも『国語音韻史の研究　増補新版』三省堂　所収）において次の四つの「母音交替」の法則を示した。

（1）エ列（乙）―ア列

サケ〈酒〉―サカヅキ、テ〈手〉―タムカヒ〈手向〉、

アケ〈明・下二〉―アカス〈明〉、アレ〈荒・下二〉―アラス〈荒〉

（2）イ列（乙）―ウ列

ツキ〈月〉―ツクヨ〈月夜〉、カミ〈神〉―カムカゼ〈神風〉

ツキ〈尽・下二〉―ツクス〈尽〉、スギ〈過・下二〉―スグス〈過〉

（3）イ列（乙）―オ列（甲）

クリ〈涅〉―クロ〈黒〉、アヰ〈藍〉―アヲ〈青〉

ナギ〈和・下二〉―ナゴヤカ〈和〉、コヒ〈恋〉―コホシ〈恋〉

（4）イ列（乙）―オ列（乙）

キ〈木〉―コダチ〈木立〉、ヲチ〈彼方〉―ヲト〈彼方〉

オキ〈起・下二〉―オコス〈起〉、オチ〈落・下二〉―オトス〈落〉

対をなす内の前者は、その語根が単語の末尾に現れる、すなわち、語根の終わりの母音が語の末尾に露出していることから、これを露出形と名付けた。一方、対をなす内の後者は必ずその後に他の語根、接尾辞が付いて一つの語をなす、すなわち、語根の終わりの母音が何か他の要素に被われていることから、これを被覆形と呼んだ。その後、露出形は理論的には、次のように被覆形に i^* が接して母音の融合によって出現した形態であると考えられるようになった（阪倉篤義『語構成の研究』角川書店　一九六六）。

ama ＋ i^* → $ame_{乙}$（雨）［a ＋ i → $e_{乙}$］

kamu　+　*i　→　kami乙（神）［u　+　i　→　i乙］
ko乙　+　*i　→　ki乙（木）［o乙　+　i乙　→　i乙］

この i は朝鮮語における格助詞イに比定され、また上代語に見られる係助詞（間投助詞とも格助詞とも言われる）とも関係づけられることもある。

露出形・被覆形は、語として独立する場合と、派生語を作ったり修飾したりする場合における「交替」と考えられてきたが、川端善明は『活用語の研究Ⅱ』（大修館書店　一九七九）において、これを名詞の活用と見なした。「行く人」の「行く」は動詞の連体形の用法、「赤き玉」のアカキは形容詞アカシの連体形の用法と言われるが、この修飾関係と「サカヅキ」「カムカゼ」の修飾機能とは根本的な差がなく、現行の品詞分類や文法体系の枠からははみ出るが、両者の関係は基本的には同じであると考えたのである。つまり、サカ・カムは複合語において後項に従属するということで従属関係、サケ・カゼは自立用法として、そこに「活用」の概念を拡大する。そして、形状言タタ〈楯なめて〉は名詞の自立用法としてタテ〈楯・縦〉、動詞としてタツ〈立〉を現出し、形状言カクは名詞の自立用法としてカキ〈垣〉、動詞としてカクム〈囲〉を現出する。形状言から名詞の活用、動詞の活用が成立し、名詞の活用は弱変化であり、カハ〈川〉・ヤマ〈山〉などは無変化活用とし、名詞の活用は十分発達しなかったと論じた。

この考え方は活用という用語が適当か否かは別として、形状言と名詞形・動詞形の関係を一元的に説明するものとして基本的に了承される。用言の未然形「行か」「良かろ」が後項にかかってゆき、自立的ではないが、動詞・形容詞と認めるように、サカ〈酒〉・カム〈神〉も従属的であって、それぞれサケ・カミの、文法的機能の異なる異形態と認めてよい。
すなわち、被覆形・露出形は語形上に見られる音韻変換だけにとどまらず、文法上の変換システムでもあることは明らかである。

それゆえ、有坂の挙げた（3）はそれ以外のものと性質を異にするため、一般に「母音交替」と見なされていない。有坂は先の（1）～（4）以外にも次の例を挙げている。

エ列—オ列　セ—ソ〈背〉

イ列—ア列　イシ〈石〉—イサゴ〈砂〉、ウミ〈海〉—ウナバラ〈海原〉

ただ、後者では、イシ・イサはイソ$_{甲}$〈石・礒〉との関係もあり、また、ウナのナは連体助詞ナであって、ウ・シホ〈海潮〉のように、ウには〈海〉の意があるとも分析できる。川端善明（一九七九）はこの種のものについて、「エ列—オ列」とともに「イ乙列—エ乙列」をも指摘する。

エ$_{乙}$—オ$_{乙}$　ケ〈日。ヒニケニのケ〉—コ〈日、コヨミのコ〉、セ—ソ〈背〉、
テ〈手〉—トル〈取。トは甲乙両類〉、ネ〈音〉—ノル〈告る〉
メ〈目〉—モル〈守。ただし『古事記』では甲類〉、

イ$_{乙}$—エ$_{乙}$　キ〈木〉—ケ〈木。真木柱のケ〉、カシ—カセ〈枷〉

ただし、ケはフツカ〈二日〉・ミカ〈三日〉のカ、テ・メには被覆形タ〈手〉・マ〈目〉、ネにはナ〈名〉のほかナル〈鳴〉・ナク〈泣〉のナがあり、そして、キには被覆形コのほか、クダモノ〈果物〉のク〈被覆形相当〉があり、カセ・カシはと

もに自立語である。

このうち、古事記歌謡中巻・神武「久夫都々伊々斯都々伊母知」(10)のクブツツイは『日本書紀』神代紀の訓注「頭椎　此云箇輔豆智」とあるカブツチに対して、ui が熟合していない語形と見て、このクブツツイのイを名詞自立化のイとする。しかし、このイは助詞と扱うべきで、語形のレベルで扱うには無理がある(語中において母音が連続しないという原則に抵触するからでもある)。

表1

露出形	被覆形		意味
	陽性母音	陰性母音	
キ乙	ク	コ乙	〈木〉
テ	タ	ト乙	〈手〉
ネ	ナ	ノ乙	〈音〉

これとは別に、被覆形に付くイを接尾辞と想定することは、むしろ一元的に解釈できる点で、合理的な考え方である。ちなみに、右記の「エ乙―オ乙」「イ乙―エ乙」の例を見ると、陽性母音(ア・ウ・オ甲類)と陰性母音(オ乙類)に被覆形があったということを示唆している(表1)。

ただし、この「母音交替」がインド・ヨーロッパ語族のAblautとは性質の異なるものであることはすでに、松本克己「古代日本語母音組織考―内的再建の試み―」(『金沢大学法文学部論集文学編』22)に指摘がある。その一方で、a～e乙、o/u～i乙の交替はゲルマン語のいわゆる〝Umlaut〟に酷似しているとも述べている。しかし、右記のような母音が入れ替わるという現象を「母音交替」と呼ぶことが広く行われていることに照らすと、インド・ヨーロッパ語族のAblautとは切り離して、文法的機能の変換にともなう「母音交替」を認めることは、それぞれの言語現象に応じた呼び方として特に問題はなかろう。そして、有坂秀世の指摘した「母音交替」を無意識に拡大解釈しないように、一定の歯止めを掛けておく必要がある。

3　母音変換

ユツル—ウツル〈移〉、ウバラ—ウマラ〈茨〉のように、子音の添加もしくは脱落、そして子音の転化によって、その対応する語に意味上大きな違いがない場合、それぞれを異形態と認めることができる。これらは静的に見れば音節の「交代」ということもできるが、通時的に見ると音韻変化の一種である。同じく母音の転化によっても、カタマ—カツマ〈籠〉、タヅキ—タドキ〈方便〉のような異形態を確認することができる。夙に、亀井孝（「『ツル』と『イト』—日本語の系統の問題を考へる上の参考として—」国語学第一六輯　一九五四　『亀井孝著作集』吉川弘文館　所収）が指摘した、タヅ—ツル〈鶴〉にはd→rのような子音変化とともに、a→uのような母音変化が関与していると考えられる例もあり、雅語と俗語の関係に異形態が存在することも想定される。このような母音の入れ替わりも通時的に見ると母音変化と見るべきである。中には、ウグモツ—ウゴモツ、エビス—エミシなどのように、どちらが古形か、その変化の過程をにわかに判じがたいものもあるが、一方から一方へと通時的に変化したと見なすことのできる対応関係は音韻変化に分類することができよう。

一方、アサ〈浅〉—ウス〈薄〉、タワタワ〈撓〉—ト乙ヲヲのように母音が対応する例は、一方から他方へと音韻変化した可能性を全くは否定しきれないものの、両者は同等の関係にあって、語源的に見ると同根であり、意味の違いによって母音の変換が行われたと見るのが穏やかであろう。このような母音の違いと意味の関わりとの関係については、すでに泉井久之助「上代日本における母音組織と母音の意味的交替」（『音声科学研究』1　一九六一）に指摘がある。そこでは、オ乙類を除く七つの母音を領域A、ア・エ乙類・エ甲類・イ甲類・オ乙類を領域Bと名付け、各々の領域間での交替（たとえば、アサ〈浅〉—ヲソ〈軽率〉）を「遁音（Inter-change）」、各々の領域内での交替（たとえば、カブ—

クブ〈頭〉を「迭音（Intra-change）」と名付けた。前者では、領域Aにおけるtuki$_{乙}$〈月〉と、領域Bにおけるto$_{乙}$ki$_{甲}$〈時〉のように意義的対立があり、後者はそれぞれの内部における交替で、原則として意義的範疇の対立がないとする。また、ミ〈三〉―ム〈六〉、ヒト〈一〉―フタ〈二〉などの交替から、その前代にはイ甲類は前舌的なB領域にあったと考える。イ乙類・エ甲類・エ乙類を基本的な母音ア・ウ・オ乙類と同等に扱うことは合理的でなく、領域A・Bともにア・エ乙類・エ甲類・イ甲類を設定することも母音構成を論じる際に矛盾が生じるなど、この説には従いがたい面があるものの、「母音の交替」を広く語義との関わりで論じた意義は大きい。

このような考え方は川端善明（『活用の研究Ⅰ』大修館書店　一九七八）に影響を与え、陽性母音と陰性母音における、体制内交代（陽性母音または陰性母音の内部における母音交代）と体制間交代（陽性母音と陰性母音の間における母音交代）について考察が加えられた。多くの挙例について分析が施されているが、その対応関係にある語の比定にはかなり強引なところもあり、たとえば、ヤマ〈山〉―ヨ$_{乙}$モ$_{乙}$〈黄泉〉、マト$_{甲}$〈円〉―モ$_{乙}$ト$_{乙}$〈本〉、クモ$_{甲}$〈雲〉―コ$_{乙}$モ$_{乙}$・ル〈籠〉、ツヤ〈艶〉―ツユ〈露〉、シナ・フ〈靡〉―シノ$_{甲}$・グ〈凌〉など、疑問に思われるものもある。しかし、母音の変換が上代日本語において極めて重要な現象であるという考え方は基本的に認められよう。

そこで、さまざまな母音の入れ替わりが想定されることを踏まえて、これらを「母音変換」と総称することにする。

文法的機能を同じくする、たとえば、ともに形状言（動詞・形容詞の語幹・語根を含む）であったり、名詞（代名詞を含む）であったりする語の間で見られる母音変換の主要なものを次に挙げておく。まず形状言（副詞・オノマトペを含む）をあげ、次いで名詞の場合には［名詞］と示すことにする。母音変換のある環境が、形態素の先頭以外である場合、次いで、先頭である場合、さらに形態素全体である場合という順に示す。

〔a―u〕　あた・たか〈暖〉―あつ・し〈熱〉　いか〈如何〉―いく〈幾〉
　　　　つば・ら〈詳〉―つぶ・さ〈具〉　はら・く〈開〉―はる・く
　　　　やら・ら〈寥亮〉―ゆら　わか・し〈若〉―わく・ご$_{甲}$〈若子〉
　　　　かが・む〈屈〉―ぐぐ・せ〈傴〉
〔a―o$_{甲}$〕　くら・し〈暗〉―くろ$_{甲}$・し〈黒〉　やわ・らか〈柔〉―よ$_{甲}$わ・し〈弱〉
　〔名詞〕　つな〈綱〉―たく・づの$_{甲}$〈栲角〉
　　　　（甲乙不明）たむら〈屯〉―とむら　はふ・る〈屠〉―ほふ・る
〔u―o$_{甲}$〕　かす・か〈幽〉―かそ$_{甲}$・け・し　かす・む〈ぶ〉〈掠〉―かそ$_{甲}$・ぶ
　　　　すく・なし〈少〉―すこ$_{甲}$・し　たづ・ぬ〈尋〉―たど$_{甲}$・る
　　　　なゆ・たけ〈弱竹〉―なよ$_{甲}$・たけ　はる・か〈遥〉―はろ$_{甲}$・ばろ$_{甲}$
　　　　すがすが・し〈清〉―　そ$_{甲}$がそ$_{甲}$が・し
〔名詞その他〕　むこ$_{甲}$〈聟〉―も$_{甲}$こ$_{甲}$　ゆ（ゆり）《助詞》―よ$_{甲}$（よ$_{甲}$り）
　（甲乙不明）　あとら・ふ〈誂〉―あつら・ふ　すす・く〈注〉―そそ・く
〔a―u―o$_{甲}$〕　しら〈白〉―しる・し〈著〉―しろ$_{甲}$・し

陽性母音とされるa―u―o$_{甲}$の間（体制内）での対応関係は意味的に近似しているのに対して、次の陽性母音と陰性母音o$_{乙}$の間（体制間）では、かなり意味が異なっているものもあることは泉井（一九六一）に既に指摘のあることである。また、体制内での対応は形態素の一部であることが多いのに対して、体制間での対応はオノマトペを始めとして形態素の内部に渡る場合が多く認められる。

［a—o乙］
いや〈弥〉—いよ乙-よ乙　にが・し〈苦〉—にご乙・る〈濁〉　よ乙ら-し〈良〉—よ乙ろ乙-し
あま-だ・む—あま-と乙・ぶ〈天飛〉　たま・る〈溜〉—と乙ま・る〈留〉
さや〈葉擦れの音〉—そ乙よ乙　たな-ぐも・る〈曇〉—と乙の乙-ぐも・る
たわ-たわ〈撓〉—と乙を-を　なだ〈和〉—の乙ど乙〈穏〉
はだ-ら〈雪の積もるさま〉—ほど乙-ろ乙　わなな・く〈戦〉—をの乙の乙・く
かわら—こ乙をろ乙-こ乙をろ乙

［名詞］
はた〈端〉—ほと乙-り〈畔〉
あな〈己〉—おの乙〈己〉（代名詞）　か〈彼〉—こ乙〈此〉
まだら〈斑〉—もどろ・く

（甲乙不明）
いややか〈森然〉—いよよか　いか・し〈厳〉—いこ-よか

［u—o乙］
うつ・る〈移〉—おと乙・る〈衰〉　みづ〈瑞〉—みど乙り〈緑〉

［o甲—o乙］
いと甲〈甚〉—いと乙　と甲・る〈取〉—と乙・る

［a—u—o乙］
あさ〈浅〉—うす〈薄〉—おそ乙〈遅〉
かた-る〈語〉—くつ〈口〉—こ乙と乙〈言〉
つま〈夫・妻〉—と乙も乙〈友〉
たま-る〈溜〉—つま-る〈詰〉—と乙ま-る〈止〉

〔a・u・o甲―o乙〕うた〈歌〉―おと乙〈音〉　むろ甲〈室〉―み-もろ乙〈三諸〉

（甲乙不明）あぶ・る〈溢〉―おぼ・る〈溺〉

このような対応関係について和語の数詞を見ると、その倍数にある関係では、

fi甲to乙―futa　mi甲―mu　yo乙―ya

陰性母音と陽性母音、中性母音（イ甲類）と陽性母音、陰性母音と陽性母音という対立である。ここには陽性母音の内部における対応が見られないことが留意される。

中性母音i甲をめぐる対応関係は次の通りである。

〔i甲―a〕にひ甲-なへ乙〈新嘗〉―には-なひ　あき甲-らか〈明〉―あか〈赤〉

き甲た-な・し〈汚〉―かた-な・し

（甲乙不明）あから-しま＝かぜ〈暴風〉―あから-さま〈急〉

いや・し〈卑〉―あや・し〈怪〉　いさ・む〈諫〉―あさ・む〈諫〉

〔i甲―u〕おき甲〈沖〉―おく〈奥〉

（甲乙不明）あぢき甲-な・し〈無益〉―あづき甲-な・し〈無益〉

〔i甲―o甲〕にき甲-み甲たま〈和魂〉―にこ甲・し〈和〉

〔i甲―o乙〕そ乙き甲-だく―そ乙こ乙-ば〈甚〉　こ乙き甲-だく―こ乙こ乙-だ〈甚〉

〔a―i―o乙〕いら-つこ甲〈郎子〉―いり-ひ甲こ甲―いろ乙-せ〈同母兄弟〉

〔a—i—u—o（甲乙不明）〕　いた|〈甚〉—いち-しろ甲し—いつ|〈稜威〉—いと|

中性母音であるイ甲類は、陽性母音とも、また陰性母音とも対応するものであるが、形態素の冒頭における場合を除き、両者の意義にあまり違いは見られない。イ甲類が基幹母音として母音変換に関与するものではあるが、体制間ではなく、体制内の対応に近いことは明白である。

このような、母音の対応関係は、基本的には意義の分化を契機として、基幹母音（陽性母音・陰性母音・中性母音）から、特定の母音音素が分出したものと見ることができる。すなわち、その母音のあり方は、一方から他方へと入れ替わったというよりも、意味の違いに応じて複数のものが分立しているのである。そこには、母音交代ではなく、「母音分立」が認められるというべきであろう。

一方、陽性母音・陰性母音・中性母音に含まれない母音エをめぐる交代について挙げておく（イ乙類に関しては特記すべきものは見当たらない）。

〔-i甲—e甲〕　はしき甲|やし〈愛〉—はしけ甲|やし　しみ甲|ら-に〈満〉—しめ甲|ら-に
さひ甲|-づる—さへ甲|-づる〈エ甲乙不明。サヒ・サヘは擬音語〉

〔a—e（甲乙不明）〕　はだら|〈雪の積もるさま〉—はだれ|-ゆき

〔e乙—o（甲乙不明）〕　め乙〈藻〉—も

母音エをめぐる対応例は少なく、とりわけ〔i甲—e甲〕や〔a—e（甲乙不明）〕は二重形とも呼ぶべきもので、意味の対立は認められない、単なる音訛とも言えるものである。「はしきやし」「しみらに」はキヤkiya、ミラmiraという音環境において、後続の広母音aの影響によって、前置母音iが広母音化したとも解釈できる。「はだら」も後続のヤの子音がaに影響を与えて、ia→eという変化が生じた可能性もある。このことはイ乙類・エ甲類・エ乙類が基幹母音ではなかったことに起因するもので、体制外の対応と言えよう。また、「め乙〈藻〉―も」は母音交替の変種と見るべきであるが、紙幅の関係で省略する。

以上、文法的機能を同じくする場合の母音変換は、一方で、意味の分化に応じて生じた「母音分立」と、音環境に影響された「母音変化」に大きく分けることができる。

4 転位

前述したように、山口佳紀（一九八五）では、カキ甲（垣）はカクム（囲）のカクに対応する名詞で、テ（手）・サケ（酒）と同じく名詞的独立形であって、そこにイ甲類―ウのような母音交替があったと想定し、これを「異価的交替」と名づけている。それは、被覆形相当の形態素と、自立的な形態素すなわち名詞とが母音の違いによって対応関係にあることをいい、「異価的」とは文法的機能に差異があることを指す。このような名詞の構成についての考え方は、それ以前に阪倉篤義（一九九六）に萌芽している。そこでは、名詞の語末母音音素に着目して、名詞構成は古くu〈o〉接尾方式で、次第にa〈ö〉接尾方式にうつり、さらにi接尾方式に推移したとされている。i接尾方式が、母音交替におけるi*の添加、それによる融音の出現という点から見て、語形成史の上で比較的新しい名詞構成法であったとも言える。

そこで、意味はそのままにしつつ文法的機能に差異が生じている場合を、名詞とそれ以外のものに限定して、有坂のいう「母音交替」以外のものをあげると、カクム〈囲〉―カキ甲〈垣〉のほかにも、ツク〈築〉―ツカ〈塚〉、ツラヌ〈連〉―ツラ〈列〉の類がこれに相当しよう。これらに共通することは、文法的機能の転換が母音音素の配置と相関しているというものである。ここでは、この現象を「転位」と呼ぶことにする。

まずは、先に挙げたカクム〈囲〉―カキ甲〈垣〉のような、動詞語幹における場合を見てみよう。

（1）動詞語幹に対応する転位

動詞語幹末尾と名詞末尾における母音の対応がある場合を次に図示しておく（表2）。

表2

動詞語幹末尾母音＼名詞末尾母音	a	u	o甲	i甲
a		くづ〈屑〉―くだ・く〈砕〉 きず〈疵〉―きざ・む〈刻〉	くそ甲〈糞〉―くさ・る〈臭〉	しほ・さゐ〈潮騒〉―さわ・く〈騒〉
u	なだ〈灘〉―なづ・む〈難〉		つと甲〈贈物〉―つつ・む〈包〉	かき甲〈垣〉―かく・む〈囲〉
o甲	しわ〈皺〉―しを・る〈萎〉	かず〈数〉―かぞ甲・ふ〈数〉		

ここでは動詞語幹の末尾には陽性母音だけが現れており、しかも、名詞末尾母音には陽性母音のほか中性母音しか見えない。陰性母音も、そして変母音ともいうべきエ乙類、イ乙類なども動詞語幹末尾および名詞末尾に現れていないのが特徴的である。特に、この類に変母音が見えないことに着目すると、松本克己（一九七三）に、名詞的形式がa、u、oで終わる形を「連結形式」ないしは「開き形」、エ乙類、イ乙類で終わる形を「断止形式」ないしは「閉じ形」と呼

ぶことができるという指摘があることに照らすと、いわゆる母音交替による露出形であるエ乙類、イ乙類には延伸性（拡張性）がなく、動詞語尾と結合することがない、いわば「結節形式」であると言えよう。これに対して、上記の転位においては、動詞語幹末尾に現れる陽性母音は動詞語尾と結合しうるという意味で「開放形式」と称することができる。これは、名詞末尾に上代日本語における基幹母音である中性母音も現出するという点で、基幹母音から単離しつつも拡張性を保持する基本的な形式である（ここでは、中性母音の扱いを考慮して、「開放形式」「結節形式」という言い方を用いることにする）。

動詞語幹に一音節動詞接尾辞が結合する形式は、語構成上、次のような名詞性の語基との結合と連続している（ここでは、「な〈名〉―の乙る〈告〉」や「あひだ―あひだむ〈間〉のような動詞語幹が二音節以外のものは除く）。

つな-ぐ〈繋〉　ふた-ぐ〈蓋〉　かぶ-す〈傾〉　つみ甲-す〈罪〉　たぎ甲-つ〈激〉　もみ甲-つ〈黄葉〉　つか-ぬ〈束〉　つら-ぬ〈連〉　ふさ-ぬ〈統〉　いろ乙-ふ〈色〉　さか-ふ〈境〉　した-ふ〈慕〉　みや-ぶ〈雅〉　ゐや-ぶ〈礼〉　かむ-ぶ〈神〉　くぼ-む〈凹〉　しわ-む〈皺〉　つつ-む〈障〉　とが乙-む〈咎〉　はら-む〈胎〉　よ乙ど乙-む〈淀〉　きは-む〈極〉　つか-む〈摑〉　やど乙-る〈宿〉　くも甲-る〈曇〉　いほ-る〈庵〉　くび甲-る〈縊〉　たぎ甲-る〈激〉

動詞接尾辞は、それぞれの意味用法の違いに応じて、性質が一様ではないものの、動詞語幹末尾に位置する母音は基幹的な陽性母音（a、u、o甲）・中性母音（-i甲）・陰性母音（o乙）に限られており、開放形式である。右に掲げた動詞は、文法的転換の圧力に対して　母音音素をそのまま保ち、いわば横滑りしたケースであって、その相互関係は「不変（継続）型」もしくは「弾性型」と呼ぶこともできよう。これに対して、母音音素の転換を伴っている、前述の「くづ―くだく」

の関係にあるものは「転換型」もしくは「塑性型」と名付けることもできる。
前の表2は動詞語幹末尾母音と名詞末尾母音とが異なる場合を示したものであるから、斜線で示したように、母音が同一のものは対象外となる。しかし、ここでは文法的変換にこそ焦点があって、母音の変換の有無は必ずしも問う必要がない。すなわち、転換型とともに、「つな―つなぐ」の類における不変型も、転位という現象一般で捉えるべきである。ただ、基本的に動詞語幹には一定の形式があって、たとえば古代語アクセントで、トガ（咎）が平上型、トガムが平平東型であるというような、動詞語幹が全平型であるという点で、文法的転換に対応する音韻的転換が顕在化していることも留意される。

（2）動詞未然形相当に対応する転位
動詞未然形相当の転位による母音の対応を次に示す。

名詞 a語尾　うた〈歌〉―うつ〈打　四段〉　さか〈境〉―さく〈割　四段・下二段〉　はら〈原〉―はる〈墾　四段〉
つか〈塚〉―つく〈築　四段〉　をさ〈長〉―をす〈治　四段〉　いくは〈的〉―いくふ〈射　四段〉

ここでも、名詞形はその末尾が陽性母音のaに傾斜しており、松本克己（一九七三）の、「開き形」、すなわちaが「無標形」であるという指摘は示唆的である。また、動詞性形状言が多くa語尾であって、これが動詞未然形としても立ち現れるという事象も確認しておきたい。このほか、名詞語尾がaとなるもので、動詞が下二段となるものもある。

名詞a語尾　つた〈蔦〉―つつ〈伝　下二段〉

「つた」は動詞性形状言でもあって、「tuta＋i→tute」というように下二段活用となったものと見ることができる。

さらに、同じく「無標形」と説かれるo甲と対応する例も見える。

名詞o甲語尾　むこ甲〈婿〉―むく〈向　四段・下二段〉

「むこ甲」は「むか」〈動詞未然形〉と対応するもので、右に準じて扱うことができよう。

これとは別に、動詞連用形が名詞となっている次のものも、形式的には右に類似しているが、この類は文法的転換というよりも、動詞連用形の用法に起因するものであって、転位とは本質的に異なる。

名詞i甲語尾　いき〈息〉―いく〈生　四段〉　なぎ〈凪〉―なぐ〈薙　四段〉
たち〈太刀〉―たつ〈断　四段〉　たち〈館〉―たつ〈立　四段〉

名詞e語尾　たて〈盾〉―たつ〈立　下二段〉

ちなみに、形状言と対応する名詞についてみると、次のような例がある。

名詞a語尾　はら〈原〉―はる-か〈はろ甲-ばろ甲〉　あた〈仇〉―うと甲・し〈疎〉

名詞u語尾　つる〈弦〉—つら-ら〈弦緒〉

これらは、動詞語幹との関係に準じるものであって、名詞形を含めそれぞれの末尾には陽性母音のみが位置している。

5　最後に

母音が互いに入れ替わっているという関係は、大きく、それが文法的機能の転換を伴っている場合（転位）と、そうでない場合（非転位）に分けられる。そして、転位には、基幹母音からそのうちの一つの母音を分離し取り出す「母音単離」と、結節形式が基幹母音から遊離した母音をとる「母音分化」があることになる。いわゆる「母音交替」は後者にほぼ相当する。

従来、これらの母音変換は一様に「母音交代」と呼ばれることが多かったが、これには性質の異なるものが混在している。以上の、名詞をめぐる母音変換を整理すると、次のようになろう。

- 母音変換
  - 転位
    - 母音単離
    - 母音分化（「母音交替」はこの一種）
  - 非転位
    - 母音分立
    - 母音変化

「石ばしる垂水」考

――『万葉集』巻八・一四一八番歌の理解のために――

川嶋秀之

一　はじめに

本稿では、万葉集巻八巻頭の一四一八番歌、志貴皇子の歌を取り上げ、「石ばしる」「垂水」などの語の検討を通して、歌一首全体の意味を考えていく。

過去に成立した作品に用いられている言葉を、その時代の言葉としてできるだけ正確に把握し理解することは理想であるが、なかなか困難である。どこまで理解すれば古語を理解したことになるのか、相応させて計るべき基準がないので難しい。個々の言葉の把握と、その言葉が作品全体とどのように関わるかを検討し、その上でかつてその言葉が有した意味の襞というべきものに立ち入って読み解き、解釈してみたい。

二　万葉集の本文について

まず、西本願寺本万葉集の本文を掲出する（注1）。

志貴皇子懽御歌一首

石激*垂見之上乃左和良妣乃毛要出春尓成来鴨　（八・一四一八）

西本願寺本の訓みは「イハソ、クタルミノウヱノサワラヒノモエイツルハルニナリニケルカモ」となっている。二字目の「*」を付した「激」は類聚古集では「灑」となっている。「石激」とするか「石灑」とするか、そしてその訓みを「いはばしる」とするか「いはそそく」とするかという問題が生じる。これについては、すでに澤瀉久孝や小島憲之の論考により「石激」の表記を取り「いはばしる」と訓むことがほぼ確定している（注2）。本稿ではこの問題は扱わない。現在の注釈書は、訓み下しの本文のどの語にどの漢字を当てるかについての違いがあるが、訓は一致している。本稿ではこの歌を

石《いは》ばしる垂水《たるみ》の上のさわらびの萌《も》え出《い》づる春になりにけるかも

と訓み下すこととする。読みは一致しているので、個々の語の意味をどう捉えるかが問題の中心となる。また、それが互いに結びつき、歌一首全体としてどのような意味が生成されるかについて考察する。「石ばしる」を枕詞とする説があるが、本稿では枕詞であっても実景を描く意味を発揮するものと捉えて考察する。

三　諸注釈書の説

三・一　注釈書一覧

戦後に刊行された主な注釈書を見ていこう。頭注・脚注・注記・現代語訳等さまざまな形式で説明が加えられている。それらを以下に掲げる。注は「石ばしる」についての注のみ掲出し、一首全体の現代語訳があるものは現代語訳も示す。

一　注　垂水の枕詞。石の上を水が激して流れる意からつづける。　日本古典全書『萬葉集』二（注3）

二　注　石の上を激流する。ここ、石灑とある古写本によって、イハソソクと訓む説もある。
訳　岩の上を激しく流れる滝のほとりのさわらびが、芽を出す春になったなあ。　日本古典文学大系『萬葉集』二（注4）

三　注　（「石激」か「石灑」か、ソソクと訓むかハシルと訓むか、の問題を扱い意味に言及しないので略す）
訳　岩の上をほとばしる瀧の上の蕨の芽を出す春になったことだナア。　澤瀉久孝『萬葉集注釋』巻八（注5）

四　注　岩の上を勢いよく流れる。
訳　岩をほとばしり流れる垂水のほとりのわらびが芽を出す春になったことだ　日本古典文学全集『萬葉集』2（注6）

五　注　「垂水」を修飾する実景の枕詞。
訳　岩にぶつかってしぶきをあげる滝のほとりのわらび、今こそそのわらびが芽ぶく春になったのだ

六　訳　岩の上をほとばしる滝のほとりのさ蕨が萌え出る春に、ああなったことだ　新潮日本古典集成『萬葉集』二（注7）

七　注　「垂水」の枕詞。「石走垂水の水の」（12・三〇二五）も「垂水」の枕詞としての用例。滝の水がはげしくぶつかり注ぐ意でかかる（拙稿「万葉語イハバシル・ハシリヰ・ハシリデ」『万葉』三二号）。本文「石」は、イシともイソとも訓める字だが、ここでは石の浮動性に焦点をあててイハと訓むべきで、ハシルは仮名書きの例「伊波婆之流」（12・三六一七）によって連濁させて訓む。

訳　岩に激する滝のほとりの蕨が萌え出る春にもうなったんだ　井手至『万葉集全注』巻八（注9）

八　注　岩に当たって飛び散るように流れる。

訳　岩の上をほとばしり流れる垂水のほとりのさわらびが萌え出る春になったなあ。　新編日本古典文学全集『萬葉集』2（注10）

九　注　「垂水」を修飾する実景の枕詞。「走る」は水平運動をも上下運動をもいう。ここは上下運動で、流れ落ちる水が岩にあたってしぶきをあげる意（井手至「万葉語イハバシル・ハシリヰ・ハシリデ」『万葉』三十二号参照）。この句の原文「石激」は類に「石灑」に作るので、それにより、イハソクと訓む説もある。…（後略）…

訳　岩にぶつかって水しぶきをあげる滝のほとりのさわらびが、むくむくと芽を出す春になった、ああ。　伊藤博『萬葉集釋注』四（注11）

十　注　「激」も「灑」も意味は相通し、イハソク（旧訓）とも、イハバシル（賀茂真淵・冠辞考）とも訓むことができるが、「いはばしる」と訓む説に従う。…（後略）…

訳　岩の上にほとばしり落ちる滝のそばのさわらびが芽を出す春になったのだなあ。

新日本古典文学大系『萬葉集』一（注12）

十一　注　原文は類聚古集が「石灑」。その他の諸本は、「石激」。旧訓イハソソク。万葉考がイハバシルに改めた。岩の上を勢いよく走る意。「灑」（サイ）は、水をそそぐ意。

訳　岩の上を勢いよく走り落ちる滝のほとりのさわらびが芽を出す春になったなあ。

阿蘇瑞枝『萬葉集全歌講義』四（注13）

三・二　注釈書の諸説

以上に見るように、「さわらびの萌え出づる春になりにけるかも」についての理解は、諸注釈書ほぼ一致しており、感動をどう現代語で表現するかに違いがあるぐらいである。「垂水」についても、そのまま「垂水」とするか現代語で滝とするかの違いである。

諸注釈書での理解の違いが大きいのは「石ばしる」についてである。訳や注を見ると、「石ばしる」についての理解が二つに分かれていることがわかる。一つは「岩の上を流れる」とするものである。この立場を取るのは「一・二・三・四・六・十一」である。三と六の「岩の上をほとばしる」もこちらに入れた。こちらは水が岩の上を流れてから、垂水となって落ちるということで、滝になって落ちる前の水平方向への移動と取るものである。もう一つは「流れ落ちる水が岩ぶつかる」とするものである。こちらは「五・七・九・十」である。井手至と伊藤博はこの立場を取る。五の新潮日本古典集成の校注者にも井手至と伊藤博が加わっていることから、この考えを取るのは二人ということになる。こちらは、滝の下の岩にぶつかりあたってしぶきをあげるということで、垂直方向への移動である。「八」は訳と注の内容が異なっていて判断に迷うが、しぶきが飛び散りほとばしり流れるということで、水平方向への移動としてよいだろうか。「十」はしぶきをあげながら下の岩に落ちるとするのだろうか。両者の中間のような解釈である。

以上の他、犬養孝は「〝石ばしる〟というのは石の上を水が走って流れることです。「垂水」というのは滝のこと。『石の上を水が走って流れて落ちてたきになる、その滝のほとりのワラビが萌え出す春になったなあ』というわけです。」と述べている[注14]。片桐洋一も「いはばしる【石《いわ》走《ばし》る】…（中略）…いずれにせよ岩の上を激しく水が流れるさまをいっているのである。」としている[注15]。

「石ばしる」は「岩の上を勢いよく流れる」という意味で捉えるものが多数を占めている。本稿では、その考えが妥当かどうかについて検討する。以下、「石ばしる」「垂水」を中心に検討し、「さわらび」と「萌え出づ」にも触れて一首全体を理解したい。

四　「石ばしる」について

四・一「石ばしる」の検討

「石ばしる」の意味は「岩の上を流れる」とするものと「流れ落ちて岩にぶつかる」とするものと二つの説があることがわかった。ここで、万葉集の「石ばしる」の例を検討していこう。当該歌を除いて四例ある。

伊波婆之流多伎もとどろに鳴く蟬の声をし聞けば都し思ほゆ　（十五・三六一七）

万葉仮名書きの例はこの一例のみである。「多伎」は「滝」と解されるが、今の滝とは異なり上代の滝は激しい流れや急流を表すとされる（注16）。そうだとすると、「石ばしる」は、斜めあるいは水平方向への水の動きということになろうか。しかし、とどろに響く大きな音を立てることから、垂直方向へ落下する水が岩にぶつかると見ることもできなくはない。

石走《いはばしり》たぎち流るる泊瀬川絶ゆることなくまたも来て見む　（六・九九一）

こちらは、岩の上を激しく流れる、勢いよく流れる意味と捉えられる。「三・一」の「岩の上を流れる」とした立場の注釈書は、そのようにみている。ただ、激しく流れるのは「たぎち流るる」の表現の発揮する意味であって、「石ばしる」は「たぎち流るる」ことに伴って生じる現象であり、異なる意味ではないかとも考えられる。検討する余地は残っていよう。

その他に、「垂水」に掛かる「石ばしる」の例が、当該歌以外に二例ある。「石ばしる」と「垂水」の問題については、「五・一」の「『垂水』について」で取り上げる。

「石ばしる」は、水平方向に激しく流れる水とも、垂直方向に流れ落ちる水とも解せられ、ここからだけでは確定しがたい。「石ばしる」はどのような意味であったのか、「はしる」の語の意味を探った上で、さらに検討したい。

四・二「はしる」の検討

万葉集に「はしる」という語は次のように現れる。

すべもなく苦しくあれば出で波之利去《い》ななと思へど此《こ》らに障《さや》りぬ　(五・八九九)

…立ち走　叫び袖振り　こいまろび…　(九・一七四〇)

隼人《はやひと》の瀬戸の巌も鮎走吉野の滝になほしかずけり　(六・九六〇)

…鮎波之流　夏の盛りと…　(十七・四〇一一)

年のはに鮎し走ば辟田川鵜八つ潜けて川瀬尋ねむ　(十九・四一五八)

全五例の内、人に用いたのが二例、これは現代語の感覚でも理解することができる。鮎に用いたのが三例ある。鮎には接頭語「さ」を冠して「さばしる」としたものもある。

春されば我家の里の川門には鮎子佐婆斯留君待ちがてに　(五・八五九)

…山辺には　花咲きををり　川瀬には　鮎子狭走…　(三・四七五)

…あしひきの　山下とよみ　落ちたぎち　流る辟田の　川の瀬に　年魚児狭走…　(十九・四一五六)

これら鮎に用いた例の内、九六〇番歌は吉野の滝すなわち急流をのぼり移動する意と取れるので、上流方向への移動を表すとみてもよい。他の例は川瀬などとあって、こちらは鮎が泳いで水平に移動するさまと見られる。いずれも、鮎のすばしこく、さっと早く動くさまを表している。

接頭語「た」を冠した「たばしる」の例もある。

霜の上に安良礼多婆之里いや増しに我は参ゐ来む年の緒長く　（二十・四二九八）

我が袖に雹《あられ》手走巻き隠し消たずてあらむ妹が見むため　（十・二三一二）

「あられ」（霰）は現在の霰や雹も含めていうが、ここでは降るさまをいったものか、あるいは袖や霜の上に当たってはじける・跳ねるさまをいったものだろうか。「あられ」には他に「阿良例布理鹿島の神を…」（二十・四三七〇）や「霰打安良礼松原…」（一・六五）、の例があり、これらは枕詞であるが、「降る」や「打つ」という語で、空からの落下や霰がものを打つさまを表していると見られよう。それに対して、「たばしる」はこれらの語と異なる意味を表したと思われる。四二九八番歌は、霜の上の原に当たるの意味ではなく、当たった後に跳ね返るさまをいったのではないか。二三一二番歌の袖も、妹に霰を見せようとして袖を広げて霰を受け、霰が袖に当たって跳ね返るさまを表すとみたい。鮎や霰について用いられた「はしる」「さばしる」「たばしる」は、すばやい動き、勢いよい動き、跳ねるような動きという意味があることがわかる。

井手至が「元来、国語においては、ハシルは、比喩的に用ゐられる場合も含めて、むしろ、そのハシル動きの方向については無関心で、その動きの勢いのよさ、早さ、激しさなどに重点を置いた表現であつたかと思はれる」[注17]と述べたことはおおよそ認められるように思う。

この他に「はしりゐ」の語形で使われる。

落ちたぎつ走井水の清くあれば置きては我は行きかてぬかも　（七・一一二七）
この小川霧そ結べるたぎちたる八信井《はしりゐ》の上に言挙げせねども　（七・一一一三）

これらは、勢いよく湧き出る水のさまを表すものだろう。湧き出る井であるから方向としては上であろう。

「はしりで」の形もある。

…趍《はしり》出の　堤に立てる…　（二・二一〇）
…走出の　宜しき山…　（十三・三三三一）

これは、地形の形状の意味に転義し動作性が減少しており、定まった解釈がない。

時代は下るが、伊勢物語に次のような「はしる」の例が見られる。

のぼりて見るに、そのたき、物よりことなり。ながさ二十丈、ひろさ五丈ばかりなるいしのおもて、しらぎぬにいはをつゝめらんやうになむ、ありける。さるたきのかみにわらうだのおほきさして、さしいでたるいしあり。そのいしのうへにはしりかゝる水は、せうかうじ・くりのおほきさにてこぼれおつ。　（伊勢物語　八十七段）（注18）

「そのいしのうへにはしりかゝる水は」　流れ落ちる水が水しぶきをあげ、それが跳ね飛んで石に掛かる、その跳ね飛ぶさまを「はしる」は表している。「かゝる」はしぶきの帰着点を言語化したもの。跳ね飛ぶさまが「はしる」であろう。

以上、「はしる」は、動きの方向はどの方向でもよく、すばやい動き・勢いよい動き・跳ねるような動きなど、動きの様態に意味の中心がある。四・一で挙げた「石ばしる」も、どちらの方向でもよいため決着が付かない。さらに、「垂水」も合わせて次章で検討することになる。

五　「垂水」について

五・一「垂水」

「垂水」の例は当該歌の他に二例ある。

命をし幸くよけむと石流垂水の水をむすびて飲みつ　（七・一一四二）
石走垂水の水のはしきやし君に恋ふらく我が心から　（十二・三〇二五）

この二首は「石ばしる垂水」で、当該歌と同じ言葉の結合となっている。諸注釈書は垂水を滝と解することが多く、また地名と解する説もある（注19）。

垂水をどのように理解すればよいだろうか。一一四二番歌に「垂水の水を結びて飲みつ」とあるように、手で水をすくって飲める程度の滝であるから、小さな滝と見てよいだろう。三〇二五番歌も「垂水の水」を君に比して「はしきやし」つまりいとおしいとかかわいらしいとしているので、これも小さな滝と見られる。当該歌も、さわらびが点景としてあって、大きな滝ではない。垂水は流れ落ちる水のことであり、小さな滝を形作るのである。

滝にも、華厳の滝のような大きな滝から、落差や段差によって流れが落下するようになった小さな滝まで、スケールがいろいろある。規模の大小に関係なく、水が崖を伝って流れ落ちればそれは滝といえるのであろう。

五・二 「石ばしる垂水」の検討

前節の検討で、「垂水」は小さな滝であることが明らかとなった。では、「石ばしる垂水」とはどのような景を意味するのか。「はしる」「垂水」についてのこれまでの検討の結果を踏まえて、「石ばしる垂水」の意味を考えてみよう。

「石ばしる垂水」を、岩の上をほとばしり流れる滝と解した注釈書が多い。これは、水が水平方向に移動し、その後に崖の所に来て落ちて滝となることであろう。そこには、流れと落ちることとの間に時間差があって、「石ばしる」は直接「垂水」とは関わらないことになる。「石ばしる」は「垂水」の様子を表すのではなく、「垂水」となる以前の流れの形容となる。「石ばしる」が枕詞として「垂水」と緊密な関係を構成するならば、「石ばしる垂水」の関係を「垂水」自体が「石ばしる」動きを示すものとして捉え直さなければならない。

「垂水」が「石ばしる」とは、滝の水が「石」に「はしる」ということである。「垂水」は前節で見たように小さな滝であった。「石ばしる垂水」とは、その小さな滝の水が勢いよく流れ落ちて、周りや下の石に当たるということになる。また、「たばしる」の所で見たように跳ねる意味も含めて理解することもできる。そうすると、小さな滝の水が勢いよく流れ落ちて、下の石に当たりしぶきが周りに跳ねている、ということになる。その跳ねたしぶきのかかるほとりには、萌え出たばかりのわらびがある。このように当該歌を解釈することも可能である。

このように考えれば、「石ばしる」は「石」「を」「はしる」ではないということになる。「石ばしる」は「石」「に」「はしる」という関係構成であり、「に」が表面からは消えている。このような「〜に」「はしる」のような関係で、助詞「に」が潜在し連濁を起こすものとしては、他に「…梓弓 八つ多婆佐弥 ひめ鏑 八つ多婆左弥…」（十六・三八八五）、「…真鹿児矢を 多婆左美添へて…」（二十・四四六五）のような「手《た》挟む」がある。

「四・一」に挙げた例も、急流や川が周りや下の石にしぶきを跳ねかけながら、本流が流れるさまと捉えられるのではないだろうか。

六 「さわらび」と「萌え出づ」について

「さわらび」は植物の「わらび」に接頭語「さ」を付けて「さわらび」としたもので、万葉集中この歌一首のみに見える。なぜ一首のみか、理由ははっきりしないが、「薇蕨…和名和良比…初生無葉而可食之」（和名類聚抄・十七）とあるように、わらびは食用であり花のように愛でられる存在ではなかったのであろう。接頭語「さ」は韻文に多く用いられ、この場合も食用としての卑俗さを消している印象がある。

次に「萌え出づ」であるが、「萌ゆ」は万葉集に七例見える（上二段も含めた）。

山のまに雪は降りつつしかすがにこの川柳は毛延にけるかも　（十・一八四八）

春雨に毛延し柳か梅の花共に後れぬ常の物かも　（十七・三九〇三）
霜枯れの冬の柳は見る人のかづらにすべく目生《もえ》にけるかも　（十・一八五四）
…春されば　孫枝毛伊つつ…　（十八・四一一一）
春は毛要夏は緑に紅のまだらに見ゆる秋の山かも　（十・二一七七）

柳に用いたものが他に一八四七番歌と一八四九番歌があり、全部で五例。孫枝が一例。「詠山」の詞書がある、山について用いた二一七七番歌が一例である。これらは、柳の枝、孫枝などの枝に芽が新しく萌えた様子を表している。二一七七番歌は山として全体的に捉えていっているが、山にある木の枝が萌えるさまをいったものであろう。「萌ゆ」は得られる用例の上では、木の枝に芽が萌えるさまを表したものが大部分である。

では、「萌え出づ」はどうであろうか。「萌え出づ」は、万葉集にこの当該歌一首のみである。そしてそれは、木の枝から萌え出たのではなく、地面から萌え出たのである。このことに重みを付けて、「出づ」があることに意味を見出すならば、まさしく大地から出現したということにあるのだろう。木の枝から自明のように芽が出るのではなく、大地を覆う土という異物を押し上げ、萌え出るさまをこの語を加えることで表現したのではないだろうか。

七　一首全体の表すもの

以上、各語句の検討を経て、この歌の姿がほぼ見えてきたように思う。現代語に置き換えると以下のようになるだろうか。

水が勢いよく流れ落ちて滝となり周りや下の石にあたってしぶきをあげている。その小さな滝のほとりにわらびが萌え出ている。春になったなあ。

この歌が春の喜びを歌ったものであることは詞書からもうかがえるところであるが、それはどのような喜びであったのだろうか。この歌が一首全体で表現しようとし、後世の我々にも感銘を与える歌の命のようなものを探ってみたい。

垂水は冬の間水がほとんど涸れていたのではないだろうか。今、垂水は勢いよく流れ落ち、周りや下の石にしぶきを掛けている。その水を湧き出させているのは何だろうか。それは、「出づ」ようにさせるのと共通する大地の奥にある根源的な何かの力である。それが、水を湧出させ、さわらびを大地に出現させる。大地に訪れた春の溢れる大きな力を、垂水とさわらびという小さな景物に目を留めて詠ったのがこの歌ではないだろうか。歌の最後に「春になりにけるかも」という表現で、季節を表す言葉「春」を持ち出す。小さなさわらびに当たっていた焦点が、景全体を覆う春に広がっていく。大地の中も春、大地の表の光景も春である。こうした満ちあふれる春の喜びを、志貴皇子は見出したのではなかったか。それは、現在の我々にも確かに感銘を与えるものである。

注

（1）『西本願寺本萬葉集（普及版）巻八』（小野寛担当　おうふう　平成六年）による。

（2）澤瀉久孝「『いはばしる』より『いはそそく』へ」（『萬葉古徑』三（中央公論社　昭和五四年）。小島憲之『上代日本文学と中国文学　中』（塙書房　昭和三九年）。「いはそそぐ」とするのは武田祐吉『萬葉集全註釋』七（改造社　昭和二四年）と窪田

空穂『萬葉集評釋』第六巻（東京堂　昭和二五年）
（3）佐伯梅友・藤森朋夫・石井庄司校註『萬葉集』二（朝日新聞社　昭和二五年）
（4）高木市之助・五味智英・大野晋校注『萬葉集』二（岩波書店　昭和三四年）
（5）『萬葉集注釋』巻八（中央公論社　昭和三六年）
（6）小島憲之・木下正俊・佐竹昭広校注『萬葉集』2（小学館　昭和四七年）
（7）青木生子・井手至・伊藤博・清水克彦・橋本四郎校注『萬葉集』二（新潮社　昭和五三年）
（8）『万葉集』二　全訳注　原文付（講談社　昭和五五年）
（9）『万葉集全注』巻八（有斐閣　平成五年）
（10）小島憲之・木下正俊・東野治之校注『萬葉集』2（小学館　平成七年）
（11）『萬葉集釋注』四（集英社　平成八年）
（12）佐竹昭広・山田英雄・工藤力男・大谷雅夫・山崎福之校注『萬葉集』二（岩波書店　平成十二年）
（13）『萬葉集全歌講義』四（笠間書院　平成二十年）
（14）『万葉のいぶき』（新潮社　昭和五八年）一三八頁
（15）『歌枕 歌ことば辞典 増訂版』（笠間書院　平成十一年）六一頁
（16）日本古典文学大系『萬葉集』二　補注四四五～六頁、『時代別国語大辞典　上代編』（三省堂　昭和四二年）等を参照。
（17）井手至「萬葉語イハバシル・ハシリヰ・ハシリデ」（『萬葉』三二号　昭和三四年）。後『遊文録　萬葉集　篇二』（和泉書院　平成二一年）所収。
（18）森野宗明 校注 現代語訳『伊勢物語』（講談社　昭和四七年）
（19）一一四二番歌は「摂津国作」の内の一首なので、実際の地名と解し実体としての滝に引き当てる考えがあるが、本稿では言語表現による理解を優先させることとする。

引用した『万葉集』の本文は新日本古典文学大系の訓み下しに拠り、該当箇所を万葉仮名で記した。

付記

本稿は「常陸万葉の会」（平成二九年六月十一日開催）で行った講演を骨子とし、まとめ直したものである。

上代語における文節境界の濁音化

肥爪周二

一　清音の濁音化と促音挿入

現代共通語には、同じ形態素の組み合わせで、連濁形と促音挿入形が併存している語例が何組か存在する（カ行・サ行・タ行・ハ行から一組ずつを挙げる）。

みぎがわ／みぎっかわ、あおじろい／あおっちろい、
うわづら／うわっつら、かわべり／かわっぺり

一般に、連濁形は融合、促音挿入形は分割、というイメージが持たれやすいが、複合語としての意味は原則として同じであり、形態素の結合度に差があるとは言いがたい。以上の例はいずれも狭義の複合語の例であるが、清音が濁音に変化する現象、促音が挿入される現象は、高山知明（一九九四・一九九五）で指摘されているように、さまざまなレベルにおいて平行的に見られるものである。以下、「連濁」という用語の慣例には収まらない事例をも扱うので、必要に応じて「清音の濁音化」と言い換えることにする。

「清音の濁音化」「促音挿入」が起こる環境には、以下のようなものがある。

表1　「清音の濁音化」と「促音挿入」

清音の濁音化	促音挿入
①複合語の内部境界（上述）	
②派生語の内部境界	
a 接頭辞との境界 か黒き〈迦具漏伎〉〔万五・八〇四〕、 小舟〈乎夫袮〉〔万一七・四〇〇六〕	マッスグ〔解脱門義聴集記四・五オ〕、 マックラ〔同六・一ウ〕
b 接尾辞との境界 子ども〈胡藤母〉〔万五・八〇二〕、 そそく∨そそぐ	あっち、こっち とっく〔疾〕
③付属語との境界 そ乙〜ぞ乙〔係助詞〕、 遊べども〈安蘇倍杼母〉〔万一五・三六一八〕	あしたっから、これっきり、 あなたったら
④付属語と付属語の境界 今こそば〈許曽婆〉〔古事記歌謡三〕、 君をば〈乎婆〉〔万三・四二三〕	食べたっきり、食べてっから、 君にっしか言っていない

清音の濁音化	促音挿入
⑤単純語内部	
a同音の連呼 かかやく＞かがやく（輝）、 ささなみ＞さざなみ（漣）、 あわたたし＞あわただし（慌）	
bそれ以外 おきぬふ＞おぎぬう（補）、 はさま＞はざま（間）、 あた＞あだ（仇）、 そほつ＞そぼつ（濡）	尤〈モントモ〉〔大日経疏長治元年点八７６〕、 純〈モンハラ〉〔同五６１６〕、 ニックイ人チヤソ〔漢書列伝竺桃抄四８〕、 やっぱり、あっぱれ、れっき（歴）

なお、通時的な研究の場合は、複合語・派生語および単純語を厳密に区別することはできないので、以上の区分も便宜的なものに過ぎない。

まず「促音挿入」であるが、⑤bの「あっぱれ」「れっき（歴）」のような単純語内部の促音挿入が、強調形であるということには異論がないであろう。一方、①から④の、意味の切れ目に促音が挿入される事例も、ある種の強調に由来すると考えることができる。「さとおや（里親）」と「さとうや（砂糖屋）」は、ぞんざいな発音では、ともに[satoːja]のごとくなって、区別ができなくなりうるが、意識的に区別して「里親」を発音すると、[satoʔoja]、さらに強調すると境界部分で声門閉鎖が、長めに発音されうる。「まっ暗」「猫っかぶり」「吹きっさらし」「女ったらし」など、意味の切れ目に促音が挿入される形式は、この種の語構成明示のための、内部境界の強調を音声的起源とすると推定される（実際には、

②a「まっさかさま」「こっぴどく」、②b「あっち」「とっく」のようなものは、⑤bの単純な強調と区別しがたい)。

本稿では音声学的説明の詳細は略すが、清音の濁音化の場合も、起源としては、語中の清子音を強調(または延長)した場合に、声帯振動と閉鎖を両立するための「圧抜き」が起こり、そこに鼻音が発達したことにより「濁音」化したものであったと考えている。つまり、清音の濁音化と促音挿入とは、いずれも語中子音の強調(延長)に由来するものであって、完全に平行する関係にある現象と考えることになる(肥爪二〇一五、Hizume2016)。

ところで、典型的な連濁は、複合語・派生語の境界部分で起こるものであり、文節の境界、つまり一語化していない場合には、濁音化は起こらないと考えられている。しかしながら、促音挿入の場合、必ずしも一語化していない場合であっても(文節の境界や、時に文の境界であっても)、同様の音声(長子音)が観察されることがある。

これと、それ[koreto【s:】ore]を下さい。

あぶない! 止まれ![aβunai【t:】omare]。

もちろん、音韻論的に促音が存在するわけではなく、話し手・聞き手の主観では、音の存在しない「ポーズ」ということになろう。「清音の濁音化」と「促音挿入」とを平行する現象として捉える場合、このような発音待機は、清濁の対立が音韻化して、意味の区別に関与するようになる以前ならば、「清音の濁音化」に相当する現象(発音待機の際の鼻音発達)として起こっていたとして不思議ではない(以下、この音声レベルの現象も、煩を避けるため「濁音化」と呼ぶ)。もちろん、清濁の対立が音韻化する以前(日琉祖語以前)の状態を、文献資料によって直接確認することは不可能である。しかしながら、濁音化し得た時期の何らかの痕跡が、文献資料にも見いだせるのではないか、そのような予想をもって、上代文献を観察すると、文節境界に濁音化が起きているように見える例は、意外に多いことに気づく。従来の研究では、「清濁表記の異例」として、清音に訓んでしまうことも多いのであるが、本稿では、文節境界においても「連濁」が起こりえた可能性を検討していきたい。ただし、万葉集はもちろん、かなり厳密に清濁を書き分けているとされる古事記・日本書紀においても、万葉仮名の清濁異例を一切認めないというのは現実的でないので、まずは、ある程度まとまった数の実例を指摘できる事例から見ていく。

二　具体例の整理

二・一　動詞「散る」をめぐって

万葉集における動詞「散る」は、文節境界と目される位置においても濁音化して（厳密には濁音仮名により表記されて）「ぢる」となることがある。ある程度の例数があるので、単なる表記の上での異例とは考えにくいであろう。

花ぢらふ〈波奈治良布〉この向つ峰《を》の乎那の峰のひじにつくまで君が齢《よ》もがも〔万一四・三四四八〕

ほととぎすいとねたけくは橘の花ぢる〈播奈治流〉時に来鳴きとよむる〔万一八・四〇九二〕

言問はぬ木すら春咲き秋付けばもみぢらく〈毛美知遅良久〉は常を無みこそ〔万一九・四一六一〕

小学館日本古典文学全集『万葉集』（小島憲之・木下正俊・佐竹昭広校注）の頭注では、「連体修飾句としてはハナヂルと連濁していたかとも思われる〔一〇・一九六八〕」「連体格の場合はハナヂルと連濁するのが習慣〔一八・四〇九二〕」「複合語の中のチルは連体格の場合は連濁するのが一般〔一九・四一六一〕」のように解説し、この説明は、伊藤博『万葉集釈注』や、小学館新編日本古典文学全集『万葉集』（小島憲之・東野治之・木下正俊校注）にも積極的に引き継がれている。

四一六一番歌については、岩波書店日本古典文学大系『万葉集』（高木市之介・五味智英・大野晋校注）が、「この所、毛美知遅良久とあり、チの音が二つ重なるので、変字法を行うべく、チの音を表しうる遅を例外的に使ったものであろう」としたのに従って、現行注釈書でも、「もみちらく」と訓むものが多く見られる。しかし、なぜ他の清音仮名チではなく、濁音仮名を用いたのかまでは説明できていないし、森山〔一九六三〕は、万葉集全体の変字法の分析により、この箇所についてはは濁音ヂで読むべきことを主張している。ク語法は連体格に準じて考えることも出来るので、動詞「散る」について、濁音で詠む伝承があったと考えれば十分であろう。

二・二　名詞「かは（川）」をめぐって

「天の河〈安麻能我波〉〔万一五・三六五八〕他多数」は、現代語でも用いられる語であり、連体助詞「の」に後接する名詞が連濁を起こしている「例外的」な形である。「まつけ∨まつげ」「かきつはた∨かきつばた」「うなはら∨うなばら」などの歴史的変化は、古くは清音であったものが、語構成意識が緩んだため、連体助詞「つ」「な」に後接する清音が濁音に転じた例と説明されよう。「あまのがわ」の場合は、上代語の段階から濁音化していた（ただし、清音表記の例もあり）。同様に、語構成意識が緩んだがために、連体助詞「の」の後で「清音の濁音化」が起こったと説明されるかもしれないが、万葉集では「天川」「天河」「天漢」のように訓表記されることの方が多い「あまのがわ」の語構成が、そこまで不透明であったとは信じにくい。「つ」や「な」の場合は、連体助詞そのものが早くから古語化したため、本来の語構成が想起されにくくなっているということがあろうが、「の」の場合、そのような事情は想定しにくいであろう。文節境界においても濁音化が可能であった時期の痕跡が、固有名詞「あまのがは」に残った可能性も考えるべきであろう。類似の事例として、「隠国の泊瀬の川〈波都勢能賀波〉の上つ瀬に〔古事記歌謡九〇〕」が指摘できる（この例は、清濁表記の異例として処理されることが多い）。

　このような目をもって見ると、万葉集の以下のような例も疑わしく見えてくる。

【この川】許乃河泊〔一四・三四四〇〕、【安蘇の川原】安素乃河泊良〔一四・三四二五〕、【泉の川】伊豆美乃河波〔一七・三九〇八〕、【千曲《ぐま》の川】知具麻能河泊〔一四・三四〇〇〕、【安の川】夜洲能河波〔一八・四一二五〕、夜須能河波〔一八・四一二七〕

「河」字は、中国中古音で匣母字なので、日本漢字音では呉音ガ・漢音カということになる。万葉集では濁音仮名「ガ」であることが期待され、実際、「散りのまがひ〈麻河比〉は〔万一五・三七〇〇〕」「我が背子が〈河〉〔万一九・四二五九〕」「駿河〈須流河〉の嶺らは〔万二〇・四三四五〕」のように、濁音仮名として用いるのが原則である。万葉集では、万葉仮名〈音仮名・訓仮名〉を選択する際に、単純に音だけではなく、その漢字の意味についても配慮することがあることは、しばしば指摘されるところであり、「かは（川）」という語を表記するときに限り、音仮名「河」を清音カとして用いることが許容された、とするのが従来の立場からの説明となろうが、素直に「ガ」と訓むべき可能性も、頭から排除すべきではないであろう。

二・三　ミ語法をめぐって

あしひきの山田を作《づく》り山高み〈夜麻陀加美〉下樋を走《わし》せ〔古事記歌謡七八〕

ぬばたまの月に向かひてほととぎす鳴く音遙けし里遠み〈佐刀騰保美〉かも〔万一七・三九八八〕

峰高み〈弥祢太可美〉谷を深み〈多尓乎布可美等〉と落ち激つ清き河内に〔万一七・四〇〇三〕

「やまだかみ」は、日本書記の重出歌謡でも「椰摩娜箇弥〔六九〕」と濁音である。万葉集の「山高み」十一例はすべて訓表記であり、清濁が確定できない。一方、「さとどほみ」の場合は、「家遠く〈伊敝杼保久〉して〔万一五・三七一五〕」の例から考えて、「さとどほし」という一語の形容詞があったとしても不自然ではないので、その一語化した形容詞のミ語法という可能性がある。すると、「やまだかみ」についても、形容詞「やまだかし」のミ語法と解釈できるかもしれない（もちろん、「いへどほし」の方が文節境界の濁音化の可能性もあるのだが）。しかし、四〇〇三番歌の「みねだかみ」の例は、対になる「たに＋ふかみ」には助詞「を」（近藤一九八〇以降、間投助詞ではなく格助詞と認定するのが確定的となった）が介在しており、一語の形容詞「みねだかし」のミ語法だとすると、ちぐはぐな印象を受ける。

すでに上代語において、ミ語法として表現パターンが固定化しつつあった形式に、文節境界でも濁音化が起こりえた、過去のある時期の表現の痕跡が残っていた可能性も、考えてみるべきではないであろうか。

二・四　古事記・日本書紀の清濁相違例

以下は、古事記・日本書紀の重出歌謡の清濁が異なるもので、いずれも後接する動詞に関わる事例である。現代共通語では、「動詞＋動詞」（複合動詞）は連濁をしないのを原則とするし、「名詞＋動詞」「形容詞語幹＋動詞」は、新たに複合語を形成する力そのものを失っているが、古代語においては、「動詞＋動詞」「名詞＋動詞」「形容詞語幹＋動詞」の組み合わせにおいても、「ゆきがへる」「ことどふ」「ちかづく」などの如く、連濁形が存在し得た（森山一九七一など）。以下に挙げるのは、そのような差違をも踏まえた上で、なお解釈の上で問題が残る事例である。

畳なづく　青垣　やまごもれる〈夜麻碁母礼流〉大和しうるはし（古事記歌謡三〇）
畳なづく　青垣山　こもれる〈許莽例屢〉大和しうるはし（日本書紀歌謡二二）

「こもる」の清濁が記紀で異なり、依拠テキスト（日本古典文学大系『古代歌謡集』岩波書店）では、句の区切り方も食い違っている（現行の注釈書では、古事記に合わせて、日本書紀も「青垣／山こもれる」と区切るものもある）。この例については、「山ごもる」という一語動詞とみなすことも可能で、文節境界の濁音化の例と考える必要はないのであるが、「八雲立つ出雲の国は、我が静まります国と、青垣山廻らし賜ひて〈青垣山廻賜而〉、玉珍置き賜ひて守らむ（出雲風土記・意宇郡・母理郷）」「たたなはる青垣山やまつみの〈畳有青垣山山神乃〉奉る御調《みつき》と（万一・三八）」など、「青垣山」という単語が認められるので、日本書紀の区切り方の方が妥当のようにも思われる。もし古事記で連濁しているとのみを根拠に、「青垣山」で区切る解釈が排除されているのであるとしたら、もう少し検討が必要であろう。

垣下に植ゑし椒《はじかみ》口ひひく〈久知比比久〉〔古事記歌謡一二〕
垣本に植ゑし椒口びひく〈勾致珥比倶〉〔日本書紀歌謡一四〕

「ひひく」はピリピリする意のオノマトペを起源とする動詞と考えられている。日本書紀においては「くちびひく」と連濁を起こしており、オノマトペ起源の語としてはやや不自然であるが、これは、文節境界の連濁ではなく、「口ひひく」で一語化しており、その連濁／非連濁の差と見なす解釈も否定しにくい。

その虻《あむ》を蜻蛉《あきづ》早咋ひ〈波夜具比〉〔古事記歌謡九七〕
その虻を蜻蛉早や食ひ〈波野倶譬〉〔日本書紀歌謡七五〕

「はや」は形容詞語幹であるが、古くは副詞用法（「喪なくはや来《こ》〈波也許〉〔万一五・三七一七〕」「春霞（略）はや立ちにけり〈速立尓来〉〔万一〇・一八四三〕」など）があり、この場合も動詞「くふ」に副詞的にかかっているものである可能性が十分にある。古事記では「はやぐひ」と連濁を起こしているが、日本書紀では「倶」は清音仮名「ク」であるので、連濁を起こしていないことになる。前述の通り、古代語では「形容詞語幹＋動詞」は連濁を起こしうるので、「はやぐふ」という一語動詞と見なしても不自然ではない。あるいは、「ひとりごと→ひとりごつ」のように連濁した複合名詞が動詞化することもあるので、名詞「はやぐひ」が先行して成立し、それが動詞化して「はやぐふ」が成立したという可能性もあるかもしれない。しかしながら、副詞「はや」と動詞「くふ」の境界で濁音化を起こしていた、つまり文節境界が濁音化していた可能性も、捨てがたいように思われる。

あしひきの山田を作り〈夜麻陀袁豆久理〉山高《だか》み下樋を走《わし》せ〔古事記歌謡七八〕

あしひきの山田を作り〈椰摩娜烏莵絇利〉山高《だか》み下樋を走せ〔日本書紀歌謡六九〕

古事記の例は「山田を／づくり」と訓むのは不自然であることから、「山田／小《を》づくり」と訓むべきかとも提案されている。しかしながら、接頭辞「を」が名詞・形容詞以外に冠された例は指摘しがたく、名詞「をづくり」と解釈するのも少々無理がある。この例も、文節境界が濁音化していた痕跡の候補としたい。

二・五　その他

以下、文節境界の濁音化であるかと疑われるものを列挙する。繰り返しになるが、上代文献に清濁表記の異例を一切認めないというのは現実的ではないので、あくまで可能性の指摘に留まるものである。

朝雨の霧〈疑理〉に立たむぞ若草の妻の命《みこと》〔古事記歌謡四〕

みつみつし久米の子らが粟生《あはふ》には臭韮〈賀美良〉一本《ひともと》其ねが本其根芽つなぎて撃ちてし止まむ〔古事記歌謡一一〕

夏草の阿比泥の浜の蠣《かき》貝に足踏ますな明かして通れ〈阿加斯弖杼富礼〉〔古事記歌謡八七〕

隠国の泊瀬の川《がは》の上つ瀬〈賀美都勢爾〉に斎杙を打ち下つ瀬に真杙を打ち〔古事記歌謡九〇〕

ひとりのみ来ぬる衣の紐解かば誰かも結はむ家遠く〈伊敝杼保久〉して〔万一五・三七一五〕
天照らす〈安麻泥良須〉神の御代より安の川中に隔てて向かひ立ち〔万一八・四一二五〕
石瀬野に馬だき行きて〈馬太伎由吉氐〉をちこちに鳥踏み立てて〔万一九・四一五四〕

現代語の場合も、日本語（和語）の音配列則に反し、動・植物名では濁音始まりの語が珍しくないので、「臭韮〈賀美良〉〔古事記歌謡一一〕」の例については、このままでも問題はないかも知れない。「家遠く〈伊敝杼保久〉して〔万一五・三七一五〕」「天照らす〈安麻泥良須〉〔万一八・四一二五〕」については、一語化しているとすれば、単に連濁形であるということになろう。「馬だき行きて〈馬太伎由吉氐〉（「たく」は手綱を操るの意とされる）〔万一九・四一五四〕」は、「名詞＋動詞」の連濁形とも解せるが、後項が複合語の場合には、一般に連濁は起こりにくいので、連濁形と見るならば、「馬だき＋行きて」と解することになろうか。「朝雨の霧〈疑理〉に立たむぞ〔古事記歌謡四〕」「明かして通れ〈阿加斯弖杼富礼〉〔古事記歌謡八七〕」「川の上つ瀬〈賀美都勢爾〉〔古事記歌謡九〇〕」は助詞に後接する位置であり、これが表記通りに濁音であったとすると、文節境界の位置で濁音化していることになる。

三　考察

一般的に、連濁が起こるのは「一語化」している場合であり、連濁は、一語化の積極的な標識であると理解されていよう。もちろん、現代語については、まったく異論はない。しかしながら、そもそも「語（単語）」という概念は、言語・語族により大きく異なる。現代日本語においてすら、漢語はかなり自由な振る舞いをし、理屈の上では、無制限に長い複合語を作ることが可能である（「国立大学法人東京大学前総長米寿祝賀会会場統括責任者」等々、アクセント単位は複数に分かれても、全体を一つの格助詞で承けるなど、文法的に一語の名詞として扱われうる）。一息で発音できる（息継ぎを必要としない）あたりが実質的な長さの上限となっていると思われるが、サンスクリット語のように、「息継ぎ」という人間の生理すらも無視したような、長大な複合語が作られる言語さえある。

「単語」という概念が、言語によって性質が異なるならば、一つの言語において、「単語」の性質が歴史的に変化するということも、十分に可能性として考えなければなるまい。三省堂『時代別国語大辞典　上代編』の「上代語概説」（第三章文法・語の認定・複合語）にも、「歌の中では、朝髪《アサカミ》・夕宮《ユフミヤ》・夕浪千鳥《ユフナミチドリ》など、本来の日本語のみでかなり自由に構成された複合語が、後世に比べて多いと言えよう」とある。

あるいは、後世に比べて、連音変化現象が、語よりも大きな単位に及びやすかった、という方向の説明も可能であろう。森山（一九七一）にも、「あるいは口誦的には動詞が単独に使われる際にも濁音化することもあったかと思われる」という見解がすでに示されている。上代における母音脱落は、「汝を置《き》て〈那遠岐弖〉〔古事記歌謡五〕」「色に出《づ》なゆめ〈伊呂尓豆奈由米〉〔万一四・三三七六〕」など、「格成分＋動詞」の境界部分でも起こり、また後世にも「比岐例底〈上平上上〉〈∧ヒキイレテ〉〔岩崎本皇極紀平安中期末点２６１〕」「莫惜〈サマラバレ〈平東上平東〉〉〈遊〉〈∧サモアラバアレ〉〔図書寮本名義抄二五五１〕」など、アクセントが独立したまま母音脱落が起こることもあるので、母音脱落は必ずしも一語化の反映とは解されないようである。連濁の場合も、適用される環境を、もう少し緩く捉えてみる必要があるのかもしれない。

引用文献

古事記歌謡・日本書紀歌謡：土橋寛・小西甚一校注『古代歌謡集』（岩波書店・日本古典文学大系）。万葉集：原文の表記は、佐竹昭広他『補訂版 万葉集 本文篇』（塙書房一九九八）により、訓み下し文は、諸種の注釈を参考に、私に作成した。風土記：秋本吉郎校注『風土記』（岩波書店・日本古典文学大系）。岩崎本皇極紀：京都国立博物館編、石塚晴通・赤尾栄慶解題『京都国立博物館所蔵 国宝 岩崎本 日本書紀』（勉誠出版）、築島裕・石塚晴通『岩崎本日本書紀 東洋文庫蔵 本文と研究』（日本古典文学会）。大日経疏長治元年（一一〇四）点：高山寺典籍文書綜合調査団編『高山寺古訓点資料 第三』（高山寺資料叢書第十五冊）（東京大学出版会）。図書寮本類聚名義抄：図書寮本『図書寮本類聚名義抄 本文編・解説索引編』（勉誠社一九七六）。解脱門義聴集記：金沢文庫蔵、土井光祐編著『鎌倉時代法談聞書類の国語学的研究 影印篇（一）（二）』（汲古書院）、納富常天翻刻「解脱門義聴集記」（『金沢文庫研究紀要』四、一九六七）。漢書列伝竺桃抄：京都大学附属図書館蔵本、尾道短期大学国文研究室編『漢書列伝竺桃抄』。

参考文献

近藤泰弘（一九八〇）「助詞『を』の分類—上代—」（『国語と国文学』五七ノ一〇）→近藤（二〇〇〇）

——（二〇〇〇）『日本語記述文法の理論』（ひつじ書房）

高山知明（一九九四）「複合語における促音の挿入について——もう一つの連濁——」（『森野宗明教授退官記念論集　言語・文学・国語教育』三省堂）

——（一九九五）「促音による複合と卓立」（『国語学』一八二）

肥爪周二（二〇一五）「ハ行子音の歴史—多様性の淵源—」（『日本語学』三四ノ一〇）

森山　隆（一九六三）「変字法と清濁表記との交渉—万葉集における—」（『語文研究』一六）→森山（一九八六）

——（一九七一）「上代における動詞の連濁について」（『文学論輯』一八）→森山（一九八六）

——（一九八六）『上代国語の研究—音韻と表記の諸問題—』（桜楓社）

Hizume, Shuji (2016) Some Questions concerning Japanese Phonology: A Historical Approach　（『ACTA ASIATICA』111）

上代における国字の出現と表記の変化

笹原宏之

一　はじめに

漢字を受容し、日本語を表記するために変容させた日本人は、中国や朝鮮での先例を踏まえて新たな漢字を作製するに至る。それは七世紀に始まっていたことが金石文、木簡、文書や文献によって判明している（笹原二〇〇七）。日本製漢字（国字）には、このように古層の造字が存在するのであるが、その個々の出現に関しては、出自や社会的な背景、表記の土壌など、なおも検討を要することが多々ある。

「屎」は、『新撰字鏡』『和名類聚抄』に収められ、国字と認識されてきたが、唐代の白行簡の賦に使用されており、中国の俗文学での使用字が日本の辞書に反映した佚存文字であった（笹原二〇一六ａ）。『日本霊異記』に見られる「蹽」なども仏典に使用の痕が認められた（笹原二〇一七）。「我念君」の合字のような呪符も、唐代に用例が見つかっており、日本では中世期に離別の意を派生した可能性がある（笹原二〇一六ｂ）。他にも従来説かれた出自には、容易に首肯できないものがある。「串」（くし）は、中国の「弗」が別字だった「串」に日本で変わったものとされるが、仏典などの探究により疑義が生じている（笹原二〇一五。なお、小倉進平は、「串」が世宗の『龍飛御天歌』にgojʻ、「岬の義」として現れることを指摘していた（安部二〇一七））。「鮑・鰒・蝮」に対する「蚫」（アワビ　小谷二〇一七参照）は、これまで日本製、韓国製、中国製と様々に言われてきたが、各国の古代における出土木簡や伝来文献などの現存資料を用いて用例を検討すると、拮抗した出現時期を呈する（笹原二〇一二）。

本稿では、さらに奈良時代以前に製作されたと考えられる国字、国字とされる字について、とくに字体や表記などの変化という点で検討すべきものを選んで記述と考察を行う。

二　衝突ないし転用

「俣」という字は従来、国字とされてきたが、中国にも全く同じ字体の古い用例がある。形式からは形態上一致すると言えることから、新井白石の定義によれば国訓に分類されうるものとなる。ただし、字義と和訓との間には関連がうかがえず、経緯は未詳であり、衝突という可能性も残る。

「また」の訓義をもつ「俣」は、漢字「俁」（まつ）を変形させたものと考えられている。「また」という訓義を有する字「跨」「胯」「又」「岐」には、「大」やそれに近い形の要素が含まれていた。そして、「股」の「殳」は異体字を生みやすく、「殳」「殳」といった形態になることがあった。そうすると、「呉」「吴」に近接し、「俁」「俣」となることが起こりえた。

中国では同時代に、『詩経』に用いられた「俁」という字（グ　yǔ　りっぱでおおきい意）の異体字として、仏典などに存在した。「願文範本等」（S.343「不知不俣」　『敦煌俗字典』は「誤」に通じるとするが、「悟」の意とみる説もある。前後ににんべんの字はあるが、連続してはいない）、『慧琳一切経音義』（「高麗蔵」ほか。巻一〇「詩云碩人俣俣」など）や『篆隷萬象名義』、『新撰字鏡』などに見られる。少なくとも、この変形を土台として、「また」と読める漢字を利用したものという可能性が指摘できる。つまり既存の漢字を土台として改造する方法であるとも考えられる。

藤原宮、平城宮などから出土した木簡や伝来する正倉院文書など当時の肉筆ではすでに「俣」、せいぜい「天」が「夫」のように変わる程度で記されていることが確かめられる。当時は、「呉」も「吴」と記されていた。天平宝字二年（七五八）「阿波国新嶋庄絵図」（『南京遺芳』40　東南院文書）には、「道俣」とあり、地図ではそこが分岐路となっている。平城宮木簡（図一）にも明確に「俣」という字体で書かれている。ツノマタ（角又・角股）は海藻の名である（小谷二〇一七。『新撰字鏡』には「角万太」とある）。

図一　『平城宮木簡』七　12488

現存する『古事記』『日本書紀』『万葉集』『風土記』の写本、版本には、種々の異体字で記されたものがあるが、それらは転写の際の訛変や誤りにすぎないことがうかがえる。真福寺本『古事記』（図二）は、「口」の部分に書写者の書き癖が表れており、「くれはとり」などの「呉」も同様に記されている。

図二　真福寺本『古事記』中巻

兼永本『古事記』（図三）は、「俣」に作り、古態を保つ。しかし、「役病」（「エヤミ」。「疫・役」か）を「俣氣」とも誤る。

これは、「俣」が多用され、定着していたために、根拠や字体がよく分からずに混用したものか（「神道大系」三三四ページ参照）。

図三　兼永本『古事記』中巻

「朕」（吉本）・「股」（渡会本など）・「一」（寛永本・猪熊本・前田本）・「役」（猪熊本など）・「侵」（前田本など）に作る本や箇所もある。

『日本書紀』では、巻一に「俣」「岐」がともに使われている。「股」の旁との類似形も見られるが、これは原本の影響でなければ、「俟」（マチ・マツなど）との混淆によるものであろう。『万葉集』巻一三（三三〇一）では、木村正辞『萬葉集訓義辨證』（一九〇四）下五八ページから引くと、「俟海松《マタミル》」（俟）は、元本・温本作俣、家本・昌本・活本作役などとし、「股を役と書るより誤来れるならんか」とする『万葉集略解』を引くが、『古事記』『古事記伝』『類聚名義抄』により、「俣」を「改むべきにあらず」とする。「俟」・「俁」・「役」・「侵」・「俁」・「浮」という異文もある。上代文献の誤写説は、こういう例が実在するところから完全に否定することはできないのだが、この字種だからここまで変わったのか否か、一般化をすることが可能か検証する必要があろう。「万葉集校本データベース」で確かめると、以下のようになっている。

寛永版本　元暦校本　広瀬本　類聚古集　紀州本　神宮文庫本　西本願寺　陽明本

	11世紀末	1215/1781年	12世紀後半	1542年以前	16世紀半ばか	13世紀末～14世紀初	16世紀後半
俟	俁	俁	浮	俁	役	俁	俁

部首の異なる「⿰木呉」「⿰月呉」も当時の文書や『出雲国風土記』に見られる。なお、「椙」（すぎ）も漢字の「榲（右上は日も）」（オン・すぎ）の変形といわれているが、「俁」と同様に音読みをもたなくなっており、国字と認識されることが多くなった。

三　漢字から国字へ

樹木の「カシ」には、「橿」という漢字があり、（「櫧」はイチイガシ）、また堅い木（剛木）を指す字に「檮」があった。『新撰字鏡』「小学篇」（注1）に収めるカシを表す「⿰木冒」（⿰木冒）は、『新撰字鏡』巻七、木部、本草字（本草（々）異名　影印四一八ページ）の「白樹」（加志乃木）との関連が指摘できる（「苢」のカシハは「柏」か）。『古事記』の「白檮」（かし）も関わりがあるだろう（『古事記研究　帝紀攷』三八六ページ「白檮原宮」、四一二ページ「白檮」）。奈良時代には、こうした漢字や国字が見られたようだが、その造字の一つとして「樫」が現れる。詳しくは別稿（笹原二〇一七）に記したが、例えば『出雲国風土記』（七三三）細川家本五四ウに「樫」という形で木の名として使われ、『万葉集』巻七には、懐かしい、慕わしい、引き寄せたいという意の形容詞「なつかし」という別の和語に訓仮名として「夏樫」と使用されている。西本願寺本では「樫」に作る。聯想的表記ともされる。この字は、「鞆」（とも、ども。旁に象形用法が含まれるとすれば、「⿱艹滿（くぼて）」と同じ造字法）と同様に訓の発音を借りて転用されるほど訓と結びついて一部の識字層に定着していたといえる。

木簡でも、「甘⿰扌堅殿」（平城宮跡出土木簡。『木簡研究』九（一九八七）口絵、図版1ほか）、「富樫郷」（続け字。長岡京出土の延暦八年（七八九）三月の木簡（貢進付札）。『長岡宮木簡』一、『和名類聚抄』加賀国石川郡、「木簡データベース」、現在の石川県。『角川日本地名大辞典』「とむがしのごう」）などと、地名など固有名詞を表記するために使われた。前者は、甘いカシは存在しないので、当て字であろうと考えられている。

「樫」は、奈良時代に金石文や木簡だけでなく、紙の文書にも出現する。ただし、記紀の編纂よりも後に記されたものばかりである。正倉院文書にも、「樫」は和語の人名の表記として現れる。「田邊橿實」は「名を樫実にもつくる」（『日本古代人名辞典』一〇一七ページ）。「橿実」から「樫実」に改名ないし改字したとみられる下級役人がいたのである。なお、「～実」（～のみ）という結合はほかにも複数ある（『万葉集』『新撰字鏡』）。

彼は、従七位上にまで昇った。これは、書博士、音博士と同じ位である。内記（ないき・うちのしるすつかさ）は令制における中務省の官人で、能文、能筆の人が選ばれた（大・中・少内記各二人）。詔勅、宣命、位記（叙位の旨を記した辞令書）、上奏などの作成や宮中の記録を司った。文書の名前はいずれも自署ではないと見られるが、漢字「橿」から、国字「樫」への転換期がこの頃にこの層であったことがうかがえる。国字は、すでに同義、類義の漢字が存在し、認識されていても、和語の語義とのずれを修正したり構成要素をイメージに適合させるために作られ続け、そして選ばれたのである。

「正倉院文書」を、『大日本古文書』や「奈良時代古文書データベース」（東京大学史料編纂所）などの記載を必要に応じて修正しつつ参照し、出現順に並べてみる。文書の種類、筆者は複数にわたり、自筆の署名はないようだ。七三九～七四八年は五例とも「田邊 橿實」、七五〇・七六一年は二例とも「田邊 樫實」と分かれる。

図四　「田邊橿實」から「田邊樫實」へ（以下、一～七）

一　天平十一年（七三九）七月十二日「経師手実帳」続々修第十九帙第二巻　田邊（異体字。以下略す）櫃實

二　天平十三年（七四一）自閏三月至四月三十日「写経行事給銭注文」続々修三帙二裏書　田邊櫃實

三　天平十四年（七四二）十二月十七日「金光明寺写一切経所解」続々修三帙二　田邊櫃實（書き直し）

四　天平十八年（七四六）十月十七日「写金字経所解案」続々修四十一帙四　田邊櫃實

『大日本古文書』では、これを「櫝」と翻字し、『新撰字鏡』「小学篇」の「樌」（むく）かという。確かに字体が近い。ムクはカシと科を異にするが、同様に高木で、葉に鋸歯をもつ。ただ、この旁は、「畺」が元になっているものであり、たまたま形が類似したものとも考えられるが、「恵」は、則天文字で「臣」であり、これが「堅」との連想を起こした可能性はある（なお、「賢木」はサカキに用いられた）。

五　天平二十年（七四八）十月廿一日「写経所解（?・）《ママ》」続々修四十七帙三　田邊橿（右下の「一」は「・」カ）實
断簡で、たまたま残った箇所にあった。

六　天平勝宝二年（七五〇）三月廿八日「御願八十華厳経用紙筆墨帳」続々修六帙二　田邊樫（崩し字）實

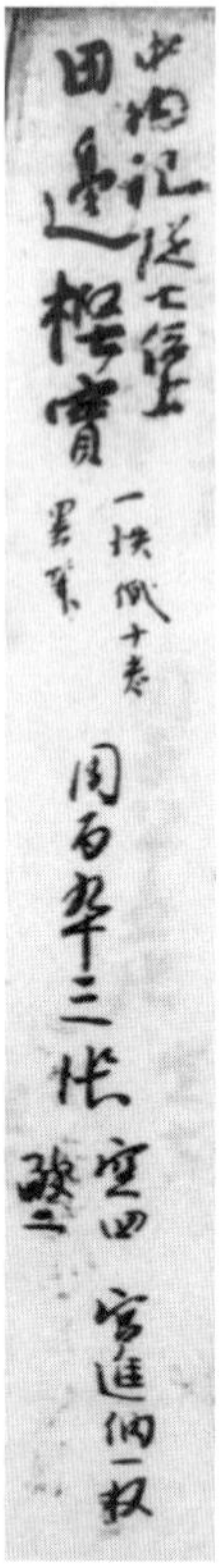

七　天平宝字五（七六一）「神祇大輔中臣毛人等百七人歴名」　続々修四十六帙五　田邊樫實

大録は正七位上。『大日本古文書』一五には、「年月日ヲ注セズト雖モ」『公卿補任』などにより、「今姑クココニ収ム」。

国風化はこうした文字の面で、いち早く起こっていたことが指摘できる。ただし、正倉院文書では、その後も、「自所々請来経帳」（天平勝宝四年（七五二）　続々修一五帙八）に「赤橿」が用いられており、カシ表記のすべてが切り替わったわけではないことがうかがえる。そこでの字形は、「楅」のようであり、先のムクに似る。なお、ここではスギも、先に触れた漢字の異体字「榲」かその日本での変形「椙」と見られる崩し字が書かれている。

図五　「赤橿」

国字を人名に用いるケースは、「畠」「麿」などにも見られるほか、上毛三碑の一つ「金井沢碑」には「駲」が二回記されており、「ひづめ」と読まれることもあるが、「馴」とも解されている。「駲」は中国にあった。

四　合字の生成

六書には当てはまらない造字法も存在し、当時、造字の一つの方法となっていた合字は、中国にもある方法であったが、漢語でもとの複数の字の読みが維持されない場合は、会意文字のように扱われる。

方（二〇一七）は、合字としては、「廿」（飛鳥池（七世紀後半　以下、古いものを主に示す）。中国製）、「𣅜」（石神遺跡（天武朝の七世紀後半）「𣅜五十戸」、藤原宮、伊場）、「屋」（藤原宮・京。国訓ともいえる）「启」（平城宮・京。国訓ともいえる）、「魚年」（平城宮「煮ー」）などの木簡での例を挙げる（注2）。「年魚」の合字は、会意的でもあるが、他に見られず、あるいは頭の中にある「年魚」を書こうとして、字体に逆行同化と他の字との混淆による偏化ないし同様のプロセスを経た転倒が生じ、一字への融合が一回的、臨時的に起きたものという可能性がある。

合字の一つである「𣅜」について見ておく。『古事記』の『帝紀』とされる部分に「くさか」を表す「日下」が頻出する。こうした熟字訓は、広い意味での「当て字」に含ませられてきた。この『古事記』序文に言及される熟字訓「日下」は早くに縦に一字に合わさって日本製合字となる。明らかに一字として書かれていると判断できるものが奈良朝以前に出現する。一語とも解しうる固有名詞や熟字訓であることに加えて、構成要素が簡易な筆画しかもたない点や、漢字に「早」「𣅜」のような類形が存したことが、合字化をもたらす要因であったと思われる。つまり、土台があったことが変化を促進したのであろう。逆に「早」一字から端を発したとする見解もある。

藤原宮木簡に「𣅜マ（部）」が現れる（奈良県教育委員会一九六九『藤原宮』）。大宝二年（七〇二）の「御野国味蜂間郡春部里戸籍」にも「西尓得妻𣅜部恵弥賣　年卌一正女」と「𣅜」が使われている（『正倉院古文書影印集成』続修四・『大日本古文書』一）。元明天皇による地名の二字化（和銅六年（七一三）か）で合字が固定化に向かった可能性がある。『播磨国風土記』（「天理図書館善本叢書」）の使用例は、二字とも解しうる形態である。合字か二字かという判断には、構成要素の大きさ、構成要素の間隔やバランス、字間、行間、線の太さ、続き方、書風、筆跡などを総合的に考察する必要がある。『和名類聚抄』でも高山寺本に「日下部」が合字となってさらに頻用の漢字へと変化した「早部」がある（蜂矢二〇一七）（注3）。

また、万葉仮名の「麻呂」（まろ）が合字化した「麿」は、その一字化の過程を追うと、「御野国味蜂間郡春部里大宝二年戸籍」（七〇二）は、戸籍ということもあって楷書で丁寧に一字ずつ書いているが、「写後書所解」天平一九年（七四七）、「写経所解」天平二〇年（七四八）あたりになると、楷書でも崩し字でも一字よりはやや長い程度か一字のように記されている。他の「万呂」など、字画の簡単なものにも並行して合字化が起こっている（笹原二〇一七）。時代の推移のほか、公文書の中でも公式性の高い戸籍に比べて、書風がラフでよかったものでは、字形が崩れやすかったことも関係しているのだろう。

澤瀉（一九五五：巻一：二五二）で、「麻呂」が宝亀三年十二月卅日の「東大寺奴婢籍帳」には「奴安居麿、奴常石麿」などがあるとし、「萬葉時代には尚二字に書く事を通例としたが、末期に及んでは戸籍などの書記生によつて簡便を旨として一字にも書かれるに至つたものと考へてよく」と述べ、人麻呂はまだ二字だったと推測する。その「東大寺奴婢籍帳案」の原物（各種の写本や活字本では正方形の字形に直され揃えられる）では、一字にほぼ見えるもの、二字一字にはなりきっておらず二字との中間くらいのもの、二字のものが見られるが、『南京遺芳』『正倉院宝物銘文集成』などで他の文書などを確かめても、天平年間には「麻呂」が一字と半分程度に圧縮されて「麿」に変わる過程にある字形が複数見られる。むろん、天平勝宝に至っても、二字に書かれたものもある。書記者や資料の性質に左右され、戸籍は地方から中央に提出する行政文書であるため、比較的丁寧に記される一方で、日常的な文書である計帳、木簡では「万呂」が一字のように書かれる（鈴木二〇一七）。

その当時、人名に好んで多用されたマロには種々の表記があった。「麻呂」を「満」とするのは、「唐風の趣向」であり、「鯖麻呂」と「佐婆麻呂」のような「通用表記」も見られる。「万」と一字で「省記」「略記」されることもある。「佐波」と「鯖万呂」のようなケースもあった（森山一九八六）。「万呂」の「呂」が木簡では、「もはや原型をとどめず、符号化されたような一文字」となる（井上二〇一七）。官職名の「部」も、部姓の記述では略した形をとり、「ア」の形態が七世紀に多く、八世紀に「マ」状へ変わることが知られている（市大樹二〇一〇、井上二〇一七）。これは、多用され、記号のように意味が薄まって字形も運筆の流れに沿って簡易化したものといえる。犬飼（二〇〇三）は、「部」を「阝」で書き、門構えを「つ」のように書くことは朝鮮半島からのものと推測する。

漢字に土台となる類形の「磨」「摩」などがあったことにも支えられて、万葉仮名が自然発生的に合字化し、国字となった。『出雲国風土記』や『万葉集』に出る柿本人麻呂、長意吉（ながのおき）麻呂、笠（かさの）麻呂、高橋虫麻呂の時期はまだ二字だったが、第四期の田辺福（さき）麻呂の頃は一部ででも合字化が進行していたという可能性がある。

このような漢字への加工は、時代とともに多くの漢字に施されるようになっていく。「戸主」（へぬし）の合字には、頻度と一語としての認識があったと考えられ（笹原二〇〇七、鈴木二〇一七）、「御野国大宝戸籍」（大宝二年）のほか、平城宮出土木簡（計帳のようなものから抜書きされたものと推測される）には「屋」と同じ形をとる、既存の漢字に近づくものもある（鈴木二〇一七）。一方で、一語とは認めがたい「戸秦」や「戸口」も合字化しており、「戸縣」「戸不」なども筆法により組み合わさりかけたものがある。

既存の漢字に対して、先に触れたように部首が置換されたり付加されたりすることは、中国で古くから行われてきた。「然」から「燃」が派生して字義を明示的に区別しようとしたり、「椀」から「碗」などを派生させて材質を区別しようとしたりするのがその例である。

「婇」は、真福寺本『古事記』、兼永本『古事記』巻下など、上代から見られる「采女」の合字である。先の「戸主」「戸口」なども、既存の漢字と同じ形に合字化したが、戸籍などには一字とまではいえないような合体も見受けられる。『大漢和辞典』は、「サイ　女のあざな」「国字　うねめ・うねべ」（『古事記』から二つの字義）を併存させる異例の形式をとる項目としている。合字による国訓ともみたわけであるが、実際には中国で生まれていた（張涌泉一九九五、S.6836）。

書記行動から見れば、その継承、あるいは個別の左右結合型の合字化、同化の一種の融合とも考えられる。一語意識から熟字訓をもつ二字を要素の省略をすることなく併合したもの、あるいは既存のそれを受容したものである。漢語の「采女」が、「采」の字義を理解しない人などによって「婇女」という逆行同化による偏の付加が起こり、それによって生じた字体という可能性もある（『古事記』・『神道大系』）四二ページに「婇　七宰切婇女也（124行）」、一八八ページに『大日本古文書』に「婇女」「⿱采女」があると指摘する）。『万葉集』巻一（51番）や木簡（『改訂新版日本古代木簡字典』一六九ページ）などでも使用された。平城宮木簡には「⿱采女」という形もある（桑田二〇一四）。

筆写の際に二字の結合が自然に起こりうる上下型の合字と違って左右型の合字化は少ないが、『出雲国風土記』に「㖨」（ひこ。彦。姫の対）がある（江戸期の山崎美成『文教温故』も指摘する）。

韓国の合字は、縦書きに書かれることによって上下に結合させることが着想され、また筆記される中で自然に生じたタイプがほとんどである（李二〇一五ほか）。それに対して、日本には、このような左右に結合する合字が見られる。前述した「麿」のように主に一語が自然発生的に一字化していくタイプに比べて、意識的に行われた造字とみなすことができる。これは、構成要素のバランスのほかに、土台となる漢字が「暗」「晴」「暖」のように多数あることが影響していると考えられる。日本では結合の際に元の字の要素を切り捨てることが比較的少ない。

五　朝鮮の影響など

ここまで、当時の渡来人や国際情勢を反映し、中国ばかりでなく、朝鮮（韓国）に関することがらにも触れてきた。より具体的な影響についても述べておく。

「瓼」は、飛鳥池木簡1329、「法隆寺伽藍縁起并流記資材帳」『古代資材帳集成』一二六ページ、正倉院文書、『令集解』などで使われており、「さらけ」と読む（『和名類聚抄』巻一六「本朝式」「所出未詳」（「俗」とはされていない）、『延喜式』）。国字とされ、水を運ぶ、酒造のための底の浅い甕のことである。この字は、『新撰字鏡』「小学篇」にはない。日本では、上代においては「瓦」を右側ではなく左の繞の位置に配置することがほとんどであった。

朝鮮では、これより早く六世紀に百済で「⿺瓦去（ないし⿺瓦夫）」という朝鮮の国字と考えられるものが陶器に記されており（金永旭二〇〇八。咸安城山山城二二一号木簡にも「爲六⿺瓦酉」という「漢語語順」の文字列が見られる（瀬間二〇一七））、こうしたものが先例としてとらえられ、日本でも造字がなされた可能性がある。中国では「瓴」「瓶」のように、「瓦」は右側にくることが多かった。

方（二〇一七）によると、朝鮮と直接の関係を示すものとしては、「椋」（高句麗の四〇九年築造の墓誌銘、百済、新羅の木簡に。日本では伊場遺跡など七世紀後半の木簡に用いられ（三上二〇一三ほか）、八世紀以降、律令制の施行、遣唐使の任命・派遣によって「倉、蔵、庫」へと変わる）、「鎰」（鑰。厳密には、それぞれ当時の字体は異なる。新羅（八世紀）のほか、中国では遅れて『龍龕手鏡』に出る。平城宮・京木簡。『和名類聚抄』に「俗用」。飛鳥池木簡には「益」でカギを表す例がある）のほか、「鮓」（統一新羅（八世紀）に、これとも解読しうる可能性をもつ例がある）、「籾」（モミ）を表すとされる「丑」（百済の陵山里寺跡出土木簡（六世紀中頃）、新羅の「正倉院佐波理加盤付属文書」（八世紀前半、日本への舶載は八世紀半ば）がある。ただし、「籾」は正倉院文書や藤原宮木簡（平安初期）などに見られるが（三上二〇一三ほか）、旁の字体が「叉」であることが判然とせず、「丑」の異体字と解しうるものがあり、仏典や辞書に載った「粈」（籾）とは字義を異にする。「籾」は、中国では「粈」の異体字としては存在していた。雑穀飯を意味したこの字を、朝鮮ないし日本で、モミを刃（叉　やいば）に見立てて意味を付与した可能性がある。

中国、朝鮮に由来する「弖」は、『万葉集』などに頻用され、文書などでは字体をやや異にするが、高山寺本『和名類聚抄』に「弖」に「国用手字」とあり（工藤二〇〇五）、平安期以降の意識がうかがえる。

「畠」については、平城宮・京木簡にあり、人名であるとされ、正倉院文書との対比が求められる。出自については朝鮮、日本の両説があるが、武井（二〇一七）は伏岩里遺跡出土第五号木簡の使用例は「水田」や「畠」とする（武井は「椋」は高床式のクラという説を採り、扶余・陵山里出土木簡にある「丑」は「籾」とみる。「鎰」は正税帳、木簡にあることを指摘する）。

「畓」について小倉進平は、「新羅真興王招境碑」にあり、『三国史記』、『三国遺事』（「⿸广京谷県　一云首乙呑」）で地名に用いられるとして、「当時の朝鮮字であらうが」（安部二〇一七）と述べる。この朝鮮の国字は、新羅の碑（五六一）に現れ、正倉院に伝わった新羅村落文書（六九五）や百済の木簡（七世紀）に使われている（方二〇一七）。

犬飼（二〇一七）は、「韓国の研究者が「上下合字」とよぶ現象がある」とし、日本では七世紀末の木簡に多いと指摘する。「韓国の第一次資料には「水田」「白田」などを一字分に詰めて書いた例もめずらしくない」「後者の日本の対応例が従来「国字」とされてきた「畠」に他ならない」とする。「二字が一つの言語単位にあたる書記」というのは、ハクデン式にもとの二字分の音読みで読めば合字、固有語で読めば会意文字となる、その後者を指す。伏岩里の木簡の「「白田」は「水田」「麦田」と区別される耕地の分類をあらわしている」と指摘し、朝鮮半島と日本列島とで「書きあらわされる言語が異なるために相違が生じた事象」であり、「韓国の木簡における「畠」は日本のそれとは別の意味で用いられていた可能性が高い」と述べる。

国字（日本製漢字）が製作された背景には、一語は一字で書こうとする意識（山田一九三七）の存在がある。それは通常の訓読みをする漢字、合字と共通する。字音を表記する必要がないので、形声ではなく、和語の意味を想起しやすい会意が好まれた。単音節語でなくても訓読みを用いれば、一字化が可能であった。熟語の同化形においても、同様に結合を明示することで一語を表記しようとする意識が働いた結果があった。偏旁付加や置換も、字義を特定し、一語を一字で書こうという意志が生み出した面もあった可能性がある。中国に先に存在した字体に関しては、暗合（別個に創作した字の形音義が一致する現象）、衝突（別個に創作した漢字の字体だけが一致する現象）のほか、伝承や伝播による可能性もあるため、時代や資料、物名、人やそれらの交流の状況などを捕捉する必要がある。

「畠」は、正倉院文書や平城宮出土木簡などに出現し、「はたけ」を指す。中国や朝鮮で使用の古い記録が失われていたため、国字のように見えても、中国製あるいは朝鮮製であれば日本では漢字、朝鮮製漢字（朝鮮の国字）として、日本でのそれらの「佚存文字」として区別すべきであり、その可能性が残されている。

中国では古くは「田」が「た」も「はたけ」も区別なく表すことができた。日本語と朝鮮語では、固有語として両者を区別しており、それらを表記しわける必要に迫られたのであった。先述した韓国の国字「畓」（논（ノン））。後に字音답（タプ）が漢字「沓」から派生）の日本への伝来は古く、八世紀の正倉院宝物に記された例が確認できる（笹原二〇〇七）。なお、『日本書紀』には「烪」という韓国の人名を表すための造字が用いられている（『懐風藻』では中国式に、

漢字の「本」に作る）。

百済の木簡に「畠」の使用例が見つかったとのいくつもの報告に関しては、平川南編（二〇一四：二五七）などの写真で確かめると、字の間隔や「白」「田」のそれぞれの書きぶり、要素の間隔や他の行の字形などから「白田」という二字である可能性が排除しきれない。「白田」は、漢語の熟語としてすでに六朝期に存在していたことが『晋書』、『水経注』（白穀を植える田の意）、『続斉諧記』（『和名抄』所引）によって知られている。他の確実な用例が出現するまでは結論を保留するなど慎重に判断をしていく必要がある。この字の中国起源説すなわち漢字説は平安時代の『江談抄』以降、幾度となく唱えられてきたが、いずれも形の類似する字を誤認したものなどで、なおも確例は現れていない。

人名を魔除けのために「几」で字を覆い一字のようにする形式も、正倉院文書や印章などに見られ（三上二〇一三など）、則天文字と同様に道教の呪符の影響を見出すことができよう。

六　国訓

国字に関連するいわゆる国訓についても触れておく。『日本書紀』に用いられている「雵」と「靇」は、漢字「靈」（霊）の「巫」を「女」や「龍」に置換したものであり、それぞれの漢字義とは異なり、「め」（天照大神）、「おかみ」（水に関する神）と読まれる（詳しくは笹原二〇一七参照）。これらの字は、『日本紀私記』、『釈日本紀』、『日本書紀纂疏』や『日本書紀抄』などにおいて「靈」と直されたり、神道的な解釈が語られたり、辞書の記述について短く言及されることがあった。いわゆる中世日本紀において、とくに「雵」という最高神を表す国訓の字にはより新しいコノテーションが与えられた。

字義、用法、訓読みに関して、「鋤」と「鍬」の字義が日本で逆になったという類の指摘がある（古賀二〇一二、方二〇一六)。上代の人名にも用例がある。「甲」「冑」など、語レベルで知られるこの類は漢字でも他にもあり、名物学的な考証がさらに進むことと、逆転した理由の解明が期待される。

訓読みを用いる際に、表記のコノテーションは、日本の人々にすでに感じ取られていた。瀬間(二〇一五)は、「若」を『古事記』が神の名に用い、『日本書紀』『風土記』も「慣用的な固有名詞表記」とすることについて、「「弱」の衰・劣・敗等の字義を嫌ったことが推定される」と述べる。主要な字義が連想されることにより、漢籍では音通による義の通用例が極めて少ないこの「若」にワカ(シ)という訓義を認め、多用して、佚存義に近い国訓のようにしたのであろう。

こうした表記感覚の重視は、不読文字「魚」(観音寺木簡「多比魚」、『古事記』「入鹿魚」)に連なる可能性がある。これらの「魚」を置き字のように音声化(音韻化)せず、発音を伴っては音読しなかったとすれば、魚偏を付して声符の語義を明示する国字(「鰯」もその類)による表記法に共通性を有する表記法といえる。

七　国字の使用字種の位相差

上代の国字は名詞を表すものがほとんどであり、道具名にも作られた。「鎹」は、会意の国字である。「かすがひ(い)」は、当時は戸を閉めておくための金具(かけがね・かきがね)のことであり(「コ」の字形の大きい釘は後代になってから)、それに対し会意の国字を作ったのである(詳細は笹原二〇一七参照)。この「かすがい」という語には、上代においては異系統の表記漢字もあったとされ、唐招提寺文書には国訓に分類される字(「匕」の字音や字体ではなく字義によるか)を用いて「糟匕」とある。すでに職業的な小集団のような社会の違いによっても用字の定着に位相差があったことがうかがえる。『新撰字鏡』には、「録」のほか「小学篇」字の「鉒」「鉩」にもカスガヒの訓を示しており、表記の一定しなかった状況がうかがえよう（後代にも「⿰金系」、そこから「⿰金系」、「鍄」などが生じる）。天武朝の『新字』（六八二）による公的な漢字統一方針から、各社会での試作、さらに偏継ぎのような遊戯までがこうした表記に関わった可能性がある。なお、この文書に用いられている「輜」（「ゆき」か）は、『新撰字鏡』「臨時雑要字」に熟語「輜⿰車曹」の一字として見られるが、字義から見て衝突であろう。

「小学篇」にある僻字が上代の文献での使用字と符合するケースがいくつか見出せる。「鉝」は、「大安寺伽藍縁起并流記資材帳」に用いられており（『寧楽遺文』、『古代資材帳集成』五三ページなど）、「かぶと」と読まれている。この字は、中国では、字音がリフ（リュウ）、胡の食器名（林邑王の献上した物）であり、文意からみてそれとは別系統のものであろう。『新撰字鏡』に収められた、奈良時代の辞書と考えられている「小学篇」には、「鉝」が「⿰金笠」とともに「かぶと」とされている。後者は、和語の「かぶと」を表すために、素材の金属から金偏、頭にかぶるという特徴から「笠」を選んで、会意文字として結合させたものであろう。この竹冠を省略ないし金に置換したのが、「鉝」であり、奈良時代には実際にある集団において存在、流通していたことがうかがえる。

『古事記』には、「⿰木乗」という字が使われており、「くら」と読まれている。これも「小学篇」に「橈」で「乗久良」と読む国字があり、また漢字の「鞍」を日本での実際の材質に合わせて革偏を木偏に換えた「桉」（大宝二年戸籍など。『古事記』（神道大系）一七八ページなど）と何らかの関連を有するものであろう。

上代においてすでに用字の選択に地域差があることも知られているが（笹原二〇一七）、古『風土記』には、産物などの表記に僻字の使用が見られ[注4]、なんらかの地域性による可能性もある。たとえば、『出雲国風土記』に「⿰魚怱魚」「⿰馬麻子」などが見えることは、近世期の『倭訓栞』から指摘されている。その他にも、上代の歌論書『歌経標式』の万葉仮名に「⿰口用」（夜（よ）。「用」と同じく甲類）が用いられるなど、位相性を有する特異な字種は各種の文献に散見される。

八　おわりに

上代は、識字者が現在のような広がりをもたず、識字能力、運用可能な字種・用法に位相差、個人差も大きかった。また印刷はまだ「百万塔陀羅尼」という仏典に限られ、漢字が書かれる機会も多くはなく、さらに時を経る中で、書かれたものが散逸したケースも少なくない。しかし、文献資料は、肉筆の文書、木簡、それを硬い素材に鋳込んだり彫り込んだり書き込んだりした金石文、刻書土器、墨書土器、布に編み込んだ刺繍、そして後代の写本や版本、逸文などとして残る書籍がかなり伝承され、また出土している。

それらに残された文字を中国、朝鮮のそれらと比較検討し、その背景を探究する作業を通して、その出自に迫ることが可能である。本稿では、漢字の字種、字体の日本化の発生、表記の変化の過程とそれらの変異の背景に関する各種の現象について確かめてきた。日本化（日本製）字体、国訓や国字は、そのほとんどが後世の人間が当時の状況を総合的に判断して貼り込むことができるラベルである。一つ一つの用例を慎重かつ的確に検証することによってのみ、判断していかなくてはならない。

注

（1）養老年間に編述された『楊氏漢語抄』やその他の『漢語抄』、それと同様の内容をもつとされる『弁色立成』や『小学篇』は、いずれも上代に編まれた通俗辞書であったと考えられている。中国で「兎園冊」と呼ばれた日常の読書に供する俗書のような実用的な位置にあったものだったのであろう。そのために、早くに『新撰字鏡』や『和名類聚抄』といった辞書に引用されるくらいでその役目を終え、世の中から消えていったのであろう。

（2）方（二〇一七）は、国字とされてきた字の木簡を中心とする使用に関する現状の認識をまとめて示す。会意の国字では、この「毽」（平城宮・京）のほか、「杣」（平城京）、「椀」と関わる「欟」（平城宮。実際の字体は異なる）、「鬘」や「縵」と関わるが『万葉集』に多用される「蘰」（長岡京）などを挙げる。「俥」（石神）は字画が一部欠けるが『令集解』などにも見られ、検討を要する。「鎹」（平城宮）については、後述する。漢字の異体字に端を発すると見なしうるものや国訓の類については例は略すが、「杭」「鮭」などは正確な字体の分析が求められる。平城宮から見つかった木簡には「□鰯鯵鯖鮭鮨□」と字種が記されているのだが、これは観音寺木簡に現れた「椿」（つばき）と同様の国訓や国字を、群として習書したものともみられ、何らかの辞書から写した可能性がある。「呞」は「呞嘖」（呵嘖）として手紙の下書き（正倉院文書）にも見られた。

（3）橋本（二〇一一）は「好字」は「正しい読み方（語形）を示す字」という見方を提示する。詔勅の時期、回数、内容や改字されつつあった二字化の実例、「嘉字」「佳字」などと合わせて検討する必要があろう。

（4）ほかにも、当時すでに漢字には種々の面で地域差が生じていたことが指摘されている。古代の漢字には、書写者ごとに漢字への習熟度に差があって、個人による差も様々な点で大きく、それが残存資料の少なさと重なって地域の差と繋がるケースもある。木簡の使用字や書風に地域差が見られること、土器の書風や書写能力にも地域性が認められていること、東歌や防人歌の万葉仮名の選択に地域差が見出せること、そして犬飼（二〇〇三）が指摘する「美濃国戸籍」の「妹・弟」が七世紀以前の古い日本語の語義に即して使用されていることなどに、地域性をもつ文字の萌芽を見ることもできる。

文献

青木和夫・佐藤進一・高木昭作・坂野潤治編（二〇〇〇）『文献史料を読む』　朝日新聞社

安部清哉編・解説（二〇一七）『小倉進平博士原稿『語彙—新羅及高麗時代』—朝鮮語研究資料「小倉進平関係文書」より—』　学習院大学東洋文化研究所

李　建植（二〇一五）「『통합 漢韓大辞典』의 國字 처리에 대하여」『東洋學』五九　pp.143-167

石塚　晴道（一九八〇・一九八一・一九八四）『図書寮本日本書紀　本文編・索引編・研究篇』　汲古書院・美季出版社・汲古書院

市　大樹（二〇一〇）『飛鳥藤原木簡の研究』　塙書房

犬飼　　隆（二〇〇三）「文字言語文化としての戸籍」 新川登亀男・早川万年編『美濃国戸籍の総合的研究』 pp.359--377　東京堂
犬飼　　隆（二〇一七）「連合仮名を文字運用の一般論から見る」 犬飼　隆編『古代の文字文化』 pp.533--556　竹林舎
井上　　文（二〇一七）「一次資料としての出土漢字」 『古代の文字文化』 pp.398--425　竹林舎
植垣　節也（一九七二）『風土記の研究並びに漢字索引』 風間書房
長田　夏樹（二〇〇〇・二〇〇一）『長田夏樹論述集』上・下　ナカニシヤ出版
澤瀉　久孝（一九五七－一九七七）『萬葉集注釋』 中央公論社
金　　永旭（二〇〇八）「한국어 表記의 기원과 전개과정」『한국문화』四二　pp.171-191
木村　正辞（一九〇四）『萬葉集文字弁証』
工藤　力男（二〇〇五）『日本語学の方法』 汲古書院
桑田　訓也（二〇一四）「木簡の文字の向こう側―「采女」の合字―」2014年12月
<https://www.nabunken.go.jp/nabunkenblog/2014/12/20141204.html>2017.9.1
古賀　　登（二〇一二）『両税法成立史の研究』雄山閣
国立歴史民俗博物館・小倉慈司（二〇一六）『古代東アジアと文字文化』 同成社
小島　憲之（一九七三）『国風暗黒時代の文学』中（上） 塙書房
小谷　博泰（二〇一七）『木簡と宣命の国語学的研究』 和泉書院
笹原　宏之（二〇〇七）『国字の位相と展開』 三省堂
――――（二〇一二）「異体字・国字の出自と資料」『漢字字体史研究』 勉誠出版　pp.341-366
――――（二〇一五）「〝串〟字探源―以〝串〟表扦子之意为中心」『中国文字研究』21　中国　pp.219-229
――――（二〇一六ａ）「国字（日本製漢字）と誤認されてきた唐代の漢字　―佚存文字に関する考察―」『東アジア言語接触の研究』 pp.1-39
――――（二〇一六ｂ）「会意によらない一つの国字の消長　――「鵈」を中心に」『国語文字史の研究』15　和泉書院　pp.65-83

――（二〇一七）「上代の日本製漢字の製作と使用 ―その前史と展開―」『口訣研究』三九 pp.43-86 口訣学会
――（二〇一八）「上代の字体入門」『「上代のことばと文字」入門―上代文学研究法セミナー―』 笠間書院
新川登亀男（二〇一七）「狩谷棭斎の『上宮聖徳法王帝説證注』」『狩谷棭斎 学業とその人』 早稲田大学會津八一記念博物館
鈴木　喬（二〇一七）「戸籍・計帳を日本語資料としてよむ」『古代の文字文化』 pp.258-282 竹林舎
鈴木　靖民（二〇一四）『日本古代の周縁史』 岩波書店
瀬間　正之（二〇一五）「文字言語から観た中央と地方 ―大宝令以前―」『文学・語学』二一二 pp.50-62
――（二〇一七）「高句麗・百済・新羅・倭における漢字文化受容」『古代の文字文化』 pp.429-453 竹林舎
武井　紀子（二〇一七）「東アジアの中の日本文字資料 ―人・物の管理方法を中心として―」『古代の文字文化』 pp.505-532 竹林舎
田中　卓（一九五三）『出雲国風土記の研究』
張　涌泉（一九九五）「敦煌文书类化字研究」『敦煌研究』第4期 pp.71-79 中国
中田　興吉（二〇〇七）『日本古代の家族と社会』 清文堂
橋本　雅之（二〇一一）「風土記研究の可能性」『国文学解釈と鑑賞』七六-五 pp.152-158
蜂矢　真郷（二〇一七）『古代地名の国語学的研究』 和泉書院
平川　南編（二〇一四）『古代日本と古代朝鮮の文字文化交流』 大修館書店
方　国花（二〇一六）「日本の漢字、中国の漢字」一月
<https://www.nabunken.go.jp/nabunkenblog/2016/01/20160104.html>2017.9.1
――（二〇一七）「いわゆる国字について ―木簡の用例を中心に―」『古代の文字文化』 pp99-126 竹林舎
三上　喜孝（二〇一三）『日本古代の文字と地方社会』 吉川弘文館
森　博達（二〇一一）『日本書紀 成立の真実』 中央公論新社
森山　隆（一九八六）『上代国語の研究 ―音韻と表記の諸問題―』 桜楓社
山田　孝雄（一九三七）『国語史 文字篇』 刀江書院

付記

本研究は、科学研究費基盤研究（S）「木簡など出土文字資料の資源化のための機能的情報集約と知の結集」、同「木簡等の研究資源オープンデータ化を通じた参加誘発型研究スキーム確立による知の展開」、同（C）「現代日本語における漢字の字体・字形の実態とその背景に関する調査研究」、東京外国語大学アジア・アフリカ言語文化研究所「アジア文字研究基盤の構築1：文字学に関する用語・概念の研究」による部分があり、上代文学会（二〇一六年八月）、口訣学会（二〇一七年二月）で口頭発表した内容に基づく点がある。貴重な御意見を御教示下さった方々に心より御礼申し上げる。沖森先生には、以前にも国字の前史、上代の国字について調べ直すきっかけを与えて頂き、また文化審議会国語分科会や共編などでも御教導を授かり、大変お世話になったことをここに記して感謝申し上げる。

漢文の蔭の日本語表記
――続日本紀宣命の逆順〈語〉表記――

屋名池　誠

一　問題の所在

続日本紀の宣命は、文法要素を小書きし大字で書かれる概念語要素と区別するいわゆる「宣命書き」で、宣命使が正確に読み上げられるように工夫を加えている日本語表記としてかなり進歩した表記法がとられている。しかし、その一方、文体・表記ともに本格的な日本語のものとして確立してはおらず漢文の残滓を多く含んでいるという見方も根強い。果たして続日本紀宣命はこの両極の入り交じった鵺的存在なのであろうか。

本稿は、従来、日本語語順に対しての「逆順」という外見から漢文的表現と見なされてきたもののうちに、実は日本語のための表記機構であるものが存在することを指摘し、それが文法的機能要素まで〈表意的〉に表記しようとする、現代まで伝わらずに終わってしまった「〈表意的〉表記専用システム」なる表記システムの一環であることを明らかにしようとするものである。

二　続日本紀の「純漢文部分」――その性格

二・一

続日本紀宣命には、純粋の漢文の文章が丸々挿入されている部分がある。日本語の文章に純然たる漢文の文章が挟まっているという不自然な体裁がとられているのはなぜなのか。まずこの点から具体的に検討していってみよう。

二・二

続紀宣命に挿入された漢文の文章で、もっとも長大なのは、元明天皇即位に際して発せられた三詔(注1)と和銅改元に際して発せられた四詔のうち、慶事に伴う恩典として大赦・賑恤（困窮者に対する恩賜）・復除（徭役の減免）・賜物・叙位・免租などを告示している部分である（復除・叙位は四詔のみ）。

大赦天下、自慶雲四年七月十七日昧爽以前、大辟罪以下、罪無軽重、已発覚・未発覚、咸赦除之。其八虐之内、已殺訖、及強盗・竊盗、常赦不免者、並不在赦例。前後流人、非反逆・縁坐及移郷者、並宜放還。亡命山沢、挟蔵軍器、百日不首、復罪如初。給侍、高年百歳以上、賜籾二斛。九十以上一斛五斗。八十以上一斛。八位以上級別如布一端以上。五位以上不在此例。僧尼准八位以上各施籾布。賑恤、鰥寡惸独・不能自存者、人別賜籾一斛。（三詔）

これらの文章は、早く粂川(一九三三)に指摘があるように、中国唐代の詔を模倣し換骨奪胎した体をなしている。しかし、唐代の詔にならうことで威厳を誇示しようというのなら、宣命全文を漢文にしてもよかったはずである。なぜこうした告示部分だけが漢文になっているのだろうか。純漢文部分の存在理由をまずこうした恩典告示の部分について考えてみることにしよう。

二・三

即位・改元はすべてが三詔・四詔のように宣命によって宣告されたわけではなく、漢文の詔勅が発せられたことも多くあった。また、宣命であっても三詔・四詔と異なり、恩典は日本語文で告示されることもあった。

続日本紀の収載対象の時期に、即位・改元が宣命、漢文詔勅いずれによって渙発されたか、こうした慶事にともなう恩典は何であり、その告示部分は漢文で示されたか日本語文であったかを一覧すると次のようになる。

即位

文武	一詔	(免租・賑恤は宣命になし)
元明	三詔	大赦・賑恤・免租(漢文)
元正	漢文詔勅(改元も含む)	大赦・賑恤・免租(漢文)
聖武	五詔(改元も含む)	大赦・授位・賑恤・免租(漢文)

孝謙	一四詔（改元と同時）	（大赦・授位・賑恤などの告示なし）
淳仁	二四詔	授位・賜物・免租（日本語文）
称徳	（二九詔（淳仁、廃帝））	
光仁	四八詔（改元も含む）	大赦・授位（漢文）、賑恤（日本語文）
桓武	六一詔	授位・賑恤（日本語文）

改元

和銅	四詔	大赦・授位・賑恤（漢文）
霊亀	漢文詔勅（元正即位詔）	大赦・賑恤・免租（漢文）
養老	漢文詔勅	大赦・授位・賑恤（漢文）
神亀	五詔（聖武即位詔）	大赦・授位・賑恤・免租（漢文）
天平	六詔	大赦（漢文）　授位（日本語文）
天平感宝	一三詔	授位・賑恤・大赦（日本語文）
天平勝宝	（続紀に収載なし。このとき出された一四詔（孝謙即位詔）にも改元告示なし）	
天平宝字	漢文詔勅	免租（漢文）
天平神護	漢文詔勅	授位（同時に渙発の三一詔には改元への言及や授位の告示なし）
神護景雲	四二詔	授位・免租・賜物・賑恤（漢文）
宝亀	四八詔（光仁即位詔）	大赦・授位（漢文）、賑恤（日本語文）
天応	漢文詔勅	大赦・授位・免租・賑恤（漢文）

延暦　　漢文詔勅　　授位（漢文）

即位詔は、元正天皇のもの以外はすべて日本語の宣命であるが日本語による恩典の告示は二四詔まではあらわれず、五詔までは漢文で行われていた。一方、改元詔は（即位詔を兼ねるものをのぞけば）宣命が四篇、漢文詔勅が五篇で拮抗しているものの日本語文による恩典告示は（これも即位詔を兼ねるものをのぞけば）六詔の授位が最初で、その後も一三詔・四八詔の賑恤以外は漢文である。

即位・改元のほか、立太子の宣命（四七詔・五〇詔・五五詔・六〇詔）でも大赦の恩典の告示があるが、これも漢文でなされている（四七詔・六〇詔には恩典の告示なし。五〇詔・五五詔は恩典のうち授位・賑恤は日本語文）。立太子にも宣命以外に漢文詔勅がある（桓武・延暦四年一一月二五日）。

当時、大赦や曲赦（地方を限定した赦免）・賑恤などは、これまでとりあげた即位や改元、立太子の際ばかりでなく、他の慶事・祥瑞の際や、除災などの目的でも頻繁に行われていたが、これらはすべて漢文詔勅として渙発されている。元明・元正・聖武期（宣命でいえば三詔から一四詔の間）のこの種の漢文詔勅で続紀に本文が収載されているものは（注2）、ほぼ三詔・四詔と同様の表現が用いられているもの（内容は大赦のみであったり、恩典があっても賑恤や免租のみであったり、また文章にも繁簡差はあるが）に限っても以下の例がある（「年・月・日」で示す）。

慶雲　【三詔　四・七・一七】
和銅　【四詔　一・一・一二】　五・九・三　七・六・二八
霊亀　一・一・一〇　【元正即位の漢文詔勅　一・九・二】

養老　二・二・七　四・八・一　五・三・七　六・七・七
七・一〇・二三
神亀　【五詔　二・二・四】
天平　【六詔　一・八・五】【七詔　一・八・二四】【八詔　一・八・二四】
三・一二・二一　四・七・五　六・七・一二　七・五・二三
七・閏一一・一七　九・五・一九　九・七・一七　九・八・一三
一一・二・二六　一一・三・二一　一二・六・一五　一三・九・八
【九詔　一五・五・五】【十詔　一五・五・五】【十一詔　一五・五・五】
一七・九・一七　一八・三・一五　一九・一・一　一九・一二・四
天平感宝【十二詔・一三詔　一・四・一】
天平勝宝【十四詔　一・七・二】一・閏五・一〇

以上を通覧すると、当時、恩典の告示は漢文で行うことが通例であったこと、後になって日本語文のものも現れてきたことがわかる。

二・四

恩典告示の部分がなぜ純漢文で書かれているのかを考えるために、宣命の中でこれらの部分にだけ用いられている特徴的な用語に着目してみよう。

両詔で大赦の範囲を画定するために用いられている「大辟罪」「故殺・謀殺・已殺」「強盗・竊盗・贓盗」「発覚」「反逆・縁坐・移郷」「軍器」などの用語は、いずれも日本の律で、厳密に規定され用いられている法律上の概念・用語である(注3)。また四詔で復除の対象として示されている「孝子順孫、義夫節婦」と、それらに対する恩典の一つ「表其門閭」という用語も、日本の養老令の賦役令の規定に

孝子順孫、**義夫節婦**、志行聞於国郡者、申太政官、奏聞**表其門閭**、同籍悉免課役

と用いられているものであり、三詔・四詔で賑恤の対象となっている「鰥寡惸独」(注4)「不能自存者」も、同じく戸令に

凡**鰥寡孤独**《ママ》、貧窮老疾、**不能自存者**、令近親収養。若無近親、付坊里安恤。

と用いられている法律用語である。

大赦、復除、賑恤などは、当時、律令にもとづいて執行されていた実務である。日本の律令は中国の律令法を継受して漢文で記述されていたのだから、それらに用いられる概念・用語は漢語として厳密に規定されていたのであり、それらにもとづいて律令制下の実務が行われていた以上、これらを安易に類義の別語(特に和語)に置きかえて述べたのでは、実務を精確に遂行するのに支障をきたしてしまうことが容易に想像される。

二・五

しかし、それなら、日本語文中にそうした漢語の術語を用いればよいだけのことで、全体を純漢文の文章にするまでの必要はないはずである。

ここで注目すべきは、この時用いられる漢文の文章がいつもほとんど同じ定型の文章であったことである。続日本紀の収載対象の最末期（桓武天皇の治世前半）になっても、四詔の恩典告示とほぼ同文の文章が漢文詔勅として踏襲されつづけていたことを実例で見てみよう。

大赦

［四詔　和銅一年一月一一日（元明天皇）］　大赦天下、自和銅元年正月十一日昧爽以前、大辟罪已下、罪无軽重、已発覚・未発覚、繋囚・見徒、咸赦除之。其犯八虐、故殺人・謀殺人・已殺・賊盗、常赦所不免者、不在赦限。

［天応元年七月五日（桓武天皇）　日照りによる大赦の漢文詔勅］　其天応元年七月五日昧爽以前、大辟已下、罪無軽重、已発覚・未発覚、已結正・未結正、繋囚・見徒、咸皆赦除。但八虐、殺・私鋳銭・強窃二盗、常赦所不免者、不在赦限。

賑恤

［四詔］　……高年百姓百歳以上、賜籾三斛。九十以上二斛、八十以上一斛。孝子・順孫、義夫・節婦、表其門閭、優復三年。鰥寡惸独・不能自存者、賜籾一斛。

［延暦七年一月一五日（桓武天皇）　皇太子元服による賑恤の漢文詔勅］　……又諸老人年百歳已上、賜穀五斛。

九十已上三斛、八十已上一斛。孝子・順孫、義夫・節婦、表其門閭、終身勿事。鰥寡惸独・篤疾・不能自存者、
並加賑恤焉。

大赦にあたっては、対象となる時期の下限や対象となる犯罪の種類、既決・未決・未発覚などどこまでを対象とするかという範囲などが明確でなければその執行はむずかしい。賑恤も対象者の種類、賑恤の具体的な内容が示されていなければ執行ができない。これら宣命・漢文詔勅の恩典告示部分はそうした恩典実施に当たって必要とされる情報がもれなく記載されている。これは執行実務者に対して発せられる符としてそのまま通用させることが可能なものであるといえる。

宣命・漢文詔勅と官符が共通の内容をもつものとすれば、どちらが元で、どちらがそれを承けたものなのか。実務に関わる情報以外には不必要な文飾が行われていないこと、長きにわたってほぼ同じ文章が使われ続けていたことから見て、宣命・漢文詔勅の方が官符のような実務のための定型文書をそのまま取り込んでいるものと考えるべきであろう。

宣命でも漢文詔勅でも、こうした実務に直結する部分は、律令制下の漢文の実務文書の表現をそのまま取り込むことで、その精確な執行を担保していたのであろう。宣命の中に挿入された純漢文の文章の存在理由を考えるに当っては、このような統治の制度の中で法令や文書などが結び合っている有機的な関係を考えあわせる必要があるのである。

二・六

二四詔以降の即位詔、六詔・一三詔・四八詔の改元詔という第二四半期以降の宣命で 恩典(六詔・四八詔はその一

部のみ）の告示に日本語文が用いられるようになるのは異例といえるのだが、これを上に述べた執行実務上必要な情報という観点から見てみると、これらの詔の恩典告示にはそれらの情報が欠けていることに気づく。たとえば、六詔では

大赦天下、百官主典已上人等、冠位一階上賜事ヲ始、一二ノ慶命恵賜行賜（注5）

とあるだけで、執行対象や内容の細部が明らかでないので、これでは到底実際の執行には役立たない。執行にあたっては当然別途、細部までをきちんと記載したこれまでと同様の漢文の官符が通達されているものと考えなければならない（恩典の告示部分のない孝謙即位詔や、改元詔そのもの自体、続紀に収載されていない天平勝宝の改元にあたっても、こうした官符は出されていたであろう）。「宣命のような最上位の文書では実務的な内容になど触れるべきではない」というような権威主義的な考えが次第に生じてきたことにより、実務のための漢文の定型文書の取り込みが行われなくなり、宣命での恩典の告示が概要にとどめられることで、日本語文による表現も可能になったものと考えるべきなのであろう。

二・七

ここまで恩典告示の純漢文について見てきたが、その他の純漢文部分についても見てみよう。

恩典告示以外の宣命内のまとまった漢文部分としては、称号追贈（二五詔）、断罪（二〇詔）の告示がある。称号追贈

には漢文詔勅がある（延暦四年五月三日、同九年一二月一日）のに対し、断罪の漢文詔勅は続紀には収載が見られないが、これらの場合も、律にもとづく専門用語で綴られた、漢文の実務文書が背後にあることは容易に想像されるところである。

このほかには仏典（金光明最勝王経）の純漢文による引用がある（四五詔）。これについては中国までの仏教伝来が仏典翻訳の歴史であったのに対し、日本では経典がついに翻訳されなかったことを考えあわせなければならない。

二・八

当時の文字使用のあり方の全体像の中でとらえなければ、宣命の純漢文部分の必然性は理解されない。

宣命に挿入されているこれらの純漢文部分は中国の詔勅を模倣したからたまたま残ってしまったなどというようなものなのではなく、用いられるべくして積極的に用いられているものなのである。

二・九

宣命は百官を前に宣命使が口頭で宣読するものであった。では宣命に挿入されたこうした純漢文部分は（訓読のための送り仮名は存在していないが）字音で直読されたのであろうか。

続紀・神亀四年二月二一日条には

天皇御内安殿。詔召入文武百寮主典已上。左大臣正一位長屋王宣勅曰「〈以下の漢文詔勅は省略〉」

という例があり、漢文の詔勅が官人の前で読み上げられているが、文書でこそ漢文を使うことが通例であったものの音声言語としての中国語に触れる機会のほとんどなかった当時の官人に、文章全体が字音で直読されて口頭の音声として理解できるほどの中国語の能力があったとは考えがたい。

読み上げは単なる儀礼にすぎず、その場で理解される必要はないから字音で直読されたとも考えうるが、四二詔（神護景雲改元）では叙位の告示の途中から日本語文がゆるやかに純漢文に変わってゆく例があるから、漢文詔勅や宣命の純漢文部分も（漢語の術語は字音読みされる（注16参照）にせよ）日本語に訓読されて読み上げられたものと見るべきであろう。

三　続日本紀の「漢文断片」――その出現域

三・一

続日本紀宣命には、今まで見てきたような漢文の文章の段落単位でのはさみこみがあるだけではなく、**日本語文の骨格に漢文の構文の句が埋め込まれている**場合が多数存在している。これを「漢文断片」とよぶことにしよう。

「漢文断片」には日本語文との連絡のため、その末尾に送り仮名が付されているので、日本語文に連続して、日本語で訓まれたことは明らかである。ただ、断片といえどももともと漢文なので、さきにあつかった純漢文の文章同様、

「漢文断片」の内部には送り仮名は振られない。

発兵ムト（一九詔）　取冠ベク（六二詔）　随仕奉状テ（一三詔）
至今マデ（五九詔）　定皇后ト（四九詔）　撿法ニ（四三詔）

これは中田祝夫（一九六九）によって、漢文訓読で普通に行われている「発《ムト》兵《ヲ》」、「取《ベク》冠《ヲ》」、「随《テ》仕奉状《ニ》」、「至《マデ》今《ニ》」、「定《ト》皇后《ヲ》」、「撿《ニ》法《ヲ》」のような送り仮名の方式とは異なる、宣命独特の送り仮名方式と指摘されたものである。

三・二

こうした「漢文断片」は、宣命全体に散らばっているのではなく、その出現は純漢文部同様、特定の範囲に限定されている。

まず、段落単位の漢文のはさみこみのあったのと同様な、

・改元・即位　・大赦・授位・賑給・優恤
・称号授与　・国家的犯罪についての断罪・宥免

についての部分の周辺に出現がある。これは漢文文書を背景にもつものといえる。

三・三

そのほかにも、その文章の内容から見て当時の漢文の公文書を踏まえていると見られるものへの出現がある。

・権限付与（五六詔）

遣唐使の大使・副使に、部下に対する生殺与奪の大権を付与するもの。続紀の収載対象の期間には、中止されたものをのぞき、六回の遣唐使派遣があったが、続紀にはこの五六詔（宝亀七年四月一五日）のほかに、大使交替などで延期されていた同じ遣唐使の再出発に際し、同じ光仁天皇が病気の大使に先発する副使に対し改めて発した宝亀八年四月二二日の漢文詔のみが収載されている。生命まで奪いうるほどの権限の付与を口頭ですませたとは考えられないから、続紀には記載のない他の五回にはおそらく漢文詔勅が発せられたものであろう。

興味深いのは

・瑞祥発見の経緯（六詔・一三詔・四二詔・四八詔）
・反乱陰謀・発覚の経緯（一八詔・一九詔・四三詔）
・敗軍の経緯（六二詔）

などを述べる叙事的な文章に「漢文断片」が多く見られることである。こうした文章の事実関係は下級の官署からの報告にもとづいているのであろうが、そうした報文は当時の公文書の通例として漢文で書かれていたと考えられる。だから、そうした漢文の報文を下敷きにした部分には元の漢文の名残りが析出してきているのであろう。具体的に見てみよう。次に挙げるのは、糺問した際反逆者が申し立てた陰謀の内容を述べた続紀の記事本文と、それらの反逆者を断罪する一九詔の対応部分である。

[天平宝字一年七月四日記事] A 於太政官院庭……庭中礼拝天地四方、共□塩汁、誓曰、将以七月二日闇頭、発兵、B 囲内相宅、殺劫、**即**囲大殿、退皇太子。**次**傾皇太后宮而、取鈴璽、即召右大臣、将**使**号令、**然後**廃帝、簡四王中、立以為君。

[一九詔 同年七月一二日] B 先内相家ヲ囲而、其ヲ殺而、**即**囲大殿ヲ囲而、皇太子ヲ退而、**次**者皇太后朝ヲ傾、鈴印契ヲ取而、召右大臣而、天下ニ号令**使**為ム。**然後**廃帝、四王之中ニ簡而、為君ムト謀而…… A 入太政官坊而、飲塩汁而、誓礼天地四方而、七月二日発兵ムト謀定而、

記述の順序がA・B入れ替わってはいるが、一九詔のこの部分にだけ、宣命で使役をあらわす定番の「令」ではなく、申し立ての記事と同じ「使」が使われていること、「即」や「次」「然後」の挿入されている文章上の位置が同じことからみて、両者が共通の、それも漢文のソースにもとづいていることは一目瞭然である。一九詔の「囲大殿」「召右大臣」「廃帝」「為君」「入太政官坊」「飲塩汁」「誓礼天地四方」「発兵」という［他動詞→目的語］の順の「漢文断片」はこのソースとなった漢文の報文に由来しているのであろう。

三・四

漢文の公文書以外の漢文を背景にもつものにも「漢文断片」が出現している。

・祥瑞の認定にあたって拠りどころとなった「瑞書」の表現に倣ったと思われるもの

「合大瑞」（四二詔・四八詔）は漢文詔勅でも用いられている常套句であり（養老一年一一月一七日・天平三年一二月二一日・一一年三月二一日・一八年三月七日）、そこでは「符瑞書図曰」「謹撿符瑞図曰」「援神契曰」などと「瑞書」を参照したことが示されている。

・仏教経典の慣用的表現

「発菩提心」（二七詔）は金光明最勝王経からか（沖森（一九七六））

三・五

このように特定の漢文文書や漢文の文献を踏まえているために文章の用途・内容と関わって出現する「漢文断片」のほか、文章の用途・内容とかかわりなく随所にあらわれる「漢文断片」もある。法令・公文書もすべて漢文で書かれていた当時、すぐれた文章家が任命され詔勅や位記の起草にあたった中務省の内記は当然漢文にたけていたのだから、宣命の起草にあたっては、用い慣れた漢文的表現の使用を抑制することに苦労したはずである。この抑制が緩むと、漢文由来の表現が純粋の日本語文のなかにもちらほら顔を出してしまい、「漢文断片」となってしまうのであろう。

・中国の格言
「古人有言、知子者親」「百足之虫ノ至死不顚ハ輔ヲ多ミト」（五九詔）、「去禍蒙福マク欲為ル事ハ為親ニトナリ」（二五詔）など。
・当時の漢文文書の慣用表現かと思われるもの
「合理」（四二詔）は考課令でも人事考課のチェック項目としてあげられているほか、正倉院文書にも多く見えている。「自今以後」（二五・三一・三三詔）や「自〜」（五一詔）・「始〜」（二詔）という開始時点の表現も漢文詔勅や正倉院文書にも多用され、「至今」（五九詔）は正倉院文書に多く見える。

三・六

起草者の漢文的表現に対する抑制力のちがいかと見られる例もある。
・光明皇太后関連の文書
光明皇太后が発した一七詔・一八詔と、二五詔の光明皇太后の発言（これも漢文文書の形で淳仁天皇サイドに伝えられたのであろう）の引用部分には、文章の用途・内容とかかわりなく「自遠天皇御世」（一七詔）、「奉昇於君位畢テ」（二五詔）などの「漢文断片」が現れている。中務省内記ではない皇太后宮の文書起草担当者の個性があらわれたものではなかろうか。

三・七

以上を要するに「漢文断片」は、漢文を用いる積極的な理由のあった純漢文部分とは異なり、日本語文で表記されることが意図されながら、もとになった漢文の文書や文献にひかれたり、起草者の漢文能力のために、漢文的表現がはからずも出現してしまったものと考えるべきであろう。

四 「漢文断片」と日本語表現の表記の対立

四・一

漢文的表現とはいえ、続日本紀宣命の「漢文断片」には、日本語にはそれに相当する適当な表現の存在しないモダリティ要素や文末助辞などの使用はほとんど見られないことも、「漢文断片」が日本語文での表記を意図しながらはからずも出現してしまったものであることを示しているといえよう。次のものは例外でありそれぞれ孤例となっている。

宜称崇道尽敬語皇帝（二五詔）

奏而献**焉**（四詔）

四・二

宣命中で目に付く「漢文断片」のほとんどは、日本語にも対応する表現の存在する中国語の表現であり、日中のちがいは、中国語と日本語との語順原則の相違によって、日本語から見れば逆順になっていることにある。中国語のように文法的な主要部を前置するSVO型の言語と、日本語のように主要部を後置するSOV型の言語では、多くの構文現象に逆方向の語順が見られるが、日本語と語順が逆転するのは、漢文の側から整理するとおもに以下の場合である（語順の前後関係を「〈前〉→〈後〉」として示す）（注6）。

A　助動詞→動詞　　助動詞：令（・使）・被・所・得・不・未・将・欲・可・応（能・難・易・勿）など（注7）

B　前置詞→名詞　　前置詞：自・従・及・為・於・于（・与・以・依・因・由・毎）（注8）

C　他動詞→名詞（目的語）
存在詞→名詞（意味上の主語）　　存在詞：有・無（・莫・多・少）
判定詞→名詞　　判定詞：非（・如）

D　従属接続詞→従属節（主語のみ接続詞より前置）　　従属接続詞：雖（・乍）など
関係詞→関係節（主語のみ関係詞より前置）　　関係詞：所

四・三

このうち存在詞の「多・少」、判定詞の「如」、従属接続詞の「乍」は、漢文と日本語とでは逆の語順を取るはずだが、続紀宣命では「漢文断片」が出現しえない箇所でだけ用いられており、すべて日本語の語順での用例しかない。

四・四

一方、前置詞の「及」「于」はすべて賑恤・賜物・免租の告示部分に「漢文断片」として漢文の語順で現れるものに限られ、日本語の語順での用例はない。

四・五

それに対し、四・二にあげたもののうちその他のものは、先に挙げた「漢文断片」が現れうるところに現れた場合と、純粋の日本語表現しか許されないところに現れた場合ではまったく異なる表記形態をとる。

■「漢文断片」として

他動詞

負図亀一頭献(六詔)
随仕奉状テ(一三詔)
至于諸司仕丁マデニ(一三詔)
至今マデ(五九詔)
召右大臣而(一九詔)
発兵ムト謀定而(一九詔)
勘法ニ(一九詔)
可**絶**其家門ヤト為ナモ(二〇詔)
撿法ニ(四三詔)
傾奉朝庭(四三詔)
授刀テ(四三詔)
二人ヲ**遣**唐国者(五六詔)
悟此意ヲ(五六詔)
凡人子ノ**蒙**福マク欲為ル事ハ(六一詔)
取冠ベク在(六二詔)
歴辺戍テ仕奉ル労(六二詔)

■純粋の日本語表現として

父名**負**テ(一三詔)
シガ仕奉状**随**(二四・四八・六一詔)
郡司百姓**至**マデニ(一三詔)
今**至**マデニ(一詔)
臣等ヲ**召**テ(四五詔)
兵ヲ**発**(一八詔)
法**勘**ルニ(五三詔)
先祖ノ門モ滅継モ**絶**(三一詔)
法ヲ**撿**ニ(六二詔)
皇太后朝ヲ**傾**(一九詔)
正四位ヲ**授**ケ(四一詔)
使其国ニ遣ニ(五六詔)
此状**悟**テ(四五・五〇詔)
福ヲ**蒙**(四二詔)
鈴印契ヲ**取**而(一九詔)
年**歴**ヌ(四一詔)

存在詞（注9）

故人**有**言（五九詔）	謀ノ文**有**（三〇詔）（注10）
拙ク劣而**無**所知（五詔）	知所モ**無**ク怯ク劣キ押勝（二六詔）
無諂欺之心（二四・六一詔）	奸偽リ諂曲ル心**無**シテ（四四詔）
无過仕奉人（二五詔）	過**无**クモ奉仕シメテシカト（三六詔）
无怠緩事（五一詔）	緩怠事**无**シテ（三一詔）

判定詞

高御座天之日嗣座ハ**非**吾一人之私座（五四詔）（注11）	朕時ノミニハ不有（七詔）
	押勝ガ得仕奉べキ官ニハ不在（二六詔）
如理ク勤テ坐サヒ（四二詔）	理ノ如モ不在アリツツ（二八詔）

「漢文断片」が現れうるところでは中国語の語順（日本語からみれば逆順）なのだが、日本語の表現しか許されないところでは日本語の語順をとって対立しているのである。

五 「逆順〈語〉表記」

五・一

しかし、ここに日本語とは逆順でありながら、出現領域に制限をもたないものがある。

「令」「被」・「所」・「不」・「未」・「将」・「欲」・「可」・「応」がそれで、動詞の前にあらわれるが、それぞれ日本語の表現に

「令V」[注12]は　「Vシム」　令荷テ（もたしめて）（九詔）
「被V」・「所V」は　「Vル」　被雇タリシ秦等（やとはれたりしはたども）（二一詔）
「不V」・「未V」は　「Vズ」「Vジ」「Vマシジ」　不定トニハ不在（さだめじとにはあらず）（三一詔）
「将V」・「欲V」は　「Vム」　大宮ヲ将囲ト（おほみやをかくまむと）（一六詔）
「可V」・「応V」は　「Vベシ」　可絶キ事（たつべきこと）（一〇詔）

のように相当するのだから、日本語とは動詞との語順が逆順になっている。

助辞連続も、漢文のままであるが、相当する日本語動詞の接辞の出現順ときれいな対称をなす逆順となっている[注13]。

「不令V」　不令侮（一三詔）　不令穢（一三詔）　「Vシメ・ズ」に相当
「欲令V」　欲令嗣ト（二七詔）　「Vシメ・ム」に相当
「可令V」　可令撫育ト（五九詔）　「Vシム・ベシ」に相当

これらの表現は、「漢文断片」のようにその用いられる文章の内容や用途に限定があるところにしか現れないのではなく、本稿末に別掲した別表に見る通り、「不」は満遍なく、短い宣命をのぞけば「将」「可」も満遍なく、出現していることがわかる。つまりこれらは**逆順でありながら、「漢文断片」を含まない純粋の日本語表現の中でも用いられている**わけである。

使役や受け身、否定や意志・推量を表記するのにこれらの表記しかなかったからやむをえず純粋の日本語表現の中でもこれらを使っているというわけではない。別表に見る通り、使おうと思えばこうした逆順表記を避けて万葉仮名表記も使うことができたからである。

これら逆順表記は皆漢文に由来するものである(注14)。純粋の日本語表現の文章の中でも用いられるものと、用いられないものとがあるわけであるが、そのちがいはなににによるものなのだろうか。

五・二

ただ、これらの要素をもちいればすべて逆順表記になるというわけではない。

「不～」も「得～」も漢文の助動詞であり、「不～」は日本語表現の中でも逆順で用いられる表記であるのに、両者を組み合わせた不可能表現としての［「不得」→動詞］の逆順表記は、純粋の日本語表現のなかでは用いられない。

■「漢文断片」として

朕婆々皇太后朝ヲモ人子之理

■純粋の日本語表現として

保コトモ**不得**（四五詔）　〈～コト エズ〉

不得定省バ朕情モ日夜不安（一二三詔）　　朕モ欲奉造ト思ドモ得不為之間ニ（一五詔）〈エ ～ズ〉

これは当時の日本語に、動詞だけで不可能をあらわせる仕組みがなかったからである。〈～コト エズ〉のように、いくつかの語で組み立てる迂言的な表現とするか、〈エ ～ズ〉のように副詞エと否定形の動詞を組み合わせて二語で表現するしかなかったのであり、宣命でも純粋の日本語表現部分ではそうした表現が用いられているのである。つまり、「不得～」は日本語として受入不可能な表現だったので「漢文断片」としてしか使えなかったのである。

五・三

形容詞や無活用形容詞（形容動詞）の逆接表現も

■「漢文断片」として

朕**雖**拙劣（六一詔）

■純粋の日本語表現として

朕者拙劣**雖**在（一四詔）〈～コソ アレ〉(注15)

と表記の使い分けがある。「雖」は日本語から見れば逆順になる漢文の従属接続詞だが、日本語表現では［「雖」→形容詞］の逆順表記にはならない。当時の日本語の形容詞（無活用形容詞（いわゆる形容動詞）も含む）は単独では逆接表現をとることはできず、〈～ク／ニコソ アレ〉や〈～ク／ニ アレド〉のように、必ずアリが伴ったからである。

五・四

逆順表記にはなるが、逆順となる位置が異なるものもある。

複合動詞も**「漢文断片」として**なら漢文式にＶＶ全体に助動詞を前置させて

可令撫育（五九詔）　**不得**定省（一二三詔）（注16）

のようにできるのだが、**純粋の日本語表現としては**

度**将**去ト（わたりゆかむと）（三詔）　頂**令**荷テ（いただきもたしめて）（九詔）

のように、助動詞は複合動詞の後項だけの前に置かれるのである。

五・五

これらはみな漢文の文法要素としては五・一で一覧したものと同じものか、類似のものが用いられているのに、純粋の日本語表現の文章中では漢文のような逆順表記とならないものなのである。このことは純粋の日本語表現の文章中で（以下も同じ条件下だが、このあと一々の言及は省略する）逆順表記をとりうるか否かは漢文の文法要素の特性如何が問題なのではなく、日本語の側の問題であることを示している。

不可能表現や形容詞の逆順表現は、日本語で二文節以上になる組み立て単位は逆順表記をとらないことを示している。また、日本語の［名詞＋格助詞］の一文節に相当する［漢文の前置詞＋名詞］の逆順表記や複合動詞全体の逆順表記が許されないことからも、逆順表記される範囲は日本語の文節ではないことがわかる。

一方、伝統文法の「単語」の連続である［Vシム］［Vル］［Vズ］［Vジ］［Vマシジ］［Vム］［Vベシ］の表記は逆順が許されるのだから、逆順表記の範囲は「単語」でもない。

つまり、「単語」より大きく、文節より小さい単位が逆順表記の適用範囲なのである。果たしてそのような言語単位が存在するのだろうか。

五・六

そこで、当時の述語の形態論的構造とその手がかりとなるアクセント単位について目を向けることが必要になる。

平安時代の京都方言では、動詞のいわゆる「未然形」に接続する文法要素（サ）ス、（ラ）ル、ズ、ム、ジ、バ《仮定条件》などのすべてと、「終止形」接続とされるもののうちでもベシ（おそらくマジも）、「連用形」接続のシ・シカ（キはシ・シカとは別起源で、当時は独立のアクセント単位をなしていた）、いわゆる「ク語法」などは、アクセント上は、独立せず、動詞とともに一〈語〉をなしていた（注17）。

一方、「連用形」接続のテ、ツ、ヌ、（ア）リ（注18）、タリ、ナガラ、キ、ケリ、ケム、「終止形」接続のラム、ラシ、ナリ《聴覚に基づく推定》や、「已然形」接続のバ、ドモなどは動詞とは別のアクセント単位をなす独立の〈語〉であった（屋名池（二〇〇四））。動詞につく「〜テ」や「〜タ」「〜バ」が、〈語〉としての動詞の一部となり、一体でアクセント単位をなしている現代語とは大きく異なっていたのである。

いわゆる単独用法の「連用形」（並列用法、中止用法）、「終止形」（単純終止用法）、「連体形」（連体用法、準体用法、曲調終止用法）、「已然形」（副詞節用法、曲調終止用法）も独立の〈語〉で、それだけで一つのアクセント単位をなしていた。

複合動詞は、全体で一体の〈語〉として一つのアクセント単位をなしている現代語と異なり、前項の動詞と後項の動詞はそれぞれ別の〈語〉で別のアクセント単位をなしていた。

形容詞は、もともと動詞アリを含むいわゆる「カリ活用」部分はアリのアクセントのままで、形容詞本体とは別のアクセント単位をなしていた（注19）。

名詞につづく格助詞、連体助詞、係助詞、とりたて助詞も独立のアクセント単位をなしている〈語〉であった（この点は現代語も同じ）。

五・七

奈良時代の中央方言のアクセント体系も、以下の根拠から平安時代京都方言の体系と大きな違いはなかったものと考えられる。

一　日本書紀には、漢音を利用した万葉仮名の中国原音の声調と、平安期の書紀の写本でその部分に差されている声点（平安中期京都方言のアクセントを反映する）がほぼ対応している歌謡がある（高山（二〇一二））。つまり、書紀にはその編纂当時のアクセントに音漢字の中国語の声調を当てはめて近似的に表記している巻々があり、さらにそのアクセントは平安中期のものとほとんどちがいがないものと考えられるのである。

二　日本語の動詞・形容詞のアクセントは活用に伴って語形変化するが、例外的な部分を多く持つ現代諸方言とくらべると、平安中期のありかたは非常にシンプル（屋名池（二〇〇四））で、このシステムが完成してから大きな変化を蒙っていないことが推測される。

三　複合名詞のアクセント形成の機構もシンプルなので同様のことが言える。

五・八

この知見を、宣命の逆順表記と対照すると、**純粋の日本語表現の文章の中でも用いられる逆順表記の「令」、「被」・「所」、「不」・「未」、「将」・「欲」、「可」・「応」は、それと対応する「シム」、「ル」、「ズ」・「ジ」・「マシジ」、「ム」、「ベシ」が、すべて日本語の動詞の〈語〉としての内部要素**であることがわかる。

複合動詞の全体に対して逆順表記とならず、後項に対してのみ逆転表記となるのは、当時の複合動詞の前項と後項が形態上一体化しておらず、それぞれがアクセント単位として独立の別の〈語〉だったので、後項の〈語〉の内部要素として現れるからなのである。

五・九

〈語〉としての動詞の内部要素でありながら、宣命中で逆順表記になっていないのは、バ《仮定条件》と「ク語法」、シ・

シカだが、

・漢文でバ《仮定条件》に相当する「者」は、漢文でも日本語と同順

・宣命の日本語では引用動詞は「ク語法」によって引用内容に前置されるが、これは漢文の語順とたまたま合致してしまう

・中国語には文法カテゴリーとしてのテンスがないのでもともとシ・シカに相当するものがないので、結局日本語の動詞の内部要素で、漢文では逆順になるものはすべて宣命では「逆順表記」で表記されているわけである。

五・一〇

一方、これ以外の漢文の逆順表記、すなわち、［前置詞→名詞］、［他動詞→目的語］、［従属接続詞 → 従属節］は、日本語の〈語〉を超えたより大きな範囲で逆順となっているものである。漢文の前置詞に相当する日本語の格助詞は先行する名詞とは当時は別の〈語〉、別のアクセント単位であり、漢文の従属接続詞に相当する日本語の従属接続詞（接続助詞）も当時はその前の動詞・形容詞とは別のアクセント単位、別の〈語〉だったのである。他動詞と目的語の名詞が別のアクセント単位、別の〈語〉であることはいうまでもなかろう（注20）。

五・一一

すなわち、宣命で逆順表記で現れる「令」、「被」・「所」、「不」・「未」、「将」・「欲」、「可」・「応」は漢文的表現がたまたま顔を出したなどというものなのではなく、漢文の逆順表記のうち、日本語の〈語〉の内部要素であるものだけが、日本語のための表記法として取り込まれたものなのである。これらを用いた「令V」、「被V」・「所V」、「不V」・「未V」、「将V」・「欲V」、「可V」・「応V」および、これらが重なってあらわれる「不令V」「欲令V」「可令V」などの表記は、Vと組んだ全体で日本語の一〈語〉を一体として表記しているものなのである。

とはいえ、もとは漢文の表記に倣ったものなので、「漢文断片」同様、この逆順表記の内部にも送り仮名は振られない。

令荷テ(九詔)　被雇タリシ(二二詔)　所率ルト(三五詔)　不荒シテ(一三詔)　将囲ト(一六将)
欲令嗣ト(二七詔)　可起カモ(五一詔)

この送り仮名のあり方からしても、**当時の人はいちいちひっくり返って訓んだのではなく、全体で一つの〈語〉として、使役の動詞、動詞の否定形というように読み取ったのであろう。**いままで「返読表記」といわずに「逆順表記」といってきたのはそのためである。これを「**逆順〈語〉表記**」と呼ぶことにしよう(注21)。

五・一二

これら逆順〈語〉表記を日本語の表記として取り込んだことにはどういう意味があったのだろうか。

漢字はもともと中国語の形態素文字なので、一字で有意味単位を表記できる。日本語への応用にあたっても日本語の有意味単位に当然宛てることが試みられただろうが、これは名詞のような、語形変化のない語彙的要素のみの〈語〉の場合には（異なる言語間では語彙体系は一対一に対応しないので、それを対応させる苦労はあったとしても）比較的楽に行うことができても、日本語の動詞・形容詞のような語形変化を行う〈語〉を有意味単位ごとに分解・抽出して表記することは、中国語のように語形変化のない言語で発達した漢字を用いるのでは容易なことではなかった。

現代語では名詞や動詞・形容詞の語幹部など語彙的要素は漢字で**〈表意的〉**に表記する（有意味単位ごとに表記するということ。音形をあらわさない意味レベルのみを表記するというのではない）が、文法的な機能要素は**〈表音的〉**に表記する（有意味単位にこだわらず文字を割り当て音形のみを表記するということ）というハイブリッドな表記システムを構築することでその困難を回避している。

逆順〈語〉表記は、まさにこの困難な、文法的機能要素までも〈表意的〉に表記するという方法に挑んだものだったのである。日本語表記の黎明期にあって、現代語にはつながらない、「ありえたもう一つの道」である「**〈表意的〉表記専用システム**」が模索されていたことを示すものとして日本語表記史上きわめて重要な存在であるといえよう。もちろん漢文に対応するもののない、日本語の文法的機能要素（係助詞やとりたて助詞、テンスや多くのモダリティ要素など）はこれだけでは表記できないから、汎用的な日本語の表記システムとしてはこのままではまだ完全なものとはいえない。続紀宣命では、そうしたものにも〈表意的〉表記を与えてシステムを自立させる方向へはまだほとんど進んではない状況であった。文法的機能要素は万葉仮名で〈表音的〉に表記する、汎用性の「**〈表意的〉／〈表音的〉表記切り替えシステム**」が併用されていたので、「〈表意的〉表記専用システム」でカバーできない部分はそちらに任されていたのである（注22）。

五・一三

とはいうものの、実は、この逆順〈語〉表記は、漢文から受け継いだそのままで用いられているわけではない。

宣命では、使役文は

人ニ**令**聞（四五詔）

のように、被役者Sが「S令V」のように「令」に先行して現れて助動詞的に用いられているので、四・二節では「令」を仮に助動詞に含めたのだが、実は「令」は、純粋の漢文では助動詞ではなく、その直後に主語・述語関係をもつ節が埋め込まれる、「令［SV…］」のような構造をとる特殊な動詞なので、被役者Sは

令人聞

のように「令」の直後にこなければならないのである。「令聞」のように「令」と「聞」が直接並んでいるのは、「ひとに

きかしむ」が日本語表現では〈ヒト〉〈ニ〉〈キカシム〉という〈語〉単位に分かれ、〈キカシム〉が一〈語〉をなしているという構造を承けての日本語ならではの表記なのである。

五・一四

逆順〈語〉表記は確かに日本語の〈語〉単位をあらわすものだけが漢文からとりこまれたのではあるが、**漢文にない要素に関しては、〈語〉という純粋に形態論的な単位である日本語の〈語〉を超えた拡張が行われている。**

今も昔も、中国語には、日本語のような文法カテゴリーとしての待遇（敬語）はない。待遇に関わる要素を漢字で〈表意的〉に表記するには日本語オリジナルの工夫が必要である。当時は敬語の補助動詞は本動詞本体とは別のアクセント単位をなしており、形態論的には［本動詞＋補助動詞］で二〈語〉からなる複合動詞を構成していたのだが、敬語の場合、補助動詞が文法化しているため、［本動詞＋補助動詞］のセットが一体で一つの動詞として機能するものと、機能的に捉えられ、

不治賜（一三詔）　　可治賜キ（一三詔）

形態論的な〈語〉単位を超えた機能体としての「治賜」全体に「不」や「可」を付けることが行われている。

しかし一方、〈語〉を単位として捉え、補助動詞は別単位という見方もあって、

治不賜在（二五詔）　　治可賜キ一二人等（一一詔）

のように、「賜」だけに「不」や「可」が付いている例も見られる。続紀宣命の複合動詞の表記は両者の間でゆれているといえる。

五・一五

補助動詞「まつる」は「奉呈」「奉献」「奉迎」「奉安」などの漢文の語彙（これらの「奉」は、日本語の「まつる」のように謙譲語としてどんな動詞にも文法的に付けうるというものではなく語彙的なものにすぎない）の表記にならって「奉V」と逆順表記することが行われているが、敬語自体中国語にはないのだから、これは漢文の逆順表記を取り入れたものではなく、日本で生まれたものである。しかし、宣命全体に広く用いられているのは日本語同順の「V奉」であり、逆順の「奉V」は、万葉仮名の字母や正訓字の使い分けに関して特徴的な性格を示すことが従来から指摘されている称徳期の宣命に限って頻出するので、この時期に起草者であった内記の個性的な用字にとどまるものであろう。

注

（1）以下、続日本紀宣命の参照は本居宣長『歴朝詔詞解』の番号による。

（2）文武期には、続紀の複雑な成立を反映して詔勅の原文の収載はほとんどない。

（3）律の本文のうち大宝律は現在全部失われており、養老律も逸文が残っているだけなので、両詔に見られる法令用語でも、「繋囚・見徒」「挟蔵」などは現存の逸文には見当たらない。

（4）『令義解』に

謂、六十以上而無妻為鰥也、五十而以上無夫為寡也、……十六以下而無父為孤也、六十一以上而無子為独也。

と解説されている（「惸」は「孤」に同じ）。

（5）宣命の万葉仮名表記部分は本稿での研究対象ではないので、漢文表記とことなる日本語表記部分であることを見て取りやすくするためもあって、宣命の万葉仮名の小字部分は以下すべて普通の大きさのカタカナに翻字して示した。

（6）品詞名は、日本語、英語の術語を応用して私に付したので、中国語学での分類・名称とは異なっている。

A～Dと分類してみたが、分類Aは述語内部の構成にかかわるものであり、Bは補足語内部の構成にかかわるもの、Cは述部と必須の補足語とのセットからなる節の中核部分の構成にかかわるもの、Dは従属節の構成にかかわるものであり、構文的には、A・B・Cの各部分が組み合わさって節を形成し、Dの従属節は主節とともにより大きな単位体である複文を構成する。

なお、本稿での読みは、基本的に、諸家の研究成果を反映した、北川和秀（一九八二）『続日本紀宣命 校本・総索引』の校訂本文に付された訓によっているので、次の例は熟字訓として一語をあらわすものとみてここでは逆順の例とはしていない。

「随神」カムナガラ　　「如是」カク

「所思・所念」オモホス　　「所知」シラシメス

（7）使役の「使」は三・三節であげた例のみ。可能の「能」、難易の「難」や「易」、禁止の「勿」は続紀では用いられていない。「被」・「所」（各二例）、「未」（一例）、「欲」（四例）、「応」（三例）も希用。受動表現は宣命中にはもともとほとんど見られない。

（8）（　）内のものは決まり文句で用いられているのみである。

「与」　　「与天地共長」「与日月共遠」など

漢文の上奏文にも見られる。「与天地而長……倶日月而遠」（天平宝字一年閏八月一七日・藤原仲麻呂）

「以」　　「以明浄心」「以明直心」「以赤誠之誠」など

（9）「無・无」はこれらの決まり文句に用いられるのみ。

「依・因・由」　「依／因／由」｛此／是／茲」

「毎」　「毎事」

（10）アリでも形容詞、無活用形容詞（いわゆる形容動詞）、ズ、カクやシカなどの指示副詞に付いての補助動詞としての用法や、ニと組んでの判定詞としての用法は漢文にはないので、もちろん日本語語順しか取らない。

（11）続紀宣命では「非」はこの例のみ。漢文詔勅に発想を同じくする次のような類似句が見られるので、漢文に典拠のある表現なのかもしれない。

帝者代襲物、天下物、非吾一人用（宝亀一一年六月五日）

（12）以下、Vは動詞をあらわす。

（13）「不被」の例（不被告（二〇詔））もあるが、これは純漢文の文章中にある。

（14）この逆順表記が、漢文と無関係に日本語の表記法として自然発生したと考えることは到底できない。音列は単線的に時間の不可逆性によって一方向へのみ進行するのに、その線条性をうけついで音列の時間的方向性を空間的方向性に変換するものとして生まれた文字列が、そうしなければならない特段の必要性もないのに音列と相反する方向を混在させるというのはきわめて不自然だからである。

（15）一四詔としてあげた例は孝謙天皇の、六一詔としてあげた例は桓武天皇のそれぞれの即位詔の対応する部分である。聖武天皇以後のすべての即位の宣命に同様の表現が見られる。特に淳仁・光仁・桓武の三代は、この表現からはじまる段落全体が、語の小異、表記の細部のちがいをのぞけばほとんど同文で踏襲されている。

（16）「撫育」は当時、漢文詔勅や上奏文、経跋などでも盛んに用いられた漢語である。

また「定省」は養老令の仮寧令に休暇を与える要件として「凡文武官長上者、父母在畿外、三年一給定省仮」との規定があり、「謂、定省者、孝子事親。昏定晨有是」（令義解）と定義されている法律用語であって、実際に正倉院文書の休暇願の解にも用いられている漢語である。ここにあげた「定省」の例は五・三で検討した漢文式の不可能表現だから、その点からしても漢語と考えなければならない。『歴朝詔詞解』以来、宣命はできうるかぎり訓読するという方針で訓まれているが、こうした漢語の専門語や抽象語は当時は字音で用いられていたと考える方が自然であろう。

　このほか、漢語と考えるべきものには、ほかにも五九詔（光仁・天応一年四月三日）の「寡薄」「治成」がある。「寡薄」は、孝謙の天平宝字改元、光仁の天応改元（五九詔の三か月前の天応一年一月一日）、桓武の延暦改元と、三代の改元の漢文詔勅に用いられている漢語である。

　おなじく五九詔の「治成」は、同じ光仁天皇の同時期の天応改元の漢文詔とくらべると、

　　朕以寡薄、忝承宝基。無善万民、空歴一紀。［天応改元漢文詔］

　　朕以寡薄、宝位ヲ受賜テ、年久重ヌ。而ニ、嘉政頻闕テ、天下不得治成。［五九詔］

「皇位をついで以来空しく年を経るばかりで、未だ国民にとって良い成果をあげえていない」という文意が同じであることから見て、従来説のように「えをさめずなりぬ」と動詞として訓むのではなく、「治成をえず」と名詞の漢語として訓むべきであろう。「治成」は周礼に典拠をもつ「すぐれた成果」という意味の語である。

（17）ここでいう〈語〉は伝統文法の「単語」とはことなり、最小呼気段落（最小発話単位でもある）であること、アクセント単位であることを外形上の要件とする単位である。〈語〉についての詳細は屋名池（二〇一一）を参照。

　平安時代のアクセントの資料としては『類聚名義抄』『和名類聚抄』などの辞書が有名だが、その性格上動詞・形容詞は終止形しか載せていないので、活用形のアクセントは日本書紀の平安期書写の写本（岩崎本・図書寮本・前田本・北野本）で、訓点（振り仮名）や万葉仮名書きの歌謡に付された声点から復元される。

（18）いわゆる「完了・存続のリ」。もともとは補助動詞アリであり、語頭のaが子音終わり語幹（四段活用）動詞連用形末尾のi（甲乙の別のある音節では甲類）と融合してe（甲乙の別のあった時代の別のあった音節では甲類）となったものだが、アクセント上は動詞本体とは独立していた。

（19）形容詞ケレバ、ケレドモのアクセントは当時のデータがなく不明。

（20）先に五・三節で形容詞の逆接表現として「雖」が補助動詞「在」に逆順で先行しているように見える例をあげた。再掲すると

　　朕者拙劣**雖在**（一四詔）

この「雖」が「ド」や「ドモ」をあらわしているのであれば当時「ド」や「ドモ」は動詞とは別のアクセント単位をなす別な〈語〉であったから、日本語表記としての逆順表記は〈語〉の範囲内に限られるということでの結論と齟齬することになってしまうが、「雖在」を「雖」は「ド(ドモ)」、「在」を「アリ」と分析的に対応させて考える必要はない。当時の日本語では動詞の已然形だけで逆接の確定条件節を形成することもできたからである。ただ、条件節を導く動詞已然形は

御命ニ坐セ(一四詔)　　万機密ク多ク御身不敢賜有レ(同)

のように理由をあらわす表現として順接にも用いられたので、それとの区別のために表意表記として「雖」が付け加えられているのであろう。「雖在」全体で「アレ」という一〈語〉の動詞をあらわしているものと考えるべきである。

(21)日本語の逆順表記がいつも〈語〉を範囲としているわけではない。同じように日本語の逆順表記が行われている文献でも、鈴鹿本などの古本系の今昔物語集では続日本紀宣命と同様に逆順範囲が〈語〉だが、万葉集の「人麻呂歌集」部分は逆順範囲が文節であり、そのため[前置詞→名詞]の「逆順表記」も見られる(屋名池(二〇一五)(二〇一八))。

なお、後世にまで目をひろげれば、〈語〉はこのように逆順表記の範囲となっているだけではなく、ローマ字文やひらがな専用文では分かち書き単位としても用いられている(屋名池誠(二〇一四)(二〇一八)参照)。

(22)両システムのその後の関係の変遷は日本語表記史の重要な問題である。別稿で論じたい。

資料

宣命　北川和秀(一九八二)『続日本紀宣命 校本・総索引』吉川弘文館
漢文詔勅　青木和夫ほか校注(一九八九~九八)『新日本古典文学大系 続日本紀』岩波書店
令義解『新訂増補 国史大系 令義解』吉川弘文館
律　井上光貞ほか編(一九七七)『日本思想大系 律令』岩波書店

参考文献

有坂秀世(一九四四)『国語音韻史の研究』明世堂書店(増補新版 一九五七年 三省堂 による)
沖森卓也(一九七六)「続日本紀宣命の用字と文体」『国語と国文学』五三巻九号(沖森(二〇〇〇)所収の補訂版による)

――(一九七七)「続紀宣命の表記と文体――称徳期について――」『松村明教授還暦記念 国語学と国語史』明治書院(「続日本紀宣命の表記と文体――称徳期について――」と改題して沖森(二〇〇〇)所収の補訂版による)

――(一九七八)「上代文献における「所」字」『国語と国文学』五五巻三号(沖森(二〇〇九)所収の補訂版による)

――(一九七九)「上代文献における「有・在」字」『国語と国文学』五六巻六号(沖森(二〇〇九)所収の補訂版による)

――(一九八九)「宣命体の成立」『立教大学日本文学』六二号(沖森(二〇〇〇)所収の補訂版による)

――(二〇〇〇)『日本古代の表記と文体』吉川弘文館

――(二〇〇九)『日本古代の文字と表記』吉川弘文館

金子武雄(一九四一)『続日本紀宣命講』白帝社(復刻版 高科書店 一九八九年 による)

岸 俊男(一九七六)「宣命簡」『柴田実先生古稀記念 日本文化史論叢』柴田実先生古稀記念会

櫛木謙周(一九八〇)「宣命に関する一考察――漢文詔勅との関係を中心に――」『続日本紀研究』二一〇号

粂川定一(一九三三)「続日本紀宣命」『上代日本文学講座 第四巻 作品研究篇』春陽堂

小谷博泰(一九七九)「宣命の起源と詔勅―上代における漢文の訓読に関して―」『訓点語と訓点資料』六二号(小谷(一九八六)所収の補訂版による)

――(一九八〇)「宣命体表記における返読と送り仮名―訓点記入の前段階として―」『奈良教育大学国文』四号(小谷(一九八六)所収の補訂版による)

――(一九八三)「宣命の文章と表記―翻訳文ならびに漢字仮名交じり文として―」『奈良教育大学国文』六号(「漢字仮名交じり文としての宣命」と改題して小谷(一九八六)所収の補訂版による)

――(一九八六)『木簡と宣命の国語学的研究』和泉書院

高山倫明(二〇一二)『日本語音韻史の研究』ひつじ書房

長尾 勇(一九五二)「続紀宣命における二三の文体」『語文』(日本大学国文学会)二輯

中田祝夫(一九六九)『東大寺諷誦文稿の国語学的研究』風間書房

松本雅明(一九六〇)「宣命の起源」『西田先生頌寿記念 日本古代史論叢』吉川弘文館

――(一九七四・七五)「宣命の発展と衰退――日本における散文の成立と大陸思想――」『法文論叢』(熊本大学法文学会)

三三二号・三六号
御巫清勇(一九三六)『宣命詳釈』右文書院
峰岸　明(一九九〇)「古代日本語文章表記における倒置記法の諸相」『国語論究2 文字・音韻の研究』明治書院
本居宣長(一八〇三)『続紀歴朝詔詞解』(『本居宣長全集 第七巻』筑摩書房 一九七一年 による)
屋名池誠(二〇〇四)「平安時代京都方言のアクセント活用」『音声研究』八巻二号
――(二〇〇五)「活用の捉え方」日本語教育学会編『新版 日本語教育事典』大修館書店
――(二〇一一)「語彙と文法論」『これからの語彙論』ひつじ書房
――(二〇一四)「中世末期日本語の〈語〉と〈語表記〉――天草版平家物語前半の分かち書きから」『藝文研究』一〇六号
――(二〇一五)「人麻呂歌集の表記機構」『藝文研究』一〇九号第一分冊
――(二〇一八)「忘れられた分かち書き方式――その再評価」『ことばと文字 10』くろしお出版
山崎　馨(一九七五)「続日本紀宣命における助動詞」『論集 神戸大学教養部紀要』一五
山田瑩徹(一九六四)「続紀宣命における宣命書について」『語文』一八輯

別表　逆順〈語〉表記の分布（＊は同義の仮名表記）

	令〜	〜シム	被〜	所〜	不〜	未〜	〜ヌ・ジ・マシジ	可〜	応〜	〜ベシ	将〜	欲〜	〜ム
1											●		＊
2					●						●		
3					●						●		＊
4													
5					●						●		
6													＊
7				▲	●			●		＊			＊
8					●								
9								●					＊
10					●			●					
11													＊
12													
13	●				●			●					＊
14					●						●		
15					●								＊
16					●			●		＊	●		
17							＊						
18					●			●			●		
19				▲							●		＊
20			●		●			●	▲				
21			●										
22													
23					●						●		
24					●								＊
25					●	▲		●		＊			＊
26	●				●		＊						
27					●				▲			▲	＊
28		＊			●		＊			＊			＊
29					●								＊
30											●		
31					●					＊			＊

注　数字は歴朝詔詞解番号
囲みあり：ごく短い（北川校本で5行以下）宣命
下線あり：短い（北川校本で13行以下）宣命

～ム	欲～	将～	～ベシ	応～	可～	～ヌ・ジ・マシジ	未～	不～	所～	被～	～シム	令～	
*			*					●					32
*								●			*		33
*													34
								●	▲		*		35
								●			*		36
													37
								●					38
													39
								●					40
*								●			*		41
*								●				●	42
			*										43
								●					44
*		●				*		●			*	●	45
													46
													47
*			*		●			●					48
					●			●					49
					●								50
*			*		●			●					51
		●											52
			*			*							53
					●			●					54
*					●								55
								●					56
*								●					57
*						*		●					58
*	▲	●						●				●	59
					●								60
*								●					61
			*					●					62

東寺観智院金剛蔵『願文集』所収願文の文体について

山本真吾

一、東寺観智院金剛蔵『願文集』について

東寺観智院金剛蔵第一六六箱は願文・嘆徳・表白を中心に収めるもので、これらはいずれも願文文体史の貴重な文献資料である。本箱の文献中、最も注目に値するのは、「願文集　願文十三首　諷誦一首」（九号）(注1)で、書写は江戸時代まで下るが、そこに収録される願文は平安時代中期に製作されたと見られるものであり、平安時代後期以降に比して伝存数が少ない、当代の作品を補う貴重な資料であると考えられる。

本稿では、本書収録の願文の諸篇について、その内容について若干の検討を加えたうえで、冒頭・末尾の表現形式ならびに対句表現の句法に着目し、これらの諸篇の文体を記述することで、これまで筆者が述べてきた平安時代中期の願文の文体的特徴とどのような関係にあるかを明らかにしようと思う。本書収録の諸篇を加えることで、これまでの記述を補正する必要があるか、そうでないかの見極めもできればと思う。

書誌的事項は、以下のとおりである。

○江戸時代万治二（一六五九）年写、権少僧都杲快筆、袋綴装（五穴）、楮紙、二七・五糎（縦）×二〇・四糎（横）、墨附三七丁、印無し、訓点（墨仮名、返点、合符、江戸時代）

（外題）「願文集　願文十三首　諷誦一首」

（表紙右下）「東寺観智院」

（奥書）寛永十九（一六四二）閏九上旬醍醐水本令恩借書写畢

萬治二（一六五九）年二月六日書写了／三月七日校合了　権少僧都杲快

観智院

書写者の「杲快」は、天理図書館現蔵の『作文大躰』の修補奥書（宝永元（一七〇四）年）にも見える東寺僧である（注2）。また、「醍醐水本」は、醍醐五門跡の一、水本坊報恩院を指すとみられる。醍醐報恩院本を用いて書写した本を東寺観智院の僧杲快がさらに書写校合したものと解される。

二、『願文集』所収の作品の構成と内容について

本『願文集』に収録の文草を次に掲げる（＊印以外は、筆者が仮に付けた題）。

1、承平（九三一～九三七）年二月十一日右近大将藤原願文［三オ～四オ］

※四ウ白紙

2、承平四（九三四）年七月八日覚意願文［五オ～五ウ］

3、天慶元（九三八）年十二月廿一日師輔願文（作者大江朝綱）［六オ～九オ］
※九ウ白紙
4、天慶（九三八～九四七）年九月廿二日輔成願文［一〇オ～一一ウ］
5、天慶五（九四二）年八月八日伴氏亡室願文［一二オ～一三ウ］
6、天慶六（九四三）年正月廿九日左大臣正二位藤原氏願文［一四オ～一六ウ］
7、＊北宮奉為中宮五七日供養法服願文［一七オ～一九ウ］
8、天慶六（九四三）年四月十六日女弟子願文（作者大江朝綱）［一九ウ～二二オ］
9、天慶六（九四三）年十月十八日師輔願文（作者大江朝綱）［二二ウ～二六オ］
10、天慶七（九四四）年九月九日春宮大夫願文（作者紀在昌）［二六オ～二八ウ］
11、天慶八（九四五）年六月廿一日大法師願文［二九オ～三一ウ］
12、＊天暦十一（九五七）年七月廿三日北宮御四十九日願文（作者文時）［三二オ～三三ウ］
13、故内親王追悼願文［三四オ～三五オ］
14、天禄元（九七〇）年十二月三日権中納言諷誦［三五ウ～三七オ］

本書収録の願文一三篇及び諷誦文一篇は、十世紀、平安時代中期の九三一年～九七〇年の間に成った文草で、1や4など元号のみの記載の篇も含むが、概ね製作年次の古い順に配列していることが知られる。末尾の14は製作年次も最も新しいが、願文ではなく諷誦文である点も最後に置かれた理由であろう。

作者は記載のない篇もあるが、大江朝綱、紀在昌、菅原文時などこの時期を代表する漢学者の草であることが窺われる。この一四篇は、『本朝文粋』等の漢詩文集に収録されて伝えられてきた平安時代中期の三四篇の願文（注3）とは一致せず、従来知られていなかった、新出の願文を伝える点で貴重である。

以下には、それぞれの作品の内容についてごく簡単に紹介し、若干の検討を加えたところを記すことにする。

1、承平年二月十一日右近大将藤原願文

承平年間（九三一～九三七）に「右近大将藤原」の某が亡き「大夫人」のために菩提を弔う願文である。冒頭に「孤子」とあるので、母「大夫人」に対する供養の際の草であろう。製作年次順に配列されているとすれば、2の文草との関係から、承平四年以前の作と見られる。「右近大将藤原」は、『公卿補任』を検するに藤原仲平あるいは同保忠あたりか。作者未詳。

2、承平四年七月八日覚意願文

五月十九日に遷化した覚意の七々周忌の際の願文である。覚意は、僧名であるが、宗派門流未詳。嘉承二（一一〇七）年に五十七歳で寂した東寺長者「覚意」（宮大僧都・大教院とも）とは別人である。作者未詳。

3、天慶元年十二月廿一日師輔願文

左衛門督藤原師輔が、逝去した第四皇女勤子内親王の菩提を弔うために催した四十九日法要の際の願文である。勤子内親王は、源順に『倭名類聚抄』の編纂を命じたことで有名。天慶元年十一月五日、三十五歳で逝去。作者は大江朝綱。大江朝綱（八八六～九五八）は、平安時代中期の代表的漢学者で、後江相公と称された。

4、天慶年九月廿二日輔成願文

藤原輔成が、一年前に亡くなった母のために図絵書写供養の法事を催した際の願文である。輔成は伝未詳。

5、天慶五年八月八日伴氏亡室願文

天慶五年六月に病死した伴氏亡室の追善供養の願文である。願主、作者は未詳。

6、天慶六年正月廿九日左大臣正二位藤原氏願文

左大臣仲平が、室藤原善子四十九日の法事を極楽寺にて修したときの願文である。『春記』長暦二年十月十一日の条〈裏書〉に、「天慶六年正月廿九日、今日故藤原善子朝臣卌九日法事於極楽寺修之、仍仰内蔵寮、令修御諷誦」とある。『大日本史料』〈願文集〉七として本願文を引載するが、「楽尽哀来、昔聞二娑婆之旧語一」で始まり、上文を欠く。冒頭の「右員外納言、受レ病之時、変二風儀一而脱二俗界《ヲ》一、臨終之日、落二雲髻一而帰二空王《ニ》一、仍擎《サヽケテ》二此《ノ》方袍之具《ヲ》一、捨《リ》二彼円照之庭《ニ》一、妾少弟子中稽首敬白」は本書によって補える。

7、北宮奉為中宮五七日供養法服願文

「北宮」は、藤原師輔室で醍醐天皇第十四皇女康子内親王。康子内親王が「大皇大后」（中宮）の五七日供養のために催した法事の際の願文であると推定される。作者の記載はない。

8、天慶六年四月十六日女弟子願文

「女弟子」は未詳であるが、やはり北宮康子内親王か。作者は大江朝綱。

9、天慶六年十月十八日師輔願文

九月十二日に逝去した妻藤原盛子のために師輔が催した追善供養の願文である。作者は大江朝綱。

10、天慶七年九月九日春宮大夫願文

藤原師輔が法性寺において妻盛子の周忌法会を修した際の願文。『大日本史料』〈願文集〉七として本願文を引載する。師輔は天慶七年四月二十二日春宮大夫を兼ねる。作者は紀在昌。醍醐・村上朝時代の漢学者、紀長谷雄の孫。『本朝文粋』『類聚句題抄』等に詩文が伝わる。

11、天慶八年六月廿一日大法師願文

「大法師法眼和尚位」の追善願文である。生前、「延長五年詔命頻降」の旨などを記す。願主、作者は未詳。

12、天暦十一年七月廿三日北宮御四十九日願文

「北宮」は康子内親王で、その四十九日法要の際の追善願文である。願主は夫藤原師輔。末尾に「天暦十一年七月廿三日　別当大納言」とある。天暦十一年時点では、大納言は藤原顕忠、源高明が該当するが不審。師輔はこの時すでに右大臣。題名「北宮御四十九日願文」下に「作者文時」の注記が施される。菅原文時は、昌泰二（八九九）年生、天元四（九八一）年没。菅原道真の孫で、平安時代中期の漢学者。菅三品と称された。

13、故内親王追悼願文

某年正月三日に逝去した内親王の菩提を弔うため、仁和寺観音院で催した法事の際の追善願文。かつて伊賀国に赴いたことが本文の「遙向伊州」によって知られる。願主及び作者未詳。

14、天禄元（九七〇）年十二月三日権中納言諷誦［三五ウ～三七オ］

亡き父母のために修した法事の諷誦文。権中納言は、正三位源雅信、従三位藤原朝成もしくは源延光か。

三、『願文集』所収願文の文体について

たとえば、第一篇「承平年二月十一日右近大将藤原願文」の文章は、次のようである。

孤子

骨痛《ミ》肝裂《サイテ》　忽迷《ニ》二沈憂之難《キニ》レ忘

花開ケ鳥啼テ　驚㆓流年之已改ルニ㆒
爰於㆓慈恩道場㆒
掃㆓除青苔之荒砌ヲ㆒
展㆓白蓮之齊延ヲ㆒
攀㆓覚花於恵岸㆒　便宛テ㆓如来他方之贈ニ㆒
抽テ㆓法苗於心田ニ㆒　代《カハテ》曳ク㆓弥陀最後之促㆒
抑先大夫人
　在世之際
　唯善是ヲ勤ム
　佛性盛㆑器　誓願之謬自堅シ
　慈悲澄㆑心　煩悩之萍早散ス
　　定是奔㆓西方円明ノ之月㆒
　豈再煩ンヤ㆓北岸生死之波㆒
　今日ノ薫修
　悲之至也
仰願
　弥陀種覚　譲テ㆓九品㆒而㆓坐シ残粧ニ㆒
　妙法経王　促テ㆓一乗ヲ㆒而退㆓軽歩㆒

昔時厚顧　已飽《ケリ》二一子之思《ニ》一
今日能《ノ》誠　献以二三身之念《ヲ》一
凡厥　有界皆
　倍増《マサン》二無生《ヲ》一
　孤子帰命稽首　敬白
　　承平　年二月十一日右近大将藤原

本文は、右のように、対句ごとに改行してそれと分かるように示し、墨点は、仮名、返点、合符が施されていて、訓読できるようになっている。

本書収録の願文の文体的特徴を観察するに、次のような傾向を指摘することができる。

まず、冒頭・末尾の形式に注目すると（注4）、

冒頭　末尾

1、「孤子」…「孤子帰命稽首、敬白」
2、「右」…「敬白」
3、「弟子」…「此恨綿々、不可具説」
4、「偏子」…「乃至法界同以利益、敬白」
5、「弟子、敬白」…「敬白」
6、「右」…「弟子、稽首和南、敬白」

7、「右、女弟子」…「敬白」
8、「女弟子、敬白」…「敬白」
9、「弟子」…「弟子ム、敬白」
10、「蓋聞」…「敬白」
11、「弟子」…「敬白」
12、「右」…「敬白」
13、「敬白」…「敬白」
14、「弟子、敬白」…「敬白」

のようであり、平安時代中期の様相を呈しているが、冒頭を「敬白」で始める形式は十一世紀（平安時代後期）以降に見られる形式であり、このように後世の形式もまま見られる。また、「右」で始まる形式は、その前に「奉（仏経）」を置くことが想定されるが、願文集に収録する際に省略に従った可能性がある。

次に対句表現の句法（注5）について見ると、単句対（二句より成る）では、

○先者不帰、後者難及（3天慶元年十二月廿一日師輔願文）※訓点略、以下同。

のような緊句（四字句）や、

○爰払青苔之砌、令講紫磨之文（6天慶六年正月廿九日左大臣正二位藤原氏願文）

のような長句（五字以上の句）が目立つ。そして、隔句対（四句より成る）では、

○仏性盛器、誓願之謬自堅、慈悲澄心、煩悩之萍早散（1承平年二月十一日右近大将藤原願文）

のような軽隔句（上句四字、下句六字）の対句が多く使用されているようである。

以下に非対句部分については「　」で示し、対句部分について、その句法を出現順に示すと次のようである。

1、「孤子」、雑隔句、「爰」、長句（六字）、密隔句、「抑」、緊句、軽隔句、長句（九字）、緊句、「抑願」、雑隔句、軽隔句、壮句、「孤子稽首、敬白」

2、「右～」、雑隔句、長句（一〇字）、長句（七字）、「仰願」、雑隔句、長句（九字）、緊句、「敬白」

3、「弟子」、緊句、密隔句、「夫」、長句（八字）、「而」、長句（七字）、緊句、「伏惟」、緊句、軽隔句、「而」、長句（七字）、平隔句、「於是」、軽隔句、「何図」、軽隔句、平隔句、「弟子」、緊句、緊句、雑隔句、長句（八字）、長句（七字）、「是故」、「奉図～」、長句（七字）、長句（九字）、軽隔句、「抑」、緊句、長句（七字）、雑隔句、緊句、「又」、平隔句、長句（五字）、長句（五字）、長句（八字）、「呼嗟」、緊句、軽隔句、緊句

4、「偏子輔成、白仏而言」、軽隔句、長句（七字）、「豈図～」、長句（六字）、「矣」、「弟子」、緊句、軽隔句、長句（七字）、軽隔句、緊句、「者也」、「方今」、長句（六字）、緊句、「図絵～」、緊句、長句（六字）、密隔句、「乃至法界同以利益」、「敬白」

5、「弟子、敬白～」、緊句、長句（六字）、緊句、「弟子」、緊句、軽隔句、「常念」、緊句、「豈図」、緊句、長句（八字）、「方今」、緊句、長句（七字）、「仏則～」、長句（七字）、緊句、「抑」、緊句、長句（六字）、「而」、緊句、平隔句、「嗟呼」、軽隔句、長句（六字）、「敬白」

6、「右～」、雑隔句、「仍」、長句（六字）、「妾少弟子申稽首敬白」、雑隔句、長句（七字）、「伏惟先夫人」、緊句、長句（六字）、平隔句、重隔句、「自彼」、緊句、軽隔句、軽隔句、緊句、軽隔句、「奉図～」、長句（六字）、密隔句、緊句、「抑尊霊」、緊句、雑隔句、軽隔句、「又～」、「仰願」、軽隔句、長句（八字）、「乃至」、緊句、緊句、長句（五字）、緊句、「弟子、稽首和南、敬白」

7、「右、女弟子、白仏言」、雑隔句、平隔句、「嗟呼～」、「自従」、長句（六字）、緊句、長句（八字）、平隔句、緊句、長句（六字）、「傷哉」、平隔句、軽隔句、「方今」、長句（七字）、長句（六字）、長句（五字）、軽隔句、緊句、「也」、「先皇太后」、軽隔句、長句（五字）、長句（七字）、長句（六字）、緊句、「南無～」、密隔句、緊句、長句（七字）、「敬白」

8、「女弟子、敬白」、軽隔句、緊句、「伏惟～」、軽隔句、長句（五字）、雑隔句、緊句、緊句、「尊霊歎恩堂」、緊句、重隔句、軽隔句、「況」、密隔句、緊句、「抑尊霊」、軽隔句、「兼復」、長句（六字）、平隔句、「方今」、長句（八字）、「然猶」、重隔句、「仍～」、緊句、「嗚呼」、緊句、雑隔句、「乃至」、緊句、長句（六字）、「敬白」

9、「弟子～」、密隔句、緊句、「逝者～」、緊句、緊句、「其間」、緊句、緊句、密隔句、「而」、緊句、長句（六字）、軽隔句、「去月十二日」、緊句、平隔句、「夫」、軽隔句、長句（七字）、「然而」、緊句、長句（八字）、「然間」、長句（六字）、平隔句、長句（八字）、長句（八字）、「於是～」、緊句、長句（六字）、緊句、雑隔句、「是以」、長句（五字）、長句（一〇字）、「伏願」、緊句、密隔句、「抑～」、緊句、緊句、長句（七字）、長句（八字）、長句（六字）、「弟子ム、敬白」

10、「蓋聞」、雑隔句、密隔句、緊句、「逝者～」、雑隔句、「至失」、長句（五字）、緊句、「於是」、緊句、軽隔句、長句（七字）、「但逝者」、長句（六字）、平隔句、「然而」、軽隔句、長句（六字）、「是以～」、長句（七字）、その他（上四、下九）、長句（八字）、「嗟呼」、緊句、雑隔句、「凡厥」、緊句、長句（六字）、「敬白」

11、「弟子ム～」、軽隔句、「大法師法眼和尚位」、長句（七字）、長句（八字）、「而延長五年」、緊句、長句（八字）、長句（六字）、「仍」、長句（五字）、長句（八字）、軽隔句、「至夫」、緊句、長句（六字）、長句（八字）、「於是」、緊句、雑隔句、長句（八字）、「然間」、緊句、長句（八字）、長句（七字）、緊句、「哉」、「仍～」、長句（六字）、長句（六字）、密隔句、軽隔句、「南無～」、長句（五字）、長句（五字）、密隔句、「夫」、長句（八字）、「敬白」

12、「右～」、緊句、密隔句、「自従」、長句（八字）、雑隔句、「於是」、密隔句、「豈図」、軽隔句、「嗚呼」、重隔句、「方今」、軽隔句、「是以」、長句（八字）、長句（六字）、雑隔句、重隔句、重隔句、長句（五字）、長句（八字）、長句（七字）、「敬白」

13、「敬白～」、「右故内親王」、重隔句、「自尓以降」、緊句、「豈図～」、「弟子」、長句（六字）、緊句、「方今」、緊句、「仍」、緊句、「敬占～」、「噫」、雑隔句、「況乎」、長句（五字）、「公主」、平隔句、「乎」、「然而」、長句（七字）、「敬白」

14、「弟子ム、敬白仏言」、「夫以」、その他（上四、下九）、密隔句、「弟子～」、雑隔句、長句（七字）、軽隔句、重隔句、長句（六字）、長句（六字）、「吁嗟」、「哀哉～」、緊句、緊句、「願以～」、雑隔句、重隔句、緊句、長句（六字）、「敬白」

以上を集計すると、次のようである。これら一四篇の対句の総数は二六四で、そのうち、単句対は一七〇（六四・三％）、隔句対は九四（三五・六％）を数えた。

【表1】単句対の使用度数と割合

	壮句	緊句	長句	合計
使用度数	1	76	93	170
割合（％）	0.6	44.7	54.7	
順位	3	2	1	

（注）割合の数値は、百分率の小数第二位を四捨五入したものである。字句の不備なものは算入していない。

単句対では、やはり五字以上の対句による長句が最もよく用いられ、次いで四字句の対である緊句がよく使用される。この長句の内訳は次のようであって、六字の対によるものが最もよく用いられる。十字以上の長文の句はほとんど使用されないことが知られる。

このように単句対において、緊句と六字長句が優勢であって、四字と六字の句が好んで用いられていることが分かる。

【表2】長句の内訳

	五字	六字	七字	八字	九字	十字	合計
使用度数	13	31	22	22	3	2	93
割合（%）	14	33.3	23.7	23.7	3.2	2.6	
順位	4	1	2	2	5	6	

【表3】隔句対の使用度数と割合

	軽隔句	重隔句	平隔句	雑隔句	密隔句	その他	合計
使用度数	34	9	13	22	14	2	94
割合（%）	36.2	9.6	13.8	23.4	14.9	2.1	
順位	1	5	4	2	3	6	

（注）疎隔句の使用例は認められない。

右の表から、隔句対では、上四字、下六字の句による軽隔句の使用度数が最も高いことが分かる。観智院本「作文大躰」（天理図書館蔵）は、この軽隔句を相対的に優れた句と位置づけている。

平安時代中期の願文の対句の句法は、四字・六字の句の使用度数の高い傾向にあることを指摘したことがあるが[注6]、本『願文集』所収の諸篇についても、この時期の願文全般のそれに従うものである。

平安時代中期の願文は、これまで三四篇しか知られておらず、初期五八篇、後期三五篇、院政期一二六篇に比して伝存数が少なかった。本『願文集』の出現によって、その不足を補うことができ、実態がより正確に把握できるようになったことは有意義であろう。

今後は、収録された願文の内容をさらに深く検討し、これまで知られた平安時代中期の願文も含めてより包括的に分析することが求められる。また、今回分析の観点として据えた冒頭・末尾の表現形式、対句の句法のみならず、平仄や漢語の面などからも願文の文体的特徴を解明してゆくことが望まれよう。

注

（1）本稿は、平成二十七年八月及び平成二十九年八月の東寺実地調査に基づく。なお、本『願文集』は、彰考館所蔵『願文集』写本七冊の内、第七冊山本本願文集(i)平安朝願文集（川口久雄『三訂平安朝日本漢文学史の研究』下篇、明治書院、昭和六十三年）と同文と見られる。

（2）新天理図書館善本叢書『世俗諺文作文大躰』（八木書店、平成二十九年）

（3）山本真吾『平安鎌倉時代に於ける表白・願文の文体の研究』（汲古書院、平成十八年）第三部願文の文体第一章冒頭・末尾の表現形式から観た願文の文体

（4）注（3）文献。

（5）注（3）文献第三部願文の文体第二章対句表現から観た願文の文体

（6）注（5）文献。

【謝辞】本稿は、東寺ご当局の許可を得て実施した原本調査に基づく成果である。なお、本研究は科研費・基盤研究（C）「願文写本の日中比較に基づく日本漢文体の遡源的研究（課題番号二六三七〇五四八）の助成を受けたものである。記して深謝申し上げる。

他言語から見た上代・中古語の推量表現

井島正博

はじめに

現代の日本語文法では、モダリティ表現として扱われるのは、命令形のような活用形や疑問の終助詞カなどのほかは、およそ助動詞あるいは複合助動詞であり、その表わす意味機能は、話し手が命題をどのようなものと位置づけているか、あるいは話し手が聞き手に対してどのような働きかけを行うか、といったものであり、典型的にはそのような意味機能が層をなして命題を取り囲んでいる「階層的モダリティ論」に集約される。

しかるに古典語においては、モダリティ表現の広がりに関しては現代語と大きな違いはないが、その意味機能、特にいわゆる推量助動詞の意味機能は現代語と大きく異なり、むしろ表現される事態の位置する領域が非現実領域か現実ではあるが直接認識できない領域であるかを表わす（直接認識できる現実の領域はキ・ケリあるいはφなどで表わされる）、いわば「世界表示形式」であると考えるべきであることを、井島（二〇一六・五）で論じた。

本稿では、日本語の推量助動詞が、世界表示形式からモダリティ形式へ移り変わったことを、他言語、特に欧米語の歴史的変化と比較するとともに、日本語の変化の時期におよその見当を付けたいと考える。

1　古典語の推量助動詞

古典語の推量助動詞は、現代語の推量助動詞と異なる特徴をいくつも持っている。

まず第一に、古典語の推量助動詞には連体用法、準体用法が多く見出されるのに対して、現代語の推量助動詞、特に真性モダリティを表わすと言われるウ・ヨウ・マイ・ダロウは原則として連体用法を持たない。まったく連体用法が存在しないわけでもないが、その場合は翻訳口調を感じるなど、不自然な印象を与える（「??明日来るだろう人」）。

(1)a　思はむ子を法師になしたらむこそ、心ぐるしけれ。『枕草子』七段四八

b　鳥は、こと所の物なれど、鸚鵡、いとあはれなり。人の言ふらむことをまねぶらむよ。同　四一段八九

現代語の推量助動詞のそのような特徴は、階層的モダリティ論の枠組によく合致する、というよりそのような特徴が階層的モダリティ論を支える重要な根拠の一つとなっている（図表一）。すなわち文の構造を、命題がモダリティ（しばしばさらに命題めあてのモダリティ、聞き手めあてのモダリティの二階層、あるいはそれ以上に分けられる）に包み込まれるものと了解すれば、名詞を修飾する連体用法は命題内に属するものということになり、モダリティを表わす形式は連体用法を持たないことになる。

しかるに、先に見たように、古典語の推量助動詞は連体用法・準体用法が珍しくないことなどからすると、古典語の推量助動詞は、階層的モダリティ論の枠組には合わないことになる。

第二に、古典語の推量助動詞はいくつもの形式を持っているが、以下の①〜③の特徴を持っているかいないかに

図表一　階層的モダリティの構造

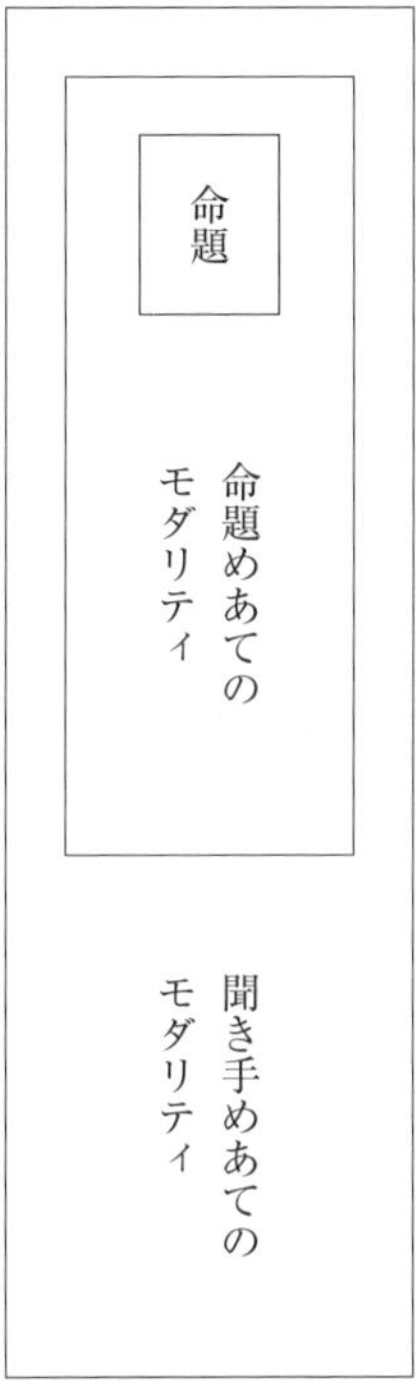

よって、二グループに分けられる。

①当該の推量助動詞そのものが仮定条件節中で用いられる。
②当該の推量助動詞が主節で用いられた場合、仮定条件節を取りうる。
③当該の推量助動詞が、〈推量〉以外の〈意志〉〈勧誘〉〈当為〉などの意味も表わす。

・三つの特徴をすべて持っている……ム・ジ・マシ・ベシ・マジ（ただしジは①がない）
・三つの特徴をすべて持たない………ラム・ケム・ラシ・メリ・ナリ（ただしラムには②の例が数例見られる）

これらの二グループの違いは、〈推量〉を表わす場合でも、現実に起こったことではない仮想の事態、すなわち〈非現実〉事態を推量するものと、現実に起こったと思われる事態、すなわち〈現実〉事態を推量するものとの違いであると思われる。形態的にも、前者は未然形承接であり、後者はおよそ終止形承接である（ただしケムは連用形承接、ベシ・マジは終止形承接であるが特殊であることは後に示す）。ここで〈現実〉事態を推量すると言うと、どうして〈現実〉事態なのに推量しなければならないのか、と思われるかもしれない。しかし〈現実〉事態であっても、直接経験したことでなければ知りようがない。そこで何らかの根拠をもとにして当該の事態が成立したことを推量するということがある。このようにして区別された二用法のうち、前者を「非現実推量」、後者を「現実推量」と呼ぶことにしたい。そしてこのことは、古典語の話者が事態の現実／非現実を明確に区別して表現していたことを意味していると考えられる。そしてさらに、古典語のいわゆる推量助動詞は、〝推量〟することがその本質的な機能なのではなく、当該事態が〈非現実〉領域に属しているのか、〈現実〉（だが直接経験していない）領域に属しているのかを表わすことが本質的な機能であると考えられる。すなわち古典語の推量助動詞は「世界表示機能」を担ったものと言うことができる。非現実推量・現実推量はむしろその機能から派生したものであろう。

改めて①～③の特徴を振り返ってみると、仮定条件節そのものも非現実の事態を表わしており、ここに推量助動詞が用いられるとすれば、〈非現実〉事態を表わすものが用いられることになるだろう（①）。また、現代語で考えてみても、〈非現実〉事態を表わす仮定条件節は、(2)aのように、〈非現実〉（未来）を表わす主節とのみ対応し、(2)bのように、〈現実〉（過去・現在）を表わす主節とは呼応しない。他方で、〈現実〉を表わす確定条件節は、(2)c・dのように、〈非現実〉〈現実〉いずれの主節とも呼応する（②）。さらに、〈意志〉〈勧誘〉〈当為〉〈命令〉などのモダリティは、原則的にまだ起こっていない事態に用いられるのであるから、意味的にも〈非現実〉側であると思われる。実際、(2)e・fのように、これらも仮定条件節、確定条件節のいずれとも呼応する（③）。

(2)a　明日雨が降れば傘を持っていく。
b＊明日雨が降れば傘を持っていった。
c　雨が降っているので傘を持っていく。
d　昨日雨が降っていたので傘を持っていった。

e　明日雨が降るなら傘を持って行こう。

f　雨が降っているので傘を持って行こう。

およそ以上のように、古典語の推量助動詞は〈非現実〉事態を表わすものと、〈現実〉事態を表わすものに二分されると考えられるのであるが、用例を見ていくと、ベシ・マジは〈非現実〉〈現実〉双方の事態を表わすものが見出される。先の①〜③の特徴は、〈非現実〉事態のみを表わすものは持っているが、〈現実〉事態のみを表わすものは持っていない。そうすると、〈非現実〉〈現実〉事態両者を表わすものは、〈非現実〉事態を表わすものと同じく、これらの特徴を持っている側に分類されることになる。このことも合わせて改めて分類し直せば、以下のようになる。

・〈非現実〉事態を表わす……ム・ジ・マシ

　　　　　　　　　　　　　ベシ・マジ

・〈現実〉事態を表わす……ラム・ケム・ラシ・メリ・ナリ

このように、古典語の推量助動詞は現代語に比べて数が多いが、その理由の一つは、現代語の推量助動詞が持っていない、事態の〈非現実〉／〈現実〉の違いを表わす機能を担っている点に求めることができるだろう。これ以外にも推量助動詞相互を区別する基準はいくつも存在すると思われ、その候補としては、狭義〈非現実〉（〈反現実〉を除いた〈非現実〉）／〈反現実〉、テンス（未来／現在／過去）、内容領域／認識領域（あるいは順行推論／逆行推論）、視覚認識／聴覚認識などが考えられるのであるが、これらについて論じることは本稿の議論の範囲を越えることになる。

第三に、先に第一の違いとして、古典語の推量助動詞には連体用法・準体用法が少なからず認められることを挙げたが、〈推量〉という意味機能が原則として文末にしか現れないのであるから、古典語の推量助動詞の連体用法・準体用法が〈推量〉を表わすことはない。それではどのような意味機能を担っているのだろうか。まず〈非現実〉事態が連体用法・準体用法で文中に現われるとすれば、それは当該事態を〈仮定〉して提出することになり、このことはすでに論じた。それならば〈現実〉であると思われるが経験していない事態が連体用法・準体用法で文中に現われるのはどのような場合であろうか。それは他者から聞いて、話し手もそのことを特に疑ってはいないような状況、すなわち〈伝聞〉の場合であると思われる。

すべての推量助動詞にいずれも多く連体用法・準体用法が見出されるわけではなく、また上代と中古との間にも用例の多寡の違いは存在するが、いずれの推量助動詞も連体用法・準体用法は皆無ではなく、その表わす意味は先の推量助動詞の分類に一致する。すなわち、〈非現実〉事態を表わす推量助動詞の連体用法・準体用法は〈仮定〉を表わし、〈現実〉事態を表わす推量助動詞の連体用法・準体用法は〈伝聞〉を表わす。ただし、ベシ・マジに関しては、いずれとも異なり、およそ〈潜勢〉ないし〈可能〉といった意味を表わす。

・〈仮定〉を表わす……………ム・ジ・マシ
・〈伝聞〉を表わす……………………ラム・ケム・ラシ・メリ・ナリ
・〈潜勢〉〈可能〉を表わす…………ベシ・マジ

ここに見た第三点の違いは、第二に見た動詞の分類を支持するものと言うことができる。とはいうものの、ベシ・マジに関しては、〈仮定〉でも〈伝聞〉でもなく、〈潜勢〉〈可能〉を表わすというように、他の推量助動詞とは異なった振る舞いを示す。〈潜勢〉〈可能〉という意味は、命題内の意味機能との関わりを思わせる。ベシ・マジが他の推量助動詞とは異なり、連用用法も持つことにも鑑みて、命題内の意味機能との連続性を考えなければならないのではないだろうか。

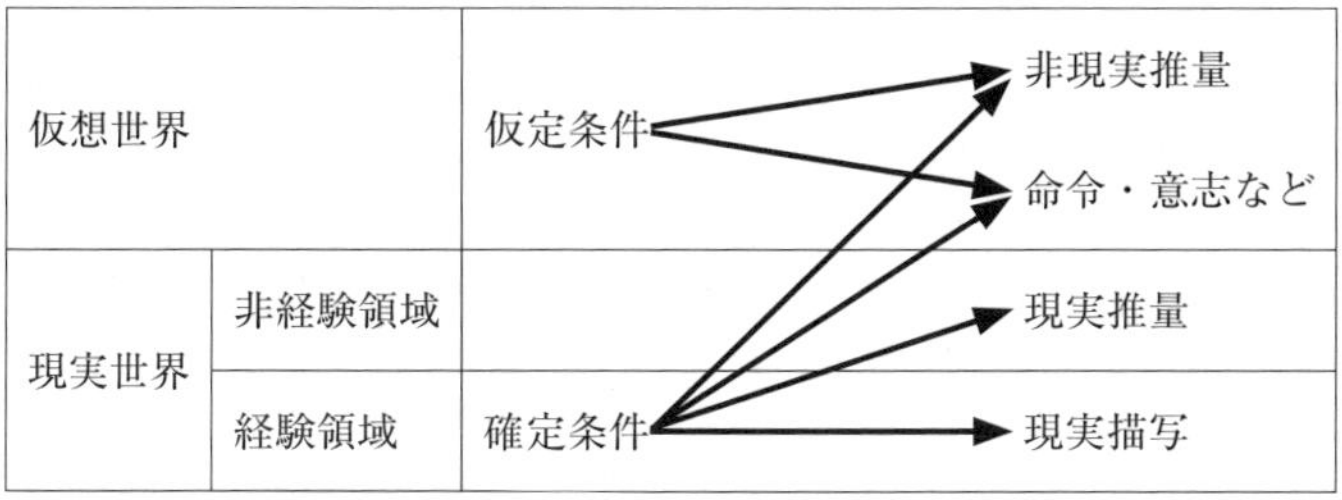

図表二　条件節と主節との対応

これまで見てきたように、古典語の推量助動詞は、現代語の推量助動詞とはその意味機能が大きく異なっている。現代語の推量助動詞が、話し手が命題をどのようなものと位置づけているか、話し手が聞き手にどのような働きかけを行っているかを表わす、現代の研究でモダリティと呼ばれる研究領域に属するのに対して、古典語の推量助動詞は、命題が非現実の事態を表わすのか、現実ではあると思われるが話し手が直接経験していないことを表わすのか、「世界表示」といったものを表わしているようである。

推量表現に限らず、文全体を見渡せば、条件節と主節との関係は、以下のように示すことができる（図表二）。

以上を総括すれば、現代語の推量助動詞は現代語文法でモダリティと呼ばれる研究領域に属しているが、古典語の推量助動詞はむしろ事態の属する領域を表わしていたと考えられる。このような研究領域は、現代語文法には特に存在しないが、これを「世界表示」の機能と呼んだ。ここに、経験した現実世界を表わすキ・ケリ・φ（過去・

推量助動詞なし）を加えると、以下のように書き直すことができる。

・仮想世界……ム・ジ・マシ
　　　　　　……ベシ・マジ
・現実世界｛非経験領域……ラム・ケム・ラシ・メリ・ナリ
　　　　　　経験領域……キ・ケリ・φ

2　他言語のモダリティ

以上で見てきたような日本語の推量助動詞の、古典語と現代語による違いを、他言語と比較して見てみるとどのように見えるだろうか。

英語を中心に論じられる現代のモダリティ理論においては、助動詞の意味機能が議論の中心である点においては、現代の日本語文法と通じるところがある。とはいうものの、日本語文法においては、階層的モダリティ論が枠組として採用されることが多いのに対して、英語中心のモダリティ論においては、認識的モダリティ（epistemic modality）と義務的モダリティ（deontic modality）との区別を中心に議論が組み立てられることが多いように見受けられる。

それはそれとして、英語においても二十世紀前半までの文法や、フランス語・ドイツ語など、英語以外の多くの言語の現代にまでいたる文法においては、助動詞ではなく、動詞の変化（そもそもムードはテンスなどと同じく動詞の項で論じられてきた）あるいは文型がモダリティ、というよりはムード、の議論対象であった。

現代の英語文法においては、たとえばパーマー Palmer『ムードとモダリティ Mood and Modality』（一九八六）では、認識的モダリティと義務的モダリティという意味機能の対立をさらに精密化したモダリティの枠組が提出されているが、そこで主として議論されているのは、will, shall, may, must, canなどの助動詞の意味機能である（パーマー（一九八六）の後半では、そうではないムードの枠組が論じられているが、しばらく措いておく）。

しかるに、このように英語のムードの議論が、助動詞中心となり、その意味機能として認識的モダリティ、義務的モダリティにあたるものが議論されるようになるのは、二十世紀後半のことであり、その前半にはまた異なったムードの枠組が提示されていた。このような英文法の状況は、現代英語の状況を反映したものであると考えられるのであるが、現代英語にも(3)aの直説法に対して、(3)bのwouldおよび完了形が表わす仮定法といった形で、過去の英語の姿が残存していると言われる。

(3) a　As I wasn't born two hundred years ago, I didn't succeed to the throne.
（二〇〇年前に生まれなかったので、王様にならなかった）
b　If I had been born two hundred years ago, I would have succeeded to the throne.
（二〇〇年前に生まれていたら王様になったのに）

実際英文法のテクストにおいても、二十世紀前半までは、ラテン語文法を雛形にした直説法、仮定法を中心としたムードの枠組が用いられていたようである。ここでは、直接英米本国でどのような文法が教授されていたかを示すものではないが、日本の近代初期に英語文典として用いられたクワッケンボス（一八八二）（現在の東京大学で用いられた）、ピネオ（一八七〇）（慶應義塾で用いられた）の、moodあるいはmodeの項を示しておく。おそらく当時、英米本国でも同様の文法教育がなされていたと推測される。

G. P. Quackenbos "First book in English Grammar"（その翻刻である東京版（一八八二））には以下のようにある。

Mood is that property of the verb which distinguishes the manner in while it affirms.

There are five mood: the Indicative, the Potential, the Subjunctive, the Imperative, and the Infinitive.

同様に、T. S. Pineo "Pineo's Primary Grammar of the English Language for Bigginners"（その翻刻の『ピネオ氏原板英文典』（一八七〇））のModeの項には以下のようにある。

Verbs have six modes: indicative, potential, subjunctive, imperative, infinitive, and participial.

その後に示されたムードの記述に鑑みても、当時の英語にもムードのこの枠組が妥当であったとは思われないが、古英語においてはこのようなムードの枠組が生きていたようである。(4) a は直説法(4) b は仮定法、(4) c は命令法であるが、古英語においても仮定法は法助動詞willan, sculan, magan, (ic) mōtを用いて表現されるようになってきていたという。

(4) a　Hēr wæs Gypeswīc gehergod.（イプスウィッチが略奪された）
　b　sȳ hyt forcorfen and on fȳr āworpen.（それを切り落として火に投げ入れろ）
　c　Swīga ðū.（静かにしろ）

ちなみに、現代においても、フランス語、ドイツ語など多くの欧米語を始め、多くの言語でこのようなムードの枠組は実際に生きている。

欧米語文法の源流であるラテン語文法においては、(5)aのような直説法、(5)b・cのような接続法（ラテン語文法では、英文法で「仮定法」と呼ばれたものを伝統的にこう呼ぶ）、(5)dのような命令法が区別されていた。

(5) a　Servus vinum ad villam portat.（奴隷はワインを館へ運ぶ）
　b　Servus vinum ad villam portet.（奴隷はワインを館へ運ぶかもしれない）
　c　Sperabamus ut servus vinum ad villam portaret.（奴隷がワインを館へ運ぶことを我々は望んだ）
　d　Porta vinum ad villam!（ワインを館へ運べ）

以上のように、欧米語のムードの中には、命令法のように、現代のモダリティにも共通するものもあるが、最も頻用されているのが直説法（indicative）と仮定法（subjunctive　接続法、叙想法とも）とであり、その相違は現実を述べるか非現実を述べるかという違いであると言われる。

3　日本語における意味機能変換の時期

それでは、日本語において、いわゆる推量助動詞の意味機能が、上代中古語の世界表示機能から、現代語のいわゆるモダリティ機能へと変化した時期はおよそいつ頃であると考えられるであろうか。ここには英語のような、動詞の形態的な変化は見られず、日本語の場合、もっぱら助動詞の意味機能に注目しなければならないために、特定は非常に困難である。とはいうものの、それにはおよそ二つの基準を立てることができそうである。第一に、推量助動詞の種類が減少する、特に非現実推量を表わす推量助動詞と現実推量を表わす推量助動詞の区別がなくなるのはいつか、という基準が考えられる。さらに第二に、推量助動詞が連体機能（・準体機能）を持たなくなるのはいつか、という基準が考えられる。ここには、推量助動詞がいわゆるモダリティ機能を持つようになったら、連体用法（・準体用法）を持たなくなるはずであるという予測が潜在している。他にも基準を立てることは不可能ではないかもしれないが、厳密な論証は後考に俟つことにして、これらの基準でおよその見当を付けてみたい。

まず第一点については、院政鎌倉期まで辛うじて保たれていた、上代中古の推量助動詞の体系が、室町期になると壊れて数もウ・ウズ・ラウ・ベシ・マイ等に減じる。こうなると、形態的に〈非現実〉／〈現実〉の区別をすることができなくなる。

また第二点については、推量助動詞の連体・準体用法は、およそ院政鎌倉期から室町期にかけてその数を大いに減らし、近世には複合辞化した用法を残してあまり用いられなくなるようである。以下、もう少し詳しく見ていきたい。

すでに院政鎌倉期においても、ム・ウについては、「こと・ほど・かた」のような形式名詞に承接する例が多く見出され、上代中古の意味機能が希薄化しつつあることをうかがわせる。その点、ムズが実質的な意味を持つ名詞に承接することが多いことと対照的である。また、ケムの連体用法はまだ残存している。ここで、ベシの連体用法は、世界表示を表わすものではないので例示しなかった。ただ、マジは院政鎌倉期にはまだベシの否定の意味であるが、それ以降と対照するために挙げておく。

(6)a　「六千余騎《せんよき》とこそ聞え候へ。」「さてはよい敵《かたき》ごさんなれ。おなじう死《し》なば、よからう敵《かたき》にかけあふて、大勢《ぜい》の中《なか》でこそ打死《うちじに》をもせめ」とて、まさきにこそすゝみけれ。　『平家物語』下一七七15

b　能登殿《のとどの》の返事《へんじ》には、「いくさをばわが身《み》ひとつの大事《だいじ》ぞとおもふてこそよう候へ。かりすなどりなどのやうに、足《あし》だちのよからう方《かた》へはむかはん、あしからう方《かた》へはむかはじなど候はんには、いくさに勝事《かつこと》よも候はじ。いくたびでも候へ、こはからう方《かた》へは教經《のりつね》うけ給はてむかひ候はん。一方《ばう》ばかりはうちやぶり候べし。御心《こゝろ》やすうおぼしめされ候へ」と、たのもしげにぞ申されける。　下一九六2・3・4

c　「…いかさまにも今夜首《こよひくび》を刎《はね》られん事、然《しかる》べうも候はず」と申されければ、入道相国《にうだうしやうこく》げにもとや思はれけむ、死罪《しざい》は思ひとどまり給《たま》ひぬ。　上一六一12

d　「今《いま》はこれほどの身《み》に成て、残《のこ》りとゞまるとても、安穩《あんをん》にて何《なに》にかはせむ。只同《たゞおな》じ一夜《よ》の露《つゆ》ともきえん事《こと》こそ本意《ほんい》なれ。…」　上一六二9

e　さてもあるべきならねば、むかへに乗物共《のりものども》つかはして待《まつ》らんも心《こゝろ》なしとて、泣々《なく〳〵》すはま殿《どの》を出《いで》つゝ、都《みやこ》へかへり入《いり》けむ心《こゝろ》の内共《うちども》、さこそはあはれにもうれしうも有《あり》けめ。　上二三〇10

f　彼賢王聖主《かのけんわうせいしゆ》の先規《せんき》を追《お》はせまし〳〵けむ叡慮《ゑいりよ》の程《ほど》こそ目出《めでた》けれ。　上二六五6

g　かくともいはまほしう思《おも》はれけれども、いひつるものならば、殿上《てんじやう》までもやがてきりのぼらむずる者《もの》にてある間《あいだ》、「別《べち》の事《こと》なし」とぞ答《こたへ》られける。　上八六6

h　旗《はた》ざほ共《ども》ひきそばめ〳〵、馬《むま》の腹帯《はるび》をかため、甲《かぶと》の緒《お》をしめ、只今皆《たゞいまみな》うたゝむずるけしきどもなるに、小松《こまつ》殿《どの》烏帽子《ゑぼし》直衣に、大文《だいもん》の指貫《さしぬき》そばとて、ざやめき入給《いりたま》へば、事外《ことのほか》にぞ見えられける。　上一七一3

i　母とぢ重而けうくんしけるは、「天《あめ》が下《した》にすまん程は、ともかうも入道殿の仰《おほせ》をば背《そむく》まじき事にてあるぞとよ。男女のえんしすくせ、今《いま》にはじめぬ事ぞかし。…」　上一〇〇11

j　「入道《にうだう》あまりに腹《はら》をたてて、教盛《のりもり》にはつゐに對面《たいめん》もし給はず。かなふまじき由頻《よししきり》にの給《たま》ひけれ共《ども》、出家入道《しゆつけにうだう》

まで申《まうし》たればにやらん、しばらく宿所《しゆくしよ》にをき奉《たてまつ》れとの給《たま》ひつれども、始終《しじう》よかるべしともおぼえず。」　上一六七14

室町期に入ると、推量助動詞がウ・ウズ・ベシ・マイ等に減ずるだけでなく、連体用法の用例数も少なくなる。ただし、『天草本平家物語』は、原拠本を引き継いだためか（覚一本の(6)c・dに対する(7)a・bなど）少なからぬ連体用法が見出される。とはいうものの、ケムは使われなくなっており、マイ（マジ）もむしろウ（ム）の打ち消しの意味で用いられているようである。

(7)a　いかさまにも今夜首《こんやくび》を刎ねられうことはしかるべうもないと、申されたによって、死罪をば思ひ止《とど》められてござった。　『天草本平家物語』三二18

b　今はこれほどの身になって残り留《とど》まり安穏《あんをん》に居て何にせうぞ？　ただ同じ一夜《いちや》の露《つゆ》とも消《き》えうことこそ本《ほん》意《い》なれ。　三三20

c　しばらく世を静めうほど法皇を鳥羽《とば》の北殿《きたとの》へ移し奉るか、しからずはこれへまれ御幸《ごかう》をなしまゐらせうずると思《おも》ふぞ。　四三2

d　その御返報《ごへんぽう》にはどこなりとも空《あ》かうずる国を下されうずると仰せられた。　四10

e　平家に志《こころざ》しを通《つう》ぜうずる者どもは、兼康を先《さき》として、木曽殿のお下りあるに矢を一《ひと》つ射かけまらせいと、言《ゆ》ひ触《ふ》らいたれば、　二一二4

f　この成親卿に限って平家に対して疎略《そりやく》あるまいことが本意《ほんい》でござる。　一九1

g　この川の面《おもて》を見るに、馬の足の及ぶまい所三段《さんだん》には過ぎまい。　二三四12

近世に入ると、連体用法は用例も非常に少なくなるばかりではなく、「～うことじゃ」「～うほどに」「～うもの」「～うはず」のような複合辞化したものの割合が大きくなってきており、上代中古に持っていた〈非現実〉といった意味はほとんど見られなくなっていると考えられる。

(8)a　オ、〳〵冬年お目にかゝったの借錢乞《こひ》の帳面をこゝから消《け》してもらはう物。お暇申すと打ち笑ひ在所〽々々へ帰りけり。　近松門左衛門『けいせい反魂香』一三五5

b　其の一歩もいらぬ馬方《かた》こそすれ伊達の與作が惣領ぢゃ。母様《かゝ》でもない他人に金貰《かねもら》はう筈がない。エ、胴《どう》慾《よく》な母様《かゝ》覺えてゐさっしゃれと。　近松門左衛門『丹波與作待夜の小室節』一〇二7

c　地色いかほどお恨《うらみ》お叱《しかり》もお前《まへ》に逢《あ》うて此の吾妻《あづま》が。申上《あ》げう詞はない。引手あまたの身の上さへ。悋氣《りんき》妬は女の常《つね》。お心堅《かた》いフシ町育《そだち》。　近松門左衛門『山崎與次兵衛壽の門松』三一一12

d　「おの〳〵は太鞁持《たいこもち》ならば、爰《ここ》の女郎のやうすもしらりやう事じや。それ程急《ほどきう》な人にはあふて面白《おもしろ》からず」と喜右衛門方に戻りぬ。　井原西鶴『好色一代男』一七七11

e　瀬平「…幸ひよい折柄《から》でござりまする。申出して見ませう程《ほど》に、皆様も共々側からおっしゃって下さりませう。」　並木正三『幼稚子敵討』一三九下2

f　ヘン、そこへ行《いつ》ちやアやかましいを初《はじめ》た内《うち》だ。其癖《そのくせ》にあたじけなくツての。云《い》はう様《やう》はねへはな。三年前《さんねんめへ》の酢《す》くなつた澤庵二切《たくあんふたきれ》、たま〳〵惣菜《そうせへ》といふ所《とこ》が鼠尾藻《ひじき》の中へひしこを三疋《さんびき》。

式亭三馬『浮世風呂』三編上一九五14

g　ェ、むかしの世が世ならばかゝる無念は聞くまい物。神佛の罰利生《ばちりしやう》も人によるか入道殿と。スエテはったとにらむ目に涙　近松門左衛門『平家女護嶋』二九六13

h　あまつさいその時、わしが娘はおつぱらんではいるし、あにがハア案《あんじ》おるまい事か、大かたどこぞへおつこちて、腰骨《こしぼね》がなぶんぬいて、わづらつてもゐるだんべいと、おもつたばか《斗》しで、便《たより》きくべいにもあてづつぽうなり　十返舎一九『東海道中膝栗毛』一一四8

以上見てきたように、推量助動詞が上代・中古に持っていた、世界表示機能は徐々に近現代のモダリティ機能に変化してきたと考えられるが、あえてその変化の時点がいつかと言うとするならば、鎌倉期から室町期への移り変わりにその最も大きな断絶があるように思われる。

おわりに

以上見てきたように、ムードという観点で、日本語の歴史的な展開と、他言語、特に欧米語の歴史的な展開を比べてみると、ある共通性が見出される。ここで井島（二〇一一・二）では、テンス・アスペクトに関して、日本語においては歴史的に、アスペクト形式として成立したものが、時間の展開とともにテンス形式となり、その後消滅していくという展開過程を経ていることを論じたが、これは他言語にも共通に見られる特徴であることを指摘した。どうやらムード形式に関しても、世界表示形式からモダリティ形式へという変化が、日本語のみならず、欧米語を中心とした他言語でも見られるようである。さらに日本語の場合、その変化の時期は院政鎌倉期から室町期へ移り変わる頃と考えられる。

また、欧米語の場合、ムード形式のうち、よく用いられる直説法と仮定法（接続法）との間に、〈現実〉／〈非現実〉の対立が見出されるのに対して、日本語の場合、〈現実〉がさらに二分され、φ・キ・ケリとラム・ケム・ラシ・メリ・ナリとが、直接見聞した〈現実〉／間接的に推論した〈現実〉という対立をなし、それ全体とム・ジ・マシが表わす〈非現実〉とが対立する（ベシ・マジは後の二者に跨がる）と考えられる。

資料

天草本平家物語：『天草版平家物語語彙用例索引』勉誠社、その他：岩波古典文学大系

参考文献

F. R. Palmer（一九八六）"Mood and Modality" Cambridge University Press
井島　正博（二〇一一・二）『中古語過去・完了表現の研究』ひつじ書房
――（二〇一四・一）「上代・中古語の推量表現の表現原理」益岡隆志　他編『日本語複文構文の研究』ひつじ書房
――（二〇一六・五）「上代・中古語推量助動詞の連体・準体用法」『国語と国文学』第九十三巻第五号

係結びの体系

半藤英明

一　はじめに

係結びは、言語の本質的な課題である「文とは何か」を日本語として考える上で、最重要な文法的命題である（注1）。係結びを論ずるには、その働きや意味性のみならず、使用環境や非係結び構文を考慮することが不可欠であり、多様な日本語の構文を多角的に分析することになる。係結びに関する研究は、今日こそ沈静化しているものの、歴史的研究および理論の観点から森重敏、大野晋、阪倉篤義など多くの大家が成果を纏めた。半藤（二〇〇三a）、同（二〇〇三b）でも長年の成果を総括的な論述に纏めた。その後も舩城（二〇一三）や、個別的な事例については野村剛史を始め、勝又隆、蔦清行、鴻野知暁などの興味深い発表が続き、このテーマが継続的に文法研究者の興味を惹くものであることを示している。

係結びは、狭義には「ぞ…連体形」「こそ…已然形」のように、いわゆる係助詞に呼応して述語の活用形を定める表現形式のことである。ただ、実際には特定の正格によらないものも多様に存在することから、係助詞と述部との構文的連関を認めず、係結びの現象を前提としない係結び論も登場した。例えば山田（二〇〇四）の仮説では、係助詞の配置は述語のムード的意味を限定・拡張するための「オプション」であり、「係りによって結ぶ」という義務的な拘束関係ではないとする。

しかしながら、姉小路家手似葉伝「大事の口伝」の「ぞる　こそれ　おもひきやとは　はり　やらん　これぞ五つのとまりなりける」（『国語学体系』）の通説は構文上の連関という考え方を顕著にしており、他にも手爾葉大概抄之抄の「えけせてねの通音等にてとまる様に言ひ残せば　こその文字とまれるなり」（同）の記述などに鑑みても（いわゆる係結びに当たる）一定の表現形式が存在していたと認められる。また、「こそ」の述語が終止形や連体形になるといった破格の例は、述語の優位性に対する疑問となるだろう。後述のように、いわゆる「係り」と「結び」に結合関係があったか否かの議論とは別に、本論としては係結びなる現象を認めるところから始めたい。

係結びは、形式上は「ぞ」「なむ」「こそ」「や」「か」と直接的に関係している。疑問詞と連体形との呼応など類似の表現形式や「な…そ」（禁止）のような呼応形式はあるものの、「ぞ」「なむ」「こそ」「や」「か」それぞれの構文に対する理解が係結び論のための一義的な条件であることは言うまでもない。それらを係助詞と呼ぶ上では、係助詞と係結びとは密接不可分である。

一方で、山田孝雄に従って「は」「も」を係助詞とし、それらが日本語の基幹的構文を為すと考えるならば、係助詞の働きとその範囲の設定如何により、係結び形式は係助詞構文のバリエーションという位置づけになる。半藤（二〇〇三a）ではこの点を明確にし、係結びは係助詞および係助詞構文の理解に基づき、係助詞の歴史のなかで捉えるべきものとしている。

二　舩城俊太郎『かかりむすび考』をめぐって

直近で最もまとまった係結び論が、二〇一三年に刊行された舩城俊太郎『かかりむすび考』（勉誠出版）である。従来の係結び論とは切り口を違え、近世の係結び（舩城は「かかりむすび」）にかかる考え方を端緒として主要な研究成果を検証し、それぞれの利点・欠点を分析しながら自説を展開する。本論の理論的基盤とは大きく異なるが、その総括したところを確認し、本論の立場へとつなげたい。

舩城は、本居宣長の『ひも鏡』で提示された「かかりむすび」が、同じく宣長の『詞の玉緒』の解説により「かかりむすび」の法則として国学者へと受け継がれた、とする。その影響については、関係資料の先後関係、利用・影響関係を示すことで、宣長の「かかりむすび」が画期的な研究であったことを論ずる。そして、宣長の「かかりむすび」が外形的な表現形式の規則性（「てにをはのと、の、へ」）を指摘したものであったにもかかわらず、山田孝雄の理解不足によって変質し、「文法的機能」を説明するものとして後の松尾捨治郎、大野晋などに影響を与えた、としている。舩城の論は、宣長の「かかりむすび」にかかる言説を係結び論の前提にし、係結びを表現論的なものとする捉え方に徹しているために、その結果として修辞的な表現を形成するというものに落ち着く。係結び論の端緒を宣長に置き、助詞の機能的分析や構文的分析を放棄するならば、首肯できるところはあるが、疑問もある。

舩城は「現代語の間投助詞と終助詞の類の呼応現象を、古代語の〈かかりむすび〉の再生とかんがえる」（303頁）とし、係結びとの連続性を考えている。ただ、古文の係結び構文と「現代語の間投助詞と終助詞の類の呼応現象」との共通性・類似性にかかる徹底した検証がなく、両者の連続性を確信することはできない。また、舩城の論では、係結びという修辞法が古文の表現として必要とされ、多用されて隆盛を極め、やがて衰滅したメカニズムを如何に考えればよいのか、想像がつかない。

船城によれば、山田孝雄には①『詞の玉緒』における「かかり」「かかる」の意味を「各種の特別な表現について言うことば」(157頁)と正しく理解せず、宣長以前の「係る・掛かる」の意味と理解して結びの語に影響する修飾関係と考えた、②宣長の「は」「も」の「かかりむすび」を終止形と関係する終止法と思い込み、宣長の指摘が単なる形式的な結果論であったとは認識しなかった、という誤解があり、その結果、山田孝雄の「係り結び」は構文的機能として「陳述に関与するもの」という意味づけとなり、大きく変質した。指摘のように、山田孝雄以後の係結び論は「係り」と「結び」との結合関係を前提としているように思える。それを船城は問題視するが、しかし、どの論も係結びを(たとえ明言していなくても)修辞法と考える点には共通のものがあるように思う。その上で、係結びが如何なる構文メカニズムにあるのかを解明し、係結びの全体像を理解し説明しようとするものであったと考えられる。

「係り」と「結び」との結合関係の有無は、形式上の係結び現象に留まらない広義の「係結び」にかかる問題として必要な論点であり、「は」「も」構文を含まない係結び現象を考察する上では、さほど重要な問題ではない。それらに結合関係があろうとなかろうと、係結び現象は一定の関係性(すなわち構文上の連関)を示すものだからである(注2)。ただ、係結び現象が示す表現形式を如何に説明するのかは、係結び論の基盤である。山田孝雄の理論が後世に引き継がれたことは、係結びの理論を推進し、係結びを多角的に検討する上で、寧ろ有益であったと評価したい。

係結び現象が強調構文のマークであることは常識的である。その意味で、船城のように修辞法として捉えるのは全く妥当である。しかし、例えば係結びの「こそ」構文がそうであるにしても、係結び形式のない現代語の「こそ」構文は、それと同一のもの、同一の様相ではない。また「なむ」は滅亡したが、係結び形式は失っても終助詞「ぞ」「か」「や」が現存することも、それらの助詞が必ずしも不要となったのではなく、係結びの役割が喪失したことを示すものであり、係結びが古文特有の構文法であったことを思わせる。近年は方言の分野で現代語の「係結び」が指摘され、それを全く否定するものではないが、古文の係結びは古文における現象として、古文の論理で分析することが賢明である。

本論として重視するのは、係結び現象が「ぞ」「なむ」「こそ」「や」「か」それぞれの構文に見え、他助詞の場合には見られないことである。「ぞ」「なむ」「こそ」「や」「か」の使用環境は、前掲のような他の呼応形式（疑問詞との呼応、「な…そ」など）とは別に、いずれも強調構文としてのものである。係結びは形式的なこと、強調構文であることを一体的に考える必要がある。すなわち「ぞ」「なむ」「こそ」「や」「か」の助詞としての働きと、それらの構文が（強調構文として）如何なる役割にあるのかを明らかにすることが係結び現象を理解するための大前提である。

三　「は」「も」および係結び形式の主観性

「ぞ」「なむ」「こそ」「や」「か」の助詞としての働き、構文上の役割を明らかにする上でまず必要なのが、係助詞を如何に規定するのか、である。

山田孝雄の命名により、「ぞ」「なむ」「こそ」「や」「か」は係助詞と呼ばれる。繰り返すが、この点で係助詞と係結びとは密接不可分である。但し、山田孝雄は「は」「も」についても係助詞とし、そこに舩城（前掲）の批判がある。舩城は「は」「も」を少なくとも「かかりむすび」の助詞ではなく、別の助詞に扱うべきだとする。一定の表現形式に拘束されない「は」「も」構文と係結び構文とを同列に扱うか（山田孝雄の立場）、または切り離すか（舩城の立場）により、係結び論の基盤が大きく異なるのは当然である。

舩城によれば、「は」の結合機能（いわゆる「二分結合」）は単に「係り受け」であり、強力な力を持たない。一方、係結びの場合は「かなり強力で、文構造の深部にまで達するものであるとかんがえる。」（307頁）とされる。そう述べる根拠は不明であるが、本居宣長の「かかりむすび」が外形的な表現形式の規則性を指摘したものであるならば、それを支持する船城が係結びに「文構造の深部にまで達する」ほどの強力な機能を見出すことには違和感を覚える。そもそも「は」の結合機能と「かかりむすび」のどちらが強力かという論点は船城にして直観的であり、「文構造の深部にまで達する」ことが如何なるものであるのかも、よく理解できない。係結びが修辞的であることに着目するならば、上述のような論点ではなく、その表現性をこそ分析することが望ましい。

古文の分析では内省が効くことを優先すべきであり、それが適わぬ場合に理論が必要となる。その観点から「は」「も」および係結びの係助詞「ぞ」「なむ」「こそ」「や」「か」が総じて発話者の主観的な判断を示し、決して客観的な表現にはならない共通性があることに注目する。以下に「句節の相互関係を明確に限定する文体」であり、文意を把握し易い「拘束構文」（注3）の色合いを持つ例文で確認する（本論の引例は、全て小学館『日本古典文学全集』に拠る）。

1　園の別当入道は｜、さうなき庖丁者なり。（徒然草　下）

2　法事讃も｜、同じく善観房始めたるなり。（徒然草　下）

基本的に「は」は題目―解説の構文、「も」は同類の事態を示す構文であり、1の文意は「園の別当入道は、比類のない調理人である」、2は「（六時礼賛もそうだが）法事讃という讃歌も、善観房（僧名）が始めたものだ」の意で、ともに発話者の認識を述べた主観的な判断文である。

3　竹の園生の、末葉まで人間の種ならぬぞやんごとなき。（徒然草　上）
4　ひたすら世をむさぼる心のみ深く、もののあはれも知らずなりゆくなん、あさましき。（徒然草　上）
5　ものうち言ひたる、聞きにくからず、愛敬ありて、言葉多からぬこそ、あかず向はまほしけれ。（徒然草　上）

3の文意は「皇族が子孫まで人間の血筋でないのは、尊いことだ」、4は「やたらに生を貪り、世の情趣も分からなくなってゆくのは、あきれることだ」、5は「ものをいっても温和で、口数の少ない人は、ずっと対座していたいものだ」と、いずれも発話者の認識を述べている主観的な判断文である。「や」と「か」については単なる疑問表現でなく、強調の効果が内在することを既に述べた（注4）。

6　「我等が生死の到来、ただ今にもやあらん。…」（徒然草　上）
7　いかなるをか智といふべき。（徒然草　上）

6は「私たちの死は、ただ今であるかもしれない」、7は「いかなるものを智と言えばよかろうか」の意で、発話者として判断しきれないところを強く表明するものである。「や」「か」の疑問文は、「は」「も」および「ぞ」「なむ」「こそ」のような平叙文とは文の類型としても判断の質的にも異なるので、判断文の類例では捉えづらい。しかし、少なくとも発話者の思うところ、すなわち主観を表明していることは疑いようがない。係結びが主文で使用されるのは、いわゆるモダリティ、すなわち判断および伝達の発動を有する構文だからである。

断定や推量、疑い、問いなどと分別される人間の認識全般には、いずれも何らかの「判断」がある筈で、なれば、それらは総じて主観的な判断を示していると言い得る。但し、この「主観的な判断」は「鳥飛びをり（鳥が飛んでいる）」「空青し（空が青い）」といった客観的な現象描写文にも内在する筈の事態認識的な「判断」とは内容的に異なるものであろう。仮に、前者を積極的な判断、後者を潜在的な判断と呼ぶならば、係結び構文には発話者の積極的な判断がある。「は」「も」は、いわゆる主語を承けて述語へと関係づけ、主文を形成することが多いが、係結びの係助詞は、主文であっても、次例のように「は」構文の述部になったり（8、10、11、12）、条件句を承けた主文の述部になったり（9）と、出現のスタイルも多様である。

8　相模守時頼の母は、松下禅尼とぞ申しける。（徒然草　下）
9　「鳥のむれゐて池の蛙をとりければ、御覧じ悲しませ給ひてなん」と人の語りしこそ、（徒然草　上）
10　「別殿の行幸には、昼御座の御剣にてこそあれ」と、（徒然草　下）
11　つゆ違はざらんと向ひゐたらんは、ひとりある心地やせん。（徒然草　上）
12　「…。そも、参りたる人ごとに山へのぼりしは、何事かありけん、ゆかしかりしかど、…」（徒然草　上）

8は「相模守時頼の母は、松下禅尼と申した」、9は「鳥が群れて池の蛙をとったので、（皇子が）御覧になり悲しく思われたのです」の意で文末の「ある」または「おはしける」が省略されたもの、10は「別殿の行幸には、清涼伝の夜御殿の宝剣でなく、昼の御座所の御剣である（のに）」、11は「相手に合わせて対座しているときは、まるで一人でいるような気持ちだろう」、12は「参詣している人々が山へ登ったのは何事があったのか、知りたかったのだが、」の意である。このように「は」構文の述部で使用されるもの、条件句を承けた主文の述部になるものは、係結びの構文的な融通性を示すと共に、係結び形式が発話者の主観的な判断と強く結びついていることの証左である。

四　係結び形式の位置づけと意味づけ

概して言えば、助詞の働きとは関係構成である。助詞は機能的概念を示す機能語として、意味的概念を示す概念語を多様に関係づけ、種々の意味的関係を構成する。意味的関係のバリエーションは助詞の機能と連関している。例えば動詞から見た名詞が果たす（主体、対象などの）関係は格助詞が担い、限定、程度などの数量的な関係表示は副助詞が担うといった具合である。係助詞の機能である「係機能」を如何なるものと見るかは、係助詞の理解のみならず、係結び論を左右する根幹である。それについては、さまざまな考え方があるなか、嘗て論じたところである（注5）が、本論として簡単に振り返る。

大野（一九九三）によれば、「は」は日本語の文の構成法の基本的部分にかかわる役目を負う（339頁）。つまり「は」構文は、文のなかでも基幹的構文を作ると見るべきである。現代語「は」に加えて「も」「こそ」の機能を分析すると、それらは発話者が主体的かつ選択的に当該の前後二項（それぞれは語や語句）を結合している、と考えることができる（注6）。これが文法上の「取り立て」機能である。「取り立て」機能が発揮された文は、当然、主観的な判断文となる。なお、結果的、現象的に「取り立て」機能は、主述関係に働くばかりか、修飾関係にも働く（格助詞や副詞を承ける）し、述部を構成する（「男ではない」「笑いもする」など）といったように、概して構文上の融通性がある。構文的な融通性を持つことは「取り立て」機能の特徴でもある。

「は」「も」「こそ」の「取り立て」機能は、判断文としての内容上の違いに反映される。前述のように、通常「は」は題目―解説の判断文を作り、「も」は同様の事態が並行的に存在していることを認定する判断文、「こそ」は最上最良の事態を選択的に認定する卓立の判断文となる。それらには、明確に、構文構成にかかる主体的で選択的な判断がある。それらは歴史的に見て用法上の変遷があるものの、機能的一貫性を保っている。この「取り立て」機能を係助詞の「係機能」と見るのが、本論の立場である。すなわち係助詞とは「取り立て」機能を持つ助詞のことである。

このとき、古典語「ぞ」「なむ」「こそ」「や」「か」の構文には主観的な判断があることから、構文上の融通性の観点をも加えれば、いずれも「取り立て」機能が働いていると見ることができ、これらを総じて係助詞と捉える。この前提により、古文の係結びは係助詞および係助詞の歴史のなかで捉えるべきものとなる。

「取り立て」機能を持つ係助詞ながらも「は」「も」が係結び形式とならないのは、それらの構文上の役割が係結びの係助詞とは異なるからである。係結びの係助詞は強調構文となることから文の単位が比較的短く、係助詞が配置されると、その後は長く続いていくことがない。一方で「は」は題目と解説の構造を為す構文である。さまざまな説明的、解説的な文を「は」で表明するに文の形式が拘束的であると、不都合が生ずることになるであろう。何かを説明、解説する上で、端から構文的な制約があるというのは表現上の多様性を狭めることである。題目と解説の構造は、文の構成上、極めて基幹的なものであり、その構文的使命から「は」構文は常態的に形式上の自由度を高くするものであったと考えられる。「も」は「は」構文との関係性が強く、「は」で認定されるような事態が並行的に存在することを合わせて認定し表明するものであるから、「は」と同様に形式上の自由度を高くしていたことが考えられる。

山田孝雄によれば、「は」は論理的な性質を有する。題目と解説の結合には合理的な判断が必要である。「も」には「こんなにも苦しいとは」のように詠嘆の用法もあり、「は」ほどには論理的な性質ではないかも知れぬが、「は」構文との連関のなかで並行的な判断を下すには、やはり合理的な判断が必要となる。すなわち「は」「も」は主観的な判断文を作るとは言え、「ぞ」「なむ」「こそ」「や」「か」と比較すれば理性的な判断を要するものであるために、係結び形式にならなかったと考えられる。勿論、上記は「は」「も」の原理的なところを述べたものであり、それらの構文が全てに必ず理性的であるということではない。「は」「も」にも、それなりの多様性は存在し、両者とも情意的な文にも現れる。「は」が論理的な性質であっても、文として情意的であることもあってよい。「は」「も」の本来的な働きが全ての文に反映されるものでないことは冷静に見なくてはならない。

その上で「は」「も」と係結びの係助詞とが一線を画するものであるのは、「ぞ」「なむ」「や」「か」と古典語「こそ」の構文が主観的な判断のなかでも常に情緒性を色濃くする情意的なものである、ということである。これは、係結びが原理的に強調構文であることに基づく。半藤（二〇〇三b）では、「こそ」の係結び構文は「こそ」の「取り立て」に伴う意味的類型を発揮しつつ、文意の主観性を拡大するという形での強調構文を形成し、更には感動表現としての任をも負うとした（141頁）。前掲3～7および8～12の情意性は、現代人の内省としては分析し難いが、非係結び構文を選択せず、あえて係結び形式を使用することに鑑みれば、それらが強調構文として文意の主観性を拡大し、情意的なものを担っていることは十分に推測される。

以下に、係結びと係助詞の関係を（結果論的に）概括する。係助詞とは「取り立て」機能を持ち、基本的に主観的な判断文を作るものである。古文では、主観的な判断文のなかで理性的な場合と主観の強調による情意的な場合とを使用目的上、区別する意味において、前者を「は」「も」が担い、後者を「ぞ」「なむ」「こそ」「や」「か」が担うが、情意的な場合の後者については文のスタイルを係結び形式として非係結び構文の「は」「も」と差異化し、役割上の明示化が確立していた。

五　「なむ」と「ぞ」の関係

前述のように「こそ」構文は、主観性を拡大した強調構文である。この点は「ぞ」「なむ」も同類である（「や」「か」については嘗て論じたので、今回は触れない）。異なる語であれば、意味、表現性も異なると考える言語的一般論からすれば、それらには元来、違いがあることになる。その点を考察した論文は過去に多いが、証明の論述が難しいことから、その確実性については多分に議論の余地がある。例えば「こそ」は「ぞ」「なむ」よりも強調の度合いが高いとする論は多いが、それらの程度性が数値的に実証されたものではない。それらの違いを取り上げた論文は、あくまで対照的な見立てである。

13　「これなむ都鳥」といふを聞きて　（伊勢）

13は、当該の鳥を都鳥であると発話者が聞き手に向けて説明したものである。このとき、解釈の上で「なむ」を「は」や「が」に置換して理解しようとするのはナンセンスである。どちらと特定できるものではないからである。「なむ」の選択は「は」ではない理由があるからであり、それは「が」格相当でも不都合であるゆえの選択に他ならない。「これなむ都鳥」は主観的な判断文であると共に、「なむ」を用いて非係結び構文ではないこと、加えて体言止めの形式であることにより、強調構文として主観性を高めたものになっていると見られる。また「なむ」の使用は多分に結果論である。「なむ」が「ぞ」や「こそ」ではならぬのかといえば、それも決して不可能ではないと考え得る。内省に制約のある古文では、それ以上に踏み込んだ分析は難しいだろう。

「ぞ」「なむ」「こそ」の用法上の区別は、明確なところは存外に難しい。加えて、歴史的には、それらは明らかに同質化して用法上の区別を失う。それは、係結びの一時期の豊かさが衰退に向かうことである。係結びの衰退は、用法上の多様性が失われたことに要因（の一つ）があると考えられる。この点は、既に「ぞ」と「こそ」の近似性を指摘した（注7）ので、今回は「なむ」と「ぞ」の関係について考察する。

大野（一九九三）によれば、「ぞ」は本来、文末にあって強い肯定判断、相手に対する上からの教示を表す役割を帯びていたが、倒置により文中に位置するようになって形式化し定型化した。このことから「ぞ」の係結び構文には断定性、指示性が推測されるという。一方「なむ」は韻文での使用がほぼ見られず、会話文での使用が中心であることから「話し手の内心に思うこと、信じることを『礼儀をわきまえて』表明するという役目を果たす」とされる（237頁）。このように「なむ」が聞き手に配慮した表現であるという立場は他にも見られる。例えば竹内（一九八六）では、「ぞ」が「事柄の内容を直截に明確に措定する強調」であるのに対し、「なむ」は「聞き手に心を配り、ものやわらかな口調のうちにも、じっくりと相手にわからせていこうとする、そんな性質の強調」としている（337頁、342頁）。このような「なむ」に対する考え方の論拠（の一つ）に、今昔物語集の文章末尾の「注文《ちゅうぶん》」（編著者の見解を示す文章）に多く見える「となむ語り伝へたるとや」の形式がある（引例のカッコ内は巻・話の数）。

14　（行基菩薩は）文殊ノ化シテ生給ヘルトナム語リ伝タルトヤ。（11-2）

15　道照和尚ハ権者也ケリトナム世ニ語リ伝ヘタルトヤ。（11-4）

発話者として「～と語り伝えていることです」と説く表現は、聞き手に向けて発せられる感覚が強い。この表現形式が「なむ」の対他性を象徴するものと、研究者において解されていることは確実である。しかし、これが「なむ」に限定された個性でないことは、次例のような「ぞ」の言い換えが多く見られることから知られる。

16　虚空蔵菩薩の利益量無シ。其レニ依テ神叡モ智恵ヲバ得タルトゾ人云ケルトナム語リ伝ヘタルトヤ。（11-5）
17　極楽モ此ヤ有ラムトゾ人云メル。日本第一ノ事也トナム語リ伝ヘタルトヤ。（12-6）
18　極テ貴キ聖リニテナム有ケルトゾ語リ伝ヘタルトヤ。（12-29）
19　豈ニ、此レ、守護ノ善神也ト可知キ也トゾ語リ伝ヘタルトカヤ。（13-4）
20　然レバ、疑ヒ無ク極楽ニ往生シタル人也トゾ語リ伝ヘタルトヤ。（13-5）

16、17からは「とぞ人云ひける（云ふめる）」および「となむ語り伝へたるとや」のような形式化、類型化が想定されるが、18～20は「なむ」と「ぞ」の交替が可能であることを示すものである。「なむ」の慣用的な表現形式が存在したにしても、用法的には「ぞ」でも支障がないことになる。その場合、「なむ」と「ぞ」の役割は近似的で、働きとして明確に区別できるものでないことが理解される。また、次例は「なむ」の必要性が低下していることを示すものと考えられる。

21　古老ノ伝ヘヲ以テ（φ）語リ伝ヘタルトヤ。（12-18）
22　夢覚テ後、極テ哀ニ思テ、人に語ケルヲ聞伝ヘテ（φ）語リ伝ヘタルトヤ。（12-36）
23　入滅ノ後ニ語リ伝フルヲ聞テ（φ）広ク語リ伝ヘタルトヤ。（13-9）

いずれも（φ）に「なむ」を挿入して「〜てなむ語り伝へたるとや。」とすることが可能な例である。それでこそ、前記の「となむ語り伝へたるとや」と同レベルの表現性が確保される。「注文」としての位置および役割上、同レベルの強調表現が取られてもおかしくない場面だが、そうでないのは「なむ」を使用する意義がそう高くないことを示していよう。このことは「なむ」が係結びとしての実質的な役割を弱め、形式的なものとしてレトリック化していることを示すものである。もともと使用環境に文体上の制約がみられる「なむ」「ぞ」である（注8）が、中世以降にほぼ使われなくなるのは、それらの没個性化と形骸化も要因であると考えられる。

六　係結びの体系

上代に既に見られる「ぞ（もとは「そ」）」「なむ（もとは「なも」）」「こそ」と「や」「か」の係結びは、非係結び構文と対照すれば、強調構文として文意の主観性を拡大し、情意的なものを担っていると考えられる。その表現形式は（対話者が限定される）閉鎖的な言語環境のなかで多用されて隆盛を極め、特定の表現形式として認知される力学を強めた。その観点からは、結果論的に、係結びの体系というものがあると言い得る。

もともと、それらの助詞には表現上の区別が存在し、そのことが文体上の制約と相関していたと見られる。しかし、「ぞ」「なむ」「こそ」と「や」「か」のそれぞれにおいて表現性の違いは必ずしも明確でなく、曖昧さがあったと考えられる。山口（一九九一）には、徒然草の「ぞ」「なむ」「こそ」「や」「か」において「係助詞別に、言語場面の順位を見ると、比率こそ違え一様に地の文に最も多く、二位が会話文、そして三位が心話文という現れ方をしている。係助詞によってはもっと異なる使い方が出てきてもよさそうなのに、表（省略）があまりにも整然ととのうのが不思議なくらいである。」（183頁）とある。係結びは強調構文という伝達性の文法形式であったことから、それぞれの働き、表現性は同質化する蓋然性を持っており、明確な役割分担が見えなくなったことで用法上の意識が拡散し、嘗てのような使用を見なくなって衰退し、やがて消滅したと考えられる（注9）。そのなかで、強調構文としての役割を失ったものの、卓立の用法を個性とした「こそ」は現代に生き残った。

「や」「か」には用法上の使い分けが見られる（注10）が、強調構文の「ぞ」「なむ」「こそ」の使用は、用法上の類似性があることから考えて、概ね発話者の恣意的な選択に基づくものであり、係結びという明快で確固たる体系のなかで自覚的に使用されていたものではなかったと考えられる。そのことは、つまり、現代的な解釈として係結びの体系という見方が可能であっても、その実、係結びの体系というものは存在しなかったということになるのである。

注

（1）「係結び」は「係り結び」に同じ。「係助詞《かかり》」の表記に合わせた。

（2）野村剛史は、連体形で結ぶ「係り結び」において「係り」と「結び」の形態的な呼応を認める一方、それらの結合関係が理論的に「殊更な意味があるとは述べることができなくなる。」としている（大修館書店『日本語文法事典』85頁）。

（3）小松（一九九七）248～250頁を参照。なお「拘束構文」に対するは、句節の論理性よりも連続性を特徴とする「連接構文」である。

（4）半藤（二〇〇三ａ）157頁。

（5）半藤（二〇〇三ａ）、同（二〇〇六）を参照されたい。

（6）「結合」の理論的な説明については、半藤（二〇〇三ａ）第一部・第四章のほか、同（二〇〇九ａ）、同（二〇〇九ｂ）、同（二〇一〇）、同（二〇一二）を参照されたい。

（7）半藤（二〇〇三a）第二部・第三章を参照されたい。
（8）前記（大野、竹内）のほか、「なむ」は宣命ほか和文の散文に多く見られ、訓点資料には見られない、「ぞ」は和歌、漢文訓読文、物語の地の文に多い、「や」に比べると「か」は不定詞と共起することが多い、など。
（9）柳田（二〇一六）では「ぞ」「なむ」「や」「か」の衰退を主格助詞「が」の成立と関連づけ、「係り結びの衰退は、係りと結びの乱れなのではなく、係助詞そのものの衰退なのである。」（162頁）と述べているが、係助詞の働きや役割および格の理解が本論と異なり、全体として承認し難い。
（10）堀尾香代子（二〇一二）は「上代ではカとヤは未だ構文形式上の棲み分けを保持していると言えるが、カの領域へのヤの侵入は、カによる係り結びとしての実質的意義の希薄化した類型Ⅲ（＝複合的な述語の構成要素間にカが割って入る類型）を中心に現れ始める。」（94頁）として同質化のプロセスを見通す。

参考文献

大野　晋（一九九三）『係り結びの研究』岩波書店
小松　英雄（一九九七）『仮名文の構文原理』笠間書院
竹内美智子（一九八六）『平安時代和文の研究』明治書院
半藤　英明（二〇〇三a）『係助詞と係結びの本質』新典社
――――（二〇〇三b）『係結びと係助詞　「こそ」構文の歴史と用法』大学教育出版
――――（二〇〇六）『日本語助詞の文法』新典社
――――（二〇〇九a）「「は」と題目」『熊本県立大学文学部紀要』第15巻、120～101頁
――――（二〇〇九b）「題目、題目語とは何か」『解釈』第55巻第11・12号、11～16頁
――――（二〇一〇）「題目の範囲と真の題目」『熊本県立大学文学部紀要』第16巻、128～117頁
――――（二〇一二）「疑問詞に下接する係助詞について」第58巻第11・12号、31～40頁
福井久蔵編（一九三八）『国語学体系 手爾波 一』厚生閣
舩城俊太郎（二〇一三）『かかりむすび考』勉誠出版

堀尾香代子（二〇一二）「上代語における係助詞カの振る舞い―係助詞ヤとの比較を通して―」『北九州市立大学文学部紀要』81号、83～97頁
柳田　征司（二〇一六）『日本語の歴史6　主格助詞「ガ」の千年紀』武蔵野書院
山口　雄輔（一九九一）「流布本『徒然草』の係り結び―分布の型と用法の展開―」『文教大学文学部紀要』第5号、210～181頁
山田　健三（二〇〇四）「係り結び・再考」『国語国文』第73巻第11号、15～33頁

『往生要集』成立・享受における言語生活について（一）

――源信の『往生要集』執筆と二十五三昧会の言語生活――

古田恵美子

一・一　本研究全体の目的

筆者は、先に、拙稿（二〇一〇）「現代における日本語およびその言語生活の変化について」、拙稿（二〇一四）「映像による言語の浸食をどのように考えるか――「言語の発生」仮説から見た現代――」により、現在進行している、主に視覚・聴覚情報が文字情報に取って代わっていく状況について考察した（注1）。これらは、自らの子育ての経験・観察と、勤務先が教員養成を担う学部であったことから発想したもので、あくまで現代から未来の言語に関わる事としてのみ考察していた。すなわち、自らの元々の研究テーマである『往生要集』に結びつけて考えては来なかった。

さて、二〇一七年は、『往生要集』の作者源信僧都の遷化千年忌にあたり、各地で、『往生要集』に関連する美術（＝視覚情報）の展覧会があり、分野を横断する内容の講座も開かれた（注2）。また、三年ほど前になるが、平等院鳳凰堂の平安時代の浄土庭園が復元され、『往生要集』に影響を受けて阿弥陀の極楽世界を具現した鳳凰堂内部の創建当時の復元図が公表されるなどのことがあった（注3）。

これらに接して愚考した結果、遅ればせながら次のことに思い当たった。

1、『往生要集』作者の源信は、極楽に往生するためには、日々訓練しなければならないことがあり、中でも仏を観想する事は重要であると考えていた。その訓練方法の心得・要点を備忘として座右に置くために、『往生要集』を書いた(『往生要集』序文)。すなわち、少なくとも大文一・二・四・六等は、文章から正しい姿を想像し、頭の中に思い描く事を目的として書いている。

つまり、作者自身が読者による文字言語の視覚化を求めている。

2、『往生要集』を書物として読んでいる人も、観想という視覚を使っている。そして、『往生要集』が世に出る頃、源信も参加した二十五三昧会のように、同志とともに集団で観想や念仏をする結社の活動が盛んになった。これら初期の結社活動は、識字層のものだった。すなわち、文字言語と視覚・聴覚、香の存在を考えると嗅覚を、また朝粥もあったろうから、味覚をも統合した、正に五感を総動員しての活動だった。

3、源信自身が比叡山横川で迎講(臨終の時に阿弥陀仏が来迎する情景の仮面劇)を演じさせた。迎講には、和讃がつきものであり、音楽にのせた和文の易しい言葉で極楽往生の概念を伝えた。源信作と伝えられる和讃は多いが、大部分は後世の偽作と考えられる。しかし「来迎讃」「極楽六時讃」は真作であろうと言われている(注4)。まさしくこれらは今も各地の迎講に使われるものである。

また、源信自身で指示したわけではないかも知れないが、後の時代、極楽や阿弥陀如来の来迎が絵に描かれ、一般の人々もお寺などで地獄や極楽の絵を見て、書物を読まなくてもその概念を得ることができた。

これは、右記1、2、の二つと違って文字言語ではなく、音声言語と視覚・聴覚・嗅覚・ことに依れば菩薩に触るあるいは手を引かれることもあったかも知れないと考えると、触覚まで含めた五感を使った概念の伝達である。

これまで筆者は、「『往生要集』の文字言語が、当時の識字層にどのような語形で訓読されたか、そしてどのように『栄花物語』や『宝物集』に取り込まれて、違った文体の文字言語に変換されたか」を考察してきた（注5）。

時間と空間を異にする言語の研究であるから、地道に文字言語を解明していくしか方法は無い。従って、今までの研究は基礎として間違っていたとは思わないが、「文字以外の伝達も、文字と共に在った」ということをいつも頭に置いていていたかというと、「説法」「聞き書き」の存在の想定や、『栄花物語』中に引用された『往生要集』の引用文による寺院の絵画描写などの考察を除くと自信が無い。

先の拙稿（二〇一〇）では、現代のリテラシー教育について、「これまでの言語での情報量を一〇〇％とすると、これからは言語で表すのが五〇％、映像で表すのが一五〇％、合わせて二〇〇％の表現をすることになるだろうと予言した（注1）。このことに比して考えると、今までの筆者の『往生要集』研究は、せいぜい五〇％位しか考えていなかったことになる。

本研究では、もう一度、「『往生要集』の作者・読者・広く一般民衆の同書に関わる言語生活」を、『往生要集』本文、諸本、『栄花物語』『宝物集』、その他一応事実としての証拠があり、その年代が確実な関連資料を基に洗い直し、考察していく。

一・二　本稿の目的

本稿では、右の研究の初回として、作者源信の執筆の想定読者および意図を考察する。

すなわち、源信は、「誰のために」、「どのように読まれることを想定して」、『往生要集』を執筆したのだろうか？

その考察の基礎は、『往生要集』執筆前後の源信の活動から、関係すると思われる言語生活に関わる確実な事実を拾う事によって、論拠としていく。特に今回は、紙数の関係も有り、主として横川首楞厳院の二十五三昧会に関わる言語生活を中心に考えていく。

尚、源信については多くの説話がある。しかし、説話は後人の誇張が多く、事実ではないことの方が多いので、『今昔物語』『発心集』などの説話及び『法華験記』『源信僧都伝』『續本朝往生伝』など、後世の伝記についても今回は考慮に入れない。

二　二十五三昧会

二・一　勧学会と二十五三昧会

勧学会については源信が参加していたかどうかは確証が無い。しかし、二十五三昧会には参加していることが確実である。そこで、二十五三昧会との関係から、勧学会についても先に触れておく。

勧学会についての一次資料は、『康保元年十一月勧学会記』および『三宝絵詞』下巻十四章である（小泉・高橋〔一九八〇〕）。両者とも作者は源為憲である。前者は勧学会発足の年、為憲が学生側として参加した時の記録、後者はその二十余年後にどのような会であったかをまとめて説明したものである。尚、『康保――』の方には参加者の名があり、その中には源信の名は無い。『三宝絵詞』の記すところを真名本・観智院本（この部分は仮名本は現存しない）から粗々筆者責任でまとめてみると、以下である。

始まりは康保元年、大学寮の紀伝道の学生から発起し、天台の僧と一堂に会して行った。春（3月）と秋（9月）の十四日晩に学生は白居易の「百千万劫菩提の種」の偈を誦しながら、僧は法華経を誦しながら行き会う。十五日は、朝に法華経の講義、夕に阿弥陀仏の念仏、その後は朝まで仏と法を讃美する詩を作り、寺に置き、白居易が自らの詩を香山寺に納めた時の詩を誦す。僧の方も法華経の聞法歓喜讃や龍樹菩薩の十二礼拝偈を唱える。この娑婆世界では音声が仏事を成すので、僧が妙なる偈や頌を唱え、学生が貴い詩句を誦するのを聞いて、感動して涙を流す。

この文章の最後の部分では、爲憲は、その内容よりも、節のついた音声言語である偈・頌・詩句のハーモニーに特に感動を覚えている事が見受けられる。

次に、勧学会と、二十五三昧会の関係であるが、井上光貞（一九四八）(注7)では、桃裕行『上代学制の研究』を引用し、勧学会のリーダーであった慶滋保胤が出家した寛和二年に、再興された勧学会が解散し、間を置かずに二十五三昧会が結成されたと推定されている(注8)。

ここで、その年代を追って事実とその典拠を整理してみる。

康保元年（九六四）　勧学会始まる。（『康保元年十一月勧学会記』『三宝絵詞』）

天元四年（九八一）　六月二十九日　源信『阿弥陀仏白毫観』（全集三）成る(注9)。（醍醐寺本『白毫観法』奥書による）

永観二年（九八四）　十一月　源為憲『三宝絵詞』を尊子内親王に進上。（同書序文）

十一月、源信『往生要集』を書き始める。（『往生要集』末文による）

寛和元年（九八五）　慶滋保胤、この四月までに『日本往生極楽記』第一稿執筆（源信『往生要集』本文中（大文七）で「慶氏日本往生記」を勧める）

四月『往生要集』完成（『往生要集』末文による）

寛和二年（九八六）　一月（?）源信、良源『観音讃』、保胤『十六相讃』『日本往生伝』、源為憲「法華経賦」と共に『往生要集』を宋に送る（『往生要集』遣宋本奥書「遣宋消息」に依る）
四月　慶滋保胤、出家して横川に住む（日本紀略）。出家後も『往生極楽記』追補
夏頃　横川安楽院の僧の念仏結社に源信が「結縁の行法」、保胤（出家名寂心）が縁起草案を書いた。（『僧範好等連署起請』）
五月二十三日　横川僧二十五人「二十五三昧式」（序文の日付による）
九月　慶滋保胤二十五三昧会起請八箇条起草か?（現存『横川首楞厳院二十五三昧起請』奥の後人書き入れによる）
永延二年（九八八）　源信、六月十五日に「横川首楞厳院二十五三昧起請」撰（同書巻首）

『阿弥陀仏白毫観』は、『観無量寿経』の「無量寿仏を観ん者は、一の相好より入れ」を引用し、眉間の白毫という一つの相好（仏の姿）のみを思い浮かべ、そこから出る光を見、その光に世界が満たされる様子を観想する方法を説いている。後の『往生要集』では、大文第四正修念仏—四観察門で、仏の相好を四十二の別相について詳しく述べている。『白毫観』は、いわば初心者用に絞った観想法を説くものである。

本格的な観想を知る源信が、何故この時期にあえて初心者用の著述を行ったのかについて、速見侑（一九八八）では、「もともと天台観実相を志向すべき常行三昧の念仏は、甘美な称名念仏としての「山の念仏」へと変質し、その流れに立つ勧学会も確たる念仏理論を欠くため風月詩趣を楽しむ文学的サロンをぬぐいきれない。（中略）こうして勧学会の文人貴族らとの交流を通じ、念仏往生を模索するこれら同行者の日常念仏のよりどころとなるべき理論の体系化に、

みずからの宗教的使命を自覚したであろう源信が、最初に著した念仏理論書は、『阿弥陀仏白毫観』で（ある）」としている（注10）。

この速見説では、源信が勧学会に参加していた事が自明であるような印象を受けるが、たとえ源信が勧学会に参加していなくとも、慶滋保胤、源為憲らとの交流は確実である。

その証拠は、寛和元年の『往生要集』完成前に、慶滋保胤が『日本往生極楽記』を源信に見せていたことである。保胤は『往生瑞応伝』という中国の往生伝に触発されて『日本往生極楽記』を執筆した（同書序文）。『往生瑞応伝』は、天徳七年に延暦寺僧日延が招来したもので、当時延暦寺にあったと考えられる（注11）。草稿本を見せたのは、源信が『瑞応伝』を紹介したからかも知れない。また、保胤の出家も、『往生要集』を手にした上で作者源信の住む横川へ行ったのである。

また、「遣宋消息」によれば、保胤の『往生記』『十六相観』と共に源為憲の「法華経賦」も宋に送っている。源為憲とも旧知であったことがうかがわれる。

そうした文人達の念仏結社に対して、より本格的な念仏の手引きの必要性を源信が考えたことは、大いに考えられる。先ずは初心者用として『白毫観』、そして体系的かつコンパクトにまとまった中上級者用の理論書をと考えたことも、『往生要集』執筆の動機の一つであろう（注12）。

さて、『往生要集』を書き終わり、次々と写本が作られると、それを実行しようと源信周辺から念仏会が次々と結成された。二十五三昧会もその一つである。また、ほぼ同じ頃、横川安楽谷の僧五人も結縁し、源信は「結縁の行法」を、保胤は縁起の草案を書いている（注13）。

源信自身はいつ二十五三昧会に結縁したのだろうか？　『二十五三昧根本結縁衆過去帳』では、源信の名は、二十五人の根本結縁衆のあと、花山法皇、厳久大僧都の後、三人目に出てくる。寛和二年九月の保胤の書いた起請文を永延二年になって書き直しているところを見ると、その二時点の間ということになる。

二・二　二十五三昧会の言語生活

二十五三昧会は、完成した『往生要集』を読んで極楽往生への願いを強く持ち、『往生要集』に書かれた往生の方法を実践しようとした僧たちによって始まった。

その具体的内容は、「横川首楞厳院二十五三昧起請」(以下「起請文」と表記)・「二十五三昧式」(以下「式」と表記)によって知ることができる。

『往生要集』と「起請文」「式」の関係は、喩えて云えば『往生要集』が教科書、「起請文」がその勉強・実践互助会の規約と説明書、「式」は毎月十五日の念仏合宿の台本である。

ここで、「起請文」や「式」に見える言語生活を洗い出してみる。

二・二・一　横川首楞厳院二十五三昧起請と『往生要集』

起請文は、寛和二年九月十五日の保胤起草と考えられている八箇条に、源信が補足した永延二年の全十二箇条がある(注14)。ここでは、源信の十二箇条の方を掲出し、それぞれの箇条の説明部分の中で、言語生活に関わる部分を抜き出し、筆者の責任で読み解いたものを付記する。

一、可以毎月十五日夜修不断念事仏。

二、可毎月十五日正中以後念仏。以前講法花経事。
三、可十五日夜結衆之中。次第奉供仏聖灯明事。
（第一条〜第三条）毎月十五日は、午前は知徳の高い相による僧による法華経の講義、午後は未の時に集合、申の時に講経、その回向が終わってから起請文を読む。酉の終わりの時に不断念仏を始めて、辰の時に結願（約十二時間連続）。一晩で、一同で十二巻の経文を読み、二千遍あまり仏号を唱える。経一巻を詠み終わるごとに回向を唱え、礼盤の所に戻って一同声を合わせて百八回の念仏を唱える。その後一同で五体投地をして阿弥陀仏を礼拝する。　毎月一人ずつ順番に仏前に灯明を上げ、仏供を三つまでお供えする。灯明の油は一舛だけである。
四、可以光明真言加持土砂置亡者骸事。
死者に対しては、光明真言で加持した土砂を置く。光明真言を百八回唱えて加持した土砂の力で、安楽国に往生することができる。但し、土砂を加持した後は、五段の礼拝（「帰命頂礼大日教主釈迦如来・南無極楽化主弥陀如来・南無大悲観世音菩薩・南無得大勢菩薩・南無妙法蓮華経」と唱えて礼拝すること）を行わなければならない。
五、可結衆相共永成父母兄弟之思事。
六、可結衆発願之後、各護三業事
発願の後は各々三業（身業・口業・意業）を護る。（古田注　ここでは、身は体、意は心、口業はまさしく言語表現である。）ここでは、「人はややもすれば口では仏号を唱えていても心は貪欲に悩み、声は経文を囀っていても瞋恚の心が肝を砕くということがある。荒々しい言葉を禁じ、無益な言葉を言わず、好悪長短貴賤尊卑で人を賞賛したり、貶めたりしない」等が挙がっている。（古田注　「式」の方では、畜生道の供養文の中で、人の口の造る四罪として妄語・綺語・悪口・両舌等が例に挙がっている。）

七、可結衆之中有病之時致用心事

八、可結衆中有病人時。結番遞守護問訊事

（第七条・第八条）結縁衆の中に病人がいる場合は心配りをする。また、順番に訪問して様子を訊く。自分が重病になった時には、親しい友人に童僕を寄越して、「死が近いこと、普段考えていること、思っていることをお互いに残らず話し合いたいこと、今以後臨終まで往生のことのみに専念したいので、世間のことは聞かせないで欲しいこと、看病の時には念仏をして欲しいこと」を伝える。病人の所には、二人一組になって順番に二日ずつ黄昏になったら看病に行く。常に念仏を唱えて、往生を勧める事。

九、可建立房舎一宇。号往生院。移置病者事。

十、可兼占勝地名安養廟。建立卒塔婆一基。将為一結墓所事。

十一、可結衆之中有已者時問葬念仏事。

結縁衆の中に亡者がでた場合は全員で葬儀に行き、念仏を修して極楽に導く。念仏の後、五体投地をし、各人が尊霊の名を呼び、極楽に往生できるように導く。是を二十一遍行い、阿弥陀如来、観音菩薩、勢至菩薩に七日之中にその往生した処を示してもらえるようお願いする。そして、その処の善悪にしたがって後の供養をする。

十二、可不随起請致懈怠之人、擯出衆中事。

第一条から三条までは、毎月十五日の具体的な活動についての条項である。いずれも言語を使った音楽性のある、かなり肉体を使った行動である。疲れながらも一同で声を合わせる一体感による高揚感、仏は荘厳され香を焚いているものと思われ、念仏の声、灯明の照らす仏の姿、香の香り、など、今の言葉で言えば、「神秘体験」のような状態かと思われる。朝になれば朦朧として、普段とは違う状態になり、極楽世界が見えてくるのであろう。いわば、これらの活動は、極楽往生を疑似体験する五感を使ったトレーニングの仕掛けなのかもしれない。いずれにせよ、書物に書いてあることを読むだけではわかり得ない感覚的な情報がここにはあっただろう。

『往生要集』との関係で言えば、一条は『往生要集』大文六—一尋常の別業、三条は大文五—一方処供具から抜粋している。二条は、勧学会の時からの継承と考えられる。

第四条は、光明真言を百八回唱えることが清めになるという考えがあるということ、また、そうした言語活動を行っていたことがわかる。この死者の穢れを払うための念仏は、密教と日本の習俗と混じり合った呪術的念仏の残存である(注10)。

『往生要集』には、「光明真言」という言葉自体、一回も使われていない。、慶滋保胤の八箇条の方には、第二条に「可念仏結願、次誦光明真言。加持土砂事。」とあり、月一回の念仏の最後に土砂を加持するという内容になっている。源信としては、毎月の念仏会の内容としては、ふさわしくないと考えていたと思われる。

第五・六条は、共に往生しようとする結縁衆としての、普段からの一般的な心の持ちようについてである。『往生要集』には、五条について特に述べた所はないが、六条については、大文四正修念仏全体で、繰り返し述べている。

第七・八条は、結縁衆から病人が出た場合についての約束である。ここでは、専用のホスピスを結縁衆で準備し、死ぬ前に友人とゆっくり話し合い、みんなで順番に看護するという、「互助組合」的なものが見える。『往生要集』では、大文六—二臨終行儀で、四分律抄等を引いて詳しく述べている。

第十・十一条は、結縁衆から死亡者が出た場合の約束である。ここでは阿弥陀三尊にどこに往生したか示してもらうとなっているが、具体的には、生きている結縁衆の誰かの夢に出て何処へ往生した、あるいは六道のどこに生まれ変わった等の情報がもたらされると考えられていた。『往生要集』では、死後の事は述べていない。これは、具体的に「互助組合」ができて初めて実際問題として浮上したものと思われる。

第十二条は、心がけの悪い者については結縁衆から排除するという共同体を守る為の決まりである。これも『往生要集』には対応するところが無い。

二・二・二　二十五三昧式

二十五三昧式には、異本がとても多い。長い間毎月修されたのであるから、その時々で変わることもあったと思われる。ここでは、恵心僧都全集の一巻所収のものによって、大体の内容を示す。

1、式次第、2、表白（但し、前段終わりに「以上後人表白文」との注記がある。）現後段は寛和二年五月二十三日付け「楞厳院二十五三昧根本結衆二十五人連署発願文」3、勧請、4、阿弥陀経、5、六道衆生への回向「地獄回向文、念仏百八遍、偈、五体投地」、「餓鬼道以下地獄に同じ」、畜生道（同）、修羅道（同）、人道（同）、天道（同）6、「南無恩徳大釈迦如来　南無極楽化主弥陀如来　南無大慈大悲観世音菩薩　南無大慈大悲大勢至菩薩　南無命終決定往生極楽」次三礼　次七仏通戒偈　次後夜偈　次神分　次霊分　次祈願　次九條錫杖

「式」は、「起請文」の第一条の具体化である。但し、経十二巻についてはその時々で変わるのか、阿弥陀経の他は具体的な名前が載っていない。（但し、阿弥陀経は六巻としている。）また、念仏の回数も諸本によりまちまちではあるが、少なくともこの全集本では六百四十八回である。経巻十二巻につき百八回ずつであれば、たしかに合わせて念仏二千

遍に達する。

常時読まれるものの内、中心となるのは六道の衆生への回向である。しかもその回向文は、老僧の立場から『往生要集』大文一から要約し、六道の衆生を憐れむ詩になっており、最後に念仏を施す形になっている。そして、天道の後には、「我等与衆生皆共成仏道」と、衆生と共に往生を願う形になっている。それは、阿弥陀如来の四十八願―自分だけでなく六道の衆生も救うという大願―をもとに、念仏者も六道の衆生に慈悲心を持つのが、功徳を積むことになるという考えの具現であると考えられる。また、その事を考えるとき、大文一の六道の、特に地獄の恐ろしい描写もまた、違った意味を持ってくるように思われる。

このような形での『往生要集』の音読が、源信自身によって行われていたのである。

二・三　『往生要集』と二十五三昧会の言語生活

本章では、二十五三昧会の言語生活について考えてきた。そこには、『往生要集』から、実践に関わる部分を抜き出し、また、ある程度は源信の念仏の考え方とは違うものも取り入れつつ、体と心を使って聴覚・視覚・嗅覚・味覚を総動員して、月に一度同志達と特別な体験をすることにより、往生への意思を固める仕掛けがあった。

すなわち、普段各自が『往生要集』を使って往生の意義や理論、自習の仕方などの知識や考えを学び、月に一度の合宿で特別な儀式でロールプレイをし、極楽を疑似体験する。現代に喩えれば、教科書の教材を元に自分たちで劇を作り、毎月全員が主人公の劇を夜通し行うようなものである。現代は、テレビも映画もそしてネット動画もあるが、それらが一つも無い平安時代、これはかなり衝撃的な体験であるに違いない。

『往生要集』が、源信も予想していなかったほど在家の人にもよく読まれ、流行・浸透していったのも、書物だけの力ではなく、こうした「体験型」理解の存在も一因であったように考えられる。

三　源信の『往生要集』執筆における想定読者と意図

二・一で、『阿弥陀仏白毫観』の想定読者は、勧学会の人々のような念仏初心者であることを述べた。しかし、『往生要集』は、『白毫観』よりも本格的な内容になっている。源信自身、『往生要集』や『因明論疏四相違略注釈』は宋に送っているが、『白毫観法』は送っていない。

梯信暁（二〇一七）では、序文の「余が如き頑魯の者」から、「『往生要集』は、源信自身および彼と共に往生・成仏を目指す念仏修行者たちを導くために著された書であると言えよう」としている（注15）。

二十五三昧会の根本結衆は全員が僧であった。また、記録に残る初期の読者は、やはり僧である。慶滋保胤は在家の時から既に往生に関心があったが、『往生要集』を実践したいと考えたからこそ、結局出家した訳である。後に藤原道長のように上流貴族の出家も増えてくるが、それは、源信自身が最初から想定していたことではないと考えられる。

主たる読者が僧であれば、『往生要集』はやはり、「読む本」であったと考えられる。初期の写本は、訓読された形のものばかりである。「二十五三昧式」のような脚本化は、往生要集のままではできず、特に重要な所の抜粋で構成することになったのである。後には説経の聞き書き、仮名書き本という形も出てくるが、それは源信の想定したことではないと思われる。

但し、作者源信が、文章から仏や極楽の様子を想像して思い描く事を読者に求めているということは言える。書き言葉から視覚への転換―現代に喩えれば、読者各自が小説を映画化するようなもの―である。そして、視覚映像というものは、霊長類にとって文字よりも得意な分野であると同時に、それは夢であっても現実と見えてしまう危険なものでもある（注1）。『往生要集』成立後の浄土教の日本社会への浸透は、この視覚化によって、より強く、広くなったのではなかろうか。

四　展望

今回は、二十五三昧会に絞って、『往生要集』の言語生活を考えた。源信の執筆活動の言語生活だけでも、多くの漢訳仏典からの引用態度の検討、遣宋の意図、本文内容の検討等が次稿以後の課題である。また、『往生要集』享受の言語生活としてはより多くの検討すべき事がある。亀の歩みながら少しずつ進めていきたいと考えている。

注

（1）拙稿（二〇一〇）「現代における日本語およびその言語生活の変化について」　横浜国立大学教育人間科学部紀要Ⅱ（人文科学）十二号　（頁74―67）
拙稿（二〇一四）「映像による言語の浸食をどのように考えるか―「言語の発生」仮説から見た現代―」　横浜国大国語研究32号（頁37―48）　2014/03

（2）奈良国立博物館特別展　「源信　地獄極楽への扉」
同　夏期講座　「地獄・極楽と浄土信仰の美術」
三井記念美術館・龍谷大学ミュージアム　「地獄絵ワンダーランド」

（3）「平安色彩美への旅　よみがえる鳳凰堂の色彩美」平等院ミュージアム鳳翔館　二〇一四年四月

（4）多屋頼俊（一九六八再版）『和讃史概説』（多屋頼俊著作集第一巻　一四頁〜）
同・『和讃の研究』（多屋頼俊著作集第二巻　四二頁〜）

（5）拙稿（一九八六）「往生要集古点本の訓法について」『松村明教授古稀記念国語研究論集』（松村明教授古稀記念会編　明治書院）（頁218-249）1986/10（旧姓中村名義）
拙稿（一九九一）「『栄花物語』中に引用された『往生要集』訓読文の位相に就いて」『栄花物語研究　第三集』（山中裕編　高科書店）（頁135-170）　1991/04
拙稿（一九九二）「同文脈に於ける語彙の位相―『往生要集』訓点本と仮名書き本の語彙の訳し分けについて―」『国語と国文学』69巻 11号（頁96-109）　1992/11
拙稿（一九九三）「仏典仮名書き本に於ける、元漢文の再読字に対応する語法について―主に『往生要集』の場合―」『国語研究』（松村明先生喜寿記念会編　明治書院）（頁221-241）1993/10
拙稿（一九九五）「『往生要集』の諸本に就いて」『築島裕博士古稀記念 国語学論集』（築島裕博士古稀記念会編　汲古書院）（頁374-395）　1995/10
拙稿（一九九六）「『往生要集』仮名書き本の語彙」『山口明穂教授還暦記念 国語学論集』（山口明穂教授還暦記念会編　明治書院）（頁323-347）1996/06
拙稿（二〇〇三）「『往生要集』仮名書き本における仏教語の訳し分けについて」　横浜国大国語研究21号（頁11-18）2003/03
拙稿（二〇〇五）「『往生要集』引用文から見た『宝物集』について」『築島裕博士傘寿記念国語学論集』（築島裕博士傘寿記念会編　汲古書院）（頁414-433）2005/10
拙稿（二〇〇七）（二〇一四）（二〇一五）（二〇一六）（二〇一八）『往生要集』引用文から見た『宝物集』について（二）〜（六）横浜国立大学教育人間科学部紀要Ⅱ（人文科学）9・16・17・18・20巻　2007/03〜　2018/05

（6）小松茂美（一九八四）『藤原忠通筆勧学会記』講談社
後藤昭雄（一九八六）「「勧学会記」について」（『国語と国文学』63巻6号）

平林盛得（二〇〇一）『慶滋保胤と浄土思想』吉川弘文館
小泉弘・高橋伸幸（一九八〇）『諸本対照三宝絵集成』二七八頁　笠間書院
（7）井上光貞（一九四八）「往生要集の成立」（『思想』第二九〇号、昭和二十三年一月）（『日本名僧論集第四巻　源信』大隈和雄・速水侑編（一九八三）吉川弘文館所収）
（8）井上（一九四八）に対しての反論も提出されている。堀大慈「二十五三昧会の成立に関する諸問題（京都女子大人文論叢九一九六四）・奈良弘元「勧学会の性格について」（印度学仏教学研究十二」一九七四）、小原仁（一九八〇）「勧学会と二十五三昧会」（『日本名僧論集』第四巻　源信　所収）等
（9）『恵心僧都全集』　思文閣出版　一九二七年初版、（本稿では一九八四年再版本による）
（10）速見侑（一九八八）「人物叢書源信」日本歴史学会編集　吉川弘文館　86～87頁
速見氏がここで、「天台観実相」と言っているのは、右書78頁から85頁にある念仏の系譜を受けての事である。古田の責任で要約すると以下である。

源信が学んだ天台の念仏は、円仁が常行三昧の作法として中国五台山から持ち帰った五会念仏が、比叡山で年中行事化したものである。常行三昧とは、『摩訶止観』に説く四種三昧（心を集中し悟りに至る止観成就のための四つの実践方法）の一つである。従って、極楽往生が目的ではない。

ところが、「五会」とは五つの旋律を駆使した音楽性が豊かなものであったため、貴族達に「山の念仏」と呼ばれて好まれ、「身の罪、口の咎、心の過ちを消し去る」懺悔滅罪の法と受け取られた。

また、この「懺悔滅罪」の念仏の機能は、念仏者自身の往生極楽とともに、当初は怨みをもって死んだ魂を沈め、浄土へ送る目的で用いられることが多かった。政争に明け暮れる貴族層にとって、政争に破れて怨霊になった魂を浄土へ送ることは求めていたことだった。
（11）日延については、国史大事典の記述を筆者責任で要約する。
「中国天台山の徳詔より、延暦寺座主延昌に、中国で散佚した天台教籍の書写送付の要請があったのに応えて、日延は送使として天暦七年に天台山を領する呉越国へ渡った。天徳元年に日本未請来の内典・外典千余巻を受伝し、帰国した。その時の内典は延暦寺の学堂に納められた。」

この事についての参考文献は以下である。
竹内理三（一九五五）「入呉越僧日延傳」釋　日本歴史82　昭和三〇年三月
桃裕行（一九六八）「日延の天台教籍の送致」『森克己博士還暦記念論文集　対外関係と社会経済』塙書房

また、大正新修大蔵経五十一巻二〇七〇「往生西方淨土瑞應傳」の底本（高野山寶壽院本）巻末識語に以下の記述がある。

天徳二年歳次戊午四月二十九日庚辰木曜觜宿　延暦寺度海沙門日延大唐呉越州稱日賜紫恵光大師　勸導傳持寫之傳焉

以上を勘案すると、「瑞応傳」は、当時延暦寺にあったものと考えられる。

また、源信は、天徳二年には十代半ばで比叡山に入ったばかりの頃である。中国より伝わった仏教の経典を、仏教が廃れてしまった中国に写本を送ることによって恩返しができるという事実は、新米坊主に大きなインパクトを与えたのではないだろうか？　後に源信が往生要集等を遺宋している事を考えると、その動機の一端は日延の渡海と請来した内典にあった可能性がある。

(12)『往生要集』執筆の動機については、多くの説がある。特に奝然に対する対抗意識は保胤も為憲も持っていたのではないかと考えられるが、遺宋本の問題と共に考えたいので、後考にまわす。
(13)『僧範好等連署起請』『高山寺古文書』（高山寺典籍文書綜合調査団編　東京大学出版会　一九七五刊）５ｐ
(14) 本文は「起請文」「式」とも注9の全集一による。
(15) 梯信暁（二〇一七）「『往生要集』と平安時代の阿弥陀仏信仰」奈良国立博物館「千年忌特別展源信地獄極楽への扉」図録所収

平安時代の「もろもろ」と「よろづ」

――コーパスによる語誌研究――

田中牧郎

一　背景と目的

日本語史研究へのコーパスの導入が進んできており、従来は行うことが容易でなかった新しい研究が可能になりつつある（近藤・田中・小木曽二〇一五など）。その一つに、位相や意味・用法の多様性に対応した、精細で見通しのよい語誌記述があげられよう。日本語史研究においては、どの時代においても位相差への目配りが重要であるが、平安時代については、和文と漢文の並立から和漢混淆文が成立していくという特徴から、位相差の中でも特に、文体差を考慮した語の意味・用法の研究が重要であろう。この時代のコーパスは、『日本語歴史コーパス』の「平安時代編」が和文一六作品を提供し、同じく「鎌倉時代編」が和漢混淆文の『今昔物語集』（以下『今昔』）本朝部を提供している（注1）。漢文資料（訓点資料・変体漢文資料）のコーパスは未整備であるが、和文と和漢混淆文については相当規模のコーパスを使うことができるようになっている。

こうした状況を踏まえて、田中（二〇一五）において、国立国語研究所編『日本語歴史コーパス』所収の『今昔』のコアデータ（注2）のうち、漢文訓読体の巻（巻一二、巻一七）と和文体の巻（巻二七、巻二九）の全自立語の頻度を調査し、一方の文体でのみ特に頻度が高い語と、他方の文体でのそれとが、高い類義性をもって対応している、「文体的対立が明瞭な類義対」を一一対抽出した。それを、国立国語研究所編『分類語彙表 増補改定版』の意味番号順に掲げると次の通りである。

しるし（験）／かひ（甲斐）、もろもろ（諸々）／よろづ（万）、なんぢ（汝）／おのれ（己）、女人／をんな（女）、父母／おや（親）、僧／法師、大臣（だいじん）／おとど（大臣）、まします（在）／います（坐）・おはす（御）、あやしむ（怪）／あやし（怪）、奇異／あさまし（浅まし）、たちまち（忽ち）／きと

これらの対の対立関係の内実を明らかにするには、各対についての詳細な用例分析が必要である。そこで、田中（二〇一六）において、まず、「しるし」と「かひ」の対を考察したところ、そこには、文体的な対立だけでなく、意味・用法上の対立があることや、資料の文体的性質によって語の意味・用法も異なってくることなどがわかった。それは、他の対においても同様だろうか。本稿は、二つ目の事例として、「もろもろ」と「よろづ」の対を取り上げ、その語誌記述を行うものである。

二　各資料での出現頻度の考察

諸ノ上中下ノ人参リ集ル程ニ（巻一二―二四）
万ノ人皆参リ仕リテ（巻三一―二〇）

「もろもろ」と「よろづ」は、右のようによく似た文脈で用いられており、「いろいろ」「多く」という意味において類義性が高いと考えられる。この二語の『今昔』における巻による出現頻度を調査しよう。この調査を行う際に、『日本語歴史コーパス』には、『今昔』の巻一～一〇が入っていないことが問題になる。そこで、馬淵和夫監修・有賀嘉寿子編『今昔物語集自立語索引』(笠間書院)で、「もろもろ」「よろづ」に用いられる漢字表記を確認し、その漢字について、国文学研究資料館編『日本古典文学大系本文データベース』に収録される『今昔』巻一～一〇に対して検索をかけ、得られた例から「もろもろ」「よろづ」の例と考えられるものを採集した。これに、『日本語歴史コーパス』に収録される『今昔』巻一一～三一の「もろもろ」「よろづ」の例とを合わせて、考察対象とした。

表1は、『今昔』を、巻一～一〇、巻一一～一五、巻一六～二〇、巻二二～三一の四つの部分に分け、「もろもろ」と「よろづ」の出現頻度と、それぞれの部分での二語の相対比率をパーセントで示したものである。先行研究では、漢文訓読体か和文体かの観点で『今昔』の巻を見る場合、各巻別に見ることのほかでは、巻一～一〇、巻一一～二〇、巻二二～三一の三つの部分に分けて見ることが一般的である。ところが実際は、巻一一～二〇については、ほとんどが漢文訓読体の説話である巻一五までと、和文体の説話も少なからず混じる巻一六～二〇は区別することが適切である。表1によると、巻一五までは、「もろもろ」が九〇%以上を占め、「よろづ」は一〇%に満たないが、巻一六～二〇では、七〇%強対三〇%弱になり、巻二二以降では、勢力が逆転して、「もろもろ」二〇%強に対して「よろづ」八〇%弱となっている。このような数値の分布は、「もろもろ」が漢文訓読体に親密な語であり、「よろづ」が和文体に親密な語であることを示していると考えられる。

表1　『今昔』における「もろもろ」「よろづ」の出現状況

	もろもろ	よろづ	計
巻1〜10	295（91.3%）	28（8.7%）	323（100%）
巻11〜15	98（92.5%）	8（7.5%）	106（100%）
巻16〜20	59（72.0%）	23（28.0%）	82（100%）
巻22〜31	21（21.4%）	77（78.6%）	98（100%）
計	473（77.7%）	136（22.3%）	609（100%）

『日本語歴史コーパス　平安時代編』所収の平安和文一六作品には、「よろづ」は四四九件と、多く用いられているが、「もろもろ」は、次の一件しか用いられていない。対句において「よろづ」と対になっていること、漢文の影響が色濃い『古今和歌集』仮名序であることなど、注目すべき唯一例である。

万の政をきこしめすいとま、もろもろのことを捨てたまはぬ余りに（古今和歌集・仮名序）

訓点資料では、どうであろうか。そのコーパスはないが、築島裕『訓点語彙集成』（汲古書院）は、厖大な訓点資料の語彙が集成されたもので、この書で「もろもろ」を引くと、「諸」字に「もろもろ」を付訓した例が約五〇〇件挙がり、「衆」一五一件、「醜」五件、「厥」二件、「庶」二件、「品」など六字に各一件など、様々な漢字が挙がっている。このことと、先に見た和文資料に希少であることとを総合して、築島（一九六三）は、「もろもろ」を漢文訓読語と認定している。一方、「よろづ」は、『訓点語彙集成』に「万」の訓として二二件あるが、「もろもろ」に比べると相当に少ない。先述の通り、和文資料に非常に多いことを考え合わせると、「よろづ」は和文語としての性格を有していると見てよいであろう。

以上のように、『今昔』における巻による出現頻度からも、和文資料と訓点資料の出現頻度からも、「もろもろ」と「よろづ」との間には、漢文訓読語か和文語かの文体的対立があることが確認される。

三　用法の分類

三・一　平安和文の「よろづ」

平安時代の和文資料には、「よろづ」が極めて多く用いられているが、その用例群について用法を観察すると、次の五つに分類できる。

（1）「の」を下接し名詞にかかる用法

母君の御行く方を知らむとよろづの神仏に申して（源氏物語・玉鬘）

（2）助詞等を介さず動詞・形容詞にかかる用法

世の中変りて後、よろづものうく思され、（源氏物語・葵）

（3）「に」を下接し動詞・形容詞にかかる用法

殿のよろづにののしらせたまふ御声に、（紫式部日記）

（4）「につけ（て）」を下接し動詞・形容詞にかかる用法

かい忍びやかなれば、よろづにつけて涙もろくおぼゆ。（蜻蛉日記）

（5）「を」「は」「も」を下接し動詞・形容詞にかかる用法

右大殿には、六条院の東の殿磨きしつらひて、限りなくよろづをととのへて待ちきこえたまふに、（源氏物語・宿木）

しかじかおどろきてのたまへれば、よろづもえうけたまはらずなりぬ。（落窪物語）

なお、和文に一例だけある、先掲の『古今和歌集』仮名序の「もろもろ」の例は、右の（1）に分類できる。

三・二　『今昔』の「よろづ」

次に、『今昔』の「よろづ」の用例群を観察したところ、以下に示すように、和文の「よろづ」の五分類いずれの用法もあり、また、これら以外の用法はなかった。

(1)「の」を下接し名詞にかかる用法
万ヅノ楽シミ、心ニ不叶ヌ事無シ。(巻三一-一一)

(2)助詞等を介さず動詞・形容詞にかかる用法
家豊ニシテ、万叶ヒテナム有ケル。(巻三〇-六)

(3)「に」を下接し動詞・形容詞にかかる用法
春宮此レヲ睦マシキ者ニ思シ食シテ、万ニ仕セ給ヒケル。(巻一九-一〇)

(4)「につけ(て)」を下接し動詞・形容詞にかかる用法
年来付仕ヒケル男ノ、万ニ付テ後安ク翔ケレバ、(巻二九-二四)

(5)「を」「は」「も」を下接し動詞・形容詞にかかる用法
母堂一人シテ万ヲ心細ク思ケルニ、(巻三〇-四)

三・三 『今昔』の「もろもろ」

それでは、『今昔』の「もろもろ」はどうであろうか。その用例群を観察すると、次の三つの用法に分類できる。

(1)「の」を下接し名詞にかかる用法

諸ノ狗此レヲ見テ逃去ケムハ（巻一九‐四四）

（2）助詞等を介さず動詞・形容詞にかかる用法

若干ノ諸集レル人ヲ掃ヒ去サセテ、（巻二〇‐三）

然レバ女ノ心ハ怖シキ者也、トナム諸語リ伝ヘタルトヤ。（巻二七‐二〇）

（3）「に」を下接し動詞・形容詞にかかる用法

鯵ノ塩辛鯛ノ醤ナドノ諸ニ塩辛キ物共ヲ盛タリ。（巻二八‐五）

右のうち、（2）（3）は、ここに挙げるのがその全例で、（1）に比べて相当に少ない。そして、平安和文や『今昔』の「よろづ」にあった（4）（5）に相当する例は、『今昔』の「もろもろ」には一件も見られない。

三・四　まとめ

以上、本節で観察した、「よろづ」と「もろもろ」の用法について、その分類結果をまとめると、表2のようになる。

表2　平安和文と『今昔』における「もろもろ」「よろづ」の用法

用法	平安和文 もろもろ	平安和文 よろづ	『今昔』 もろもろ	『今昔』 よろづ
(1) ●●ノ+名詞	1	181	470	93
(2) ●●+動詞・形容詞	0	74	2	17
(3) ●●ニ+動詞・形容詞	0	152	1	7
(4) ●●ニツケ(テ)+動詞・形容詞	0	14	0	2
(5) ●●+ハ〔モ・ヲ〕+動詞・形容詞	0	28	0	17
計	1	449	473	136

まず、全体として、平安和文においても『今昔』においても、「よろづ」が広い用法を持ち、「もろもろ」はその一部に包含されていることがわかる。そして、「もろもろ」は、一件しかない平安和文はもちろん、多数用いられる『今昔』においても、その用法は、ほぼ(1)に限定される。また、「よろづ」については、平安和文では広範な用法それぞれに多くの件数が確認できるのに対して、『今昔』では(1)の件数が非常に多く、(3)(4)などは件数が少ないことも目に付く。つまり、「よろづ」は、平安和文では多様性に富んでいるのに対して、『今昔』では、特定の用法に偏る傾向にあるのである。和文語「よろづ」は、平安和文では活発な使用状況を見せるが、『今昔』ではそれが沈静化していることが注意される。さらに、「もろもろ」と「よろづ」で共通するのは、ほとんど(1)の用法のみであるということも、明確に見てとることができる。

四　「の」を下接し名詞にかかる用法での「もろもろ」と「よろづ」の比較

四・一　かかり先の名詞のタイプ

前節で、「もろもろ」と「よろづ」で共通する用法は、「（1）「の」を下接し名詞にかかる用法」にほぼ限られることがわかったが、いずれの語も非常に多い『今昔』において、この用法を相互に詳しく比較していこう。

この用法に属する用例群を見わたすと、「もろもろの」や「よろづの」がかかる名詞のタイプから次の六種類に分類することができる。

a　人以外の有情物（神、仏、鬼、動物など）

児夢ニ、八葉ノ蓮華ノ中ニ諸ノ仏在マシテ、児ト共ニ語ヒ給フ、ト見ケリ。（巻一一‐九）

師子ハ諸ノ獣ノ王ニ在マス。然レバ諸ノ獣ヲバ尤モ可哀給キ也。（巻五‐一四）

b　人

其ノ時ニ、此ノ事ヲ諸ノ人聞キ継テ、弥ヨ詣ル事道隙無シ。（巻一二‐二四）

山ノ諸ノ僧来集テ、「我レヲ相ゼヨ」と各語へバ、（巻一四‐二四）

形チ有様美麗ニシテ、心バヘハ可咲カリケレバ、万ノ人此レヲ聞テ、懃ニ云ハセケレドモ、（巻二四‐五四）

亦物云ヒニテ、万ノ殿上人君達ナドニ云合テ、遊敵ニテナム有ケル。（巻二八‐一四）

c　具体物

忽ニ黒キ風四方ヨリ来テ諸ノ木ヲ折リ、河ノ流レ浪高クシテ船漂フ。(巻六‐六)

船ニ諸ノ財ヲ積テ、本ノ国へ送ツ。(巻一一‐一五)

盗人共、糸静ニ家ノ内ノ万ノ物ヲ涼テ、露残ス物無ク皆取テ去ヌ。(巻一九‐七)

「万ノ財ハ我レ独コソ取テム」ト思ケレ、(巻三一‐一五)

d　空間

諸ノ城ノ門ニ天王ノ像ヲ安置シ奉ル事、此レヨリ始マルトナム語伝ヘタルトヤ。(巻六‐九)

今ハ昔、弘法大師、真言教諸ノ所ニ弘メ置給テ、(巻一一‐二五)

此ノ国ニハ万ノ所ニ胡桃ノ木多ク候フ也。(巻二八‐三九)

e　抽象物

五大ヨリ貪欲・瞋恚等ノ諸ノ煩悩ヲ生ズ。(巻一‐五)

然レバ、諸ノ教ヲ学シムベキニ、何ゾ秘蜜ノ教ヲ授ラルゾ(巻一一‐九)

亦、或ル時ニハ、京ニ有テ、悲田ニ行テ、万ノ病ニ煩ヒ悩ム人ヲ哀デ、願フ物ヲ求メ尋ネテ与フ。(巻一三‐九)

夜侍ニ数ノ兵共集リ居テ、万ノ物語ナドシケルニ、(巻二七‐四三)

f　事

妻子眷属ニ向テ、諸ノ事皆云ヒ置テ、五日ト云フニ失ニケリ。(巻一五‐三四)

万ノ事止事無ク御座ケル中ニ、管絃之道ヲナム艶ズ知給ヒタリケル。(巻二四‐一)

a～fのそれぞれに分類される両語の用例件数を数え、和文のそれとあわせて示すと、表3のようになる。

表3「（1）●●ノ＋名詞」における名詞のタイプ

名詞のタイプ		平安和文		『今昔』	
		もろもろ	よろづ	もろもろ	よろづ
a	人以外の有情物	0	5	63	0
b	人	0	8	269	31
c	具体物	0	14	45	15
d	空間	0	5	33	5
e	抽象物	0	32	38	8
f	事	1	117	22	34
計		1	181	470	93

この表の『今昔』の部分を見ると、aには「よろづ」が存在しないが、他のb～fのタイプには、両語とも使われていることがわかる。ここから、（1）の「の」を下接し名詞にかかる用法においては、「もろもろ」と「よろづ」は類似性がかなり高いと言ってよいだろう。平安和文は、表の左側の「f事」「e抽象物」など、より抽象性の高い名詞にかかる例が多いのに対して、『今昔』は、表の右側の「a人以外の有情物」「b人」「c具体物」など、より具体性の高い名詞にかかる例が多いことも見て取れる。抽象性の高い名詞にかかるのは和文的で、具体性の高い名詞にかかるのは漢文訓読

的という文体差があると見ることができよう。また、平安和文の部分を見ると、「よろづ」は、『今昔』にはなかったaにも用例があり、『今昔』よりも広い用法で用いられたことがわかる。平安和文では、漢文訓読語「もろもろ」が使われない分、「よろづ」の用法の範囲が広くなっているのだと考えられる。

四・二　「もろもろ」と「よろづ」の相違点

前項で見たように、「の」を下接して名詞にかかる用法において、「もろもろ」と「よろづ」は、類似性がとても高いと言うことができるだろう。ところが、右に分類した、b〜fの同じタイプに入る用例同士を比較して、細部を見ると、実はそこには相違点もはっきりと見えるのである。以下、そのことを述べていこう。

まず、「b人」のタイプには、両語に多くの用例があるが、「もろもろ」が、「王」「衆生」「比丘」「釈種」「大臣」「僧」「弟子」など、人を表す多様な語にかかるのに対して、「よろづ」は、「殿上人君達」にかかる一例以外は、全三〇件が「人」という語にかかる。次に、「c具体物」のタイプの内訳は、植物、食物、財産など多岐にわたるが、「もろもろ」が、それらいずれにも多数の用例があるのに対し、「よろづ」は、一五件中一〇件が「物」という語にかかる。さらに、「d空間」のタイプにおいても、「もろもろ」は、「城」「寺」「堂」「室」「国々」「所」など多様な語にかかるが、「よろづ」は、五件全てが、「所」という語にかかる。これら、b〜dのタイプにおいては、「もろもろ」が多種多様なものを表す名詞にかかるのに対して、「よろづ」は、「人」「物」「所」という、意味カテゴリーの最上位に近い位置にある、抽象度の非常に高い語にかかる例が、五一件中四五件(八八%)を占めるという、際だった特徴を見せるのである。

ところが、「e抽象物」のタイプに分類される名詞には、「よろづ」に関してそのような意味カテゴリーの最上位に近い位置にある語は指摘できない。「よろづ」がかかる名詞には、「楽しみ」「遊び」という〈遊楽〉にかかわる語、「物語」(二件)「誓言」「講」という〈言葉〉にかかわる語、「病」「身の恥」という〈身体〉にかかわる語がある。一方の「もろもろ」がかかる名詞には、これら〈遊楽〉〈言葉〉〈身体〉に相当すると思われる、「伎楽」「誓言」「病」などもあるが、それらは少数であり、「よろづ」にはなかった、「阿含」「経」「経律論」などの〈経論〉、「功徳」「罪」などの〈功罪〉、「煩悩」「悪しき心」「願ひ」などの〈心〉、「行」「不全悪行」などの〈行〉というように、多様な語に広がっている。「もろもろ」が多様な語にかかる特徴を見せるのは、b~dのタイプの場合と同様である。このeで注目すべきは、「よろづ」のかかる名詞が、「もろもろ」のそれとあまり重ならない点である。表2で見たようにこの「e抽象物」は、平安和文において「f事」についで件数が多く、「よろづ」が活発に用いられるタイプだった。それと同様に、『今昔』でも、このタイプでは「よろづ」「もろもろ」のいずれもが多様な使われ方をしているのだと考えられる。

最後に、「f事」は、「もろもろ」も「よろづ」もすべて「事」という語にかかる。この「事」も、「人」「物」「所」と同様、意味カテゴリーの最上位の語と言ってよい。a~fのうち、このfのみが「もろもろ」よりも「よろづ」の方が多い。表2では、この「f事」は平安和文の「よろづ」において、もっとも多いタイプであった。『今昔』でもそれをそのまま受け継ぎ、「よろづ」だけでなく「もろもろ」も、それと同じように用いているのだと考えられる。このタイプは、『今昔』が、和文の意味・用法を色濃く表す部分であると見ることができる。「よろづ」は、意味カテゴリーの極めて上位の部分で、多くの事物の存在をとらえる語だと見ることができよう。

以上、b~fの各タイプを総合すると、次のような特徴を指摘することができよう。まず、b~dの、より具体性の高い名詞にかかるタイプでは、「もろもろ」は、様々な名詞にかかるが、「よろづ」は、「人」「物」「所」といった意味カテゴリーの上位にある抽象度の高い語に偏る傾向がある。これらのタイプは、四・一節で見たように、漢文訓読的なものであったが、ここに和文語「よろづ」を使う場合、名詞が抽象的なものになるのである。次に、eの、抽象物を示す名詞にかかるタイプでは、「よろづ」も「もろもろ」も多様な名詞にかかるが、それは相互に重ならず、fにおいては、「よろづ」も「もろもろ」も、すべて「事」に限定される。やはり、四・二節で見たように、eは、漢文訓読文にも和文にも多いタイプであり、そこでは、「よろづ」と「もろもろ」が、かかる名詞によって使い分けられ、fは、和文的なタイプであり、そこでは「よろづ」も「もろもろ」も和文的に用いられていると見ることができよう。

このように、「の」を下接して名詞にかかる用法において、意味・用法の細部では、「もろもろ」と「よろづ」が使い分けられていることが明らかである。その使い分けられ方が、平安和文と『今昔』で異なりを見せる部分は、両語の文体的性質の違いから説明できるのである。

五　おわりに

本稿で述べたことは、次の四点にまとめられる。

・「もろもろ」と「よろづ」は、意味・用法の共通性を持ち、また、漢文訓読語か和文語かの文体的な対立関係を持つ。
・「よろづ」の方が用法の幅が広く、特に、和文で広い。『今昔』は、和文の「よろづ」の用法の一部を受け継ぎ、その用法に「もろもろ」を用いることもある。
・同じ用法で「もろもろ」と「よろづ」を併用している『今昔』においては、意味・用法の細部で、両語が対立的に使い分けられている。

・「もろもろ」と「よろづ」の文体的対立と、意味・用法の対立とは連動しており、和文と『今昔』との、出現頻度や意味・用法の差異は、その対立のありようから説明される。

残された課題としては、次の二点が重要であろう。

・平安時代の漢文資料（訓点資料、変体漢文資料）における、「もろもろ」と「よろづ」の意味・用法の分析を行い、平安和文や『今昔』の状況と突き合わせること。そのためには、漢文（訓読文）資料のコーパス作成が望まれる。
・「あまた」「多く」など、他の類義語との意味関係を考察し、広範囲の語彙体系のなかでの、「もろもろ」と「よろづ」の位置を明らかにすることが望まれる。

本稿が行ったような語誌研究は、コーパスがなければできないというわけではないが、資料や文体間の語彙頻度の比較や、用例群を分析しての意味・用法の分類や相互比較は、コーパスを用いることで、格段に精細かつ見通しよく行うことができる。語誌研究にとって、コーパスがもたらす恩恵は大きい。

注

（1）『今昔』は平安時代末期の成立だが、『日本語歴史コーパス』では、説話集というジャンルが主に鎌倉時代の作品に多いため、鎌倉時代編に入れられている。

（2）『日本語歴史コーパス』では、テキストが単語に区切られ、各単語に見出し・品詞・活用などの情報が付与されているが、その情報が機械処理（部分的な人手修正は行われている）によって付与されている「非コアデータ」と、完全に近い人手処理によって行われている「コアデータ」からなる。

引用文献

国立国語研究所(二〇一六)『日本語歴史コーパス平安時代編・鎌倉時代編』
近藤泰弘・田中牧郎・小木曽智信編(二〇一五)『コーパスと日本語史研究』ひつじ書房
築島　裕(一九六三)『平安時代の漢文訓読語につきての研究』東京大学出版会
田中牧郎(二〇一五)「『今昔物語集』に見る文体による語の対立―本朝仏法部と本朝世俗部の語彙比較―」近藤泰弘・田中牧郎・小木曽智信編(二〇一五)所収、pp.119―148
――――(二〇一六)「平安時代の「しるし」と「かひ」―コーパスを用いた語誌研究―」『国語と国文学』93-5、pp.42―58

付記

本稿は、二〇一七年三月一一日に国立国語研究所で開催された「『通時コーパス』シンポジウム二〇一七」で発表した内容に基づいている。また、日本学術振興会科学研究費補助金基盤研究(C)課題番号15K02578による研究成果を含むものである。

鎌倉時代の女性文書とその言語特徴

金子　彰

一　鎌倉時代の女性文書

一・一　女性数の推移

女性は記録の世界にどう存在してきたのか。『日本女性人名辞典』（注1）は政治・経済・文化など様々な分野で活躍した奈良時代から現代までの女性物故者が掲載されている。生い立ちから実績までを紹介してある五十音配列の七千名の女性を、生年を基準に百年ごとの編年体で階層別に配列し直してみた。その成果は左記に公表した。
『日本女性の史的分類データベース稿』（注2）（東京女子大学女性学研究所、二〇〇七）。

《『日本女性人名辞典』年代別女性数》

（1）一〇〇〇年代	85人名	（2）一一〇〇年代	161名	（3）一二〇〇年代	166名
（4）一三〇〇年代	102名	（5）一四〇〇年代	61名	（6）一五〇〇年代	279名
（7）一六〇〇年代	403名	（8）一七〇〇年代	643名	（9）一八〇〇年代	2361名
（10）一九〇〇年代	1074名				

一四〇〇年代以前はそれぞれ二〇〇人未満と少なく、一五〇〇年代以降は増加していき、一八〇〇年代以降になると全掲載者数の約五〇％に達していた。

一・二　階層別女性の内訳

辞典掲載者を階層別に配列し直してみた。階層の分類は独自に立てた次の通りである。

・皇室関係者は皇后、女王、皇女、内親王、中宮、女御、更衣、宮人、女官その他である。
・官僚関係者は大臣の妻、娘たちである。また、後には外交官や政治家も含めた。
・武将（士）関係者は武士の母、妻、側室、娘、豪族の女房、娘、地頭の妻などで、明治以降は軍人関係を立てた。
・宗教関係者は尼僧その他である。後には、キリスト教関係者を含めた。
・文人関係者は歌人、日記作者、画人などである。後には文化人を別項目として立て、さらに学者も独立させた。
・遊女等は遊女、白拍子、今様の名手、舞姫、巫女などである。

《『日本女性人名辞典』階層別女性数》

	皇室	官僚（妻）	武士（妻）	宗教関係者
(1)	53	3	4	2
(2)	74	9	37	3
(3)	112	1	19	5
(4)	52	4	22	1
(5)	24	1	22	3
(6)	27		202	16
(7)	73		177	17
(8)	61		155	16
(9)	105	96	193	82
(10)		15		22

文(化)人	20	24	25	19	5	9	54	211	380	234
遊女等	2	14	4	4	4	0	33	31	66	
キリシタン						17	8			
商家						2	14	37	212	151
農家							8	37	13	
技師						4	1		51	27
医師							1	2	86	20
学者								22	73	67
軍人関係									29	
社会活動家									138	126
ジャーナリスト									33	20
教育者									294	69
芸術家									112	33
音楽家									32	63
舞踏家										44
俳優・芸人									52	115
伝統芸能継承者									164	69

犯罪者									26	
スポーツ選手										8
その他					2	2	17	71	124	48

中世の各階層に属する女性数。

	皇室	官僚	武将（士）	僧	文（化）人	遊女等
（1）一〇〇〇年代	53	3	4	2	20	2
（2）一一〇〇年代	74	9	37	3	24	14
（3）一二〇〇年代	112	1	19	5	25	4
（4）一三〇〇年代	52	4	22	1	19	4
（5）一四〇〇年代	24	1	22	3	5	4

右の時期は、皇室関係者、官僚関係者の女性たちが減少し、武人関係の女性たちの増加となって現れている。しかも歴史に名を残すこれらの女性たちは、宮中や、時の為政者の関係者などに多い。この時期の女性は更に広い階層で活躍した女性が存在したはずであり、更なる発掘が必要である。

二 『鎌倉遺文』掲載の女性仮名文書

二・一 仮名文書の伝存

網野善彦氏は、一体仮名文書がどのくらい存するのかとして、『平安遺文二』から『鎌倉遺文三四』までの文書総数と仮名文書数を示している（注3）。それによると『平安遺文』、『鎌倉遺文』の仮名混用文書の総数の推計は、十二世紀以降には全文書の五％を超え、十三世紀に入ると十％を上回ることが多くなり、十三世紀半ば以降には十五％に達し、十四世紀に入ると二十％を超える勢いを示すようになるという。

二・二『鎌倉遺文』掲載の女性文書

女性仮名文書の伝存状況を見て行きたい。竹内理三編『鎌倉遺文』と『平安遺文』の一部の掲載文書数を独自に調査して示す。文書は（一）漢字文書、（二）漢字・片仮名混交文書、（三）漢字・平仮名混交文書の三種がある。

『鎌倉遺文』女性文書数

	西暦	文書総数	仮名文書数	女性漢字文書―仮名文書
平四	一〇九九―一一〇四	六一六	12	3―0
平五	一一二〇―一一四〇	六四八	17	15―1
平六	一一四四―一一五九	六〇一	41	15―4
平七	一一六六―一一七七	七五五	49	25―5

平八	一一七七―一一八五	四七三	34	20―4
鎌一	一一八五―一一九〇	五七五	65	20―3
鎌二	一一九二―一二〇〇	六一〇	40	21―3
鎌三	一二〇一―一二一一	六八九	100	18―9
鎌四	一二一一―一二二〇	八五〇	65	32―4
鎌五	一二二一―一二二五	八四五	104	31―8
鎌六	一二二七―一二三三	八六六	70	37―5
鎌七	一二三三―一二三八	九〇八	98	24―8
鎌八	一二三九―一二四二	八二二	55	18―7
鎌九	一二四三―一二四八	七七一	91	26―7
鎌十	一二四八―一二五二	七五八	140	10―11
鎌十一	一二五三―一二五九	八一九	163	14―14
鎌十二	一二六〇―一二六五	七四四	136	23―21
鎌十三	一二六五―一二六九	七八二	147	16―9
鎌十四	一二七〇―一二七三	八〇六	108	17―4
鎌十五	一二七三―一二七五	八〇九	142	18―8
鎌十六	一二七五―一二七六	七八二	137	6―11
鎌十七	一二七七―一二七八	五九一	125	15―8

女性の漢字文書、仮名文書を見て、中世の文字使用層への女性の進出が伺われる。

二・三『鎌倉遺文』掲載の女性仮名文書

『鎌倉遺文』巻十一～十三の女性文書の階層と女性文書の数は次の通りである。尼文書が多く見られる。

①皇族・貴族…鎌十一 0、鎌十二 0、鎌十三 1＝計1
②尼…………鎌十一 11、鎌十二 18、鎌十三 5＝計34
③氏族妻子……鎌十一 1、鎌十二 1、鎌十三 1＝計3
④女房…………鎌十一 1、鎌十二 2、鎌十三 0＝計3
⑤その他………鎌十一 1、鎌十二 0、鎌十三 1＝計2

二・四『鎌倉遺文』掲載の尼仮名文書

左表は女性仮名文書の中の掲載人数の多い尼文書を抽出したものである。尼文書が多いことは、当時の女性の識字層の特徴を物語っている。左表は上から書写者、文書の種類、書写年代、『鎌倉遺文』中の掲載番号である。

鎌十一　一二五三―一二五九　十一通

尼念常	譲状	尼	建長六（一二五四）	7751
尼念常	書状	尼	建長六（一二五四）	7751
尼深妙	置文	尼	建長六（一二五四）	7772
尼深妙	書状	尼	建長七（一二五五）	7877

恵信尼	書状	尼	建長七（一二五五）	8012	
恵信尼	書状	尼	建長七（一二五五）	8041	
尼深妙	置文	尼	康元元（一二五六）	8064	
黒川尼	起請文	尼	正嘉二（一二五八）	8265	
尼深妙	置文	尼	正嘉二（一二五八）	8064	
尼平氏女	田畠譲状案	尼	正元元（一二五九）	8434	
尼深妙	譲状	尼	正元元（一二五九）	8450	

鎌十二　一二六〇―一二六五　十八通

比丘尼某	田地譲状案	尼	文應元（一二六〇）	8546	
尼某	家地譲状案	尼	弘長元（一二六一）	8632	
尼生れん	家地譲状案	尼	弘長元（一二六一）	8640	
尼によしん	田地譲状案	尼	弘長元（一二六一）	8701	
比丘尼しんふつ	田屋敷譲状案	尼	弘長元（一二六一）	8724	
尼深妙	書状案	尼	弘長二（一二六二）	8862	
尼深妙	置文	尼	弘長二（一二六二）	8884	
恵信尼	書状	尼	弘長三（一二六三）	8920	
恵信尼	書状	尼	弘長三（一二六三）	8921	
恵信尼	書状	尼	弘長三（一二六三）	8922	
恵信尼	書状	尼	弘長三（一二六三）	8923	
尼めうほう	田在家賣券	尼	弘長三（一二六三）	8961	
なたるの尼	浦山賣券案	尼	弘長三（一二六三）	8962	
尼深妙	置文	尼	弘長四（一二六四）	9045	

比丘尼妙貞	去状	尼	弘長四（一二六四）	9087
恵信尼	書状	尼	文永元（一二六四）	9095
恵信尼	書状	尼	文永元（一二六四）	9096
尼深妙	置文	尼	文永二（一二六五）	9218

鎌十三　一二六五―一二六九　五通

尼善智	譲状	尼	文永三（一二六六）	9615
せうたみあふつ	譲状案	尼	文永四（一二六七）	9649
恵信尼	書状	尼	文永四（一二六七）	9763
恵信尼	書状	尼	文永五（一二六八）	9888
尼めうかい	置文	尼	文永五（一二六八）	9906

三　女性仮名文書の言語記述―恵信尼文書を通して―

三・一　恵信尼文書（注5）

『鎌倉遺文』掲載の尼文書中、一人で複数文書が見える恵信尼文書十通は越後（現新潟県上越市）地方から京都に住む自分の娘に発信されたものである。文書は晩年の建長八年（一二五六）の七四歳から文永四年（一二六七）の八六歳頃に書かれたものである。因みにこの期の越後関係の尼には次も掲載されている。黒川尼起請文、覚信尼文書、つぶらの尼（津村尼）、平氏尼。これについてはここでは取り上げない。恵信尼文書は都へ行く人の便に間に合うように、急ぎ認めたとあり、何度も推敲を重ねたような跡は見られない。そこには急ぎ書こうとした生の言語が見られ、次のように当時の口語「たし」なども見られる。

なにこと《何事》も申たき事、おほく《多》候へとも、あか月《暁》たより《便》の候よし申候へは、よる《夜》かき《書》候へは、よにくらく《暗》候て、よもこらん《御覧》しへ《得》候はしとて、とゝめ《止》候ぬ（句読点金子）　（第十通82行）

三・二　恵信尼文書の言語記述

恵信尼文書が示す言語の時代性、口語性、地域性を抄録して、その言語特徴を見る。

三・二・一　言語の時代性

（一）、外来語の漢語の受容

（使用率）異なり語数　六一八語（漢語　一七九語、使用率　二八・九％）
延べ語数　一六八二語（漢語　二七四語、使用率　一六・三％）

因みに、恵信尼の夫である親鸞の仮名書状十二通では、異なり語数で使用率四七・七％、延べ語数で使用率三三・六％である。男性文書には漢語が多く見られる。

（種類）

一般語類

和語との複合語―いまいちと（一度）・おゝうむひやう（温病）・けさおんな（袈裟）・りやうとも（領

一字漢語―えん（縁）・しん（心）・たう（塔）・ひん（便）・もん（文）

二字漢語―うむひやう（温病）・けかち（飢渇）・けす（下衆）・こせ（後世）・こらん（御覧）・さいこ（最後）

三字漢語―ふたうけ（不当気）・御け人（家人）・御けん人（家人）・てんせい人（天性）・かんひやう人（看病）

仏教関係語類

一字漢語―えん（縁）・きやう（経）
二字漢語―あくたう（悪道）・くわんおん（観音）・けしん（化身）・こくらく（極楽）・しけん（示現）
三字漢語―しゝんけう（自信経）・そとは（卒塔婆）・たうくやう（堂供養）・御しけん（示現）
四字漢語―すさうりやく（衆生利益）・せいしほさつ（勢至菩薩）・せゝしやう（世世生生）・ふたん念仏（不断）
五字漢語―なんちうてんきやうなむ（難中転更難）

漢語の一般語類が見られるが、夫親鸞との共同生活の言語環境に由来するであろう仏教関係語類も多い。

漢数詞

一字漢語―十・廿・八
二字漢語―さんにん（三人）・せんふ（千部）・一たい（体）・一ふく（幅）・五ちう（重）・七さく（尺）
三字漢語―せんふ（千部）・さん十六（三）・三ふきや（部経）・十よねん（余年）
四字漢語―くわんき三年（寛喜）・けんちやう八ねん（建長八年）・こうちやう三ねん（弘長三年）

漢数詞など意義概念の単純な漢語の使用が多いのは、女性の受容漢語の方法が表れている。

漢語サ変動詞

あいくす（相具）・あんす（案）・こらんす（御覧）・せんす（撰）・そんす（存）・ひろうす（披露）・信す

漢語と和語とを自由に結合させ得るのは漢語習熟の顕れであるが、抽象的で複雑な意味概念の語よりは一般的な意義を持つ漢語とサ変動詞との結合が多い。ここにも女性の漢語受容の実態が窺われる。

（表記）

仮名書きの漢語が多い。漢字で表記された漢語は四七語であり、それは全体の四分の一程度でその多くは漢数詞である。漢数詞のみが漢字で、その下位要素の語が仮名表記される場合が多い。「一たい（体）・一ふく（幅）・けんちやう八ねん（建長八年）・三ふきやう（部経）・十よねん（余年）」。又、仮名と漢字とを交えて書く混合表記も「御〜・大〜・佛〜・〜上人・〜入道」という類型化した漢語が漢字で、〜の部分が仮名書き表記である。

御しけん（示現）、大きやう（経）、佛おん（恩）・ほうねん上人（法然）、ゑもん入道（衛門）

恵信尼の漢語受容はその量や仮名書きが女性文書の実情を示している。

（二）、字音語の表記

（1）三内撥音

舌内撥音（-n）―「ん」表記で統一されている。一例「む」表記がある。

（ん表記）あんして（案）、えん（縁）、くわうす御せん（御前）、くわんおん（観音）、けしん（化身）

（む表記）なんちうてんきやうなむ（難中転更難）

唇内撥音（-m）―「ん」表記が多く、本来の「む」表記は少ない。ここには字音語表記の混用がある。

（ん表記）御りんす（臨終）、さんにん（三人）、しうしん（執心）ねんふつ（念仏）

（む表記）うむひやう（温病）、御りむす（臨終）

喉内撥音（-ŋ）―「―う」表記が多いが「零表記」「―い」「―ふ」もあり、表記の混用が窺われる。

（零表記）たいふ（大風）りんす（臨終）、すさうりやく（衆生利益）

（い表記）御えい（影）

（ふ表記）たふし（当時）

（う表記）こうちやう三年（弘長）、五ちう（重）、むまのせう（馬丞）、さいしやう殿（宰相）

（2）入声音

唇内入声（-p）―本来の「ふ」表記が少なく「う」表記が多い。漢字音の国語化の様相を見せている。

（ふ表記）たふし（塔師）

（う表記）おとほうし（乙法師）、しうしん（執心）、たう（塔）、ほうねん上人（法然）

舌内入声（-t）―零表記も見られ、表記法が確立されていない。

（零表記）にき（日記）、ゑちう（越中）

（ち表記）いまいちと（一）、けかち（飢渇）、しちむ（実夢）

（つ表記）せいしほさつ（勢至菩薩）、ねんふつ（念仏）

喉内入声（-k）―「―く」「―き」表記である。

（く表記）こくらく（極楽）、しやうとくたいし（聖徳太子）、しんかく（新楽）、せんあく（善悪）

（き表記）しりき（自力）

（3）拗音

開拗音―仮名での拗音表記も見られるが、直音表記や漢字による類音字表記もあり確立されてはいない。

（類音字表記）上れんはう（蓮房）

（拗音表記）うむひやう（温病）、けんちやう八ねん（建長）、こうちやう三年（弘長）、御わうしやう（往生）

（直音表記）くわうす（光寿）、げす（下衆）、さいさうとの（宰相）

合拗音―仮名の拗音表記が見られる。

（拗音表記）くわうす（光寿）、くわんおん（観音）、くわんき三年（寛喜）、つくわう（頭光）

漢字音の表記規範から外れているものが多い。そのことが女性文書を通して当時の漢字音の国語化を示す資料となっている。

三・二・二　言語の口語性

（一）、助動詞「むず」―んずらん、むずらん、んずらん、んずる、むずるに、んずれは、むずれ、んずれ

けふ《今日》まてはし《死》なてことし《今年》のけかち《飢渇》にやうへし《飢死》にもせんずらんとこそおほえ《覚》候へ　（第四通16行）

「むず」は俗語でやや品位に欠ける表現と意識されていた。恵信尼文書には14例出現し、本文書が口語的性格を持っていることを示している。平安時代の和文では話し言葉として現れ、地の文や和歌には原則使用されないが、鎌倉時代には文章中にも用いられるようになったもので、恵信尼は宛先の自分の娘に対して多用している。

（二）、助動詞「たし」

よろつ《万》つね《常》に申うけたまはり《承》たく候へともたしか《確》なるたより《便》も候はす　（第八通6行）

願望の助動詞「まほし」が衰退し、中世以降「たし」が通俗語として口語を交えた資料に散見するようになり、公式の文章語にはほとんど見られないものである。本文書には8例あり、「まほし」はもう見られない。

（三）、動詞・補助動詞「たぶ」

それよりたひて候しあや《綾》のこそて《小袖》をこそさいこ《最期》の時のと思てもちて候へ　（第十通21行）

「たぶ」は仮名文では仮名消息、古文書の譲状などに用いられて、口頭語の要素を色濃く見せているものである。口語の多い梁塵秘抄の歌謡にも、「此の着たる紺の狩襖に女換へ給べ（473）」もある。

(四)、終助詞「やらむ」

院政期から口頭語の場に存した可能性がある語である。名語記にも「ヤラム不審スル詞也」と取り上げられている。文末にあって、「…(の)だろうか」の意を表し、副助詞的な体言および格助詞「と」を受け、不確実・不定の意を表わす。

又さいしやう殿はありつきておはしまし候やらん　(第九通37行)

ことしは五十三やらんとおほえ候　(第五通60行)

(五)、助詞「とん」

しかしながらひかり《光》にてわたら《渡》せ給と候しかとんくわんおん《観音》の事は申さす候　(三通59行)

よろつ《万》たよりなく《頼無》候へとんいき《生》て候時たて、みはやと思候て　(八通13行)

接続助詞の「ども」が多く使用されているが、「とん」が2例見られる。「とん」は当時の口語(注6)で『鎌倉遺文』には東北から九州までの文書に見える。現在は南九州に残っているのみである。

恵信尼文書には当時の口語が多く表われる。女性文書は言語規範に縛られることの緩い性格故の口語の表出である。因みに夫親鸞書状には右の口語などは見られない。

三・二・三　言語の地域性

(一)、形容詞の音便表記

おやこのちきりと申なからふかくこそおほえ候へはうれしく候〱　(三通67行)

恵信尼は非ウ音便表記である。「いか、しく、おそろしく、おほく、かたく、くらく、心くるしく、心もとなく、ことあたらしく他」。J・ロドリゲス『日本大文典』(一六〇四―一六〇八)の「卑語」の章「関東または坂東」の条では、三河から日本の崖に至る東の地方は、形容詞では良う、甘う、緩うなどのウ音便形の代わりに、書きことばのように非音便形の、白く、長く、短くを用いるとある。この記述と恵信尼文書の非ウ音便の言語は東国語的で一致する。

(二)、ハ行四段動詞の音便表記

ハ行四段動詞連用形は「したかひて」があり、非ウ音便である。『日本大文典』の東国語の動詞の音便が、払うて、習うて、食らうて、買うてなどの代わりに、払って、習って、食らって、買ってなどを使うとしている点とも一致し、恵信尼文書は東国語的である。しかも現在の新潟方言でも、恵信尼の住んでいたとされる新潟県の上越地域では非ウ音便であり、他の中越・下越地域ではウ音便である。「上越の非ウ音便・促音便の方が古くからあったもので、京阪からのウ音便が新しく新潟県沿岸部に広がる際、上越は古来の非ウ音便・促音便に就きウ音便化を拒んだ。(注7)」と一致する。恵信尼が示す非ウ音便表記は、歴史的にも生活した地域の言語音が反映している。

四　終わりに

伝存数の少ない女性文書を分析すると、移り行く時代の言語の様子や当時の口語や書写者の地域性などが解明できる。表記法に縛られることの緩やかな傾向にある女性文書を広く発掘し、言語分析を行うことも今後の日本語史研究の課題である。

注

(1)『日本女性人名辞典』日本図書センター　一九九三年

(2)金子彰・野村貴郎、山口豊、中西涼子、東京女子大学日本語史研究会　編『東京女子大学女性学研究所報告一七』二〇〇七年

（3）網野善彦『日本論の視座―列島の社会と国家』小学館　一九九〇年
（4）竹内理三編『平安遺文古文書篇』（全十一巻）東京堂出版　一九四七～一九七六年
竹内理三編『鎌倉遺文古文書篇』（全四二巻）東京堂出版　一九七一～一九九七年
（5）『恵信尼文書』（法蔵館　一九七八年）
（6）林和比古「助詞ドンについて」『国語と国文学』十四巻第九号、一九三七年九月
（7）大橋勝男『新潟県言語地図』高志書院　一九九八年

根津美術館蔵春日若宮『大般若波羅蜜多経』の字音点について

佐々木　勇

本稿の目的

東京南青山の根津美術館に、厨子や最終巻末列記で早くから注目されていた春日若宮『大般若波羅蜜多経』全五四〇帖一巻が所蔵されている。

これに訓点が存することが、近年知られた（注1）。そこで、原本閲覧を願い出たところ、幸いにも閲覧の機会が得られた。原本の訓点は、鎌倉中期に加点された大量の字音点であった。仮名・声点など、二万を超える訓点である（注2）。

本稿は、その訓点をいつの日本漢字音資料として扱うべきかを明らかにすることを目的とする。

一　訓点の種類と分量

以下、訓点の延べ数を記す。（「剖《ホウ》（去）」の加点例では、「ホウ」を一と数え、声点（去声点）を一と数える。「髀《ヒ》［左］ヘイ（平）」の場合、仮名点は二、声点（平声点）は一と数える。訓点の具体例は、注（2）の拙稿翻刻を参照願いたい。）

［仮名点］

①墨仮名―一二三四三例。うち、字音―一二三一一例。和語―三二例（全例が巻第五三にある。全三二例すべて、漢字の右に音注を加点し、左に訓注を加点した例である）。

②朱仮名―　　二八一例。うち、字音―　　二八一例。和語―（ナシ）。

【声点】（濁声点〈双点〉も、一と数える。）

①墨声点―三五六一例。②朱声点―六五九九例。

【漢字】

①反切―一例（四雙八隻〔之石反〕（入）〔左〕シャク（五二八 0711a02））

この唯一例は、『広韻』『貞元華厳経音義』の「隻」字反切〈之石反〉に一致する。宋版一切経東禅寺版・開元寺版・思渓版の音釈には見られない。

②類音字注（注4）―一六例（拗音・入声音・撥音を含む音節に類音字を充てる。）

裹〔火反〕此神珠（五五八 0878a28）　遍満充溢〔一反〕（入）（七八 0438b28）など、全十六例（後掲）。

［ヲコト点］

若如實知彼（三八三 0981a08）に、「若（シ）實の如ク彼レに知ラハ」と訓読することを示す喜多院点が加点されている。

喜多院点は、十世紀末に復興し、興福寺を中心に広く後世まで使用された（注5）。

右のとおり、本文献訓点の中心は、墨仮名字音点と朱墨の声点とである。

二　訓点の加点時期

本資料の本文書写は、寛喜元年（一二二九）～仁治三年（一二四二）であり、仁治三年（一二四二）・同四年（一二四三）に校合されている。薬師寺静恩による朱句切点の加点も、仁治三・四年である。朱句切点は、校合によって補入された一行にも加点されているため、本文校合後に加点されたことが知られる(注3)。

本資料の訓点には、本文の校合を避けて加点された箇所が有る。また、朱句切点のみ存し、訓点が加点されていない諸巻（巻第六・一四～二一・二四～二八等）が有る。よって、本文校合・句切点加点の後に訓点を付したものである。

本資料には、「又句切假名□□一交了／仁治三年□月八日」（巻四九一）の奥書が存する。

また、次のような仮名字体からも、その朱声点・墨声点・朱仮名・墨仮名の訓点は、仁治三・四年から遠からず加点されたものであろう、と推測される(注6)。

（巻第三0012a13）

（五二0293a11）

ただし、本資料の訓点には、当該字の上または下の漢字に訓点が加点されている例、あるいは、それを擦り消した例が存し、底本の訓点を移点したものであることが知られる（具体例は、注（2）翻刻の「ママ」注や「　」に入れた注を御覧頂きたい）。

三　訓点祖本の加点時期

では、移点原本の訓点は、いつ加点されたものであろうか。残念ながら、原訓点に関する奥書（本奥書）は、全巻中に見られない。

そこで、現訓点の内容から、祖点の加点時期を推測する。

三・一　仮名字体

訓点の仮名字体には、移点時鎌倉中期の仮名字体に混じて、下のような古体の仮名が見られる。

これらは、院政期の仮名字体である（注7）、と判断される。

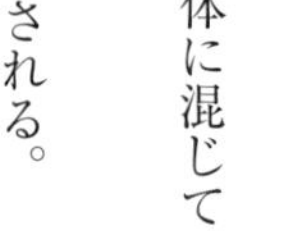

（四〇一0002b25）

（五七九0992a14）

三・二　字音形

三・二・一　類音字表記

本資料の訓点には、次の類音字による音注が見られる。（当該字の訓点のみを記す。以下、同じ。）

破壊村《[左]主ン》城（五五一0836b04）　或主村《[左]主ン》邑（五八三1018a29）　悪瘡腫《主》(平)疱（五五八0878a24）　如秋《主》満月（五三一0727a16）　戍《主》達羅家（一〇五0583b29）　焰能燋灶《主》(平)（五一六0639a11）　入瑟《主(虫)》(上)吒字門（五三0302b18）　如宿《主ク》(入)食生（三六0201a20）　無力酬《主反》(平)還（五八三1016c02）　有好有醜《主反》(平)（三二一七0675a17）　焰能燋灶《主反》(平)（五五〇0831a11）　住無諍《上》定（四〇八0045a15）　裏《火反》此神珠（五五八0878a28）　遍満充溢《一反》(入)（七八0438b28）　膝《七反》(入)

腨脛足（十一0057c25）　貴賤《仙反》相故（三二一七0675a07）

右は、いわゆる拗音・入声音・撥音に限られている。これらの音に限り類音字注を残すのは、院政末期の状態である。鎌倉時代に入ると、これらの類音字注は見られなくなる（注8）。

三・二・二　撥音の仮名表記

中国語中古原音m韻尾字とn韻尾字とは、試行錯誤の末、平安後期末に、m韻尾をムで、n韻尾をンで書き分けることで定着させた（注9）。

しかし、この区別は、院政期からある程度の異例が見られるようになり、鎌倉時代中期には崩れ、m韻尾・n韻尾字ともンで表記する資料が見られる（注10）。

本資料のm韻尾字とn韻尾字の仮名表記は、左のとおりである。仮名表記の延べ数のみを、朱墨を区別して、表覧する。

表一

		m韻尾字	n韻尾字
朱点	―ム	10	0
	―ン	1	44
墨点	―ム	625	23
	―ン	42	1724

右のとおり、本資料の訓点は、朱点・墨点とも、m韻尾―ム、n韻尾―ンとする院政期までの原則を守っている。

三・二・三　舌内入声音の仮名表記

中国語中古原音ｔ韻尾音を、日本漢字音の用語で、「舌内入声音」と言う。この舌内入声音ｔの仮名表記例は、先行母音による遅速を見せつつ、時代が降ると共に、チからツに変化することが明らかになっている（林、一九八〇）（注11）。

本資料の訓点についても、林論文と同じ表を作成してみると、左のごとくになる。ただし、朱筆による舌内入声音の表記例は全14例しかないため、ここでは墨仮名点のみを分類する（注12）。

表二　本文献墨点の舌内入声音表記

	i	e	a	o	u
チ	81	204	165	72	4
ツ	17	79	83	65	34

右の実態は、林論文の表7と8との間に位置付き、比較的古い呉音の実態を反映する。ただし、右がいつの加点の様相に相当するものかは、林論文から特定することはできない。

大般若経字音点についてこの点を調査した先行研究に、江口泰生「『大般若波羅蜜多経』読誦音について　—資料の解釈と読誦音の変遷—」（『語文研究』62、一九八六年十二月）がある。この江口論文は、高知県安田八幡宮蔵『大般若波羅蜜多経』（五四六帖現存）の全体について調査し、巻第一〜第四〇〇と巻第四〇一〜第六〇〇との間に、訓点の内容に新古の差が存することを推定した。

本項の舌内入声音の仮名表記は、「院政初期以前に加点された他の資料を基に数人の手によって移点」されたと推定されている安田本巻第四〇一〜第六〇〇の実態に近い。

三・二・四　サ行ウ段拗音の仮名表記

本文献の訓点には、鎌倉中期の加点であるため「酬《シユウ》」「充《シユウ》」など「シユウ」形も見られるものの、院政期までの基本形である「愁《シウ》」「洲《シウ》」「囚《シユ》」「獣《シユ》」等の「シウ」「シユ」形が大部分である（注13）。

三・二・五　合口字音の仮名表記

中国中古音において合口字である漢字音は、仮名で表記する場合、院政期までは、クヰ・クヱなどと、合口表記していた。

本訓点でも、これらの合口字に対して、ヰ・ヰヤウ・ヰヨウ・ヰキ・ヰン・クヰ・クヰヤウ、ヱ・ヱン・クヱン・クヱ・クヱチ・クヱツと、朱点・墨点とも全例、ヰ・ヱで加点している。合口字を、イン・クイ・キ・クエ・ケなどと開口表記した例は、皆無である。

日本呉音において、クヰ・クヱなどがクイ・キ・クエ・ケなどと仮名表記される時期は、資料不足のため、明確にはできない。しかし、漢音読中心資料では、鎌倉中期にヰ→イ、ヱ→エの例が存する（注14）。

よって、本訓点の合口字音の仮名表記法は、鎌倉初期以前のものである、と言えよう。

三・二・六　通摂喉内韻尾字の仮名表記

先引江口論文は、通摂所属漢字の短呼形（蒙《ム》・孔《ク》・踊《ユ》・封《フ》・冢《チヨ》・塚《チヨ》）が、鎌倉時代に入ると増えることを指摘する（59頁）。

本資料の同一字への加点は、左の通りである（数字は例数。冢・塚への加点例は、存しない）。

封（フウ6・フ無し）、踊（ユウ7・ユ1）、孔（クウ5・ク6）、蒙（ムウ2・ム7）

右は、鎌倉時代よりも古い実態である、と見られる。

三・二・七　読誦音の整理度

江口論文は、時代が降ると共に、複数の読誦音が整理されたことも述べる（59頁）。ここでも、江口論文が掲げた漢字について、本資料における加点例と例数を記す。

疽（ソ3・シヨ2）、壯（シヤウ11・ソウ1）、閑（ケン10・カン1）、關（クヱン7・クワン3）、紅（クウ18）、弓（クウ5）、肅（シク16）、躄（シク4）、殖（シキ5）、疫（ヤク16）、慇（オン〈ヲン〉8）。

右の実態は、安田本の後半よりは整理されているものの、鎌倉初期加点の安田本前半よりは複数音字が多く、古いものである（注15）。

三・三　字音声調　―軽音節去声字の上声化―

日本呉音声調は、本来、平声・去声・入声の三声体系であった、とする説がある（注16）。この説は、初期の日本呉音資料に上声点加点例が希であることを根拠にしている。鎌倉時代以降の加点資料に見られる上声点は、院政期までの去声調（上昇調）が変化した上声調（高平調）を示している、と考えられている。

呉音における去声調から上声調への声調変化の要因として、先行研究では、左の二点が指摘されている。

1．和語に起きた去声音節の上声化の反映（軽音節去声字の上声化）。

2．高調に去声調（上昇調）が続くことによるアクセントの谷を避ける声調変化。

すなわち、日本呉音声調における上声調（高平調）と去声調（上昇調）とは、音節の軽重と出現位置とによって規定される（注17）。

右のうち、1の平安時代に去声であった「阿」「知」などが上声に移行した、軽音節去声字の上声化は、鎌倉時代中期にはほぼ完了したとされている（注18）。

春日若宮『大般若波羅蜜多経』の声点が、加点時である鎌倉中期の呉音声調を反映しているならば、本来の軽音節去声字の大部分に上声点が加点されているはずである。ここでは、この点を調査する。

右の現象2による直前字声調の影響を考慮外とするため、句頭の漢字に対象を絞る。句は、本資料中の朱句切り点に依る。句切り点の間隔が長い本文では、四字を一句とする。

結果は、左のとおりであった。本資料の仮名音注によって音節の軽重を確定できる例に限り、梵語音写字を除外した数である（朱声点と墨声点とを分け、比較のため重音節字の数も示す）。

春日若宮『大般若波羅蜜多経』における句頭字への声点加点例数

表三〈朱声点〉

	軽音節	重音節	計
上声点	20	11	38
去声点	97	280	377

表四〈墨声点〉

	軽音節	重音節	計
上声点	20	7	27
去声点	53	175	228

右のとおり、本資料句頭字への加点には、軽音節字・重音節字とも、上声点は少数である。軽音節字は、重音節字と比べて、上声点の割合が高いため、「軽音節去声字の上声化」が生じていることは指摘できる。しかし、軽音節去声字の上声化例は、非上声化例よりも少なく、朱声点は17．1％、墨声点は27．4％の上声化率でしかない（注19）。これは、加点時鎌倉中期の呉音声調とは異なる。

では、いつの呉音声調を加点しているのであろうか。

先に掲げた江口論文には、安田本の軽音節去声字の上声化に関する調査がある。ただし、江口論文は、句頭か否かではなく、語頭か非語頭かの調査であるため、対等な比較ができない（注20）。

そこで、春日若宮本と同一基準で安田本の句頭字への朱声点加点例を数えることとする（注21）。安田本の訓点は、東辻保和「安田八幡宮蔵 大般若波羅蜜多經の音注（資料）」（「訓点語と訓点資料」四四、一九七一年六月）に依る。

安田本朱声点は、鎌倉初期点（巻第一～巻第四〇〇）では約半数の軽音節字が上声化している。一方、院政初期以前点（巻第四〇一～巻第六〇〇）では10．8％の上声化率に過ぎない。

この点からも、春日若宮本の朱・墨声点は、安田本鎌倉初期点（巻第一～巻第四〇〇）と院政初期以前点（巻第四〇一～巻第六〇〇）点との間、すなわち院政期に加点された声点を移点している、と判断される（注22）。

安田本『大般若波羅蜜多経』における句頭字への朱声点加点例数

表五〈巻第一～四〇〇〉

	軽音節	重音節	計
上声点	41	7	48
去声点	46	184	230

表六〈巻第四〇一～六〇〇〉

	軽音節	重音節	計
上声点	7	6	13
去声点	58	122	180

四　結論

根津美術館蔵春日若宮『大般若波羅蜜多経』の訓点について、以下のことを明らかにした。

1．訓点加点は、本文書写・校合後まもなくの鎌倉中期であろう。

2．訓点の大部分を占める字音点は、移点されたものである。

3．移点原本は、院政期の字音を加点したものであろう。

以上、本資料の訓点は、鎌倉中期移点時の要素混入に配慮しつつ、院政期における経文直読の日本漢字音資料として活用されるべきものである（注23）。

注

（1）白原由起子「根津美術館所蔵　春日若宮大般若経および春日厨子　―作品と研究史」（「説話文学研究」第五一号、二〇一六年八月）、参照。

（2）その訓点の総べてを、佐々木 勇「根津美術館蔵『大般若波羅蜜多經』鎌倉中期点」（『根津美術館蔵「春日若宮大般若経および厨子」調査報告書』、二〇一八年三月）に翻刻した。ご活用願いたい。

（3）本資料の本文や校合諸本、朱句切点・校合を加えた「薬師寺静恩」については、紙幅の都合で、注（1）白原論文、松原茂「一筆経としての「春日若宮大般若経」　―尼浄阿の書風」（同誌）、近本謙介「大般若経と春日若宮信仰　―女院と尼僧をめぐる鎌倉仏教史」（同誌）にすべて譲る。

（4）「火反」などの「反」は、本文校異ではなく音注漢字であることを示すために加えられたものである。仮名にも、臂《ヒ反》腹背胸（七五六0057c24）、脇腰脊髀《ヒ反》（七六三0057c25）、備《ヒ反》受衆苦（一七〇0914b11）の例が存する。

（5）築島裕「喜多院点の展開」（『万葉集研究』第十四集、一九八六年、塙書房）、参照。

（6）（7）『国語学大辞典』（一九八〇年、東京堂出版）、『日本古典文学大辞典』（一九八三年、岩波書店）、『図説　日本の漢字』（一九九八年、大修館書店）等に付載の仮名字体表および小林芳規「中世片仮名文の国語史的研究」（「広島大学文学部紀要」三〇（特輯3）、一九七一年三月）、参照。

（8）小林芳規「訓点における拗音表記の沿革」（「王朝文学」九、一九六三年十月）、沼本克明『日本漢字音の歴史』（一九八六年、東京堂出版）一七五頁、参照。

（9）注（8）沼本著書、二四一頁。

（10）同右、二四二頁。

（11）林史典「呉音系字音における舌内入声音のかな表記について」（「国語学」一二二、一九八〇年九月）。

（12）存疑加点例は除外した。朱筆全十四例は、チ表記例十一例、ツ表記例三例で、チ表記例が多い点は墨点と同じである。
（13）江口泰生「「シウ」・「シユ」・「シユウ」」（「文献探究」一八、一九六八年九月）、参照。
（14）馬淵和夫『国語音韻論』（一九七一年、笠間書院）六〇頁、佐々木勇『平安鎌倉時代における日本漢音の研究』（二〇〇九年、汲古書院）一〇五頁。
（15）また、江口論文は、観智院本『類聚名義抄』和音では、梵語音訳字の音形が除かれるという整理が加えられていることを述べる（五六～五八頁）。本資料では、そのようなことは無い（左例、参照）。
投（トウ23・ツウ1・ツ1）、特（トク24・ト14）、若（ニヤ5・シヤ4）、擇（チヤク13・チヤ4）、塞（ソ3）、逸（イチ4・イツ1・イ3）、栗（リ6）、窣（ソ14）
（16）沼本克明『平安鎌倉時代に於る日本漢字音に就ての研究』（一九八二年、武蔵野書院）第一部第五章。
（17）奥村三雄「音節とアクセント　―呉音声調の国語化―」（「国語国文」第二二巻十一号、一九五三年十一月）、高松政雄『日本漢字音の研究』（一九八二年、風間書房）、佐々木 勇「呉音一音節去声字の上声化の過程」（「鎌倉時代語研究」第十輯、一九八七年五月）など。なお、現時点では、「一音節・二音節」が示す内容が読者により不統一であるため、今後は、「軽音節・重音節」とする。
（18）注（8）沼本著書、二六二頁。
（19）安田本の墨声点は、朱声点と比較して、やや新しい呉音声調を反映しているものかもしれない。
（20）字音直読資料における語認定は、認定基準の設定が困難であり、認定に揺れが生じるため、本稿では避けた。江口論文の単語認定法も、不明である。
（21）安田本の墨声点は加点例が少ない上、後半巻に加点が偏るため、対象外とした。

（22）両点同一箇所同一字声点加点例のうち、不一致例の若干を掲げる。

〈巻第一～巻第四〇〇〉

本文	所在	安田本	春日本
楚痛難忍	（一二八 0700a27）	ソ(上)	ソ(去)
枝條莖幹	（一二九 0708b15）	シ(上)	(去)
疣贅等過	（三八一 0968b06）	［左］ウ(上)	［朱］ウ(去)
緻而細輭	（三八一 0968b20）	チ(上)	［朱］チ(去)

〈巻第四〇一～巻第六〇〇〉

本文	所在	安田本	春日本
痔瘻悪瘡	（四五五 0299b06）	治反(去)	チ(上濁)
寄名相説	（四七二 0392b27）	キ(去)	キ(上)

（23）校合に見られる「赤尾本」、および、眞興『大般若経音訓』を引用することから、訓点祖本も、興福寺またはその周辺に伝わっていた古点本であったと推測される。注（16）沼本著書第一部第二章では、複数字音加点例の比較から、眞興『大般若經音訓』と安田八幡宮蔵『大般若経』字音点との近さが言われている。春日若宮『大般若経』の字音点は、その安田本の字音点に近い。

付記

国際仏教学大学院大学の皆様の調書と写真とを利用させていただくことによって、本稿をなすことができた。また、根津美術館蔵の原本を拝見する機会を与えていただいた。

落合俊典先生をはじめとする国際仏教学大学院大学の皆様と根津美術館学芸員白原由起子氏に、心より御礼申し上げます。

室町時代口語資料の漢語と和語の混種語
――三大口語資料を中心に――

坂詰力治

はじめに

日本語史において、漢語の知識が体系化されるのは奈良時代になってからである。奈良時代にあっては、まだ中国から受け入れた漢語の本来の意味・用法に忠実に従って使用する努力が払われており、漢語が日本語の中に融和するまでには至っていない。当時における漢語は行政に携わる人や学者、あるいは僧侶の間の教養として使用されているに過ぎない状況にあったのである。七世紀から九世紀にかけて唐の文化の摂取の目的で行われた遣唐使の派遣が廃止され、それに伴って中国からの漢語の流入も終結し、日本における漢語の円熟期を迎えることとなる。やがて貴族社会から武家社会に移行し、武家の台頭によって平安時代の大和言葉すなわち和語を中心とした表現から、質実簡素を旨とする表現を求める機運から漢語の使用が増大し、漢語本来の意味・用法も徐々に拡大することとなる。武士が台頭してきた鎌倉時代は、支配体制が社会的に広く浸透し、経済がより発展することによって、識字層も拡大したため、漢字・漢語の使用も一層増加したのである。その結果、本来書記言語として用いられていた多くの漢語が日常語の中に生活語として浸透するようになり、さらに言文が二途に乖離し、口語がその姿を現す室町時代になると和語とも複合することによって、語彙量を一層増大することにもなったのである。

本稿では、室町時代の様々な生活場面での口頭語の世界において、漢語が単純語として用いられるというだけではなく、どのような和語と漢語との混交による複合語すなわち混種語が見られるか、品詞別に整理し、日本語史における室町時代の漢語の日本語との融合の実態を明らかにしようと思う。

なお、本稿で扱う口語資料は、キリシタン資料としての天草版平家物語、狂言詞章としての虎明本狂言、聞書抄物としての論語抄の三点である。（注）

三大口語資料における漢語と和語の混種語の実態

三大口語資料に見られる漢語と和語の混種語を資料ごとに品詞別に整理すると、次のようである。名詞についてはいろいろな接辞（接頭語・接尾語）が多様な漢語と結合して混種語を形成しているが、それらについては異なり語ごとに必ずしも一語一語取り上げてはいない。また、格助詞「の」を含んだ複合語（例えば、「仁位〈ニヰ〉の尼（あま）」「法螺〈ホラ〉の貝（かひ）」など）についても混種語として必ずしも統一して一語一語取り上げてはいない。したがって、混種語の名詞については資料ごとの数値を明確に示すことはできないが、比較の対象としておおよその数値を掲げることにした。

『天草版平家物語』の場合

〈名詞〉⇩一二六語

赤地（アカヂ）　悪所落トシ　悪僧共（ドモ）　有様（アリヤウ）　生き様　軍（イクサ）奉行　幾（イク）十万　一万余リ　沃懸（イカケ）地　一天ノ君　今様　射（イ）様　右近ノ馬場（ウマバ）　卯（ウ）ノ刻　午（ウマ）ノ刻　御（オ）縁奥ノ院　追立（オッタテ）ノ轡使　大勢（オホゼイ）　大番　香色（カウイロ）　書キ様　掻キ様　斯様　駆（カリ）武者共　寒苦鳥　京辺リ　京童　首実検　鞍具足　冠者原　官位（クラヰ）　賢人立テ　越エ様　五月二十日（ハツカ）頃　五月七日（ナヌカ）　五月一日（ヒトヒ）　御座リ所　小（コ）勢　骨柄（コツガラ）　御（ゴ）計ラヒ　五番目　五百余リ　五百人余リ　御用ヰ　御許サレ　逆艪（サカロ）　先（サキ）陣　座敷　雑人原（バラ）　然様　三条河原　三百人余リ　三位ノ入道殿　四月二十日　四月三日（ミッカ）　滋藤（シゲドウ）　子息達　七月九日（ココノカ）　七大所詣デ　七条河原　十月二十日　仕様　正月二十日　主殿（シュウドノ）　種々様々　諸侍　白装束　白拍子　白覆輪　勢揃ヒ（ヘ）　詮ズル所　千本松原　総司（ソウツカサ）　大力（ダイヂカラ）　内裏造リ　道心姿　堂寺　立烏帽子　民百姓　矯メ様　父御前　手勢（テゼイ）　手本　殿上人　天王寺詣デ　寅ノ刻　取沙汰　内侍所　長（ナガ）僉議　二十四日（ニジフヨッカ）　仁位ノ尼　人数配リ　塗籠藤　年来（ネンライ）日頃　方立（ハウダテ）　撥音（バチオト）　八月ノ朔日　馬場　母御前　坂東声　坂東育チ　被官共　姫御前　鬢髭（ビンヒゲ）　無骨サ　不躾　分捕リ　申サレ様　申シ状　申シ様　松浦党　舞ヒ様　御（ミ）棺　馬手（メテ）　物ノ具　安大事　山伏修行者　山法師　靫負（ユゲヒ）ノ尉　言（ユ）ヒ様　老僧姿　連銭葦毛　艪櫂　若大衆　伯母御

〈漢語サ変動詞〉 ⇩ 一六二語

〈一字漢語＋す〉

愛ス 案ズ 詠ズ 応ズ 臆ス 害ス 感ズ 帰ス 議ス 興ズ 具ス 観ズ 決ス 現ズ 期（ゴ）ス 参ズ 死ス 辞ス 生ズ 賞ズ 請（シャウ）ズ 宿ス 修ス 食ス 書ス 進ズ 信ズ 制ス 奏ス 率ス 損ズ 存ズ 対ス 帯ス 達ス 弾ズ 長ズ 誅ス 陳ズ 通ズ 拝ス 比ス 僄ス 変ズ 報ズ 補ス 銘ズ 免ズ 略ス 論ズ

〈二字漢語＋す〉

安堵ス 一味ス 引率ス 降参ス 高名ス 下学ス 合戦ス 合力ス 勘当ス 灸治ス 寄進ス 行道ス 許容ス 供奉ス 和睦（クワボク）ス 管弦ス 教訓ス 教養ス 下向ス 下知ス 見参（ケンザウ・ケンザン）ス 元服ス 見物ス 御覧（ゴラウ・ゴラン）ズ 最愛ス 相伝ス 騒動ス 造畢ス 沙汰ス 参詣ス 讒言ス 讒奏ス 参内ス 思案ス 自害ス 死去ス 伺候ス 辞退ス 実検ス 四品ス 上達ス 上洛ス 舎弟ス 赦免ス 充満ス 授戒ス 修行ス 守護ス 出家ス 出仕ス 出入ス 受領ス 巡礼ス 昇殿ス 書写ス 所望ス 思慮ス 進退ス 震動ス 推参ス 衰微ス 推量ス 僉議ス 穿鑿ス 奏聞ス 対面ス 談合ス 知行ス 値遇ス 遅々ス 着座ス 重畳ス 追伐ス 嘲哢ス 同車ス 同心ス 読誦ス 刃傷ス 念誦ス 念仏ス 敗軍ス 配膳ス 芳志ス 発向ス 繁盛ス 秘蔵ス 評定ス 披露ス 不覚ス 扶持ス 富貴ス 平癒ス 返事ス 奉公ス 発心ス 養育ス 約束ス 用意ス 用心ス 与力ス 乱声ス 流罪ス 違勅ス 囲繞ス 院参ス 会釈ス 遠見ス 遠流ス

〈三字漢語＋す〉

案内者ス

〈四字漢語＋す〉

一味同心ス　出家入道ス　千辞万退ス

〈漢語サ変動詞及び漢語を含む動詞〉⇩二五語

愛シ過ゴス　愛具ス　相対ス　案ジ続ク　射損ズ　薄化粧ス　御装束ス　返リ忠ス　狩リ装束ス　感ジ合フ　御覧ジ送ル　御覧ジ慣ル　御覧ジ忘ル　為損ズ　所望シ兼ヌ　束帯（ソクタフ）　存ジ知ル　敵対（テキタフ）　取沙汰ス　馳参ズ　憚リ存ズ　引キ具ス　召シ具ス　召シ進ズ　物ノ具ス

〈漢語形容動詞〉⇩五〇語

安穏ナ　悠々ト　艶ナ　臆病ナ　剛ナ　皓々ト　肝要ナ　奇怪ナ　奇特ナ　過分ナ　果報ナ　懈怠ナ　結構ナ　御不便ナ　散々ナ　自由ナ　上手ナ　勝事ナ　真実ナ　尋常ナ　神妙ナ　切ナ　大切ナ　重宝ナ　傍若無人ナ　茫々ト　尾籠ナ　不案内ナ　無器量ナ　不覚ナ　無事ナ　不審ナ　無勢ナ　不定ナ　不法ナ　不便（フビン）ナ　分明ナ　漫々ト　無下ナ　無慚ナ　無体ナ　無念ナ　無益（ムヤク）ナ　無理ナ　迷惑ナ　様々（ヤウヤウ）ナ　狼藉ナ　尩弱（ワウジャク）ト　遺恨ナ　穏便ナ

〈漢語・和語複合形容動詞〉⇩七語

大様気ナ　斯様ナ　興モ無ゲナ　懈怠勝チナ　然様ナ　種々様々ナ　住国勝チナ

〈形容詞〉⇩八語

御座無イ　左右無イ　相違無イ　詮無イ　比類無イ　本意無イ　報ジ尽シ難イ　面目無イ

〈副詞〉⇩一八語

案ノ如ク　一段ト　一度ニ　一同ニ　一面ニ　一文字ニ　次第次第ニ　次第ニ　是非トモ　漸々ニ　総ジテ　同

音ニ　同時ニ　別シテ　本々（ホンボン）ニ　銘々ニ　面々ニ　例ナラズ

『虎明本狂言』の場合

〈名詞〉⇩四七六語

鸚鵡返し　赤地　赤み上戸　商ひ冥加　朝茶　扱ひ人　当て句　間（アヒ）狂言　相（あひ）客　相檀那　合図　相
頭　天邪鬼　有様（アリヤウ）　彼体（あれてい）　白馬の節会　青地（アヲヂ）　如何様　生き大黒　石吸ひ膏薬　石
橋山合戦　石門（イシモン）　致し様　出だし様　一羽　出で様　一籤　一銭尺八吹き　一族達　一区詰め　一跡
賭け　一番鳥　五つ時分　出で様　稲荷五社　犬勾当　言ひ分　言ひ様　家屋敷　今時分　今神明　今様　煎り
昆布　入間様　入れ日記　牛博労　後ろ堂　歌次第　歌連歌　打烏帽子　上頭（ウヘトウ）　宇治辺　馬博労　占
算（ウラサン）　烏帽子親　烏帽子髪　烏帽子子　烏帽子屋　閻魔顔　閻魔大王様（サマ）　閻魔王当たり　老い武
者　御庵（オアン）　御聞きやり様　起上り小法師　御客　臆病風　御御（おごう）　御御様　乙御前　鬼殿　己次
第　大尺八　大勢　仰せられ様　祖父（おほぢ）御　大（オホ）地震　大茶　大天狗　大百姓　大腑　表八句　親
御　親孝行　親子衆　親子親類共　織紅梅　御寮　咳気気（ガイキゲ）　開静時　海道通り　交割物（モノ）　香
箱　楽屋　掛字　掛得（カケドク）　片意地・片一方　担げ様　語り句　褐色（カツイロ）　餓鬼奴（がっきめ）　羯鼓
打　合戦物語　金撮棒（カナサイボウ）　金法師　壁下地　上一人（カミイチニン）　鴎様　斯様　斯様事　唐縁　唐
門　唐絵　唐紙障子　軽衫　雁食ひ　神上鱠（カンジャウナマス）　燗鍋　雁門　菊酒　気薬　機嫌直し　雉領　気
遣ひ　着様　京扇　京内参り　狂言袴　京土産　客僧達　興がり　祇園林　句柄　九月九日（ココノカ）　籤次
第　櫛道具　国中　蔵代官　官途成り　芥子粒　下猿（ゲザル）　懸想文　毛頭巾　下等（げら）　検校連れ　源氏

方　検断殿様　見物物　虹梁鼻　胡鬼板（コギイタ）　極楽参り　小尺八　拵へ様　児玉党　骨柄　此の中　木の葉天狗　小拍子　五枚兜　小間道具　後夜起き　紺切れ　健渉（コディ）駒　最善女　細目切れ　双調切り　先勢桜菊　酒如来　酒奉行　座敷　座禅衾　座剃り　雑煮　然様　戯れ絵　算置き　算木　三月三日（ミッカ）　三籤三人片輪　三人籤　三人詰め　三百手　山王祭り　思案半（なかば）　榼天狗　下稽古　四手　秀句好き　字頭（ジガシラ）　仕事　四十雀　四十八手　下稽古　下地　十（ジフ）声　十束　四条辺り　十月一日（ヒトヒ）　十四五人前　十二三味　十二色（イロ）　十二年三月　十二単　自分柄　下京　下座　邪池　仕様　正月小袖　情強（ジャウゴハ）　情強者　定斎（ジャウトキ）　商売物　尉鶲（ジャウビタケ）　庄屋　浄瑠璃節　尺八竹　朱傘　種々様々　出家連れ　数珠玉　主持ち　諸侍　初手　新市　素襖袴　数寄道具　酢菜　簀の子縁　吸ひ膏薬　角帽子　末座住吉大明神　末繁昌　銭持ち　千声　煎じ物　善の綱　先腹（センバラ）　其方次第　添え発句　空喧嘩　大徒ら者　太鼓打　大極屋　大黒屋　太鼓持ち　大臣烏帽子　大臣柱　大力（ダイチカラ）　台所　大目（だいめ）　唐言葉　唐人言葉　当町　鷹匠　竹鉄砲　立衆　立て様　立山禅定　民百姓　段袋　檀那方　旦那廻り　檀那計らひ地謡　重箱　地蔵顔　地蔵舞　茶入れ　茶臼　定宿　頂頭懸け　茶替はり　茶杓撓め（タメ）　茶立　茶の湯　茶屋　茶屋坊主　中風気（ゲ）　使ひ様　つくづく帽子　造り狂言　作り冥加　辻堂　潰れ様　妻観音　詰用心　連れ尺八　亭主振り　亭主脇　鳥目蔵　手具足　手作（てさく）　手樽　手棒　手本　天道干し　胴亀　胴切り　燈心引き　胴骨　科人　研ぎ賃　童子鹿毛　年寄り衆　通り字　止め様　取沙汰　長談義　中天竺　長覆輪　鳴き様　為され様　梨子打烏帽子　七つ道具　何様　鍋八撥　成様　何尺　何百人　二籤　二間目　似たりの面　担ひ茶屋　二年酔ひ　若族好き　如来肌　忍辱の鎧　塗籠他行　塗籠藤　寝法華　能猿　箔（はう）の物　博打　博奕打　羽黒山　橋弁慶　走り知恵　馬吸ひ膏薬　初雁　花嫁御前　馬場退け　灰焙烙　破魔弓　鱧（はむ）阿弥

陀仏　張太鼓　晴れ天　半田　半帆　碾茶　日経　卑怯者　備前物　一見物　一重（ひとひ）素襖　檜茶桶　拍子好き　拍子違ひ　拍子物　百声　百日犬（イヌ）　白檀磨き　百手　百薬の長　百八繋ぎ数珠　広（ヒロ）縁　鬢鏡　備後砂　福の神　福渡し　節拍子　無精者　舞台先　舞台中　福の神　瓢の神　不達者者　古博奕打　風炉釜　風呂屋　分別所　分別者　平家節　幣立ち（て）　変替へ　蓬莱の島　法師柄　法師名　誉め様　本働き　売僧　奴（マイスメ）　申し分　申し様　幕際　孫嫡子　斑舎弟奴　待ち上臈　町中　松御前　舞様　真仏師　丸点　参り人（ニン）　御教書　溝越え天狗　三拍子　身共次第　皆水晶　見目一種　脈所　都辺土　昔細工　婿讃談　無慚さ　無常の風　六つ太鼓　銘尽　迷惑さ　召され様　女郎（メラウ）　若し経　持ち様　物の具　物の本　諸果報　諸銘　八撥（ヤツバチ）　夜半過ぎ　破れ障子　遣り様　言（ゆ）ひ様　結烏帽子　湯風呂　許し状　横座　淀一番　淀辺　詠み様　読み様　蝋色　両牛　両介（スケ）　両袖　両輪　留守居　連銭葦毛　艪櫂　六道の辻　若い衆　若衆　若衆連れ　若党　脇座　脇正面　和御寮　和上臈　綿帽子　渡病死　和盗人　和坊主　我等体　居座　絵描き　会下傘　会下唐傘　餌食　叔父御様　伯父坊主　踊念仏　踊拍子　踊法華経　遠国方　遠国者

〈漢語サ変動詞〉　⇩一五九語

〈一字漢語＋す〉

愛す　案ず　臆す　害す　号す　講ず　吟ず　化す　丸ず　勘ず　感ず　観ず　禁ず　薫ず　激す　現ず　困（こう）ず　剋す　座す　生ず　招ず　誦す　乗ず　信ず　進ず　推す　制す　絶す　煎ず　奏す　損す　存ず　達す　談ず　着す　誅す　住す　陳ず　通ず　調ず　点ず　任ず　発す　秘す　服す　変ず　封（ほう）ず　報ず　満ず　慢ず　滅す　免ず　来す　領ず　利す　礼す　論ず

〈二字漢語＋す〉
悪口す　安堵す　引率す　御覧（らう）ず　覚悟す　加持す　恰好す　合戦す　合点す　堪忍す　看病す　気色す　狂気す　狂乱す　吟味す　供養ず　稽古す　下向す　怪我す　下知す　怪顛す　後悔す　御覧（ごらう・ごらん）ず　才覚す　済度す　宰烹す　懺悔す　相生ス　造作す　雑談す　参詣す　算用す　思案す　自害す　辞儀す　辞退す　失念す　賞翫す　成仏す　成就す　商売す　守護す　出現す　出仕す　出生す　出世す　出来す　思惟す　修行す　巡礼す　所望す　信仰す　斟酌す　進退す　酔狂す　推参す　推量す　修理す　成人す　成敗す　折檻す　切断す　奏聞す　訴訟す　対面す　大欲す　談合す　打擲す　聴聞す　仲人す　重宝す　通夜す　天上す　同心す　同道す　逗留す　拝領す　放廻す　贔屓す　秘計す　不審す　富貴す　分別す　返事す　奉公す　満足す　無即す　迷惑す　滅却す　養生す　約束す　遊山す　油断す　用心す　雷電す　利益す　離別す　留守す　恋慕す　往生す

〈三字漢語＋す〉
不奉公す

〈四字漢語＋す〉
右行左行す

〈漢語サ変動詞および漢語を含む動詞〉⇩七七語
案じ出だす　叡覧有る　御気遣ひ有る　御気遣ひなさる　御稽古なさる　御御覧（おごらう）じゃる　御通夜なさる　豪気ばる　御有る　御遊覧ある　御意なさる　興がる　御寝なる　御有る　御合力なさる　御感有る　御幸なる　御祈祷有る　御祈請候ふ　御下向有る　御座有る　御座候　御座なさる　御座る　御算用申す　御賞翫な

さる　御照覧有る　御赦免なさる　御出仕なさる　御成敗有る　御成敗なさる　御穿鑿なさる　御奏聞有る　御奏聞候　御存じ有る　御存じなさる　御談合なさる　御嘆じ候ふ　御馳走なさる　御寵愛なさる　御諚有る　御諚候ふ　御諚なさる　御同道なさる　御扶持有る　御扶持なさる　御分別なさる　御免有る　御免候（ごめんす）　御免なさる　御免なる　御問答（ごもんだひ）ある　御遊山なさる　御用赦ある　御来臨候　御来臨なさる　御覧有る　御覧候　御覧なさる　御綸言なさる　算用し直す　賞翫なる　熟致す　殊勝がる　成敗有る　笑止がる　同心有る　引き具す　不審がる　申し通ず　迷惑がる　迷惑なさる　問答ふ　用心なさる　落涙なさる　囉斎（ろさ）ふ　絵取る

〈漢語形容動詞〉⇩一三四語

阿呆気なり　阿呆なり　安全なり　一行たり　一定なり　一様なり　一興なり　一層なり　異なり　慇懃なり　有興なり　胡散なり　有徳なり　臆病なり　高値なり　峨々たり　肝要なり　気随なり　希代なり　奇特なり　軽忽なり　仰山なり　窮屈なり　綺麗なり　空腹なり　愚痴なり　愚鈍なり　過分なり　果報なり　緩怠なり　希有なり　結構なり　懸隔なり　慳貪なり　牛角なり　御窮屈なり　御器用なり　御息災なり　御比興なり　御無案内なり　御不興なり　御富貴なり　才覚なり　自由なり　自堕落なり　情強なり　上手なり　正直なり　若輩なり　殊勝なり　出なり　初心なり　冗談なり　辛苦なり　尋常なり　神秘なり　神妙なり　推参なり　笑止なり　寂々たり　善哉なり　千片たり　怱々なり　息災なり　粗忽なり　粗相なり　卒爾なり　大儀なり　大事なり　大切なり　大胆なり　沢山なり　達者なり　治定なり　重宝なり　調法なり　長遠なり　胴欲なり　徒然なり　鈍なり　暖気なり　繁盛（たり・なり）　贔屓偏頗なり　比興なり　貧なり　不案内なり　不覚なり　物狂なり　分限なり　不自由なり　不思議なり　不請なり　無精なり　不審なり　無道なり　不断なり　富貴栄華な

り　富貴なり　不審なり　不足なり　不調法なり　不敵なり　不念なり　無念なり　不便（憫）なり　不奉公なり　不用心なり　分明なり　別なり　偏頗なり　満足なり　満々たり　無念なり　無役なり　無用なり　無理なり　迷惑なり　妙なり　物怪なり　文盲なり　様なり　勇健なり　狼藉なり　楽なり　利根なり　律儀なり　利発なり　理不尽なり　慮外なり　聊爾なり　歴々たり　陸なり　横着なり

〈漢語和語複合形容動詞〉　⇩**一五語**

如何様なり　夷気なり　御軽忽なり　御息災なり　御利根なり　斯様なり　御座無げなり　小癪なり　然様なり　情強なり　息災さうなり　不請さうなり　不出来なり　不届きなり　不（無）嗜みなり

〈形容詞〉　⇩**二九語**

御面目無い　仰々しい　懈怠無い　御合点無い　御座無い　御存じ無い　子細無い　執心深い　正体無い　性らかし　熟柿臭い　是非無い　御存じ無い　御納受無い　御勿体無い　散じ易い　次第無い　情強い　大事無い　等閑無い　念無い　能無い　亡じ難い　分別らしい　変無い　面目無い　勿体無い　益体（やくたい）無い　様がましい

〈副詞〉　⇩**一九語**

一段と　一日一日と　有無に　早々に　散々に　自然に　次第次第に　次第に　是非とも　是非に　漸々に　総じて　道理で　直に　渺々と　別に　別して　本々に　楽々と

〈感嘆詞〉　⇩**三語**

愛宕白山　案内申（まう）　占（うら）や算

『論語抄』の場合

〈名詞〉⇩一一五語

空地　癒エ時分　如何様　一ノ巻　一升入リ　言ヒ損ジ　言ヒ様　家中　今様　殷人　鬱金（うこん）草　午ノ刻
裏築地　置キ字　置キ様　送リ句　御沙汰　大様　介毎（かいごと）　高名立テ　書キ様　学問好キ　学問友達
返リ点　斯様　九度目　聞き付け放題　聞き様　木地　匡人　公界事　下され様　国中　公方事　蔵奉行　君臣
共　下ノ巻　賢人共　孔氏（こううぢ）　答ヘ様　骨柄　五年目　造作好キ　指図　然様　三十升（よみ）　三章目
周人　下地　七入（しほ）　七百余人（よたり）　四丈前（さき）　十二度　示ス偏　仕様　精進屋　正直立テ　守護殿
主人方　諸侍　摺リ本　斉人　世界連レ　宋人　外塀　空狂人　大夫共　団子弓　地続殿　注共　陣取リ　陣取
リ様　衝立障子　敵方　弟子達　弟子共　手本　殿上人　田畠　科人　徒党立テ　問ヒ様　取リ様　為シ様　撫
デ様　何寸　何度　南人　何分　何篇　二十度　二升入リ　二千四百筋　二百筋　子ノ刻　八佾ノ舞　八箇月目
八十筋　八条目　坂東声　飛騨ノ工　孫弟子　視様　無欲立テ　持テ扱ヒ様　喪服　門人共　門弟子　夜討チ強
盗　四方（よほう）　両楹（ばしら）　和殿原　割リ様　割リ符　女中楽

〈漢語サ変動詞〉⇩五三一語

〈一字漢語＋す〉

愛ス　案ズ　揖ス　易ス　益ス　宴ズ　怨ズ　応ズ　解ス　害ス　降ズ　講ズ　学ス　嫁ス　合（がっ）ス　感ズ
掬ス　記ス　帰ス　期ス　窮ス　共ス　拱ス　恭ス　居ス　禁ズ　具ス　屈ス　会ス　化ス　和（くゎ）ス　灌ス
観ズ　訓ズ　群ズ　恵ス　敬ス　激ス　決ス　結ス　闕ス　献ズ　謙ズ　現ズ　減ズ　薨ズ　哭ス　斎ス　喪

ス　作ス　磋ス　座（坐）ス　察ス　散ズ　譏ス　臭ス　讐ス　死ス　侍ス　辞ス　失ス　床ス　賞ス　彰ス　生ズ　借ス　祝ス　熟ス　誦ス　卒（しゅっ）ス　称ス　證ス　乗ズ　食ス　蝕ス　処ス　序ス　信ズ　推ス　制ス　切ス　接ス　摂ス　節ス　撰ズ　僭ズ　奏ス　疏ス　損ズ　存ズ　対ス　体ス　泰ス　党ス　託ス　啄ス　琢ス　諾ス　儺ス　達ス　脱ス　嘆ズ　断ズ　弾ズ　談ズ　長ズ　着（著）ス　忠ス　注ス　住ス　寵ス　通ズ　朝ス　釣ス　点ズ　転ズ　同ズ　動ズ　度ス　難ズ　入ス　拝ス　倍ス　縛ス　発ス　罰ス　反ス　判ズ　比ス　評ス　貧ス　殯ス　封（ふう）ズ　服ス　復ス　府ス　文ス　聘ス　別ス　変ズ　奉ズ　封（ほう）ズ　報ズ　トス　飜ス　満ズ　慢ズ　命ズ　面ズ　黙ス　約ス　浴ス　欲ス　労ス　利ス　理ス　略ス　類ス　礼ス　烈ス　練ズ　録ス　論ズ　旺ズ　和ス

〈二字漢語＋す〉

挨拶ス　愛慕ス　愛養ス　阿党ス　安住ス　誘引ス　猶予ス　一源ス　一世ス　一梯ス　移動ス　揖譲ス　印可ス　隠居ス　飲酒ス　引導ス　運転ス　詠歌ス　悦喜ス　悦服ス　燕居ス　炎上ス　演説ス　応対ス　飲食（おんじき）ス　解説ス　開閉ス　解了ス　行歌ス　孝厚ス　講習ス　交接ス　交談ス　交通ス　降伏ス　高名ス　拷問ス　校量ス　覚悟ス　学習ス　覚知ス　学知ス　学問ス　餓死ス　家称ス　恰好ス　恰合（かふがふ）ス　合食ス　雁行ス　間然ス　感嘆ス　含蓄ス　感動ス　含容ス　九命ス　究明ス　記憶ス　毀傷ス　記誦ス　祈誓ス　義絶ス　起発ス　帰服ス　襁負ス　逆祀ス　恭敬ス　居住ス　挙用ス　許容ス　勤学ス　謹敬ス　具足ス　工夫ス　供奉ス　会合ス　会計ス　黄落ス　果断ス　過度ス　観検ス　観察ス　観知ス　貫通ス　看病ス　翫味ス　歓楽ス　群居ス　稽古ス　契当ス　経綸ス　経歴ス　教化ス　教訓ス　結構ス　潔斎ス　決断ス　決定（けつぢゃう）ス　玄隔ス　兼全ス　見知ス　元服ス　見聞ス　後悔ス　獄舎ス　互見ス　五代ス　五伝ス　御覧ズ　再興

ス　裁断ス　再拝ス　草案ス　荘王ス　相看ス　相会ス　相見ス　相殺ス　相生ス　早逝ス　相続ス　掃除（掃地）ス　相通ス　早朝ス　相伝ス　騒動ス　相和ス　相違ス　沙汰ス　嗟嘆ス　座列ス　懺悔ス　讒言ス　三匝ス　産生ス　讃嘆ス　参徳ス　三分ス　散乱ス　思案ス　祝言ス　修飾ス　愁嘆ス　周備ス　周流ス　識得ス　仕官ス　伺候ス　至極ス　辞謝ス　次第ス　辞退ス　自答ス　疾病ス　死亡ス　習学ス　自問ス　傷害ス　賞翫ス　成就ス　商量ス　謝答ス　修行ス　出仕（使）ス　出生ス　出入ス　出奔ス　出来ス　儒服ス　修理ス　循環ス　純熟ス　巡狩ス　誦習ス　証明ス　従容ス　庶幾ス　所望ス　自立ス　思慮ス　思惟ス　進益ス　尋繹ス　信仰ス　心喪ス　斟酌ス　辛労ス　振旅ス　推量ス　制作ス　成人ス　生長ス　成長ス　成敗ス　征伐ス　成立ス　逍遥ス　焼失ス　少知ス　赤面ス　折檻ス　切磋ス　摂政ス　絶寿ス　節奏ス　節分ス　瞻仰ス　先覚ス　穿鑿ス　僭上ス　戦慄ス　宗敬ス　奏者ス　増長ス　賊害ス　束帯ス　卒啄ス　損害ス　遜順ス　尊崇ス　尊重ス　退屈ス　大蒐ス　大食ス　大成ス　怠慢ス　対面ス　祷爾ス　淘汰ス　蕩滌ス　討論ス　答和ス　担荷ス　談合ス　断絶ス　談説ス　歎美ス　談論ス　知音ス　知解ス　致仕ス　治兵ス　暢茂ス　長養ス　着眼ス　寵愛ス　沈吟ス　陳法ス　沈面ス　陳列ス　定断ス　呈露ス　朝服ス　調宝ス　調和ス　超越ス　伝来ス　凍餓ス　東首ス　同心ス　投入ス　同腹ス　特立ス　南面ス　配当ス　敗亡ス　亡失ス　発動ス　発明ス　繁昌ス　反覆ス　万福ス　披糠ス　卑下ス　比方ス　評議ス　評判ス　評論ス　百拝ス　疲労ス　披露ス　擯出ス　撫案ス　奉行ス　服事ス　服従ス　服膺ス　腹立ス　不審ス　普請ス　扶持ス　富貴ス　物故ス　払底ス　分別ス　閉塞ス　聘問ス　変易ス　変改ス　弁知ス　変動ス　遍満ス　奉公ス　褒美ス　褒貶ス　輔相ス　翻雑ス　奔走ス　磨琢ス　摩滅ス　迷乱ス　命令ス　迷惑ス　問答ス　野合ス　約束ス　約諾ス　遺言ス　油断ス　由来ス　用意ス　用心ス　来朝ス　労苦ス　牢人ス　落尽ス　羅列ス　爛脱ス　流出ス　立身ス　了（領）解ス　領掌ス

利益ス　旅亡ス　愔惜ス　輪廻ス　料（了）簡ス　列参ス　恋慕ス　籠居ス　論説ス　横行ス　往反ス　和悦ス
和諧ス　和合ス　惑乱ス　和順ス　和成ス　和同ス　和楽ス　違背ス　違例ス　会得ス　円転ス　円満ス　温恭
ス

〈三字漢語＋す〉

不知行ス

〈四字漢語＋す〉

尅己復礼ス　積功塁徳ス　切磋琢磨ス　抱関撃拆ス　暴虎馮河ス　来々去々ス　論難決択ス　論難答述ス　和光
同塵ス

〈漢語サ変動詞及び漢語を含む動詞〉⇩二五語

相感ズ　愛次ス　相切磋ス　相接ス　相配匹ス　相類ス　射損ズ　兼ネ接ス　曲る　挙達申ス　御座有ル　御座
候フ　御座ル　彩色立ツ　彩色（さいし）ク　参会申ス　散ジ尽クス　生ジ屈ス　生ジ散ズ　制シ留ム　賊害シ損
ズ　蒔絵ス　見損ズ　喪服ス　略シ申ス

〈漢語形容動詞〉⇩一九語

磑々ト　磑々然ト　侃々ト　果然ト　莞爾ト　拳々ト　御違例気ナ　蹌々済々ト　除々ト　申々夭々ト　栖々
遑々ト　昭々然ト　忙々然ト　穆々ト　穆々然ト　勃如ト　蒙々ト　愉々ト　邐迤（りい）ト

〈漢語和語複合形容動詞〉⇩五語

胡乱気な　大義無ゲナ　何ト様ナ　引込ミ地ナ　非礼気ナ

〈形容詞〉⇩一三語

曲無い　結託シ難イ　御座無い　散ジ易イ　子細無イ　慈悲ガマシイ　慈悲深イ　絶シ易イ　是非無イ　恥辱ガマシイ　等閑無イ　美々シイ　勿体無イ

〈副詞〉⇩八語

案（あ・あん）の如ク　一度ニ　一切ニ　次第ニ　漸々ニ　摠ジテ　必トシテ　別シテ

おわりに

室町時代の三大口語資料すなわちキリシタン資料としての天草版平家物語、狂言詞章としての虎明本狂言、聞書抄物としての論語抄に見られる漢語と和語の混種語の品詞別実態から、天草版平家物語と虎明本狂言との二資料に見られる品詞別混種語の使用実態と論語抄との品詞別使用実態とに大きな違いがあることが分かる。

まず、名詞については混種語としての一語の取り扱いに関して、接辞の付いたものについてはかなり省略した点があるため、異なり語の使用数に三資料（天草版平家物語は一二六語、虎明本狂言は四七六語、論語抄は一一五語）に違いが見られるものの、キリスト教の布教活動に来日したポルトガルの人たちのために、日本語ならびに日本の歴史の教科書として当時の口語による問答形式で編まれた天草版平家物語と昔話や様々な社会的問題などを素材にして滑稽味豊かで風刺的に表現した対話劇の詞章としての虎明本狂言の二資料には、生活の様々な場面や素材に応じて造語された多様な名詞が豊富に見られるのに対し、漢籍の論語の講義の聞書きを基にまとめられた論語抄には当時の口語で書かれているとはいえ、そこで用いられた言葉、とりわけ名詞には原典に制約された多様性に欠くことばの使用が見られるのである。一方、漢語と和語との結合による混種語の動詞と形容動詞に関しては、名詞における三資料の使用状況とは逆の関係、すなわち天草版平家物語と虎明本狂言との二資料では混種語の形容動詞、取り分け漢語に断定の助動詞「な（なり）」を付した漢語形容動詞（天草版平家物語は五〇語、虎明本狂言は一三四語）が多く用いられているのに対し、論語抄では混種語の動詞、取り分け漢語にサ変動詞「す」を付した漢語サ変動詞（五三一語）が多用されていることを示しており、同じ口語資料といえどもそこには漢語の日本語の中における融合の程度すなわち漢語の日常語としての定着度の違いがあることを理解することができるのである。さらに、「束帯（ソクタ）ふ」「敵対（テキタ）ふ」（以上、天草版平家物語）「問答（モンダ）ふ」「囉斎（ロサ）ふ」（以上、虎明本狂言）「彩色（サイシ）く」（論語抄）など、漢語の末尾音を和語の動詞の活用語尾と合成させた語の使用なども漢語と和語との融合の深化を表すものとして注目される。

このように、室町時代の口語の世界における漢語と和語との多様な結びつきによって、多数の混種語が生み出されたと言えるのである。

注

語彙調査にあたっては、天草版平家物語は『天草版平家物語総索引』（近藤政美・伊藤一重・池村奈代美共編）、虎明本狂言は『大蔵虎明本狂言集総索引（1〜8）』（北原保雄他編）、論語抄は『論語抄の国語学的研究（研究・索引篇）』（坂詰力治編著）を使用した。

古辞書の誤字をめぐって
——倭玉篇諸本調査より——

鈴木功眞

一　はじめに

古典文学作品が書写により伝わってきたのと同様に、辞書も印刷技術が広まる以前は書写によって伝わっていたものである。辞書の中には『倭名類聚抄』のように編者が源順であると明らかになっているものもあるが、編者が未詳というものも少なくない。古い代表的なものでいえば、例えば『類聚名義抄』は編者が僧であること、原撰本は法相宗の僧の手になり、改編本は真言宗の僧の手になると推定されているが、それ以上のことは明らかになっていない。本稿で中心に取り上げる『倭玉篇』も編者、書写者が未詳のものが殆どである。

編者には、その辞書を編纂する何らかの意図があり、採録語に対する検索の便が図られているものであり、書写者にも書写するための欲求や改編に際する意図があったものと推定される。

一　『倭玉篇』の「𠹃」字の和訓

さて、具体的に稿者の関心の対象である『倭玉篇』は、掲出字が部首分類され、字音・和訓・漢文注が記されている。

例えば『倭玉篇』諸本のうち第四類本(イ)種と分類（注1）されている『米沢本』に次のようなものがある。

　㸚リ　マメ也（二二九「爻」部。部首番号と部首名で記す。）

掲出字「㸚」に対して音注「リ」、和訓「マメ也」と記されていることを意味している。そして、「㸚」字に対して『米沢本』と同様に和訓「マメ也」とするのは『判紙本』（注2）『伝紹益筆本』（いずれも『第四類本』(イ)種と分類されるものである）のみであって、他の『倭玉篇』諸本のみならず、調査した範囲ではこの三本以外では見られない和訓のようである。

問題は三本に見えるこの和訓「マメ也」の根拠が何であるかということになるが、それは、「㸚 二爻也」という漢文注が手がかりになるのではないかと考えている。つまり、漢数字の「二」をカタカナ「マ」の古い字体と、漢字「爻」をカタカナ「メ」と誤読（形態を半分のみに切り取ってしまった）して書写したのではないかと推定するのである。

この掲出字「㸚」に対する「二爻也」という漢文注は漢籍字書『説文解字』から始まるもののようである。具体的に示すと次の通りである。（注3）

　㸚　二爻也　凡㸚之属　皆从㸚（『説文解字』「㸚」部）

　㸚　力爾切　二爻也　又力計切（『大広益会玉篇』「㸚」部）

　㸚尓　布明白象形也（『広韻』上声紙韻力紙切）

　㸚　止也　系也（『広韻』去声霽韻郎計切）

また、同様の漢文注は『倭玉篇』諸本では『第四類本』のうち(イ)種本の天理図書館蔵八一三―イ七一、天理図書館蔵八一三―イ二二、(ロ)種本の国会本、長享本、静嘉堂本、龍門文庫完本、大東急文庫蔵一〇六―一―五の七本と『夢梅本』に見える。(注4)ただし、いずれも和訓はない。

この「マメ也」や漢文注以外の注としては次のものがある。

ツラナル……『玉篇要略集』、『第四類本』(ロ)種の天理図書館蔵八一三―イ三五

ウラナウ……『類字韻松井本』、『慶長十五年版』

マシフ　……『篇目次第』

なお、『倭玉篇』からは外れるが『字鏡鈔』（天文本）(注5)に「爻　シリ（マ、）マシフ」が見える。

この他、「爻」字が採録されているものの和訓等注記が記されていないものや、「爻」字そのものが採録されていないもの、「爻」字の排列される「爻」部や「爻」部のないものや、零本も当然ながら存する。

一度、「爻」字に就いてはここで措くとして、次に、もう少し範囲を広げて『倭玉篇』を観察する。

二　『倭玉篇』の諸本に就いて

右章では『倭玉篇』諸本の状況を示しておきながら、『倭玉篇』諸本の全体像、影響関係を示さずにいた。しかし、そのままでは諸本の中での位置付けを明らかにし得ないと判断したので、ここで改めて本稿で対象とする主要諸本の状

況を示しておきたい。

〔表〕は上から番号、資料名、刊写年、備考と示した。右から系統の関連性が考えられるものを排列しており、成立年次は無視した排列になっている。

以降、本稿の『倭玉篇』諸本は主にこの〔表〕の範囲を対象として示すこととする。資料名の列挙時に「・」と「／」とを併用するが、それは系統関係の近疎に対応して使い分けた。

〔表〕『倭玉篇』主要諸本一覧

番号	資料名	刊写年	備考
①	類字韻永禄本	1563	部首排列は『会玉篇』の系統。
②	慶長十五年版	1610	『慶長十五年版』は『類字韻永禄本』を基礎資料とする。
③	新編訓点略玉篇日大本		部首排列は『会玉篇』の系統。
④	弘治二年本	1556	『新編訓点略玉篇』を改編したもの。
⑤	音訓篇立		『世尊寺本字鏡』を抄出したもの。
⑥	拾篇目集		部首排列は独自のもの。

⑦	第四類本(イ)種　米沢本		部首排列は独自。(イ)種は他に九本現存。
⑧	〃　伝紹益筆本		
⑨	第四類本(ロ)種　静嘉堂本		同右。(ロ)種は他に十四本現存。
⑩	第四類本玉篇略　享禄五年本	1532	同右。玉篇略系は他に二本現存。
⑪	〃　天理三三		『天理三三』は天理図書館蔵八一三―イ三三である。
⑫	小玉篇（『落葉集』付載）	1598	掲出字や和訓が『第四類本』と関連性あり。
⑬	夢梅本	1605	『第四類本』との関連性が認められる。
⑭	篇目次第		部首排列は独自のもの。
⑮	古活字版		掲出字排列・和訓は『篇目次第』との関連。
⑯	玉篇要略集	1524	部首分類は『字鏡集』の系統

三　『倭玉篇』「巾」部の和訓より

次に『倭玉篇』諸本の中での誤字の状況をもう少し具体的に示したいので、ここで諸本の「巾」部により見てみる。まず、誤字とは何か、という点から、大きな問題が存する。例えば山田（一九七四）は『倭玉篇』の諸本の中で『第四類本』等一群のものに伝統和訓ではないものを記載することがあると詳細に論じている。本稿で採り上げるものの中でも、そのような「旧―新」の対立と認められる異なりもいくつか示す。

ここでは「巾」部を具体的に採り上げたい。「巾」部を採り上げた理由は、『倭玉篇』に先行する漢和辞書諸本で同様に採録のある部首だからである。ただし、「巾」部に採録する掲出字の範囲は諸本間でいくらか異なる。辞書それぞれの全体としての「繁―簡」といった分量差もあるが、典拠とした辞書の影響としての採否も認められる。例えば、「希」字は『大広益会玉篇』（以下、『会玉篇』とする）「巾」部に採録されないために、「巾」部に採録しないという諸本も存在するが、そのような場合、他部首で「希」字を参照するといった追補は行わなかった。

三・一　歴史的変遷で説明できる差異

では、具体的に『倭玉篇』諸本の和訓状況を示す。仮名遣いが多様であることとして「帚」字の和訓「ハウキ」が挙げられよう。

ハハキ……拾篇目集／米沢本・伝紹益筆本・玉篇略享禄本・天理三三／玉篇要略集

ハワキ……略玉篇日大本／静嘉堂本（「ハハキ」の後の語形）
ハウキ……類字韻永禄本・慶長十五年版・弘治二年本
ハフキ……古活字版（右「ハウキ」からの過剰修正か）

この「ハウキ」の場合、古語形「ハハキ」系と新語形「ハウキ」系に分かれ、かつ、それぞれが新語形「ハワキ」や過剰修正語形「ハフキ」を含んでいる。

四つ仮名の仮名遣いの乱れとしては「帞　スキン」（古活字版）が挙げられよう。この「ズキン」（私に濁点を補った）は『古活字版』の典拠である『篇目次第』に「頭巾也」とあることから夕行濁音の「ヅキン」が期待されるものであるが、サ行濁音の「スキン」としているのである。

また、同様に仮名遣い範囲での変化として「幪　コロモノホヲヒ」（古活字版）が挙げられる。この「コロモノホヲヒ」は『篇目次第』に「コロモノヲホヒ」とあることから「コロモノヲホヒ」が期待されるものであるが、「ヲ→ホ」の過剰修正が加わった「コロモノホヲヒ」としている。もしくは古活字版だけに「ホ↕ヲ」の誤植を想定すべきか。

オ段長音の開音が合音で記されたものとして「弔　トフロウ」（天理三三）が挙げられる。この「弔」字は『天理三三』と同じ第四類本で「トフラウ」もしくは「トブラウ」とあるもので、開音表記「トフラウ」から合音表記「トフロウ」になったものである。

活用形の終止形・連体形の合一化の反映として「帹　投也」（会玉篇）の和訓形「ナク」（篇目次第）と「ナグル」（慶長十五年版／夢梅本）の差異がある。この「ナク」と「ナグル」の場合、「ナゲル」とはなっていないことから二段動詞の一段化はまだ生じていないと言えよう。

逆に一段動詞を二段動詞化させた形で記しているものとして、「帥」字に記される「ヒキイル」が挙げられよう。

ヒキイル……弘治二年本／伝紹益筆本　（終止形）
ヒキイテ……類字韻永禄本・慶長十五年版　（連用形＋「テ」形）
ヒキウ　……類字韻永禄本　（二段化終止形）
ヒキウル……慶長十五年版・略玉篇日大本／天理三三（二段化連体形）
ヒキフ　……夢梅本　（二段化終止形ハ行化修正形）

この「ヒキイル」の場合、古典文法の一段動詞形「ヒキヰル」をア行音化させた「ヒキイル」の終止形や連用形＋「テ」形が見られる一方で、二段化させた終止形「ヒキウ」、連体形「ヒキウル」、また、そのハ行音化過剰修正「ヒキフ」が見られる。二段動詞の一段化が意識された上での、一段動詞の二段化、過剰なハ行音化という修正と見られ興味深い。

以上のものは、典拠が考えられ歴史的変遷で説明できる範囲での変化した和訓語形として考えて良さそうだと判断したものである。

三・二　典拠未詳の和訓

次に、和訓の典拠を確定し得ていないものを示す。

まず、『類字韻永禄本』・『慶長十五年版』に見えるものを挙げる。

幟 ハタジルシ（類字韻永禄本は濁点なし）

この「幟」の和訓としては、「ハタ」を『略玉篇日大本』・『弘治二年本』／『第四類本』諸本／『篇目次第』・『古活字版』が記し、「シルシ」は『音訓篇立』／『篇目次第』・『古活字版』に記すものであり、特に『篇目次第』・『古活字版』は「ハタ」も「シルシ」も記している。しかし、両書は「ハタ」と「シルシ」の間に改行や分かち書きが認められ、二語として記しているように思われる。その「幟」字に対して『類字韻永禄本』・『慶長十五年版』は一語としての「ハタジルシ」を記すのである。

『慶長十五年版』のみに見える和訓として、「帑 ノゴウ」が挙げられる。これは『新撰字鏡』・『世尊寺本字鏡』・『字鏡鈔天文本』にも採録されている掲出字であるが、典拠になりそうな和訓や漢文注が見られないものである。

次に『弘治二年本』と『伝紹益筆本』にのみ見える和訓を示す。（注6）

布 タカラ（両本とも）

この「布」字の和訓として諸本は「シク ヌノ アサヌノ ノフ ホトコス」などを採録するが、『弘治二年本』／『伝紹益筆本』には「タカラ」も採録している。漢文注でも典拠らしきものはなさそうである。

次は『米沢本』・『伝紹益筆本』・『享禄五年本』・『天理三三』に採録される和訓を示す。（『第四類本』のうち『静嘉堂本』には採録されていない。）

幨　ムマヨロイ

この「幨」字の和訓として諸本は「フクロ」を採録するのに対して、右記四本は「ムマヨロイ」も採録している。この典拠としては『会玉篇』など漢籍字書を始めとする漢文注「馬兜」が考えられそうである。「兜」字は和訓として「カブト」が通常考えられるが、「幨」字の和訓としては「カブト」ではなく「ムマヨロイ」となったのであろう。

『第四類本』五本にのみ採録される和訓を次に示す。

希　イタム　ハルカ（ナリ）（「ハルカ（ナリ）」は『静嘉堂本』には採録されない。）

「イタム」に就いては『世尊寺本字鏡』・『音訓篇立』に「タム」が見え、「タム」→「イタム」であろうかと考える。一方、「ハルカ（ナリ）」は典拠らしきものが想定しにくい。

他にも次のようなものが典拠を詳らかにし得ないものである。

帤　ノコウ（伝紹益筆本のみ）　幞　フクロ（享禄五年本のみ）

幗　イタム（天理三三のみ）　幗　イツクシキヌ（古活字版のみ）

幓　マタラマク（古活字版のみ）　幓　ハタノチ（古活字版のみ）

帮　モノコシ（篇目次第のみ。諸本は「モスソ」）

三・三　「巾」部和訓に見られる誤字

最後に、本稿の興味の中心である『倭玉篇』諸本の「巾」部和訓に見られた誤字を列挙する。列挙は、①仮名字体の近似による誤字、②何らかの類推で他義の語となったもの、③それ以外の誤字、と分類して示した。もっともこの分類は多分に恣意的である。

挙例は掲出字と誤字の和訓（掲載資料）←対応和訓の順に示したが、紙幅の都合で資料名はこれまでよりも省略した示し方とした。

①、仮名字体の近似による誤字

幔　マタラマク（略玉篇・弘治二）←マクラマク
幌　トヘリ（米沢）←トハリ
帉　ノコイヌク（米沢）←ノコイヌノ
𢅏　ヒタヱタレ（米沢）←シタスタレ
幣　ミチヒク（伝紹益）←ミテクラ
帳　タレヌイ（静嘉堂）←タレヌノ
幃　タレヌイ（静嘉堂）←タレヌノ
幣　ミキクラ（享禄五）←ミテクラ
幘　モトユリ（天理三三）←モトユイ
𢁉　ヤスルカタチ（古活字）←ヤフルカタチ

幅　マリ（略玉篇）←マク
帯　カツカル（米沢）←アツカル
帋　アミ（米沢）←カミ
幠　ムル（伝紹益）←ハル
𢅏　ヒタユタレ（伝紹益）←シタスタレ
幘　モトユク（静嘉堂）←モトユイ
𢅏　シタスタン（静嘉堂）←シタスタレ
帯　アツマル（享禄五）←アツカル
豨　ヌル（篇目次第）←スル
幘　アサシ（玉篇要略）←カサル

②、何らかの類推で他義の語になったもの

𢅻　ヌノ（慶長十五）←ヌウ
幐　ユヒフクロ（略玉篇）←ヲヒフクロ

帔　カウ也（音訓篇立）←カウフリ　　市　ツヒニ（音訓篇立）←ツカイ
巾　カサナル（米沢・静嘉堂）←カザル　　飾　カサナル（米沢）←カザル
巾　タテノコイ（享禄五）←タナコイ　　帝　ミヤコ（天理三二）←ミカト
帛　ネリヌキ（享禄五・天理三二）←ネリキヌ　　幅　ハタナリ（古活字）←ハタハリ
幣　ニキル（玉篇要略）←ニキテ

③、それ以外の誤字

巾　ノビウ（類字韻）←ノゴウ　　帽　ボシ（略玉篇）←ボウシ
帙　コフロ（米沢・伝紹）←コフクロ　　幃　ラフ（伝紹益）←ノラフ
帙　カハコ（伝紹益）←カハコロモ　　幅　ハタ、（静嘉堂）←ハタハリ
帙　コノロ（享禄五）←コフクロ　　帙　コワロ（天理三二）←コフクロ

このように示すと、仮名字体の近似による誤字、何らかの類推により他義の語になったもの、それ以外の誤字が、それぞれ一定量存在していることが判るのではないかと思う。

そして、右①〜③に示した例数を資料ごとに算用数字で示すと次のようになる。

類字韻1例、慶長版1例、略玉篇4例、弘治本1例、音訓篇2例、拾篇目0例、米沢本8例、伝紹益6例、静嘉堂6例、享禄五5例、天理三4例、小玉篇0例、夢梅本0例、篇目次1例、古活字2例、要略集2例。

この例数は漢和辞書『倭玉篇』の中でも「巾」部という限定した中での状況ということになるが、『米沢本』から『天理三三』までの『第四類本』での例数が四～八語とやや目立つこと、出版された『慶長十五年版』、『小玉篇』、『夢梅本』が〇～一例であるのに対して、同じく出版された『古活字版』は二例の誤りが見られること、また、写本の中で『類字韻』、『弘治二年本』、『拾篇目集』、『篇目次第』は少数例に留まることが傾向として指摘できよう。特に『米沢本』と『伝紹益筆本』は本稿冒頭の「㸚　マメ也」でも挙げた資料であるが、その資料を書写、作成する上での正確か否かの態度の反映ということになるかとも考える。

四　古辞書の誤字をめぐって

さて、ここまで、『倭玉篇』諸本の具体的対照から、特に誤字に焦点を当てて論じてきたが、この誤字の例数の多寡が気になるのである。具体的に古辞書以外の資料との比較方法を持ち合わせていないので、比べることが出来ないが、稿者としては多いのではないかという印象を抱く。そして、古辞書でなぜ誤字が多いのか、また、誤字のレベルも三・三項で示したように、①の「帋　カミ→アミ」や、②「巾　カザル→カサナル」のように全く別義が記されていたり、③「帽　ボウシ→ボシ」「帙　コフクロ→コワロ」のように意味をなさないものが記されることが辞書でなぜ起こるのかが気になるのである。

そこで、今一度、『倭玉篇』の構成を見返すと、これは漢和辞書であって、掲出字があり、それに対する字音、和訓、漢文注が記されるものである。掲出字は部首で分類され、各辞書が設定した何らかの原則により部首が排列され、各部首の下位として掲出字も排列されるのである。

この構成は、文学作品や記録類の資料とは大きく異なるように思う。なぜならば、辞書ではない諸資料の文章の中では、語は前後の語との関係や文脈を有する中で、その語の示す語義も相応に特定された状態で並んでいる。そして、もし不自然な語が選択されているとすれば、書写者や読み手によって再検討が行われ、各語が妥当な選択と排列を受けるのである。

辞書と辞書以外の文章との間でのその差が、大きいのではないだろうかと考えている。

つまり、古辞書の中の語は、前後の語との関係性や文脈が無い状態で排列されているために書写者や読み手による内省が利かない語の集合だということになる。そのために、ここまで示したような誤字が生じてしまうのであろう。

もっとも、三・三項で誤字和訓数を資料ごとに示しているが、出版されたものでは比較的少数に留まるとも言えよう。それは出版に際し、出版に携わる複数のものの点検や内省が利いた反映と見ることも出来よう。また、古辞書の中でも、例えば、源順編『倭名類聚抄』や昌住編『新撰字鏡』、東麓破衲編『下学集』などは具体的用例を多く引用しており内省が利いていることが手に取るように実感される。

そのようなことから、本稿で示してきたレベルの誤字は、写本『倭玉篇』のような辞書に限ったものであると捉えるべき事柄である可能性があることを述べておく。

注

（1）『倭玉篇』諸本は先行研究で分類が試みられており、川瀬（一九五五）による諸本の八分類のうち「第四類本」という呼称は現在まで続いている。稿者の考えている分類は次章の表に示すが、その中でも「第四類本」という呼称は用いている。

（2）『判紙本』は次章に示していないが、大東急記念文庫蔵本。函架番号は一〇六―一―六である。

（3）漢籍三種は稿者がこれまでの拙稿でも参照しているものである。鈴木（二〇一七）を参照。

（4）『倭玉篇』諸本の書誌情報は鈴木（二〇〇五・二〇一八）を参照。
なお、諸本による和訓調査は当然のことながら原典の閲覧によって成立している。複製本未刊行の貴重書に就いては、閲覧、複写を御許可くださった各所蔵機関にこの場を借りて改めて御礼申し上げたい。
（5）中田祝夫ほか（一九八二）『字鏡鈔 天文本』勉誠社。また、後述の『新撰字鏡』は京都大学文学部国語学国文学研究室編（一九六七）臨川書店を、『世尊寺本字鏡』は築島裕ほか（一九八〇）『古辞書音義集成』六、汲古書院を使用した。
（6）これは『弘治二年本』と『伝紹益筆本』との二本に何らかの参照関係を考えさせるものであるが、ここではその前後関係等に就いては措いておきたい。

引用文献

川瀬一馬（一九五五）『古辞書の研究』（川瀬一馬（一九六七）『増訂版』（雄松堂）による）
鈴木功眞（二〇〇五）「倭玉篇の研究」（平成十六年度博士論文要旨）日本大学国文学会『語文』一二二
――――（二〇一七）「〈研究ノート〉漢和辞書の部首排列史に就いて」日本大学国文学会『語文』一五七
――――（二〇一八）「夢梅本倭玉篇の和訓に就いて」東京学芸大学国語国文学会『学芸国語国文学』五〇
山田忠雄（一九七四）「古辞書の訓」『天理図書館「善本叢書」月報』十四（山田忠雄編『寿蔵録』一九九三年、三省堂所収）

近世旅日記にみる女性の漢字使用
――中村いと「伊勢詣の日記」を資料として――

永井悦子

一 はじめに

近年、女性史研究が進むにつれて、近世期女性の言語生活をうかがい知ることのできるさまざまな史料を手にすることができるようになった。その一つに女性の旅日記がある。芝(一九九二)、前田(二〇〇一)をはじめとする研究成果の蓄積により、その所在や資料の性質が明らかにされてきた(注1)。しかし、これらは女性史はじめ、交通・観光史、日本文学といった分野で論じられることが主で、現状では日本語史、言語生活史資料としてはほとんど活用されていないようである。柴(一九九二)をみると、女性旅日記の主な書き手は武家や町人層であるが、なかには大名夫人、歌人や俳人などもおり、階層もさまざまであることがわかる。また、地方にも多くの旅日記が残されており、作者の出身地域も多様で、その素性を詳細に知ることのできる書き手ばかりでもないようである。そのため、女性旅日記を言語資料として取り上げるには種々の留意が必要ではあろうが、近世期の女性が書き残した書き手の明確な自筆資料は豊富に残されているわけではない現状を鑑みれば、当時の言語生活を知る有効な資料になり得ると考えてよいのではないだろうか。

そこで小稿では、女性の手による旅日記の言語資料としての活用法を探る端緒として、まず旅日記の記述から当該期女性の文字使用の一面、特に漢字の使用実態について探っていくこととする。稿者はこれまで、近世期女性の言語生活、特にその書記行為の実態を明らかにするために、手習い教材や書簡文の手本の一つとして広まった女子用往来物、実際にやり取りされた書簡文について調査を行い、当時読み書きの力を修得する機会を得ることのできた女性町人層の文字使用、なかでも使用漢字の範囲や仮名字体の使用傾向について探ってきた(注2)。小稿では、これまでの調査で採取したデータとも比較しつつ、旅日記における漢字使用の傾向をみていくことにする。

地域や階層のさまざまな書き手の旅日記があるなかで、小稿では稿者がこれまで調査をしてきた往来物の受容者層に一致すると考えられる町人層の女性、中村いとが文政八(一八二五)年に二か月以上をかけて旅した道のりを記した「伊勢詣の日記」をとりあげることとする。調査資料としては、国立国会図書館所蔵「伊勢詣の日記」を使用する。解読の際には、片倉(一九九二)に収められている翻刻資料を参考にさせていただいた。

二　中村いと「伊勢詣の日記」について

二・一　筆者中村いとについて

筆者である中村いとは、江戸神田の商人中村弥惣兵衛の嫁である。一町人であるいとについて知る手掛かりは極めて少ないが、片倉(一九九二)、芝(二〇〇五)といった先学の研究を参考に以下、まとめておきたい。

いとが嫁した中村家は、代々「弥大夫」を名乗る御畳方御用達町人であり、富裕な商家であったことがうかがえる。南伝馬町名主、高野新右衛門直孝の残した「家譜下書」類、「日記抜書」を調査した片倉(一九九二)によると、いとが中村家の中村弥惣兵衛のもとへ嫁いだのは、文化二（一八〇五）年三月のことであること、さらにこの高野新右衛門直孝に嫁いだのが中村弥惣兵衛の妹はなであり、それがはな一五歳の時であることがわかるという。いとの生年は明らかになっていないが、はなの婚姻年齢や当時の女性の結婚時期から考え、いとも十代半ばで嫁いだとすると、その生年は一七九〇年以前となり、伊勢へ旅した文政八（一八二五）年頃に三十代半ばを過ぎていると推測される。

日記には、「年のそひ行にそひて　み子たちも多くて　手わさいとなみもしげければ　宮寺に詣するもこゝろにまかせす　少しも静にいとまある時は　名所図絵なといふ文くり返して　その所にあそふのおもひをなせり」（二丁オ）とあり、主婦として子育てなどに忙しい日々を送りながらも折を見て「名所図絵」といった書物を手に取るような生活を送っていることがわかる。また、日記本文にも歴史上の人物や文学作品に関する記述が散見され、当時の商家の内儀たちの教養がうかがえる。本資料からは、近世期の女性町人層のなかでも富裕で教養を身につける機会を得ていた女性たちの言語生活の一面を見出すことができると考えられる。

二・二　「伊勢詣の日記」について

「伊勢詣の日記」に描かれる旅は、文政八（一八二五）年三月一三日に始まる。本文の冒頭にこの日記の題材となる伊勢詣の旅に出るきっかけが記されている。それによれば、いとが夫である弥惣兵衛の妹はなの嫁ぎ先である高田屋を訪れていた折、矢田家に嫁いだはなの娘いくの姑みをから倅（いくの夫）市郎兵衛が伊勢太々講に参詣する旅の計画があり、みをからその旅に同行するよう勧められたとある。さらに記述をみていくと、旅には、遠戚である矢田市郎兵衛といくという若夫婦、いくの姑みを、いくの母はな、いとの五人に手代を含めて一〇名近くで出立したことがわかる。旅は、八一日間にもおよび、そのおおよそのルートをたどると、品川から神奈川、江之島、久能山、名古屋、桑名を経て伊勢へ、伊勢で旅の目的を果たした後さらに、奈良、吉野、高野山、大阪、明石、讃岐、宮島、須磨、大阪、京都をめぐり、最後には信濃の善光寺を参詣し、江戸に戻るという大がかりな旅であったことがわかる。日記本文は、旅立ちの経緯にはじまり、その後は旅程に沿って日付、天候、移動方法、訪問地での出来事、宿泊先等が綴られる。訪問地についての記述は、当地の情景や寺々の縁起等はもとより、芝居見物や買い物の際の同行者のふるまいや現地の人々の様子、その折々のいとの心情なども随所にちりばめられており、当時の旅の風情をうかがい知ることができる。

［例1］同廿日　快晴なり　皆々一同にいふ 是まて来りつれはさぬきへ渡り金毘羅参詣せむと云ふ さらは今夜より船に乗るべしとて昼のうちは角の芝居見物にとすゝめられて　桟敷かり皆々行　芝翫が名残狂言なりとて繁昌せり　芝居より帰り仕たくして船に乗て讃岐へと出舟す　雨降出して其夜は一里はかりも出たらんとおもふ（略）同廿二日　天気　風つよくして暫時《ザンジ》に十五里の海上をはしり　高波たちことの外風あらく船むつかしく舟にゑひるもの三四人もあれは明石の湊にとゞまる（三二オ・ウ）

［例2］石山寺といふもうべなり　紫式部の源氏物語書し硯なと云もありて　人にも見する宝物なり　まことなるやいなや（五三オ）

時には、［例1］のように大雨や船酔いなどに難儀した様子なども記されており、地名や出来事といった事柄の記述にとどまらず、その折々の風景や［例2］のような心情もつづられる。前田（二〇〇三：一一六―一一七）では、多くの女性旅日記は、「作者自身の形見」、また「後の人々への旅の指針」とすべく執筆されることが多いと指摘される。まさにいとの日記も訪問地や移動の道のりの情景、出来事といった旅で見聞した事実が特段、文章を飾り立てることもなく時系列に記されており、多くの読者を想定した「作品」というよりは「記録」としての色合いが強い。ただ、片倉（一九九二：五〇）では、日記上の記載と史実との齟齬があることから、日記をまとめるにあたって作為が加えられていると指摘（注2）されており、自らの記録や備忘のためだけでなく読者を意識して文章の内容や構成が整えられた可能性も否定はできない。本文中一六箇所に振り仮名が付されていることも読み手への配慮ととらえることもできる。また、日記本文に記載されている出来事を史実に照らすと、日記として完成した時期は、旅をした文政八（一八二五）年からほどを経た文政一三（一八三〇）年頃と推定されている（注3）。

三　漢字使用について

三・一　漢字使用数

まず、「伊勢詣の日記」に描かれた八一日間の旅の記録に使用された文字を文字種ごとに整理すると、以下の通りとなる。（括弧内の数値は総文字数に対する割合である）

漢字	五、七七三字	（三八・八三%）	※異なり　八一三字
仮名	八、九一一字	（六〇・三四%）	
符号類	一二二字	（〇・八三%）	
総文字数	一四、七六八字	（一〇〇・〇〇%）	

永井（二〇一四）で調査を行った近世期商家に生まれた女性（本居宣長母お勝）がしたためた書簡の場合、延べ漢字数一七一〇四字に対し、四五六字で、総文字数における漢字使用率は四九・〇％であった。書簡文は文体の特質上、漢字の使用率は高くはなるが、「候」「可」「被」など書簡文体に特有の字種が多用される傾向にあり、延べの漢字使用数に対し、使用漢字のバラエティが狭く、宣長母の書簡では上位一六字種で延べ使用率の五〇％を占めていた。それに対し旅日記は、日付や天気など決まって使用される字種がいくつかあるものの、本文に記載されることがらにバラエティがあるため、延べ字数に対する異なり字数の割合が高くなると考えられる。

また、男性の手になるものではあるが、紀行文「奥の細道」について前田（一九六六）でなされた漢字調査の結果をみると、総文字数一三八五一字中、延べ漢字数が四四三六字、異なり漢字数が一〇八一字、漢字使用率が三二・〇％とあり、使用率だけを見れば、いとの漢字使用が少なくないものだといえる。先にも述べた通り、ある程度、他者の目に触れることを想定して、漢字数が増加したとも考えられるが、振り仮名が付された漢字があることから、振り仮名を付した文字以外は自身の使用範囲にあり、想定する読み手にも通じる字種だと判断していたとも推測できる。

三・二　使用字種について

ことなり八一三字のうち、使用頻度上位一〇〇字を稿末に一覧にして掲げた。これら上位字種について検討してみたい。

次の［例3］は、江戸を出立した翌日の江の島参詣の記述である。この例文中に傍線を付したのは、本調査で使用頻度上位一〇〇字に含まれる字種である。日付、天候、地名等の固有名詞は、概ね漢字表記されている。また旅先の行動を記録するのに要用の動詞「立・出・休・詣・行・食・来」も漢字表記が用いられることがわかる。

［例3］　三月十四日　天気もよくて朝五つ頃立出　戸塚宿にて休らひ　江の島に詣て　岩本院に行て皆々中食なとして　御山めくりすはしめて来る人も多けれは　岩根ふみわたりてあそふ　此島へは若かりし時来りて　くはしくおかみ奉りしまゝ　人の行ぬあたりまても心にうかみていとたのし（後略）

さらに、この日記中に使用された異なり八一三字の特性を知るため、まず、稿者がこれまで調査をしてきた女子用往来物の実態とどの程度の重なりをみせるのか比較してみたい。【表1】で示した一五種の女子用往来物（注4）に使用された異なり一三五二字について、拙稿（二〇〇五）で行った「往来物基本漢字群」調査と同様の統計処理（注5）

【表1】女子用往来物（15種）における使用漢字数

時期	No.	往来物名	編著者	成立年	異なり漢字数	延べ漢字数（%）	総文字数
前期	1	女庭訓往来	一花堂	万治 2/1659	451	2231（20.2）	11063
	2	女初学文章	一花堂	万治 3/1660	90	901（13.1）	6863
	3	女筆往来	中川喜雲	万治頃/1660	221	985（22.0）	4486
	4	女用文章	源女	天和 2/1682	190	992（20.5）	4828
	5	女書翰初学抄	居初津奈	元禄 3/1690	413	1522（35.1）	4341
中期	6	女用文色紙染	田村よし尾	元文 3/1738	146	311（29.0）	1072
	7	女文台綾嚢	田中友水子	延享元/1744	387	1645（42.1）	3903
	8	女千載和訓文	文正堂	宝暦 9/1759	797	7869（42.0）	18719
	9	女用文章糸車	田中友水子	明和 9/1772	441	1813（34.7）	5220
	10	女文章宝鑑	沢井随山	安永 4/1775	526	4439（47.0）	9436
後期	11	女諸用文章	橘正敬	寛政 11/1799	652	6485（47.5）	13664
	12	婦人手紙之文言	十返舎一九	文政 3/1820	381	2449（39.4）	6223
	13	女文章大和錦	池田東籬亭	天保 6/1835	541	6315（40.6）	15566
	14	女雅俗要文	為永春水	弘化 3/1846	678	6262（41.0）	15280
	15	女中用文玉手箱	山東京山	嘉永 4/1851	416	2957（54.5）	5421
計					1352	47173（37.4）	126082

※備考欄の数値は振り仮名の数と漢字数に対する割合

【表2】往来物基本漢字との合致数

往来物基本漢字		「伊勢詣」使用漢字数
順位	漢字数	
1 ～ 100位	100字	96字
101 ～ 200位	104字	78字
201 ～ 300位	97字	67字
301 ～ 400位	102字	69字
401 ～ 500位	108字	60字
501 ～ 600位	94字	47字
601 ～ 700位	119字	35字
701 ～ 800位	94字	42字
801 ～ 900位	90字	33字
901 ～ 1000位	185字	28字
1001 ～ 1100位	98字	31字
1101 ～ 1200位	161字	58字
計	1352字	644字

を行い、基本度順位を付した。その結果と「伊勢詣の日記」中の八三一字を比べると、六四四字（七七・五％）が合致し、さらに【表2】に示す通り、往来物基本漢字順位の上位字種との合致率が非常に高く、筆者のいとが女子用往来物において使用頻度が高く、用字バラエティも豊かな、いわゆる女子用往来物の基本的な漢字群の字種を数多く用いていることが見てとれる。「伊勢詣の日記」上位二〇〇字種中、女子用往来使用字種と合致しなかったのは、「泊（六三）、峠（一一〇）、塔（一五七）、墓（一五八）、院（一六一）、額（一六四）、兵（一七八）、滝（一九五）」（括弧内の数値は「伊勢詣の日記」中の頻度順位）の八字のみであった。人名で使用されていた「兵」を除けば、寺院や宿、風景を記述するための字種であった。これまで稿者が調査してきた女子用往来物は、主に季節の挨拶や贈答の折に取り交わされる書簡類が収められているものであり、これらが合致をみなかったのは記述内容の違いによるものと考えられる。

　また、現在の常用漢字（二一三六字）と比較をすると、七一〇字（八五・四％）が合致し、上位二〇〇字までで合致しない字種は「此、云、々、廿、也、伊、輿」七字のみであった。「此」は代名詞「これ」、「也」は断定の助動詞「なり」というように、現代とは異なる近世期の文章表記の方法との関連がうかがえる。「輿」は旅の移動手段であった「駕輿」の表記に使用されている。さらに、時代を遡り、古代の基本文献四種（「古事記」「日本書紀」「風土記」「万葉集」）のうち三種以上に共通して使用されてきた古代文献の基本的漢字群（注6）一八〇四字と比較をすると、六六八字（八〇・四％）が合致することがわかった。それぞれの時代の文章様式やその書記法、当然ながら調査文献個々の表現内容に違いがあるにもかかわらず、現代の常用漢字表や古代文献の基本的字種群と八割以上合致することに注目したい。

小稿では紙幅の関係上、数種の漢字表との合致率のみの指摘にとどまり、どのような用字のバラエティを見せるのかについては、考察が及ばなかった。女性の旅日記類が日本語の書記史料としての価値を見出す上でも、改めて報告したい。

四　まとめ

わずかな調査ではあるが、女性の旅日記における文字使用の実態について右の通りいくつかの結果を得た。女子用往来物との合致率が高いことから、当時の町人女性の識字層が知りえた漢字群を推定するのに女性旅日記の言語生活史史料としての可能性を見いだせた。また、現代の常用漢字、古代基本漢字群との合致率の高さから、日本語表記史を探る上で示唆を与えてくれるであろう可能性も見いだせた。

小稿では、使用字種の数量的な調査を行うにとどまり、用字に関しては調査が及んでいない。漢字の使用法、さらに仮名字体や仮名遣い等、文字使用全般については、改めて報告をしたい。女性旅日記は、筆者の素性が明らかにしにくいものも多く、日本語史資料として定位しにくい面を含むが、小稿で見てきた通り、近世期のある層の識字レベル、さらに日本語の基本漢字群の史的変遷を知るために有効な資料となる可能性もある。まずは、小稿で報告した調査結果がいいという一個人の文字使用の実態であるのか、当時の女性旅日記全般に通じる傾向であるのか、さらに同種の史料について調査を重ね、女性旅日記の日本語史史料としての価値を探っていきたい。

注

(1)このほかに桂文庫編『江戸期おんな考』第一号―一五号(一九九四―二〇〇九)にも、多くの史料およびその解説が収められており、さまざまな書き手による旅日記の実態を知ることができる。

(2)稿者はこれまで、女子用往来の漢字や仮名字体について以下のような考察を行ってきた。拙稿同「女子用消息型往来における基本的漢字抽出の試み」(『計量国語学』二四-二　二〇〇三)、同「近世女子用往来における仮名字体」(『国語文字史の研究　九』和泉書院　二〇〇六)、同「女子用往来物における漢字使用の実態と傾向」(『早稲田日本語研究』一六　二〇〇七)、同「本居宣長母お勝書簡における漢字使用に関する考察―使用字種の傾向を中心に―」(『玉川大学リベラルアーツ学部研究紀要』七　二〇一三)

(3)片倉(一九九二:一五〇)では、江ノ島参詣の記事に旅をした文政八年以降の事実が記載されていることが指摘されている。

(4)表中にある「前期」「中期」「後期」の時代区分は、石川他(一九七三)において江戸時代における往来物の出版状況をもとに定めた区分けである。具体的な年代は、次の通りである。近世前期　慶長八(一六〇三)~元禄一六(一七〇三)年、近世中期　宝永元(一七〇四)~安永九(一七八〇)年、近世後期　天明元(一七八一)~慶応三(一八六七)年

(5)「往来物基本漢字群」調査は、一五種の女子用往来物で使用された各字種の「使用頻度」に加え、複数の往来物でも幅広く使用されているかという「共出現度」、さらに一つの字種が往来物においてどれくらい多くの種類の語を表記しうるかという「カバー率」をもとに統計処理を施し、一三五二字に対し順位付け(一位から一一九二位)を行ったものである。

(6)岩淵(一九七六)において示されている資料を使用させていただいた。

参考文献

石川謙・石川松太郎(一九七三)『日本教科書大系往来編　第十五巻　女子用』講談社
岩淵　匡(一九七六)「古代主要文献に共通する漢字について―漢字表」『学術研究　国語・国文学編』二五:　pp 87―103　早稲田大学教育会
片倉比佐子(一九九二)「女の史料(三)中村いと『伊勢詣の日記』」『江戸期おんな考』三:pp 133―150.　桂文庫

芝　桂子（一九九一）「近世女性の旅日記から—旅する女性たちの姿を追って—」『交通史研究』二七：pp 31—51.　交通史学会
芝　桂子（一九九七）『近世おんな旅日記』吉川弘文館
芝　桂子（二〇〇五）『近世の女旅日記事典』東京堂出版　：pp 111—135.　ぺりかん社
前田　淑（二〇〇三）「『近世女人の旅日記』の世界」『江戸文学』二八
前田富祺（一九六六）「『奥の細道』の漢字」『宮城学院女子大学研究論文集』二八：pp 59—89.　宮城学院女子大学紀要編集委員会
山本志乃（二〇一〇）「旅日記にみる近世末期の女性の旅」『国立歴史民俗博物館研究報告』一五五：pp 1—19.　国立歴史民俗博物館
山本光正（二〇〇三）「近世・近代の女性の旅について—納経帳と絵馬を中心に—」『国立歴史民俗博物館研究報告』一〇八：pp 165—181.　国立歴史民俗博物館

【表3】「伊勢詣」使用漢字一覧（頻度順100位まで）

順位	字種	頻度	往来物基本漢字順位
1	日	124	4
2	見	106	8
3	御	105	1
4	天	88	100
5	出	81	16
6	同	76	134
7	此	74	33
8	行	73	79
9	云	69	1072
10	山	65	18
11	人	64	9
12	大	61	15
13	十	59	113
14	気	58	26
15	々	54	3
15	三	54	41
17	処	47	387
18	五	46	36
18	二	46	55
18	立	46	31
21	詣	45	394
21	宿	45	353
23	事	43	6
24	神	42	50
24	廿	42	579
24	六	42	160
27	宮	40	155
27	中	40	20
29	雨	39	103
29	所	39	28
31	屋	37	215
31	船	37	622
31	名	37	69
34	夫	36	217
35	一	34	10
35	四	34	115
35	松	34	47
35	物	34	14
39	寺	33	273
39	七	33	95
41	居	31	130
41	子	31	7
43	上	30	11
44	休	29	726
44	石	29	424
46	本	28	89
47	多	27	222
48	社	26	524
48	八	26	93
48	明	26	39
48	里	26	371
52	参	25	70
52	島	25	432
54	皆	24	372
54	堂	24	642
56	手	23	13
56	川	23	162
56	渡	23	282
56	道	23	124
56	野	23	105
61	間	22	63
61	田	22	108
61	泊	22	
61	風	22	38
65	帰	21	292
65	戸	21	516
65	江	21	363
65	食	21	545
65	木	21	60
70	坂	20	791
70	来	20	78
72	女	19	77
72	丁	19	1193
74	景	18	814
74	高	18	359
74	是	18	181
74	路	18	213
78	井	17	303
78	時	17	32
78	茶	17	323
78	昼	17	726
78	波	17	511
83	下	16	17
83	家	16	59
83	岩	16	381
83	橋	16	737
83	原	16	573
83	城	16	1193
83	通	16	86
83	門	16	192
91	色	15	68
91	年	15	23
93	音	14	111
93	過	14	198
93	給	14	127
93	月	14	49
93	水	14	54
93	朝	14	82
93	也	14	752
93	夜	14	48

明治時代における「文意識」と近代文体

――二葉亭四迷『浮雲』を例に――

服部　隆

一

森岡（一九七二）は、明治時代における言文一致体の成立条件を以下のようにまとめる。

①　現代語の文法体系が確立していること。

②　文意識が確立していること。

③　読み手に対する待遇的配慮を去り、談話的性格の文章から記述的性格の文章へ移行していること。

本稿では、このうちの②「文意識」を考える視点を二葉亭四迷『浮雲』を例に検討する。

森岡（一九九一）は、「共通語とその変容」の結論において、さらにこの指摘を具体化する形で、修辞学や弁論術の旺盛な導入が、西洋の文章と思想の影響を当時の青年達にもたらした点に言及している。

西洋の文章と思想が日本人に与えた影響は大きく、その発想と論理は特に維新以後に教育を受け、専門を身に付けた青年達によって定着したと見られる。明治二十年以降に現れた言論はそれ以前のものと一線を画し、明治普通文であれ、口語文であれ、漢文・和文の型や枠から脱して自由で機微に亙る思想が自由な表現によって克明に叙述されている。

実をいうと、論理的な思考と表現の成長については、日本の伝統的な西鶴ばりの文体、つまり連句的な連鎖で文末の区切りの曖昧な文体と、センテンスを明確に区切って、気分でなく論理で連ねていく現代文体とを比較したかったが、紙数の関係で割愛した。近代の口語体が成立するためには、文意識の確立は重要な要件であって、ここにも西洋の論理と文法の影響があったことと思う。

（一三〇～一三一ページ）


言文一致体の成立過程を考えるうえで、この森岡の指摘は重要である。しかし、この「文意識」は、『浮雲』の中ではどのように模索され、どこに現れているのだろうか。

二

樺島（一九六一）は、「ある表現者のある言語作品が持つ文体は、表現者が行う表現の選択の結果として実現した言葉の特性である。」と文体を定義するとともに、その特性の原因を以下のように類型化する。

① 作者自身の持つ筆ぐせによる特性
② 作者の表現意図によってつくられた特性
③ 作品の内容あるいは叙述態度に伴って生ずる特性
④ 社会的に定められた、文章の目的内容と文章体との結び付きの慣例による特性

二葉亭四迷『浮雲』の場合、まず最初に確認しておきたいのは、その執筆時点においては、「言文一致体」が④に該当

しないという点である。無意識的な特性である①を除けば、二葉亭四迷は、②に該当する「言文一致体」で書くという表現意図を持ち、作中の場面ごとに描写・説明をどのように行うかという③に関わる工夫を凝らしながら、『浮雲』の文体を模索したことになる。

ただし、④に当たる模範となるものがなかったわけではない。

一体『浮雲』の文章は殆ど人真似なので、先づ第一回は三馬と饗庭さん（竹の舎）のと、八文字屋ものを真似て書いたのですよ。第二回はドストエフスキーと、ガンチヤロツフの筆意を摸して見たのであツて、第三回は全くドストエフスキーを真似たのです。稽古する考で、色々やツて見たんですね。（「作家苦心談」）

右の「作家苦心談」（明治三〇［一八九七］年）において四迷が回顧するとおり、「文意識」を形成する元となったのは、一篇は先行する日本文学、二・三篇はロシア文学の「筆意」であったと考えられる。さらに「言文一致体」で書くという表現意図に着目すれば、円朝の講談における語り口なども考慮する必要があるが、地の文に常体を採用したため、講談の語り口そのままを『浮雲』の文体に持ち込むことはできなかった。実際、数は少ないものの、文末辞に「だ・である」が用いられており、文語の用言も散見される。

二葉亭四迷は、「言文一致体」を意識的に採用したものの、その目標は、近代小説のための新文体の創造であった。小説が書き言葉である以上、「話すとおりに書く」ことだけでは『浮雲』における文体の到達点には至らなかった。しかしその到達点は、次の世代の作家達にとって参照すべき④の実践例として影響を与えることになる。

三

それでは、森岡（一九九一）の述べる「文意識」は、『浮雲』の場合、どのように捉えることができるのだろうか。筆者はこれをまず第一に、

Ⅰ a　クローズの述部ごとにセンテンスとして言い切るか否かを判断する意識
　 b　センテンスを置くテクスト全体の場の設定に関する意識

という a と b の間に生じる整合や不整合という関係の中で捉えたい。

このうち a は、展開していく言語表現、すなわちクローズ（節・叙述内容）を、述語に到達するごとに、センテンスとして、単文に区切るか、複文としてまとめるかという形で現れる。たとえば、例文1は、主人公文三の父の経歴を説明した部分で、二重傍線部「仕込む」が文末と判定されるが（注1）、文中に傍線を付した二つの「並列節ガ」が現れる。

【例文1】高い男と仮に名乗らせた男は本名を内海文三と言ツて静岡県の者で父親は旧幕府に仕へて俸禄を食だ者で有ツたが〈並列節ガ〉幕府倒れて王政古に復り時津風に靡かぬ民草もない明治の御世に成ツてからは旧里静岡に蟄居して暫らくは偸食の民となり（中略）次第次第に貯蓄の手薄になる所から足掻き出したが〈並列節ガ〉倦木から落ちた猿猴の身といふものは意久地の無い者で（中略）辛くして静岡藩の史生に住込みヤレ嬉しやと言ツた所が腰弁当の境界なかなか浮み上る程には参らぬがデモ感心には多も無い資本を吝まずして一子文三に学問を仕込む、〈文末〉

（一篇第二回）

このうち、最初の「並列節ガ」の述部「有ツたが」は、「者で有ツた。しかし」と二つのセンテンスに区切っても内容的には等価だが、ここでは、クローズ（並列節）の形で後に続けており、結果として父親の経歴という一つのトピックを長い一センテンスで処理する形を採っている（注2）。

文を言い切るにあたっては、句読法と描写・説明する内容の構造化のあり方がさしあたり問題となる。『浮雲』各篇各回の文の長さ（文長）については、表1に示したとおりだが、句読法の相違がある一・二篇と三篇の間ではなく、一篇と二・三篇の間に段差が存在する、すなわち句読法と文長が相関していない点が注意される（注3）。

阪倉（一九七五）は、「中国語が、断絶の意欲をよりつよく有する言語であるのと対蹠的に、日本語は、よりつよく連続の意欲を示す言語であるといわれる。（二七七ページ）」と述べ、前者を「閉じた表現」、後者を「開いた表現」と呼び、『今昔物語』『源氏物語』の文章を検討している。『浮雲』の場合、一篇は、例文1のとおり「開いた表現」の色彩が強く、和文的表現の影響を想定できるが、二・三篇においては、「あひゞき」初訳の数値から見ても、ロシア文学の影響が文長

表1　『浮雲』における文・段落の長さ

篇	文長	節長	段落長	会話文率	地の文数	節総数	文節数	段落数	会話文数
一篇合計	二〇・二	二・九	一〇三・六	二八・四%	三三八	二三三三	六八三九	六六	一三四
二篇合計	一四・八	二・八	四〇・一	二九・二%	五三六	二七八五	七九〇七	一九七	二二一
三篇合計	一五・六	二・九	五九・一	二三・四%	四五二	二三九九	七〇三七	一一九	一三八
あひゞき	一四・四	二・九	四八・〇						

注…服部（二〇一一）から抜粋のうえ情報を追加。なお、長さの単位は文節数。節・文節・段落の総数は地の文のみを対象とした。

に影響を与えていると考えるべきだろう。

四

一方、bのテクスト全体が置かれた場の設定に関する意識は、樺島（一九六一）の「② 作者の表現意図によってつくられた特性」に対応し、『浮雲』の場合は、「常体／敬体」、および「一人称小説／三人称小説」という「場」の設定に関する意識がこれに当たる。たとえば、『浮雲』では、テキスト全体を「常体」に設定するが、一篇においては、亀井（一九八三）が「無人称の語り手」と呼ぶ「自己顕示的」な語り手が作品を導くため、時に読者に対して「一所に這入ッて見よう（一篇一回）」などと勧誘表現を用いることがある。さらに例文2では敬体を使用しており、テキスト全体の語りを「常体」に設定したことと整合していない。

【例文2】茲にチト艶いた一条のお噺があるが之を記す前にチヨッピリ孫兵衛の長女お勢の小伝を伺ひませう〈文末〉（一篇二回）

このような「無人称の語り手」は、二篇後半以降から消去されていくが、語り手が主人公の内面に立ち入ることができるようになると、主人公の心理描写において「三人称小説」というテクスト全体の設定と文末表現が、新たな不整合を起こす場合がある。

【例文3】此「ガ」の先には如何な不了簡が竊まツてゐるかも知れぬと思へば文三畏ろしい〈文末〉、（二篇八回）
【例文4】それを無面目にも言破ツて立腹をさせて我から我他彼此の種子を蒔く……文三然うは為たく無い〈文末〉而して自分も安心したい〈文末〉、（二篇十一回）

話し言葉においては、感情形容詞・希望表現から成る述部は、その主体が一人称に制限されるため、三人称の主題・主格を通常立てることができない。しかし、二篇の例文3・4では、文三の心理描写を限定視点で行う必要が生じ、〈文末〉が非過去形であることも相俟って、落ち着きの悪い表現となっている。なおこの場合、主題の「ハ」でマークしにくいのか、主体の「文三」は無助詞で現れることが多い。

森岡の言う「文意識」の第一は、このようなセンテンスの展開と、それが展開するテクスト全体の場の設定を突き合わせ、整合させていく営みの中からまず生じるものであろう。文末表現に着目した言文一致体研究が、従来行われてきたのも、このような突き合わせの結果が、センテンスが言い切られる文末においてあらわになるためと考えられる。

五

それでは、感情・希望表現と同じく述部において選択される時制は、「文意識」とどう関わるのだろうか。

西洋の小説においては、地の文の語りにおいてテクスト全体の基調となる時制が存在するが、『浮雲』の時制表現では、篇ごとに相違が見られる。表2は、『浮雲』各篇の文末における時制選択の状況であるが、樺島・寿岳（一九六五）によれば近代小説百種の文末時制は、非過去形（現在形）比率の標準で十三％から四十七％の間に収まるとのことで、この数字を『浮雲』と比較するなら、二篇についてはこの範囲に収まるものの、一・三篇は標準より現在形の多い文章ということになる。

表2　文末の時制とアスペクト

	過去形	非過去形	その他	継続相
一篇合計	三一（一〇・四％）	一九九（六六・六％）	六九（二三・一％）	二一（七・〇％）
二篇合計	二〇三（四四・〇％）	一八一（三九・三％）	七七（一六・七％）	三五（七・六％）
三篇合計	一二四（三〇・〇％）	二〇一（四八・六％）	八九（二一・五％）	三〇（七・二％）
あひゞき	九九（八四・六％）	五（四・三％）	一三（一一・一％）	一一（九・四％）

注…会話文に流れ込む言い差しの文末は除く。服部（二〇一一）より抜粋のうえ情報を追加。

なお、『浮雲』第二篇と第三篇の間に四迷が『国民之友』に掲載したツルゲーネフの翻訳「あひゞき（初訳）」における数値も参考までに表2に挙げておいた。こちらは原文の時制を忠実に反映しているという指摘もあり（注4）、過去形を基調に文章が展開している。ロシア語原文の影響ではあるが、「あひゞき（初訳）」がテクスト全体の基調として一貫して過去形を選択しているのに対して、『浮雲』にはそのような作品全体を支配する時制は存在せず、篇ごとに時制選択の基調が切り替わることが分かる。

ただし、過去形の比率が四四・〇％と高い二篇においても、回ごとに見ると、その比率は二一・三％から七二・〇％の間で変動している。すなわち、語り手が出来事を描写・説明する際の表現態度、樺島（一九六一）の「③　作品の内容あるいは叙述態度に伴って生ずる特性」により時制表現が場面ごとに変化している。したがって、以下のⅡの関係が各場面において問題となると考えられる。

Ⅱ　c　語り手が主題と解説の形式を選択し、センテンスを生成していく意識
　　d　センテンスを配列する際に語り手が設定する描写・説明の視点に関する意識

Ⅱの相互関係は、主題の「ハ」の連鎖などに現れる文章展開の意識とも関係してくると考えられるが、いま時制表現に注目すれば、登場人物の行動や場面の状況を、解説（述部）の形式と描写の視点の関係からどのように行うかがまず問題になる。

工藤（一九九五）は、現代の三人称小説における地の文を、表3の三つの部分に分け、それぞれの時制・アスペクトの選択の在り方を詳述している（Ⅲ章）。

表3

外的出来事の提示部分	時間的前進性	主導時制は「シタ」形。
	時間的休止性	「スル・シテイル・シタ・シテイタ」により「以前・時・以後」を表現し分ける。
内的意識の提示部分		内的独白における「スル」形と描出話法における「シタ」形が視点の違いとして対立する。
解説部分		主導時制は「スル」形

右の指摘は、実は『浮雲』においてもかなりの程度実現していると考えられるが、「内的意識の提示」部分には異なる状況も見られる。そこで以下は、語り手の表現態度に注目しながらその異同を確認しておくことにしたい。

a　外的出来事の提示

まず時間的「前進性」、すなわち作中の出来事が次に「どうなるか」を叙事文的に描写する部分を見てみよう（注5）。

述部の品詞性は動詞が中心となり、『浮雲』の場合、一篇の例文5のように述部が非過去形の例、二篇の例文6のように過去形で列挙する例がこれに当たる。いずれも、センテンスの列挙される順に出来事が展開していくが、時制の選択において一篇と二篇は食い違っている。二篇の語り手が出来事と距離感を保って描写を行うのに対して、一篇では、先に述べた「無人称の語り手」が現場の間近で報告する視点を採ることが、時制の選択に影響を与えているものと考えられる。

【例文5】ガラガラと格子戸が開くガヤガヤと人声がする〈文末〉。ソリヤコソと文三がまづ起直ツて突胸をついた〈文末〉両手を杖に起んとしてはまた坐り坐らんとしてはまた起つ〈文末〉腰の蝶番は満足でも胸の蝶番が「（中略）」と離れ離れに成ツてゐるから急には起揚られぬ〈文末〉……（中略）と独言を言ひながら急足に二階を降りて奥坐舗へ立入る〈文末〉」

（一篇四回）

【例文6】文三は（中略）イエ其お嘶なら最う承りましたとも言兼ねて始めて聞くやうな面相をして耳を借してゐる〈従属文〉、（中略）モヂモヂしながらトウトウ二時間計りといふもの無間断に受けさせられた〈文末〉、その受賃といふ訳でも有るまいが帰り際になつて「（中略）」トいふから文三は喜びを述べた〈文末〉文三は狼狽てて告別の挨拶を做直ほして匆々に戸外へ立出でホツと一息溜息を吐いた〈文末〉

（二編九回）

一方、時間的「休止性」、すなわち出来事の現場でそこに「何があるか」を写し取る記述文的描写の場合は、述部の時制とアスペクト表現に変化が見られる。過去形の文末が多い二篇を中心に考えると、例文8のような情景描写においては、形容詞や「見える・有る」のような静的動詞が用いられ、時制は非過去が選択されている。

【例文8】桜杏桃李の雑木は老木稚木も押なべて一様に枯葉勝な立姿見るからがまづみすぼらしい〈文末〉、遠近の木間隠れに立つ山茶花の一本は枝一杯に花を持ツてはゐれど煢々《けいけい》として友欲し気に見える〈文末〉、楓は既に紅葉したのも有りまだしないのも有る〈文末〉、　（二篇七回）

ただし同じ場面の描写でも、「動的動詞＋テイル」を用いる場合は、過去形・非過去形の両者が現れる。たとえば、例文9は、「奥の間」の様子を間近から描写したもので、述部は「テイタ」が基調となっているが、語り手が主人公の視点から描写する際には、例文10のように非過去形の「テイル」が用いられることがある。

なお、「テイル・テイタ」の使用率は、表2の「継続相」に示したが、『浮雲』の各篇において大きな変動はなく、場面に応じて叙事と記述を選択しているものと考えられる。

【例文9】奥の間の障子を開けて見ると果して昇が遊に来てゐた〈文末〉、加之も傲然と火鉢の側に大胡坐をかいてゐた〈文末〉その傍にお勢がベツタリ坐ツて何かツベコベと端手なく囀ツてゐた〈文末〉、少年の議論家は素肌の上に上衣を羽織ツて仔細らしく首を傾げてふかし甘薯の皮を剥いて居、お政は囂々敷針箱を前に控へて覚束ない手振りでシヤツの綻を縫合はせてゐた〈文末〉」　（二篇九回）

【例文10】（前略）巡査は立止ツて不思議さうに文三の背長を眼分量に見積りてゐたがそれでも何とも言はずにまた彼方の方へと巡行して往ツた〈文末〉愕然として文三が夢の覚めたやうな面相をしてキヨロキヨロと

四辺を環視はして見れば何時の間にか靖国神社の華表際に鵠立でゐる〈文末〉、考へて見ると成程俎橋を渡ツて九段坂を上ツた覚えが微に残ツてゐる〈文末〉

（二篇九回）

b　内的意識の提示

以上のような記述的描写は、語り手が主人公の「内的意識」、すなわち感覚・感情を直接描写する表現に連続していく。三篇の例文11では、文三の行動を「駈戻ツた」と過去形で示したあと、彼の心理を「たまらぬ・腹が立つ」と非過去形で描写している。

【例文11】（前略）文三は既にお勢に窘められて憤然として部屋へ駈戻ツた〈文末〉。（中略）どう考へて見ても心外でたまらぬ〈文末〉。（中略）から強ち其計を怒ツた訳でもないが、只腹が立つ〈従属文〉、まだ何か他の事で、おそろしくお勢に欺むかれたやうな心地がして訳もなく腹が立つ〈文末〉。

（三篇十三回）

右の場合、「たまらなかった」と過去形で描写することも可能であるが、『浮雲』においては、非過去形の描写が基本となっている。二篇では、例文3「文三畏ろしい」のような三人称主題と述部の希望・感情表現の不整合が生じていたが、三篇では、「たまらぬ」の主体をセンテンス内に主題の形で明示せず、不整合を回避している（注6）。

一方「内的意識」の描写においても、その心内思惟を表現する場合は、記述文的描写ではなく、主人公の視点から見た他の人物や出来事を、説明文的あるいは論証文的に情報を操作しながら語ることになる。たとえば、例文12の第一段落は、文三の心内思惟と理解することができ、お勢に対して文三が取るべき行動を非過去形・疑問形を用いて論じている。ただし第二段落に入ると、「文三を措いて」と「文三」が対象化され、語り手による解説に表現が傾く。主人公の内面に立ち入った心内思惟の描写と語り手による状況説明が境目無くつながり、非過去形を基調としつつ、理由・条件表現、疑問表現を交えながら、文三の心内思惟を表現している。このように、語り手による「内的意識の提示」と「解説」には、一人称的な語りにより表現するという点で連続性が見られる（注7）。

【例文12】此儘にしては置けん〈文末〉。早く、手遅れにならんうちにお勢の眠つた本心を覚さなければならん、が、しかし誰かお勢のために此事に当らう〈文末〉？

見渡したところ、（中略）お政は彼の如く娘を愛する心は有りても、其道を知らんから、娘の道心を縊殺さうとしてゐながら、加之も得意顔でゐるほどゆゑ、固よりこれは妨になるばかり、たゞ文三のみは、愚昧ながらも、まだお勢よりは少しは智識も有り、経験も有れば、若しお勢の眼を覚ます者が必要なら、文三を措いて誰がならう〈文末〉？

（三篇十九回）

c　解説部分

なお、語り手による解説は過去形で行うことも可能だが、『浮雲』においては、例文13のように非過去形が基本となっている。実際、過去形の比率が全文末で四四％の二篇においても、例文13に見られる動詞の否定表現に限れば過去形の比率は四・三％にとどまる。これは否定形が、実際の出来事を描写する際よりも、登場人物の属性や出来事の背景を語り手が説明する場合に用いられやすいためと考えられる。同様の傾向は、形容詞述語にも見られる（過去形二・四％）。

【例文13】（前略）其代り日本の事情は皆無解らない〈文末〉日本の事情は皆無解らないが当人は一向苦にしない〈文末〉、啻苦にしないのみならず凡そ一切の事一切の物を「日本の」トさへ冠詞が附けば則ち鼻息でフムと吹飛ばして仕舞つて而して平気で済ましてゐる〈文末〉　（二篇八回）

また解説においては、名詞述語も必要となるが、その場合は、体言止めや「覚束なくも入塾させたは今より二年前の事で（一篇二回）」のような「デ止め」が用いられ、過去形・非過去形の時制選択が問題にならないことが多い。解説に「ダ・デアル」が用いられる例は、三篇に、「お勢は実に軽躁《かるはづみ》で有る。（三篇十六回）」）のような「デアル」三例、「お勢の澄ましやうは（中略）奥坐舗へツイとも云はず入ツて仕舞ツた。只それだけの事で有ツた。（三篇十四回）」のような「デアッタ」一例がわずかに見られるのみで、名詞述語の文末表現は、『浮雲』においてはいまだ確立していない。

六

以上、森岡（一九七二）が言文一致体の成立条件として挙げる「文意識」を『浮雲』を例に考えてきた。二節で引用した樺島（一九六二）の「表現者が行う表現の選択による特性」に従いながら大きく整理し直せば、おおよそ以下の表4のとおりとなろう。

表4

特性	項目		
a作者の表現意図によってつくられた特性の	範囲	『浮雲』全体	
	原因	理念としての言文一致体小説の文体	
	内容	常体、三人称視点	
b社会的に定められた文章の目的内容と文章体との結び付きの慣例による特性の	範囲	『浮雲』一篇	『浮雲』二・三篇
	原因	先行する日本文学の文体	ロシア文学の文体
	内容	文の長さ、基調となる時制	
c作品の内容あるいは叙述態度に伴って生ずる特性の	範囲	『浮雲』各場面における描写・説明の単位	
	原因	描写と説明の間、および語り手と作中の出来事・主人公との関係から選択された表現態度	
	内容	時制・アスペクト表現の切り替え、主人公の「ハ」による主題化	

従来の言文一致体の成立史においては、「文末形式の選択（ダ調・デス調・デアル調、など）」と「文末時制の選択（非過去形・過去形）」が問題とされることが多かった。このうち「文末形式の選択」はａの特性に関わり、『浮雲』は常体を選択したが、実際には「ダ・デアル」の使用例は少なく、体言止めや「デ」止めが多用される。これは、名詞述語においては時制が選択されないことを意味し、延いては文の長さを押し上げる効果ももたらしていると考えられる。一篇においては、ｂに示した先行する日本文学の文体の影響も考えられるであろう。

一方、「文末時制の選択」は、ｂに示したロシア文学の影響もあり、二篇以降、叙事的描写において過去形が基調となり、ｃのレベルでは記述的描写において「シテイタ・シテイル」が語り手と出来事の距離感から適宜使い分けられる傾向にあることが分かった。これは、工藤（一九九五）が指摘する現代小説における「外的出来事の提示部分」の「典型的語り」が『浮雲』においてもすでに行われていることを意味する。

ただし、主人公の感情・希望表現については、三人称の主体と非過去形が呼応する例が二篇に見られ、また感情・希望表現の主体をセンテンス内に明示せず、述部との不整合を回避する場合も多い。「文三は畏しかった。」というような過去形を用いた描出話法がまだ用いられないためで、aのレベルで三人称視点の枠組みを選択した『浮雲』は、cのレベルの主人公の内的意識の描写において、主題（～ハ／無表示）と解説の形式（非過去／過去）を整合させる方法をまだ十分には獲得していなかった、すなわち全体の結構と齟齬を来していたということになる。

また、名詞述語において文末形式が定まっていないため、「ノダ・ノデアル」のような説明表現も『浮雲』の文末には現れず、主人公の感情表現の描写において「文三は畏しいのである。」といった表現を取ることも可能となっていない。したがって今後は、最初期の言文一致体小説である『浮雲』において課題として残された、三人称小説における主人公の感覚・感情や心内思惟の描写に関して、明治二十年代から四十年代の小説を取り上げ精査する必要を感じる。その際には、文末の時制選択の問題だけでなく、それが助詞「ハ」による主題の連鎖や「ノダ・ノデアル」の使用とどう調和していくのかについても考えていくことにしたい。

注

（1）『浮雲』は、単行本として刊行された一・二篇には、句点が義務的には打たれておらず、一方、『都の花』に連載された第三篇には、句読点が施されている。そのため、一・二篇の文末は、岩波版『二葉亭四迷全集』を参考にしながら私に判定した。データ作成の詳細については、服部（二〇〇八）を参照していただきたいが、本稿の調査では、主人公の心中思惟も地の文に含めて扱っている点、注意されたい。なお引用に際しては、現行の字体に改め、振り仮名を適宜省略した。

（2）付言すれば、例文1の文末時制は非過去形だが、途中の「並列節ガ」は二箇所とも過去形となっている。本稿でも文末に着目し、時制選択のあり方を後述することになるが、センテンスのみならず、クローズ（従属節・並列節）も視野にいれた考察が、さらに必要となってくる。なお、本編におけるクローズの分類は、服部（二〇〇八）で用いた方法に従った。

（3）表1には、段落長についてもその平均値を掲げた。作品の冒頭と末尾の段落が際だって長いこと、一篇の文長が二・三篇の段落長に迫る長さであることが分かる。前者は、作品中における位置の影響とも考えられるが、後者については、現在一般的な「一つのトピックを一段落にまとめ、そのトピックを構成する命題が段落内の一センテンスに対応する」という書き方が成されていないためかと考えられる。すなわち、一篇において文の長さが長いのは、伝統的な文体の模倣や文末形式「だ・である」などの未成熟とともに、このようなトピックの構造化のあり方が理由として考えられるのかもしれない。

（4）コックリル（二〇一五）第一章「『あひゞき』初訳と改訳」を参照のこと。

（5）森岡（一九六九：三九六〜三九九ページ）による定義を摘記すれば以下のとおり。記述文：言葉によって、物質的・精神的なものを描写すること。思考のタイプからいうと、「何があるか」という疑問に答えること。叙事文：言葉によって、出来事を描写すること。「どうなる」という疑問に答えること。説明文：観念として対象を概括し、意味を固定すること。「何か」を理解させること。論証文：いまだ明瞭でない事実や原則に対して、それが事実であるか否かの証明を行なうもの。「なぜ」という疑問に答えること。

（6）なお「文三の心持では成らう事なら行けと勧めて貰ひ度かツた〈文末〉（二篇七回）」のように希望表現が過去形で現れる場合も二例あるが、これは文三の回想であり、その場の感情を描写したものではない。

（7）現代小説においても、工藤（一九九三）が「語り手の視点からの客観的＝外的視点と作中人物の視点からの主観的＝内的視点の二重化」として既に指摘している。

参考・引用文献

樺島忠夫（一九六一）「文体の変異について」（『国語国文』三十巻十一号）
樺島忠夫・寿岳章子（一九六五）「文体の統計的観察」（『文体の科学』綜芸社）
亀井秀雄（一九八三）『感性の変革』講談社
工藤真由美（一九九三）「小説の地の文のテンポラリティー」（言語学研究会編『ことばの科学6』むぎ書房）
――――（一九九五）『アスペクト・テンス体系とテクスト―現代日本語の時間の表現』（ひつじ書房）
コックリル浩子（二〇一五）『二葉亭四迷のロシア語翻訳　逐語訳の内実と文末詞の創出』法政大学出版局

阪倉篤義（一九七五）『文章と表現』角川書店
服部　隆（二〇〇八）「二葉亭四迷『浮雲』における文意識―節（Clause）を用いた文体分析の試み（一）―」（『上智大学国文学科紀要』二五号）
――――（二〇〇九）「二葉亭四迷『浮雲』における節の述部―節（Clause）を用いた文体分析の試み（二）―」（『上智大学国文学科紀要』二六号）
――――（二〇一一）「二葉亭四迷『あひゞき』初訳・改訳における文章展開―節（Clause）を用いた文体分析の試み（三）―」（『上智大学国文学科紀要』二八号）
――――（二〇一二）「嵯峨の屋おむろ「薄命のすゞ子」の「である」体―節（Clause）を用いた文体分析の試み（四）―」（『上智大学国文学科紀要』二九号）
ヴァインリヒ、ハラルト・脇阪豊他訳（一九八二）『時制論』紀伊國屋書店
二葉亭四迷（一八九七）「作家苦心談」（『新著月刊』二号。引用は、稲垣達郎・中村光夫監修『二葉亭四迷全集　第四巻』（一九八五年　筑摩書房）による。）
森岡健二（一九七二）『文学（下）（日本語の特色と変遷）』日本短波放送　昭和四七年度放送大学実験番組テキスト
――――（一九九一）『近代語の成立―文体編―』明治書院

『言海』『大言海』の外来語

倉島節尚

Ⅰ　はじめに

『言海』『大言海』の名は広く知られている。その『言海』を独力で編纂したのが大槻文彦（一八四七～一九二八）である。彼は一八四七（弘化四）年、今の新橋演舞場の近くで生まれた。父は仙台藩の儒学者大槻磐渓、祖父は蘭方医蘭学者大槻玄沢という学者の家系に育った。

文彦は幼いときから漢詩・漢文を学び、林大学頭の教えを受けた。満一五歳の一八六二（文久二）年に洋書調所に入学し、英語と数学を学んだ。洋書調所は江戸幕府が蕃書調所を改称して設置した洋学教育機関である。翌年、機構を改革して開成所と改称し、さらに六九年（明治二）には大学南校と改称して現在の東京大学の前身となった。

一家が仙台に移住したので文彦は藩校養賢堂の教員となり、六六年（慶応二）には仙台藩に命じられて横浜で英学を学び、さらに七〇年大学南校に入学して洋学を修めた。

一八七二（明治五）年、彼は文部省の一員となり、英和辞書や教科書の編集を命じられた。この英和辞書は完成しなかったが、この仕事を契機に、彼は辞書について深く考えるようになった。彼が二八歳になった七五年に新しい国語辞書の編集を命じられた。

『言海』の前付けにある「本書編纂の大意」の中で、彼はウェブスターのオクタボ版の編集方針を参考とし、近代の国語辞書として備えるべき五つの項目を掲げている。すなわち、「発音・語別・語原・語釈・出典」である。従来の我が国の節用集類や『和訓栞』『雅言集覧』などと西欧の辞書とを比較し、

「以上ノ五種ノ解アリテ、初メテ辞書ノ体ヲ成ストイフベシ」

と述べて、自らの辞書の基本方針としたのであった。しかし、これの実現は並大抵のことではなかった。

苦心の末ようやく新しい辞書の原稿を書き上げたのは一八八六（明治一九）年、着手してから一二年目、彼が四〇歳のときのことであった。

彼はでき上がった原稿を文部省に提出したのだが、その後なぜか出版について文部省から何の話もなかった。一八八八年になって文部省から呼び出しがあり、出頭すると、自費出版するなら原稿を下げ渡すと言われた。彼は原稿を受け取り、出版費の工面をして、一八九一（明治二四）年ようやく『言海』として全巻の自費出版を完了したのであった。

文彦が新しい時代に新しい国語辞典を作ろうと情熱を傾けた『言海』には、当時の日本語が記録されている。そこで本稿では、『言海』が項目として立てた外来語がどのようなものであるか確かめてみることにしたのである。更に『言海』の増補改訂版である『大言海』についても、同様に外来語について確かめてみようと思った。

かねてより『言海』『大言海』の外来語の語源の記述については疑問があるとされている項目があるが、本稿ではその妥当性についての検討は行わない。

Ⅱ　『言海』の外来語

一　『言海』の外来語調査

初版あるいはそれに近いもので調べたかったが、それができなかったので、所蔵する大正九年三月五日三八五版印刷発行の縮刷版一五二×一八二ミリメートル（ほぼＢ６版）を使用した。

初版と比べて誤記・誤植等の訂正はあったかもしれないが、見出し語の増減など、本稿で目指す調査結果に大きく影響するような改変はなかったものと思う（注１）。

凡例のうち外来語に関する記述は、

（一）此篇ニハ、古言、今言、雅言、方言、訛言、其他、漢語ヲ初トシテ、諸外國語モ、入リテ通用語トナレルハ、皆収メタリ。……

（九）和語、漢語、諸外國語ノ別ナク、スベテ、假名ニテ記シテ擧ゲタリ。……

（十六）洋語の「ウニコオル」（一角）「メエトル」（佛尺）「フウト」（英尺）ノ如キハ、「ウニコール」「メートル」「フート」ト記ス方、可《ヨ》カルベケレド、五十音外ノ音符アリテハ、假名ノ索引順序ヲ定ムルニ困ム、因テ、今ハ、假名ニ記セリ。

（卅九）語源ノ釋ハ、上下ニ〔　〕ヲ加ヘテ、語釋ト別テリ、而シテ、其原義ノ分明ナルハ掲ゲズ、又、或ハ究ムべカラザルモノ、推測ノ信ジ難キモノ、等ハ姑ク之ヲ闕ケリ。漢語ハ異常ナルモノノ外ハ釋セズ、其他、韓語、梵語、琉球語、蝦夷語、葡萄牙語、西班牙語、羅甸語、蘭語、佛語、英語等ハ皆釋セリ、原語ノ洋字等モ、索メ得タル限リハ擧ゲタリ、但シ、近古、西班牙人、葡萄牙人、蘭人等ノ傳ヘタルモノト覺シクテ、詳ナラザルハ、姑ク南蠻語、或ハ洋語ナドト記シ置ケリ。

とあるのみである。すべての語は仮名で見出しを書いてあるというのであるが、外来語は片仮名で書くとは記されていない。

しかし、実際に本文を見ると、平仮名の見出し語と片仮名の見出し語とがあり、その項の記述を見れば、明らかに片仮名の見出し語は外来語と考えていることがわかる。

また、巻末の「言海採収語　類別表」には外来語として、唐音語・梵語・韓語・琉球語・蝦夷語・葡萄牙語・西班牙語・南蠻語・洋語・羅甸語・蘭語・英語・佛語をあげている。混種語は別扱いになっている。

そこで本稿での調査は、片仮名見出しの語を本辞典での外来語と考えることにする。

基礎調査として、片仮名見出しの語の全数調査を行った。「アイゼン（愛染）」から「ヲシヤウ（和尚）」まで、混種語も含めて八二八語であった。

「言海採収語　類別表」では、外来語として挙げた語は五六三語、混種語は五八四語であるとする。筆者の調査結果と大きく食い違うが、なぜこれだけの差が出たのか、原因がわからない。『言海』の数え方と違うのだと思うが、数え方が書かれていないので不明である。

このような問題はあるが、本稿では、筆者の調査した資料に基づいて、『言海』の外来語を検討することとする。

二　原籍別

何語から入った語かという記述によって数えてみた。和語・漢語・梵語などとの混種語は除いた。原籍の妥当性の検討はしない。

多い順に並べると次のようになる。

梵語（八三語）　一語は「ナラム」

阿蘭陀語（八〇語）

英語（五〇語）　英語の訛とする語も含む

蝦夷語（一三語）「ナルベシ」「ナリト云」も含む

西班牙語（八語）　斯班牙語（二語）「ナルベシ」も含む

蠻語（九語）　すべて「ナラム」「ナラムト云」「ナリト云」

仏蘭西語（七語）

葡萄牙語（七語）　一語は「ナリト云」

羅甸語（五語）

百済語（四語）

朝鮮語（三語）

洋語（三語）　「ナラム」「ナラムト思ハル」

琉球語（三語）「ナラム」「ナリト云」
東印度語（二語）　一語は「ナリト云」
胡語（一語）
韓語（一語）
朝鮮語か梵語（一語）
朝鮮音の転（一語）
マレイ語（一語）
蒙古語（一語）
印度語（一語）
欧文の綴りが添えられているが原籍は記載されていない（二一語）
カタカナ見出しだが原籍の記述がない。あるいは明示していない。（一四三語）

梵語とオランダ語とする語が最も多い。梵語が多いのは、仏教関連の項目が多いことから当然と言える。オランダ語由来の語が多いのは、徳川幕府の鎖国政策中も、長崎の出島を通してオランダとは交易が続いており、ヨーロッパの文物がオランダを経由して日本にもたらされていたことを反映しているものと思われる。

ついで英語が多い。原籍を英語と記述している語五〇語のほかに、原籍を書いてないが明らかに英語と判断される欧文の綴りだけを与えている語、たとえば「ベロリン　(Berlin blue 洋青)」がある。

「蠻語」とする語があるが、凡例の（卌九）に「詳ナラザルハ、姑ク南蠻語、或ハ洋語ナドト記シ置ケリ」とあるように、具体的にどういう言語を指しているのか不明である。

本文に「蠻語」の項はなく、「蠻」「蠻人」「蠻族」「南蠻語」等の項目もないので、手掛かりがない。「南蠻」の項はあるが「（一）南方ノエビス」。（二）足利氏ノ末世ニ渡來セシ西洋人、殊ニ、葡萄牙人西班牙人ノ稱、多ク南方ノ呂宋亞瑪港邊ヨリ渡リシカバ名トス。（三）ソレヨリ轉ジテ其渡セル物事ニ被ラスル語。…」とする。やはり「蠻語」「南蠻語」の具体的なことは分からない。

「洋語」とするのは「カルメル（浮石糖）」で、「カバン（鞄）」は「洋語ナラム」、「テンプラ（天麩羅）」は「洋語ナラムト思ハル」と推測している。

「百済語」（コキシ　鞬吉支、コニオル、コニキシ、コニセシ）、「朝鮮語」（サシ、バツチ、リト　吏道・吏吐）、「韓語」（スギ　村）の別も、何を手懸りにして区別したのか記されていない。

「胡語（チャルメラ　哨吶）」の「胡」は中国で時代により北方の民族や西方の民族を指したので、どの民族の語をいっているのか不明である。

東印度語（アナナス　鳳梨、アンペラ）は、インド東部の言語だといっているのであろうが、印度の言語事情は複雑で、どの言語を指しているのか、これも不明である。

明治の初期にはまだ外来語に関する資料も乏しかったであろうから、やむを得ないこととは思う。

三　原籍の記述

何語とは記述していないが、いろいろと考えられる旨の記述がなされている項目も多い。例えば、「シチン（繻珍）」には〔唐音、七絲《シチン》緞ノ略、葡萄牙語 Setin. 佛語 Satin. 蘭語 Satijn〕と書かれている。「字ノ唐音」とする語は三〇語ほどあるので、これは中国語由来の語としているものと思われるが、ポルトガル語やフランス語オランダ語の綴りを添えてあるのは、何を意味しているのであろうか。

「字ノ唐音」とする語のなかにも、「字ノ唐音ノ転」「字ノ唐音ノ訛」とするものがあり、「字ノ唐音ナラム」と推定に留まっている語もある。

また、「宋音」「宋音ナラム」とする語もあるが、唐音と宋音の区別がどのようになされたのか、記述がないので不明である。試みに「唐音」の項を見ると「漢音ノ條ヲ見ヨ」とあるので漢音の項を見ると、漢音と呉音の説明に続けて「又、其後、世世ノ往來ニ因リテ、彼國人ノ當時《ソノトキ》ノママニ傳ヘタルヲ（宋、元、明ヲ分タズ）スベテ唐音トイフ」として語例をあげている。次に「宋音」の項を見ると「漢字ノ宋ノ世ノ音、高倉帝、承安以後、僧覺阿、入宋シ、僧明庵歸朝ノ頃ヨリ、宋國ノ字音ヲ傳ヘ、其後、宋ノ禪僧、多ク歸化シテ傳ハル、行《アン》脚、普請《シン》、下《ア》火《コ》ノ類、是レナリ。」とあって、漢音の条の記述といささか矛盾するところがある。敢えて言えば、承安以後に伝わった語を「宋音」としたというのであろうか。

「ナラム」のほかに「ナラムト云」「ナラムト思ハル」「ナリト云」「ナルベシ」「カト云」とする語もある。これは凡例の（卅九）に述べられていることと併せ考えれば、信頼に足る推測だと判断したものと思われる。

四　外来語と和語・漢語との混種語

最も多いのは梵語との混種語で、「梵語＋和語」が三七語、「梵語＋漢語」が六四語ある。

これは「カハラ（瓦）」「ソウ（僧）」「ブツ（佛）」「ホトケ（佛）」「ゼン（禪）」「ハチ（鉢）」や多くの仏教用語などを梵語起源の語としていることに依る。

その他の混種語はあまり多くはない。「蘭語＋漢語」が四語「カラクンてう（唐國鳥）」「ギヤマンせき（石）」「烟草盆」「ラシャめん（羅紗綿）」、「蘭語＋和語」二語「タバコいれ（烟草入）」「まきタバコ（巻烟草）」、「西班牙語＋和語」が三語「カッパかご（合羽籠）」「カッパざる」「シヤボンまめ（石鹸豆）」、「英語＋漢語」一語「ガスとう（瓦斯燈）」、「英語＋和語」一語「ドルばこ（弗匣）」である。

Ⅲ　『大言海』の外来語

大槻文彦は『言海』刊行後、自ら望んで改訂増補の作業を始めていた。改訂にあたっては、初版で割愛した記述を復活させたり、新たな項目を増補したりしている。彼は志半ばで一九二八（昭和三）年に没したが草稿を残しており、大久保初男が中心となって引き継ぎ、一九三二（昭和七）年から冨山房で刊行が始まった。

一　『大言海』の外来語調査

所蔵する昭和十六年八月二十日発行九十八版『大言海　第一巻』～同年八月三十日発行九十一版『大言海　第四巻』を使用した。

凡例のうち外来語に関する記述は、

（一）此篇ニハ、古言、今言、雅言、俗言、方言、訛言、其他、漢語ヲ初トシテ、諸外國語モ、入リテ通用語トナレルハ、皆収メタリ。……

（九）和語、漢語、諸外國語ノ別ナク、スベテ、假名ニテ記シテ擧ゲタリ。……

（十六）洋語の「ウニコオル」（一角）「メエトル」（佛尺）「フウト」（英尺）ノ如キハ、「ウニコール」「メートル」「フート」ト記ス方、可《ヨ》カルベケレド、五十音外ノ音符アリテハ、假名ノ索引順序ヲ定ムルニ困ム、因テ、今ハ、假名ニ記セリ。

（卌九）語源ノ釋ハ、上下ニ（　）ヲ加ヘテ、語釋ト別テリ、而シテ、其原義ノ分明ナルハ掲ゲズ、又、或ハ究ムベカラザルモノ、推測ノ信ジ難キモノ、等ハ姑ラク之ヲ闕ケリ。漢語ハ異常ナルモノノ外ハ釋セズ、其他、韓語、梵語、琉球語、蝦夷語、葡萄牙語、西班牙語、羅甸語、蘭語、佛語、英語、独語等ハ皆釋セリ、原語ノ洋字等モ、索メ得タル限リハ擧ゲタリ、但シ、近古、西班牙人、葡萄牙人、蘭人等ノ傳ヘタルモノト覺シクシテ、詳ナラザルハ、姑ラク南蠻語、或ハ洋語ナドト記シ置ケリ。

これらは二、三字句を加えたところがあるが、『言海』の凡例とほとんど同文である。

『言海』にはないが、『大言海』では「索引指南」のページが設けられており、そのなかで、

（十二）活字ノ用ヒ方ハ左ノ如シ、（スベテ引出ス言葉ニ就キテ云フ）

やま（山）**かは**（川）　此活字ナルハ和語ナリ

きん（金）てつ（鐵）　此活字ナルハ漢語（字ノ音ノ語）ナリ

アン（餡）パン（麵包）　此活字ナルハ唐音ノ語、其他ノ外國語ナリ

と記されており、外来語はカタカナで表記することが明示されている。

基礎調査として、片仮名見出しの語の全数調査を行った。「ア（阿）」から「ヲンドル」まで、混種語も含めて三三三七語であった。『言海』の四倍の量である。

二　原籍別

何語から入った語かという記述によって数えてみた。和語・漢語・梵語などとの混種語は除いた。

英語（五五一語）　ほかに英語・獨語、英語・イタリア語、英語・蘭語・獨語、英語・印度語として、判別していない語がある

梵語（二一一語）

蘭語（五四語）　ほかに蘭語・英語として、判別していない語がある

葡語（四六語）　ほかに葡語・蘭語、葡語・西班牙語、葡語・英語、葡語・西語・英語として、判別していない語がある

佛語（四二語）

宋音（三五語）

唐音（三〇語）　うち一語は天平の唐音とする

『言海』の条でも述べたように、唐音と宋音とをどのように区別したのか記述がない。「唐音」の項を見ると、「かん

おん（漢音）ノ條ヲ見ヨ」とある。そこで「漢音」の項を見ると、呉音と漢音の詳しい説明が書かれた後、「鎌倉時代トナリテ、支那ノ南宋朝ノ頃、彼此ノ禪僧、相往來シテ、彼國ノ語音ヲ傳ヘシハ宋音《ソウオン》ナリ。其後、元朝、明《ミン》朝、清朝ノ語音傳ハリ、（支那ノ語音ハ、時代ヲ追ヒテ變ズ）コレヲ統ベテ唐音《タウオン》ト云フ、在來ノ日本字音ト異ナル、唐土《カラ》（支那）ノ音ト云フ意ナリ、明、清ノ音ヲ儒者ハ華音《クワオン》（中華ノ音）ナドトモ云ヒキ。」とある。これによれば、南宋のころに伝わったのが宋音であり、それ以後の元・明・清のころ伝わったのが唐音だということになる。そうだとすれば、『大言海』では、その語の見られる文献の成立あるいは伝来した時代によって、宋音と唐音を区別したのだとも考えられる。

なお、「宋音」の項では、「漢字ノ宋ノ世ノ音。高倉天皇ノ承安以後、僧覺阿、入宋シテ歸朝シ、僧明庵、仁安三年入宋シテ歸朝ノ頃ヨリ、宋國ノ字音ヲ傳ヘ、其後、宋ノ禪僧、多ク歸化シテ傳ハル、行《アン》脚、普請《シン》、下火《アコ》ノ類、是レナリ。」とあり、これは『言海』での記述とほぼ同文である。

蝦夷語（一九語）　アイヌ語とどのように区別したのか不明
羅甸語（一五語）　ほかに羅語・葡語、羅甸語・葡語、希臘語・羅甸語・英語として、判別していない語がある
獨語（一〇語）　ほかに獨語・佛語、獨語・英語、獨語・羅甸語、獨語・英語・羅甸語として、判別していない語がある
朝鮮語（七語）　うち一語は朝鮮の古語とする
韓語（六語）
支那音（五語）
百済語（五語）
アイヌ語（四語）　蝦夷語とどのように区別したのか不明。本文の、「アイヌ」の項では「蝦夷語、人ノ義」とする

朝鮮音（四語）　朝鮮民族語ではなく、朝鮮漢字音の語だとしていると思われる
露語（四語）
伊太利亞語（三語）
馬來語（二語）マレイ語（一語）　ほかに馬來語・英語として、判別していない語がある
アラビア語（二語）
呉音（一語）
清音（一語）
胡語（一語）
南支那音（一語）
北京音（一語）
西班牙語（一語）ほかに西班牙語・葡語、西班牙語・葡語・英語・獨語、西班牙語・葡語・佛語、西班牙語・伊太利語として、判別していない語がある
西藏語（一語）
南洋語（一語）
蠻語（一語）
琉球語（一語）　カタカナ見出しになっている
印度語（一語）
沖縄語（一語）　琉球語とどのように区別したのか不明。沖縄も琉球も項目なし

樺太語（一語）　樺太アイヌの語か。樺太の項目なし

三　外来語の語源の記述例

カタカナ見出しで原籍に関する記述のない項目が若干ある。ことに地名・人名に由来する語は、地名やその人物についての記述はなされているが、何語とは書かれていない。

例えば、「百済」の項では、

〔百済《パクチョイ》ハ、貊人種ヨリ出ズ、朝鮮古語ニ山ヲたらト云フ、くたらハ貊山《パクタラ》ノ略ニテ、貊族國ノ意ナラム、〔金澤庄三郎説〕高勾麗《コクリ》を併セ見ヨ〕（筆者注、高勾《（ママ）》麗）

とある。そこで「高句麗」の項を見ると、「かうらい〔高麗〕ノ（一）ニ同じ。其條、幷ニ、三韓、むくりこくりノ條ヲ見ヨ」とあるので、「高麗」と「三韓」の項を見ると

カウライ　高麗〔らいハ呉音、禮《レイ》、禮拜《ライハイ》〕

さんかん　三韓〔韓《カラ》ノ條ヲ見ヨ〕

とある。「カラ　韓」の項では「から」が朝鮮の名称となった経緯を記述しているのみである。結局は金澤説を紹介して

いるにとどまっている。

地名ではない例として、「テラ　寺」を見てみよう。

〔刹《セツ》ノ字ノ朝鮮音ノChyöl.（禮拜ノ義）、又ハChör.（拜ノ義）ノ轉訛トモ云ヒ、又、巴利語《パアリ》ノ、Thera.（長老ノ義）ノ轉トモ云フ。寺《ジ》ノ字ハ梵語、Vihāra.（毘訶羅）ノ漢譯。寺ハ、モト官司ノ名ナリシガ、摩騰、泫蘭、初メテ支那ニ來リシ時、鴻臚寺ト云フ役所ニ館セシメシヨリ、僧居ヲ指シテ一般ニ寺ト云フニ至レリ。猶、刹《セツ》ノ條ノ語原ヲモ見ヨ〕

と詳しいが、「テラ」が何語に由来しているかは判別していない。

もう一例「ちゃぶだい（卓袱台）」の「チャブ　喫飯」の項を見てみよう。

〔ちゃぶハ、茶飯ノ支那音（Cha-fan）ノ訛カ、或ハ云フ、支那語、卓袱《チヤオフ》（Cho-fu）ノ訛カ、又、米國邊ニテ、支那料理ノコトヲちゃぷすい（Chop-suey）ト云フヨリ、轉ゼシナラムト云フ〕

原籍に諸説ある語はできるだけ多く紹介しようという方針と思われる。

原籍に関わって興味ある記述がみられる語がある。

①「トト　魚」

〔韃靼語ナリトモ云フ。或ハ魚ヲヒトヒトト數フルヨリ起ルト。墨荘漫錄（宋、張邦基）「呉中魚市以レ斗計」ト見エタリ」

もし、「ヒトヒトト數フルヨリ起ル」に従うならば、外来語ではなくなる。

②「ワンパ　忘八・王八」

〔支那ニテハ、鼈《スッポン》ハ孝、悌、忠、信、仁、義、廉、恥ノ八徳ヲ忘レタルモノト傳ヘラレテ、忘八《ワンパ》ト云フ、又、同國ニテハ、王《ワン》姓多キ故ニ、王某忘八ト悪口シタル者アリテ、遂ニ王《ワン》八ト呼ビ、侮蔑ノ稱トナレリ、サレドモ鼈ヲ云フガ専ラナリト云フ、又、明代ノ小説家ハ、忘八ヲ以テ、以上ノ八徳ヲ忘レタル者ノ意ニ用ヰシヨリ、本邦ニテハ、遊女屋ノ主人くつわノ當字ニ用ヰル」

とあって、その妥当性は別として実に詳しい。当今では遊女町・遊女屋の異名の「くつわ」という語自体が忘れられている。

③「ハオリ　羽織」

〔羽織ハ借字ナリ。元来、此語ハ、支那南方ノ語ニ、甲ヲかぶ（被）ト云ヒ、上ヨリ覆フノ義、即チかぶるコト。又、韓語ニ甲ヲかぶとト云フ、かぶハ被ル義、とハ衣服ノ意ナリト。又、同韓語ニ、放ヲはふるト云フ、物ヲ投ゲカクル意ナリ。其かぶるトはふるトヲ、同一義ニ用ヰテ被《ハフ》るヲ名詞形ニはふりト云ヒ、轉ジテ、はおりトナリタルナリ」

編者が「羽織」の語源を探索して得たものを細かく書き記しているが、現在では、この説をとる国語辞典は見当らないし、「羽織」を外来語とする辞書もないようだ。

④「ブタ　豚」

〔南洋語ノ腿《モモ》ノ義。馬來《マレイ》語、べちす。すんだ（Sunda）語、びちす。暹羅《シャム》語、ばち。支那人、此語ヲ本邦ニ入レタリトオボユ。サルハ、豚ノ腿ヲ燻製シタルモノヲ、臘乾《ラカン》（廣東音ナルベシ）ト云ヒ、其品渡來シテぶたト呼ビ、後ニ其獣ノ渡リテ、名ノ移レリト考フ。サル理《コトワリ》ノアルベキハ、きさ（象）ハ、初、象牙ノ渡リテ牙ニ標《キサ》アルヨリ　名トシ、遂に獣名ニ移レリ。うめ（梅）モ、初、梅干《ウメボシ》ニテ渡リ、烏梅《ウメ》ト　呼ビシガ、生ナル種《タネ》ノ渡來シテ植ヱテ成長シ、遂に樹名ニナレリ。コレラト同趣ナルベシ。沖縄ニテ豚ヲうわァト云ヒ、朝鮮ニテ、とやぢいト云フ。或ハ云フ、……〕

この後さらに豚について、右と同じくらいの字数を費やして述べている。しかし、現在の国語辞典で、右の説を採用しているものはない（語源説として付記している辞書はある）。

考古学の分野では、弥生時代の遺跡から猪とは別に豚の骨が出た例があり、家畜化されていた可能性があるという論文（注2）があるそうだが、筆者は未読である。

⑤「オテンバ　於轉婆」

〔蘭語、Ontembaar.〕女ノ、デスギタルモノ。タシナミナキ女。アバズレモノ。オキャン。輕佻女　不羞女　てんばノ條ヲ見ヨ。

とある。「テンバ　轉婆」の項には、

〔此語、古來、佛蘭西語ナリト云ヒ、又、顛場ナリト云ヒ、又、天馬ナリト云ヒ、又、傳播ノ意義ノ變轉シタルモノナリト云フガ、皆アラズ、蘭語ニゾアル〕

と述べて蘭語と断じている。

⑥「ミソ　味醤・味噌」

〔韓語ナリ、東雅「宋ノ孫穆ノ鶏林類事ニ、醤ヲ蜜祖《ミソ》ト云フ」トアリ、今モ然リ、倭名抄ニ、高麗醤ノ稱アリ、證トスベシ、同書に、末醤《マツシヤウ》ヲ未醤《ミシヤウ》ト誤マレリトノ説、或ハ、唐僧、鑑眞《カンジン》、嘗メテ未曾有ト稱シタルニ起ルナド云フ、皆

附會ナリ〕

と述べて、「韓語ナリ」と言い切っている。

正倉院文書にも味噌に関する記述があるということから、かなり古く大陸から伝えられた調味料であろうが、現在の辞書で韓語説を採用しているものはない。（語源説として付記している辞書はある）

四　外来語と和語・漢語との混種語

原籍が明記されている混種語のみを取り上げる。

「梵語＋漢語」「漢語＋梵語」五三八語　「梵語＋漢語＋梵語」（佛法僧）、「梵語＋漢語＋梵語＋漢語」（佛法僧鳥）などというのもある。

「梵語＋和語」「和語＋梵語」一九九語

「梵語＋漢語＋和語」三四語

「英語＋和語」「和語＋英語」一六語

「英語＋漢語」「漢語＋英語」三一語

「韓語＋和語」「和語＋韓語」二五語

「漢語＋韓語」一一語

「葡語＋漢語」「漢語＋葡語」八語

「葡語＋和語」「和語＋葡語」一八語

「西班牙語＋和語」「和語＋西班牙語」一八語
「西班牙語＋漢語」三語
「蝦夷語＋和語」「和語＋蝦夷語」八語
「蘭語＋漢語」三語
「蘭語＋和語」「和語＋蘭語」四語
「漢語＋独語」七語
「羅甸語＋漢語」「漢語＋羅甸語」五語
「仏語＋漢語」一語
「仏語＋和語」二語
「マレイ語＋漢語」二語
「南洋語＋和語」一語
「和語＋洋語」一語
「アラビア語＋漢語」一語
「印度語＋和語」一語

このほかに、「字の宋音」「字の唐音」と和語・漢語との混種語もあるが、これらはいわば漢語＋和語、漢語＋漢語と同趣の語と考えてここでは数えなかった。

梵語を含む混種語が断然多いのは、かなりの数の仏教用語が梵語由来として外来語扱いになっており、「僧」「佛」「鉢」などが梵語として混種語を構成しているからである。

英語は外来語としては多いが、混種語はあまり多くはない。

意外に思う混種語に次の二語がある。

①「でシャバる　出娑張る」

「出る＋娑婆」の動詞化と考えているようだ。「でしゃばる」の「しゃば」が「娑婆」とすることについての説明はない。

②「ふシダラ」

「シダラナキコト。行事《シワザ》ノ検束《トリシマリ》ナキコト。」とする。「シダラ」の項を見ると、「行事《シワザ》ノ検束《トリシマリ》。始末（多ク反語ヲ添フ）」として「シダラうつ」の項を見よとする。「シダラうつ」の項では

〔しだらハ、梵語、修多羅ナルカ、秩序、紀律ノ義（轉ジテ、經典ノ事トモナル）〕調子ヲ整ヘテ打ツ意ニテソレヲ、烈シク打ツニ云フナルベシ。しだらでん（震動雷電）ト云フ語ハ、したら打《ウチ》ノ略轉ナルベク、しだらガナイ、不しだらト云フハ、紀律ナキ義ニ云フナリ。

とあって、「ふしだら」を梵語との混種語と見ている。

Ⅳ　むすび

一見して外来語は『大言海』の方が圧倒的に多い。

『言海』では外来語の採録は控えめに行われている。明治の初年においては、まだ欧米からの外来語はそれほど多くはなかったであろうし、『言海』の「本書編纂の大意」に、

（七）近年、洋書翻譯ノ事、盛ニ起リテヨリ凡百ノ西洋語、率テ譯スルニ漢語ヲ以テセリ、是ニ於テ、新出ノ漢字譯語甚ダ多シ、然レドモ、其學術専門語ノ高尚ナルモノハ収メズ、普通ノ語ニ至リテモ、學者ノ譯出新造ノ文字、甲乙區區ニシテ、未ダ一定セザルモノ多シ、故ニ是等ノ語モ、篇中ニ収メタル所、甚ダ多カラズ、應ニ後日一定ノ時ヲ待ツベシ、其他新官衙、職制等ノ、倏忽ニ廢置變更セルモノ、亦然リ、

と述べているように、新漢語等は定着するのを待つ方針であるので、外来語も急いで採録することはなかったのであろう。

『大言海』は『言海』のおよそ四〇年後の刊行である。この間に英語をはじめとして外来語がふえていたことが考えられる。また、『言海』の時には大冊になることを避けるための制約があったが、『大言海』ではその制約は緩み、ページ数も格段に増えて収録語彙の増補が可能になったので、外来語及び外来語を含む混種語も増加したものと思われる。『大言海』の記す原籍や語源については疑義のある語も多いことが言われているが、資料を博捜して解明しようと努力した姿勢は十分に読み取れる。

本稿では、『言海』と『大言海』に見出し語として収録された外来語について、主に原籍はどこと著者が判断しているかというところに視点を置いて述べたが、充分な分析はできておらず、報告のレベルにとどまっている。引き続き、もう少し踏み込んだ考察を行いたいと考えている。

余滴

本稿では原則として、外来語の語釈については述べていない。外来語の語釈には興味深いものがあるので、その二、三を書き記しておくことにする。文字通りの余滴である。

アイスクリイム　氷菓子〔英語、Ice-cream.〕（一）西洋ノ製法ヲ傳ヘタルモノナリ、鍋ニ牛乳ヲ入レ、香料ト砂糖を加ヘテ、火ニ湧カシ、他ノ鍋ニ、鶏卵ノ黄身ヲ擦リツブシ、ソレニ、湧カシタル牛乳ヲ、少シヅツ注ギ込ミテ、混ゼアハセ、漉シテ冷水ニ浸シ、其汁ヲ、鑵ニ移シテ、桶ノ中ニ入レ、桶側ト鑵トノ間ニ氷ト食鹽トヲ詰メ、鑵ノ上部ヲ持チテ、急速ニ廻轉シ、時時、篦ニテ掻きマゼテ、凝結セシム。

材料から容器、製法までを実に詳しく書かれている。実は筆者の実家にこの容器があり、子どものころ兄と二人でハンドルを回し鑵を回転させてアイスクリームを作ったことがあり、懐かしい。

サンタクロオス　〔英語、Santa Claus.〕歐米ノ俗説ニ、耶蘇降誕祭ノ前夜、煙突ヨリ下リ來リテ、兒女ノ沓、又ハ沓下ノ中ニ、種種ノ贈物ヲ入レテ去ルト云フ、不思議ナル老人ノ稱。

わが国では明治時代にも知人に祝いの品を贈ったり、子どもや使用人に褒美などを与えたりすることはあり、恵まれない人に施すという行為はあったが、見ず知らずの子供に贈物を配って歩く人物はいなかったし、まして煙突から入ってきて、靴や靴下に贈物を入れて立ち去る老人というのは、まことに不思議な存在と思えたであろう。日本家屋では煙突から人が入ってくることは不可能であるし、贈物を靴や靴下に入れるということは、考えられない仕業と思えたに違いない。

デモクラシイ　〔英語、Democracy. 民本主義、又ハ、民主主義ナドト譯ス〕下流ノ人民ヲ本トシテ、制度ヲ立テ、政治ヲ行フベシト云フコト、古ヘノ所謂、下克上ト云フモノカ。

大正年間に民本主義による政治が提唱されて、「大正デモクラシー」と称される時期があった。デモクラシーは、人民が権力を所有し行使するという政治原理である。それに対して下克上は、地位や身分が下の者が、力によって上の物を押しのけて権力を奪い取ることである。デモクラシーによる政治形態が成立すると継続するが、下克上は権力を奪い取ることで成就するので、両者は異なる考え方である。著者は「下剋上ト云フモノカ」と述べて、判断しかねている。

このほかにも当時の世相を映している記述や、関心のあった外来語の項目があるが、ここではこれまでとする。

注

（1）『言海』には巻末に正誤表が添えられている。ちくま学芸文庫『言海』（筑摩書房、二〇〇四）は昭和六年三月一五日刊行六二八版の複製で、本稿で調査に用いた三八五版より後の出版である。その正誤表には八項しかない。三八五版の正誤表は二頁にわたって記されているので、その後の増刷時に訂正されたのであろう。このことから、三八五版までにも訂正は行われたであろうことが推測される。

（2）新美倫子「弥生文化の家畜管理」（『弥生時代の考古学　5　食糧の獲得と生産』同成社、二〇〇九年）

「不審顔」という語から

常盤智子

一　はじめに

若松賤子訳『小公子』（一八九〇―一八九一年）（注1）の中に次のようなところがある。（注2）

（1）今日は何故か、例の高い倚子には乗らず、そこに有る明箱の上へ坐つて膝をか、へてヂットしてゐたことが、や、暫くでしたから、ホッブスはやがて**不審顔**に新聞の上から見上て、イヤアーどふだ？　と云ひました。（『女学雑誌』二二九号）

ここは、いつも無邪気に店にやってくる主人公が、その日は違う様子であることに店の主人が気づいて声をかける場面である。作品内には、ほかにも「不審顔」の用例がみえる。

（2）フォントルロイはまだ**不審顔**をして居ましたが、聽て家へ行く馬車道を駈け出しました。（『女学雑誌』二七八号）

（3）ハ氏は、其始め終りが、どの様で有つたか、夢に辿る者の如く、一向夢中でしたが、たゞ侯爵が**不審顔**に自分を打守つて居られるのに、フト気がつき升た。（『女学雑誌』二八八号）

これらの用例はいずれも、なにか疑念があって、腑に落ちない表情というような意味で使用されていると解釈できる。私事ではあるが、担当している演習の授業で当該箇所を学生と一緒に読んでいた際に、学生から「不審顔ということばは聞いたことがない」と言われ、ふと気になったのが本稿の調査のきっかけである。「不審顔」の語史について考えてみたい。

二　江戸時代の用例

日本国語大辞典では「不審顔　疑わしそうな顔つき。ふしぎそうな顔つき」として次の用例があげられている。

（4）浄瑠璃『信州姨捨山』一七三〇年　長谷川千四ほか（四）
門の外には三人が、心々の**不審顔**、どぎらまぎらの物思ひ

これをやや遡り、噺本や浮世草子などの用例もみえるが、いずれも、江戸時代前期の用例である。

（5）噺本・篭耳（一六八七）（巻之五　六）〈噺本〉

老中をの〳〵衣服上下き、ため、いんぎんにいでたち、まいらるゝに、客とてハなし、そのまゝ膳をすへければ、めづらしき魚の汁なり。人〳〵**ふしんがほ**にて、とかふのあいさつもなかりしかば、（略）

（6）浮世草子・浮世親父形気（一七二〇）江島其磧　（二之巻第一）〈新古典〉
「一文もからぬさきに、卅目たらぬとて此方から出しましては、今何をお借しなされて下さる事ぞ」と、腹をたつれば、親父**ふしんがほ**にて「十露盤が物を申す。不算な人を相手にすれば、のみこみがわるい」とつぶやきて帰りぬ。

他にも、次のような用例をみることができた。

（7）『重井筒』一七〇七年初演　近松門左衛門（中の巻）〈旧大系〉
程なく主立出で。物いふ聲の聞えたは誰で有つたと**不審顔**。

（8）『菅原伝授手習鑑』一七四六年初演　竹田出雲ほか（初段中）〈旧大系〉
当番の諸太夫罷出。「俄の御用これ有間只今参内遊はされよ」と。瀧口の官人参られし」と。申上れば御**不審顔**。
「七日の齋過ざる中御用とは何事。随身仕丁の用意せよ」

（9）『神霊矢口渡』一七七〇年初演　平賀源内ほか（二段目口）〈旧大系〉　他一例
釈迦でも喰せる我等が方便委しくは此白紙と。渡せば取て**不審顔**。何此白紙が思案とは。ヲヽサ　仮初ならぬ密事の計略落ても人の見ぬ様に。此白紙認め置水にひたせば皆読る。

（10）『妹背山婦女庭訓』一七七一年初演　近松半二ほか（第四　杉酒屋の場）〈新古典〉

サア〳〵こちへとその後は言はず語らず手を取つて．戸口立て寄せ入る後に．子太郎は**不審顔**．隣の門口耳をあて．聞きすまして立ち戻り．

（11）『摂州合邦辻』一七七三年初演　菅専助ほか（下の巻　合邦内の切）〈旧大系〉

「（略）労はしやアノ癩病。御本復はござんせぬ。」と聞て入平**不審顔**。「フウ何とおつしやる。お前様がお傍に付てござれば。御本復なさるゝとは。」

（12）『伽羅先代萩』一七八五年初演　松貫四ほか（第九）〈旧大系〉　他一例

冷風さっと押開く。中には一字一点なく重忠は唯**不審顔**。

以上、浮世草子や噺本では「不審顔に」という言い方も見えるが、江戸時代前期から浄瑠璃などの台本を中心として「不審顔」の用例がみられ、その多くが文末・句末に使われているという特徴がある。江戸時代後期の人情本の例も参照してみると次のようである。

（13）『仮名文章娘節用』一八三一―一八三四年（二編下之巻第六回）曲山人　〈人情本（注3）〉

（前略）出て行く擧動をつくづくと見て**不審顔**。△金五郎『何だ、てんでんにをかしな顔をして。（後略）

（14）『春色梅児誉美』一八三二―一八三三年　為永春水（巻之十）〈旧大系〉

立派に手めへの顔の立つ、仕方はおれがして見せる、トおもひがけなき藤兵衛の、言葉に米八**ふしんがほ**。

（15）『花廼志満台』一八三六―一八三八年　松亭金水（第六回）〈人情本〉

（前略）いとまも乞はず、頬脹らして路次の溝板、いと荒らかに踏み散らし、お吉は歸る後影、見送る兵衛が

不審顔、

いずれも登場人物の表情を描写する内容で使われ、文末・句末でつかわれている点で浄瑠璃などの台本にみられる用例と同様の傾向があることが指摘できる。

三　明治・大正の用例

明治・大正には次のような用例がみられる。

(16)『浮雲』一八八七年　二葉亭四迷〈第一篇第六回〉〈青〉　他一例
「働き者を亭主に持ッて、洋服なとなんなと拵へて貰ふのサ　トいふ母親の顔をお勢はヂット目守めて**不審顔**。

(17)『食道楽』一九〇三年　村井弦斎〈第四十八〉他三例〈青〉
「(略)、古いから焼かずに出したが新らしければ勿論焼いて進げるさ」と主人の説明を客の小山が**不審顔**「中川君、古いから焼かぬ、新しければ焼くとはどういう訳だ。(略)」

(18)『狂言娘』一八九五年　広津柳浪〈二〉〈CHJ〉
『だツて、世間ぢやアさう云いつてますよ。(略)お宅の方にも知らせないんですか。』と、**不審顔**。

(19)『したゆく水』一八九八年　清水紫琴〈第六回〉〈青〉

まあ旦那様、どうあそばしたのでござりますと。訝るお園の**不審顔**。

（20）『櫨紅葉』一九〇一年　広津柳浪　（二二）〈CHJ〉

『お花さん、お前さんと約束があつたつけね。』『えツ。』と、お花は**不審顔**、『叔母さんと私と約束した事あつて、何だツたらう。』

（21）『呪われの家』一九二五年　小酒井不木　〈青〉

二分の後、霧原警部と朝井刑事とは対座したが、朝井刑事は眼をぱちくりさせて、暫くは物が言えぬらしかった。「どうした朝井君？」と警部は**不審顔**をして訊ねた。

右記の例の中にも江戸時代と同様に文末で使用される用例がみられ、それ以前の用例の特徴を引き継いでいる様子が窺える。一方で、同時期には冒頭の小公子の（1）（3）などにみられる形容動詞「不審顔に」や、（21）のような「不審顔をする」といった用例がみられる。文体の異なりのために「不審顔」で文末・句末とすることにおさまりが悪くなっている反映とも考えられる。

四　昭和の用例

続いて、昭和の用例を見てみると、明治・大正期とほぼ同様の用例をみることができる。本節では、用法ごとにまとめて、該当例の中の一部を掲出する。

(23)「不審顔」が句末・文末にくる例　三例〈青〉

・『家庭の幸福』一九四八年　太宰 治

老母や妻のおどろき、よろこびもさる事ながら、長女も、もの心地がついてから、はじめてわが家のラジオが歌いはじめるのを聞いてその興奮、お得意、また、坊やの眼をぱちくりさせながらの**不審顔**、一家の大笑い、手にとるようにわかるのだ。

(24)「不審顔だ」という形容動詞の例　八例〈青〉

・『丹下左膳』一九三四年　林不忘　(日光の巻　三)

剣魔左膳の恋は、誰も知らない。誰も知らない。病犬のように痩せほそった左膳の肋あばら骨の奥と、膝わきに引きつけた妖刀濡れ燕のほかは。どうして萩乃がここへ—。と、源三郎は、なおも**不審顔**です。

・『火星兵団』一九三九年　海野十三　(三一　火星人)

新田先生は、丸木の言った言葉の中から「兵団長」だの「わが火星の大計画」だの「とりかえしがつかん」だのと言う謎のような言葉を、頭の中でおさらいをしてみて、**不審顔**であった。

(25)「不審顔の」という名詞に係る例　三例〈青〉

『私本太平記』一九五八年—　吉川英治　(帝獄帖　婆娑羅大将)

「そして、すね法師の身は」「書院に待たせておきましたが、しきりに**不審顔**のていで」「そうだろう。いや一興一興。夜食は出さずにおけ。(略)」

(26)「不審顔をする」などの動詞に係る例　八例〈青〉

・『柳生月影抄』一九三九年　吉川英治　(毒　三)

但馬守は、持薬の咳せきの粉ぐすりを口に含んだが、そのまま、嚥のみ下さずに、じっと顔を上げたなり、舌先に溶ける薬の味をさぐっていた。

「……どう遊ばしましたか」側に、手をつかえていた老女が、**不審顔**して、彼の容子を見上げながら訊ねた。

・『渡良瀬川』一九四一年　大鹿卓　（第二章）〈青〉

「では、いったい……」正造がますます**不審顔**をするのを、かつ子はチラリと見返して、（略）

ここでは、明治・大正期に比べて、文末・句末での不審顔の用例は少なくなることに注目しておきたい。小説だけでなく、新聞や議事録での使用例もある。

（27）大阪時事新報　一九二八年九月九日〈神新〉

・「支那王外交部長と語る」**不審顔**をして居る僕を見上げたド（ドナルド）君は一寸眉をゆすって「ここでも五分待たされて居るよ、何だって室を換えて待たせるのだろう」とつぶやいた。

（28）国会議事録データベース　一九六二年二月九日　松浦清一　参議員本会議　八号

・これは政治に対する不信であり、外交に対する疑惑であります。本国会開会以来、この問題は、外交の過剰観念論争は別として、実質的な国の利害に関する問題として、衆参両院において質疑が行なわれて参りました。しかし、なお疑問は解けず、国民は**不審顔**であります。

・願わくは、農漁山村に「すき」、「くわ」をかかえて**不審顔**をしている国民が納得ができるように、重ねて詳しい御説明をわずらわしたいことをお願い申し上げまして、私の質問を終わります。

用例は散見されるものの、右記がそれぞれのデータベースでの全用例であることを考えると、用例数は限られるといってよいだろう。

五　現代日本語均衡コーパスの例

ところで、国立国語研究所の現代日本語均衡コーパス（以下ＢＣＣＷＪとする）で検索すると、次のような例がみられる（全四例）。

(29)『古典落語』一九九〇年　三遊亭圓生（一九〇〇年生）
「四ツ?…まだ四ツ…だいぶ間があるな」「（**不審顔**）なんでございます?…」

(30)『越後路殺人行』一九九三　中町信（一九三〇年生）
「ところで、耕さんはなにを調査しているの?」と**不審顔**で訊ねた。

(31)『群雲、関ケ原へ』一九九四　岳宏一郎（一九三〇年生）
「全員が討ち死にを覚悟していなければ、ああはいかぬ」**不審顔**の栗山善助に老人は教訓を垂れた。

(32)『十二国記アニメ脚本集』二〇〇四年　會川昇（一九六〇年生）
陽子「（**不審顔**の景麒を見て）景麒にも聞いてもらう。（以下略）

こちらもコーパス全体のデータ量を考えてみると、用例数がわずかであること、また、ジャンルとしても書籍の文学作品に限られることが確認できる。用例には時代小説や著書の死後に刊行されたものも含まれ、年代を大きく遡るものもあることにも注意しておきたい。

ここから「不審顔」は現代語としてはあまり一般的ではなくなっていることが窺える。

六　不審顔の代替表現

ここまで各時期の用例をみてきたが、時期を通して意義の変化というものはみられなかった。「不審顔」の用例が現在あまり用いられないとすると、それに代わる表現とはどのようなものなのだろうか。さきのコーパス類を利用して、不審と顔の間に、どんな形式がくるかを観察してみた。次の表は、日本語歴史コーパスと国立国語研究所の近代語のコーパスの検索結果を「明治〜昭和」という項目とＢＣＣＷＪでの用例数として列挙したものである。調査方法としては、「不審」をキーワードとし、後文脈に「顔（顔・貌・かお・かほ：顔つき、顔色も含める）」が含まれるかどうかを検索し、その結果を代表形にまとめて計上した。表中の（　）内は、縦軸の合計に対する割合を示した。

もともとのコーパスの分量が異なるため、数値の単純な比較ということはできないが、ＢＣＣＷＪでの「不審顔」の頻度や全体に占める割合が少ないということと、類似の表現に「不審そうな」「不審な」「不審気な」などの表現もみられることが読み取れる。ちなみに、日本語歴史コーパスの用例においては、明治以前には「不審そうな顔」「不審な（る）顔」「不審らしい顔」「不審気な顔」などの用例は見いだせなかった。用法ごとに具体例を挙げておこう。

代表形	明治〜昭和	BCCWJ
不審顔	35　(37.2%)	4　(13.8%)
不審な顔	25　(26.6%)	10　(34.5%)
不審そうな顔	21　(22.3%)	9　(31.0%)
不審らしい顔	4　(4.3%)	1　(3.4%)
不審気な顔	5　(5.3%)	5　(17.2%)
不審の顔	4　(4.3%)	0　(0%)
合計	94	29

(33) 不審な顔の例

・『吾輩は猫である』一九〇五年　夏目漱石　(三)

「寒月が来るのかい」と主人は**不審な顔**をする。「来るんだ。午後一時までに苦沙弥くしゃみの家うちへ来いと端書はがきを出しておいたから」「人の都合も聞かんで勝手な事をする男だ。寒月を呼んで何をするんだい」

・『紫紺の糸』一九九三年　前田　珠子

「どうしたんだい？」帰り支度を始めた産婆が、**不審な顔**で尋ねたのに、彼女はかぶりをふった。

(34) 不審そうな顔の例

・『小壺狩』一九二七年　薄田泣菫　『猫の微笑』(三)

小壺は佐渡の屋敷からすぐに取り寄せられました。忠興は一目それを見ると、「おう、これは……」と言つたきり、そのまま座を立つて奥へ入りましたが、しばらくすると、礼服に着かへて出てきました。皆は**不審さうな顔**をして、ものものしい主君の身なりを眺めました。

・『サザンクロス流れて』一九八七年　中島渉

運転席の男が窓を下ろし、**不審そうな顔**を突き出した。「どうしたんだ、こんなところで？」

(35) 不審らしい顔の例

・『南京の基督』一九二〇年　芥川龍之介

その時彼は葉巻を啣くはへて、洋服の膝に軽々と小さな金花を抱いてゐたが、ふと壁の上の十字架を見ると、**不審らしい顔**をしながら、「お前は耶蘇教徒かい。」と、覚束おぼつかない支那語で話しかけた。

・『敵討の話幕府のスパイ政治』一九九七年　三田村鳶魚

（略）と、たちまちに吉原行きを決定したところで、四方左ただ一人、さも**不審らしい顔付**をして、可否をいわぬ。

（36）不審気な顔の例

・『紅毛傾城』一九三五年　小栗虫太郎（黄金郷エルドラドーの秘密）

そこへ、フローラは**不審気な顔**で、紅琴の耳に口を寄せた。「でも、ほんとうでしょうか、奥方様。ほんとうに、黄金郷エルドラドーの所在を御存じなのでございますか」

・『夢見通りの人々』一九四〇年　宮本輝

ワンさんも、いつもと違う竜一の様子に気づいて、怯えの混じった**不審気な顔**をしょっちゅうのぞかせ、妻女と目と目を見合わせた。

（37）不審の顔の例

・『大鵬のゆくえ』一九二五年　国枝史郎（禍福塀一重）

その裏庭には屈強の弟子が三人まで固めていたが、薄穢いよぼよぼの老人が築山の裾をぐるりと廻り此方こなたへチョコチョコ走って来るので、**不審の顔**を見合わせた。「まさか彼奴じゃあるまいね」佐伯と云うのが囁いた。

右記の表には計上していないが、「不審そうに」「不審そうで」「不審に」「不審で」などの用例も見られ、「不審そうでたまらないという顔」「不審そう（相）に顔を」といったものも、ほぼ同義であると思われる。「不審にたえぬという顔付」「不審のようなお顔」「不審がった顔付」など多くの類例も見られた。「顔」のほうも「視線」「表情」「眼つき」というような表現も広げて考えてみると多数の類似表現の存在を確認することができた。

七　おわりに

以上、「不審顔」の用例及びそれに近い意味を持つ表現の調査から、次のようなことが分かった。

①近世前期の噺本、浮世草子、浄瑠璃台本などにみられる用例が早いもので、浄瑠璃台本や人情本では文末・句末に使われる用例が多くみられた。

②明治時代以降も同様に文末・句末の用例もあるが、その後は用例の割合が減り、文中の用例が優勢となる様子が窺えた。

③ＢＣＣＷＪでは「不審顔」は出現頻度がきわめて低かった。

④明治以降、「不審顔」と同様の意味をもつ表現として「不審そうだ」「不審だ」「不審気だ」など多様な表現が用いられている様子が窺えた。

最後にこの結果を受けて、なぜ現代語で「不審顔」がほとんど使われていないのかということについて考えてみたい。一つには文体の変化ということがあげられるだろう。五拍の「不審顔」は浮世草子や浄瑠璃台本での文末・句末その文体になじむものだったことが考えられる。また、文楽で人形の表情を描写するための一つの常套句であったのかもしれない。また、「不審顔」の形容動詞「不審顔だ／なり」が、同時期に並行して使用される「不審だ／なり」とほぼ同義であったことは、「不審顔」の使用が必須とされなかった一つの要因と考えられる。そして、その類似表現として、明治期以降「そうな」「げな」「らしい」などを挿入した「不審そうな顔」、「不審げな顔」「不審らしい顔」「不審に～」「不審げに～」といった表現が競合してくることによって、「不審顔」の必要度が減ったということが考えられる。このような変化は、いわゆる「分析的な表現方法」が模索された一つの結果だという見方もできる。

「不審顔」という語は辞書類には一語として立項されにくく、語史としての先行研究を見出せなかったものの、昨今のテキストデータ類の利用によって、今後このようなタイプの語も検討の対象となってくるだろう。通時的にも「～顔」という表現はよくみられ、現在でもなお造語力のある接尾語だといえる。これらのことをさらに考えていくためには、さらに接尾語「顔」の変遷についても考察していく必要があると考える。

ちなみに、冒頭に取り上げた『小公子』第二回（上）の中『女学雑誌』二二九号には、次のような用例もみえる。

（38）おぢさん、そういふけれども、此箱の上へ腰かけてゐるのが侯爵だよ！と聞いて、ホッブスは殆ど椅子から飛落そうな気色でした。何を言ふんだナア！。と**ビックリ聲**で云ました。

（39）ホッブスは此時椅子にドッカト直り、ハンケチで頻りに額を拭ひながら、ナンデモ、どつちか霍乱でもするにちげいいねいんだ。　と**とんきやう聲**で云ました。

用例中の「ビックリ聲」や「とんきやう聲（頓狂声）」も現代語としては少々違和感のあるところである。このような「～顔」「～声」などといった接尾語を伴う表現にどんな変遷があったのか、いつどのように、どのような表現と入れ替わっていくのか、それはなぜなのか、検討を続けていきたい。

注

（1）バーネット（F. H. Burnett）の Little Lord Fauntleroy（1886年）の初めての翻訳とされる

（2）引用文中の太字は常盤による。また、引用にあたり、ふりがなを省略し、改行箇所を詰めて表示したところがある。本稿の用例の引用に際しては各種データベース等を参照したため、底本や校訂方針により、翻字の方法が異なるが、原データに拠って引用したため、表記にゆれがあることをお断りしておく。典拠となった本に基づき、確認のとれたものについては、データを修正した箇所もある。なお、不審の検索には「不審・ふしん」を顔の検索には「顔・顔・貌・かほ・かお」を検索した。以下同様。

（3）当該データは底本が活字本であるため、版本とは表記が異なる部分もある。当該箇所は版本（国立国語研究所蔵本）に拠ると（13）ふしんがほ（15）不猜皃とある。

引用文献

『日本国語大辞典』　第二版第10巻　二〇〇一年　小学館

使用データベース・コーパス

国文学研究資料館　日本古典文学大系本文データベース（本文中では〈旧大系〉と注記）、同　噺本大系本文データベース（本文中では〈噺本〉と注記）

ジャパンナレッジ　新編日本古典文学全集（本文中では〈新全集〉と注記）

国立国語研究所（二〇一五）『現代日本語書き言葉均衡コーパス』バージョン1.1　https://chunagon.ninjal.ac.jp/（本文中ではＢＣＣＷＪと略記）

国立国語研究所（二〇一七）『日本語歴史コーパス』ver.2017.09.　https://chunagon.ninjal.ac.jp/（本文中では〈ＣＨＪ〉と注記）

国立国語研究所　ひまわり版「人情本」パッケージ ver.1.0.1.（岡部嘉幸氏作成）（本文中では〈人情本〉と注記）

国立国語研究所　『ひまわり』用『青空文庫』パッケージver.2016.10.（本文中では〈青〉と注記）
国会会議録検索システム
神戸大学附属図書館　新聞記事文庫
小公子の部屋（https://www1.gifu-u.ac.jp/~satopy/llf.htm　佐藤貴裕氏作成）

明治後期・大正期の口語文典における音韻

阿久津　智

一　はじめに

本稿では、主に、明治後期（明治三四（一九〇一）年以降）・大正期の日本語口語文典（日本語口語文法書）における音韻のとらえ方について見ていく。

筆者は、先に、明治初期・中期（明治初年〜明治三三（一九〇〇）年）の文語文典（文語文法書）七三種（注1）における音韻のとらえ方について調べたが、そこには、五十音図を基本とする、国学由来の音韻観が広く見られた（阿久津二〇一七:三二）。それは、「五十音（直音の清音）を基本的な音韻（正音）と考え、それ以外の音（濁音、半濁音、拗音、撥音、促音など）を五十音の変化したものと見なし、その他の音韻変化現象も、その延長上に考える」というようなものである。この音韻観は、とくに、五十音における理念的な音声（ア行音とワ行音との区別、ア行の「イ・エ」とヤ行「イ・エ」との区別、唇音としてのハ行音など）の認め方や、五十音以外の音（濁音、半濁音、拗音、撥音、促音、長音など）の扱いなどに現れていた。

本稿では、これに続く、明治後期・大正期（明治三四（一九〇一）年〜大正一四（一九二五）年）の口語文典を資料に、それまでの音韻観がどう変化したか、現代音韻論につながる考えが見られるかなどについて、見ていく。なお、資料によっては、「音韻」ではなく、「声音」や「音声」などの用語が使われているものもあるが、この時期は、音声学（声音学）と音韻論とがまだはっきりとは分かれていなかった時期であり、これらを合わせて見ていく。

本稿で調査対象とした口語文典は、次の二一種である（編著者名、書名、発行元、初版発行年月を挙げる。以下、編著者の姓と発行年（西暦）の下二桁で略称する（例：金井保三『日本俗語文典』一九〇一年刊→金井01））。ここには、対訳口語文典（高橋06、岸田06）、文語口語対照文典（糸02、本多10）、「文語文法が中心で口語文法も取り上げている文典」（新楽02、教育学術研究会04、小山05、林07、阪本07、兵庫県姫路師範学校10、教育研究会11、鴻巣20、荒瀬25）も含めたが、日本語音について、まとまった記述のないものは取り上げていない。なお、同じ著者が複数の文典を著している場合は、そのうちの一つを取り上げた。調査には、「国立国会図書館デジタルコレクション」を用いた。

金井保三『日本俗語文典』宝永館、明治三四（一九〇一）年七月
石川倉次『はなしことばのきそく』金港堂、明治三四（一九〇一）年八月
新楽金橘『中等教育　実用日本文典』上巻、敬業社、明治三五（一九〇二）年二月
小林稲葉『新編　日本俗語文典』田中宋栄堂、明治三五（一九〇二）年五月
糸左近『雅俗対照　和漢之文典』金刺芳流堂、明治三五（一九〇二）年一一月
鈴木暢幸『日本口語典』大日本普通学講習会出版部、明治三七（一九〇四）年一月
教育学術研究会『師範教科　国語典』上巻、同文館、明治三七（一九〇四）年三月
小山左文二『日本文法の解説及練習』井洌堂、明治三八（一九〇五）年一月
高橋竜雄『漢訳　日語文法精義』東亜公司、明治三九（一九〇六）年七月

岸田蒔夫『日清対訳 実用日本語法』明文堂、明治三九(一九〇六)年八月
林治一『日本文法講義』修学堂、明治四〇(一九〇七)年一月
阪本芳太郎『女子 日本文典参考書』田中宋栄堂、明治四〇(一九〇七)年九月
三矢重松『高等日本文法』明治書院、明治四一(一九〇八)年一一月
臼田寿恵吉『日本口語法精義』松村三松堂、明治四二(一九〇九)年七月
本多亀三『普通文口語文漢文 文法集成』吉川弘文館、明治四三(一九一〇)年二月
兵庫県姫路師範学校『普通教育 国語綱要』松村三松堂、明治四三(一九一〇)年七月
教育研究会『小学教員検定受験用 国文法講義』六盟館、明治四四(一九一一)年九月
鴻巣盛広『新撰国語法』裳華房、大正九(一九二〇)年八月
小林好日『標準語法精説』育英書院、大正一一(一九二二)年一〇月
松下大三郎『標準日本文法』紀元社、大正一三(一九二四)年一二月
荒瀬邦介『問答式 学生の国文法』英文堂、大正一四(一九二五)年八月

二 口語文典の五十音図観

明治後期の口語文典と、明治初期・中期の文語文典との大きな違いの一つは、五十音図に対する見方であると思われる。文語文典には、国学に由来する、五十音(「ア、イ、ウ、エ、オ、…ワ、ヰ、于、ヱ、ヲ」の、文字どおり「五十音」(「于」は、ワ行の「ウ」))を基本音とする音韻観が強く見られ、たとえば、「其原ヲ考フルトキハ五十音ノ外ニ出ツルモノナシ」

（中島操『小学文法書 上』一八七九：四オ）、「我国の純粋清雅なる音は〔中略〕十行五列五十個にして是を正音といふ」（木村春太郎『日本文典』一八九二：七）、「我国の言語を言ひあらはす音韻はその数五十」（大宮宗司『初等教育 日本文典』一八九四：二）、「其の言語をなす音声は、些々五十種に過ぎす」（峰原平一郎『普通文典』一八九五：一）などといった記述が見られる。一方、口語文典には、五十音図を掲載しているものは少なくないものの（二一文典中、一五文典。なお、文語文典では、七三文典中、七〇文典）、「音韻＝五十音」とするものは、次のものぐらいであった。

（01）音韻は言語の基礎なり。我が国の音韻は其数五十あり。故に之を五十音と曰ふ。（新楽02：一ウ）

口語文典には、むしろ、「五十音（図）は文字の一覧であり、音韻（音声、声音）は、これとは別だ」とするような見方が多く見られる。

（02）日本人のくちにする音声は、すべて百あまりですが、文字の数は五十あまりしかありませぬ。（金井01：一六）

（03）国語の音を表を以て記する場合には多く五十音図を用ゐる。しかもこの音図は音の総てを含めるに非ずして、清音と称するもののみを掲げたり。（鴻巣20：二三）

（04）兎に角五十音図が印度式のものであることは既に先覚者の定論となつてゐるところで、徳川時代の本居宣長翁初め国学者の説くやうな神秘的のものでもなければ、これだけが正しい音で、この以外の音は禽獣の音であると説くのも誤つて居る。／この音図は頗る学術的のもので国語研究上、非常に便利なるものであるから、語法の研究は従来この上に行はれ、随て活用などを説く場合、全然これから離れるわけに行かない。又音の発達の結果、五十音図との間に不調を来してゐるが、これを整理することも中々容易ではない。〔／は改行を示す。以下同じ〕（小林22：八四）

具体的に、文語文典と口語文典とで、五十音における(理念的な)音声の認め方や、五十音以外の音の扱いなどに、どのような違いがあるか(あるいは、違いがないか)について、見ていこう。「五十音における(理念的な)音声」に関しては、次の二つを見る。

(a)ア行の「イ」とヤ行の「イ」と、ア行の「エ」とヤ行の「エ」と、ア行の「ウ」とワ行の「ウ」とについて、書き分けがあるか。

(b)ハ行音を、唇音としているか、喉音(ただし、「フ」を除く)としているか。

(a)については、文語文典では、とくに五十音図において、異なる仮名で書き分けているものが多く見られる。これは、「五十音図は、行・列(音・韻)によって、整然とした音体系を示すもので、五十音はすべて発音が異なる」という理念に基づく。たとえば、片仮名では、ヤ行の「イ」が「イ」を逆さにした形(「以」の一・二画)で、ヤ行の「エ」が「エ」の初画を「ノ」にした形(「延」の一・二・五画)。あるいは、「衣」の三・四画)で、ワ行の「ウ」が「于」で示されているものが多い。筆者が調査した七三種の文語文典では、五十音図を挙げる七〇文典中、三六文典で異なる仮名(一部のみのもの、圏点(◦)で書き分けているものを含む)が使われていた(阿久津二〇一七：三三)。

(b)のハ行音については、明治期には、(ほとんどの地域において)「ハ」の子音は[h]になっていたが、文語文典には、これを「喉音」([h])ではなく、(悉曇章や『韻鏡』に合わせて)「唇音」としているものが多く見られる(阿久津二〇一七：三九)。

また、「五十音以外の音」に関しては、次の四つを見る(撥音、促音、長音に関しては、別の名称で現れていることも多いが、ここでは、名称の問題には触れない。なお、濁音と半濁音については、すべての口語文典で取り上げられている)。

（c）拗音を（音韻として）取り上げているか。
（d）撥音を（音韻として）取り上げているか。
（e）促音を（音韻として）取り上げているか。
（f）長音を（音韻として）取り上げているか。

これらについては、文語文典では、ほぼ時代が下るに従って、音韻として取り上げるものが増えている。明治初期には、これらを取り上げていないか、取り上げていても、文字としてのみ（撥音）、表記（符号）としてのみ（長音）、音便としてのみ（撥音・促音・長音）という扱いが多かったが、このような扱いは、明治中期には、減ってきている。

ここでは、文語文典と口語文典との違いだけでなく、時期による違いも見るために、服部（二〇一七：二八）の「日本語文典の編纂」の時代区分を参考に（一部変更している）、（Ⅰ）一八七〇～一八八三（明治三～明治一六）年、（Ⅱ）一八八四～一八九四（明治一七～明治二七）年、（Ⅲ）一八九五～一九〇〇（明治二八年～明治三三）年、（Ⅳ）一九〇一～一九二五（明治三四年～大正一四）年の四つの時期に分けて、数字を挙げて、見ていく（表一）。（Ⅰ）～（Ⅲ）が文語文典に、（Ⅳ）が口語文典に当たる。

【略号等は、次のとおりである。（a）「異」：五十音図において、特殊な仮名（符号を用いているものを含む）を用いて書き分けているもの。「同」：書き分けていないもの。「なし」：五十音図が掲載されていないもの。（b）～（f）「あり」：（音韻として）取り上げているもの。「なし」：言及のないもの。（b）「唇音」：唇音（「f」）としているもの（「f(h)」を含む）。「喉音」：喉音（「h」）としているもの（「フ」のみ唇音としているものや、「h(f)」を含む）。（c）「（なし）」：ほぼ言及のないもの（名称のみなど）。（d）「文字、音便」：文字や音便としてのみの扱いのもの。（e）「音便」：音便としてのみの扱いのもの。（f）「音便、符号」：音便や符号としてのみの扱いのもの。（）内は、それぞれの音ごとに、その扱い方の割合を示したものである。（a）と（b）に

表一 時期別に見た日本文典における各音の扱い

口語文典	文語文典			時期(対象文典数) / 音の扱い	
(Ⅳ) 1901～1925 (21文典)	(Ⅲ) 1895～1900 (28文典)	(Ⅱ) 1884～1894 (23文典)	(Ⅰ) 1870～1883 (22文典)		
1 (5.9%)	12 (44.4%)	12 (54.5%)	13 (61.9%)	異	(a) イ・エ・ウの仮名
16 (94.1%)	15 (55.6%)	10 (45.5%)	8 (38.1%)	同	
4 −	1 −	1 −	1 −	なし	
2 (15.4%)	7 (53.8%)	8 (66.7%)	10 (100%)	あり 唇音	(b) ハ行音の音声
11 (84.6%)	6 (46.2%)	4 (33.3%)	0 (0%)	あり 喉音	
8 −	15 −	11 −	12 −	なし	
20 (95.2%)	27 (96.4%)	14 (60.9%)	8 (36.4%)	あり	(c) 拗音
0 (0%)	0 (0%)	2 (8.7%)	4 (18.2%)	(なし)	
1 (4.8%)	1 (3.6%)	7 (30.4%)	10 (45.5%)	なし	
19 (90.5%)	25 (89.3%)	12 (52.2%)	11 (50.0%)	あり	(d) 撥音
2 (9.5%)	2 (7.1%)	9 (39.1%)	7 (31.8%)	文字、音便	
0 (0%)	1 (3.6%)	2 (8.7%)	4 (18.2%)	なし	
20 (95.2%)	15 (53.6%)	7 (30.4%)	6 (27.3%)	あり	(e) 促音
1 (4.8%)	9 (32.1%)	12 (52.2%)	8 (36.4%)	音便	
0 (0%)	4 (14.3%)	4 (17.4%)	8 (36.4%)	なし	
8 (38.1%)	3 (10.7%)	1 (4.3%)	1 (4.5%)	あり	(f) 長音
9 (42.9%)	8 (28.6%)	6 (26.1%)	9 (40.9%)	音便、符号	
4 (19.0%)	17 (60.7%)	16 (69.6%)	12 (54.5%)	なし	

ついては「なし」を除いて計算し、(c)~(f)については、「なし」を含めて計算した。】

表一からは、次第に、五十音(図)にとらわれなくなってきているようすがうかがえる。(a)と(b)とについては、「五十音における(理念的な)音声」は認めない(実際の音声に従う)ようになってきており、(c)~(f)については、「五十音以外の音」も音韻として認めるようになってきているといえよう。

(a)の「イ・エ・ウ」の特殊な仮名は、口語文典の五十音図には、ほとんど載せられていないが、本文中で、これらの違い(がないこと)に触れているものは多い(金井01、石川01、糸02、教育学術研究会04、小山05、三矢08、臼田09、教育研究会11、松下24)。

(05)現今に於いては、〔中略〕「や」行の「い」「え」と「わ」行の「う」は母韻

の「い」「え」「う」の如くに発音されて、其の間に殆ど区別が認められぬ。（臼田09：二一）

（b）のハ行音は、（その音声に言及しているものでは）多くが喉音（「h」）としているが、このことによって、唇音である「フ」を、（他の）ハ行音とは別扱いにしているものも見られる。これは、五十音図や、後に生まれる「音素」の考え方とは異なる扱い方である（このような扱い方は、サ行やタ行にも見られる）。

（06）　（舌根）　（舌尖）　（唇）
…　…　…
口音　無声音　開通音…摩擦音…ハ行（H）……サ行（S）…ファ行（PH）（本多10：六一）

（c）の拗音は、ほとんどの口語文典で取り上げられている。文語文典では、拗音の数が非常に多いもの（一〇〇種、八〇種など）が多く見られたが、口語文典では、数が（三六種か、三八種か、四二種かに）固定してきている（ただし、小林02には八〇種、糸02には七二種挙げられている）。

（07）清拗音はカサタナハマラ七行アウオ三列及クヮの二十二／濁拗音はガザダバ四行三列及グヮの十三／半濁
拗音はパ行三列の三／計三十八（三矢08：一〇）

（d）の撥音も、ほとんどの口語文典で取り上げられている。撥音を取り上げていない二つの文典（林07、小林22）では、これを、子音分類のうちの「鼻音」として、m（マ行子音）・n（ナ行子音）・ng（ガ行鼻音の子音）に分析・解消している。

（e）の促音も、ほとんどの口語文典で取り上げられている。これにも、調音による分類が見られるが、それによって、サ行子音の前の「ッ」（[s]）を促音と認めないものや、逆に、サ行子音の前の「ッ」のみを「真の促音」と認めようとするものなどが見られる。

（08）いっ‖せん（一銭）　はっ‖艘／などわ、ちョッとすると、促音と間違えられそーであるけれども、決して混同し

てわならない。〔中略〕こ、の「つ」わ、摩擦音であッて決して中止の音でわない。（鈴木04：二六）

（09）ケッ‖サン（決算）　イッ‖シン（一新）　イッ‖スン（一寸）／などといふ場合は、決して発音機関を密閉することなく、唯、其の発声の通路を狭くするのみなり。されば、これ等をこそ真の促音と称すべけれ。（本多10：六三）

（f）の長音は、口語文典においても、音韻として認めるものは、それほど多くはない。しかし、今日の音韻論でも、長音（あるいは、引き音）を音素として認めない（連母音などとして解釈する）説も有力であり、このゆれは当然だといえるかもしれない。

三　口語文典の音声分析

口語文典では、文語文典（のみの時代）に比べて、言語音について、音声学（「声音学」）的な分析が詳しくなり、また、通時的な変化についても知識が深まっている（とくに小林22や松下24には、精密な音声観察が見られる）。それによって、前節で見たように、五十音図で同行音とされていたものの一部が、別に扱われたり（ハ行音など）、一つの音とされていたものが、いくつかの音に分けて扱われたりすること（撥音や促音）などが起こっている。子音（「父音」、「発声」、「子音」）については、ローマ字を用いて説明を行っている文典で、その種類にばらつきが見られる。たとえば、鈴木04の「子音」は二〇種類（k・g・ng・s・z・sh・zh・t・d・ch・ts・n・h・f・p・b・m・y・r・w）、林07の「発声」は一九種類（k・s・sh・t・ts・ch・n・f・h・m・y・r・w・p・g・z・d・b・ng）、臼田09の「父音」は二二種類（K・S・Sh・T・Ch・Ts・H・F・P・G・Z・Zh・D・Dj・Dz・B・Y・R・W・N・

Ng・M）である。また、母音（「母音」、「母韻」）に関しては、次のような記述が見られる。

(10)子音が、時として、母韻と結合しないで、単独に用いられることがある。即ち／n. f. b. k. s. sh. ch. ts. r.／などで、これわ、もと、母韻「i」或わ「u」と結合して、一つの綴音お成したものであッたのが、今わ、その母韻のひゞきが、聞えなくなッたものである。〔bはhの誤りか〕（鈴木04：二一）

(11)標準的の五つの母音のほか以上の数種を初め各地方に行はれる種々の母音を数えると、十種以上あるひは十二三種に上るかも知れない。（小林22：七一）

(10)は、「母韻のひゞきが、聞えなくなッたもの」（母音の無声化）を、「子音が…母韻と結合しないで、単独に用いられる」ととらえている。(11)は、「各地方に行はれる種々の母音」（異なる言語体系の母音）を合わせて、母音の種類として数えている。これらを見ると、音声学的に精密になったために、かえって、（五十音図に基づいて、音韻としてまとめる場合に比べて）体系的な整理がしにくくなっているようにも見える。

口語文典には、音をとらえるレベルを分けることによって、日本語音を体系的に整理しようというものも見られる。松下大三郎は、「文法学と一般声音学とは声音の取扱方が違ふ。」として、「五十音図は音の文法学的行列図であつて声音学的行列図とは違ふ点が有る。」、「五十音図は声音学的に云へば行列が整はないが文法学的に云へば井然たるものである。」と述べ（松下24：五、一一、一三）、「声音」に「声音学的音価」と「文法学的音価」という二つのレベルを認めている。

(12)「つ」は声音学的にはツァ行であるが、文法学的にはタ行ウ列である。行カ―行ク、立タ―立ツ、カ：ク＝タ：ツである。羅馬字ではtuである。（松下24：一二）

「声音的音価」は（音声学的な）音声、「文法学的音価」は（音韻論的な）音韻（音素）に近いものであろう。松下は、さらに、「声音学的音価＝文法学的音価」のものを「実音」、「声音学的音価≠文法学的音価」のものを「仮音」と呼んでいる。これらは、（後の）音韻論の異音に当たるものと思われる。

（13）サ行のイ列はshiをsiとして用ゐるので之をsiの仮音といふ。声音学的にもsiであるならば其れは実音である。又「シ」はサ行イ列の音としては仮音であるがシァ行のイ列としては実音である。（松下24：一二）

松下は、ほかに、音のまとまり、音の長さに関して、「音節」と「音長」（モーラに相当）という二つのレベルを認めている（例：「あん」は、一音節で二音長）。

また、阪本芳太郎は、日本文典に多く見られる、「『父音』（子音）と『母音』（ア行音）とで『子音』（カ行以下の音）ができる」という見方を改め、「声音」を「原素」（音素に相当）と「成熟音」（音節に相当）という二つのレベルに分け、「原素」に「母韻」と「父韻」とがあり、「成熟音」に、「母韻」のみからなる「母音」と、「父韻＋母韻」からなる「子音」とがあるというとらえ方を示している（阪本07：一七）。母音（母韻）に二つのレベルを認めたことで、音節（「成熟音」）の概念が明確に示されている。

四　おわりに

「音韻」という用語は、明治後期の口語文典には多く使われているが（一七文典中、「音韻」は一〇文典、「声音」は八文典、「音声」は三文典に現れる）、大正期の口語文典には、あまり現れず、代わりに、「声音」が使われている（四文典中、「声音」は四文典、「音韻」は一文典に現れる。「音声」は現れない）。これは、明治後期から大正期にかけて、従来の国学由来の音韻観が薄れ、音声学（「声音学」）的な分析が一般的になってきたことを反映しているとも思われる。

『日本国語大辞典 第二版』によれば、今日の言語学的な意味での「音韻」（「④言語学で、具体的な音声から音韻論的な考察を経て抽象された言語音をいう。」）の初出例は、金田一京助『国語音韻論』（一九三二）の「この抽象された音声観念が即ち言語学上音韻と呼ばれて、言語の形式を為す所のものである」である（同書は、大西雅雄『音声学史』（一九三四）の年表における、「音韻論」という名称をもつ唯一の著作であり、また、国立国会図書館の蔵書検索の結果でも、「音韻論」という名称をもつ最も古い書籍である）。先に見たように、大正期の口語文典には、これに近い考え方も見られるが、機能的な「音韻論」（phonology）や、その単位である「音韻」（phoneme、音素）の概念が日本に伝わり、「音韻」という語が新たな概念を担って使われるようになるのは、これより少し後の時期のことである（昭和初年に、F・ド・ソシュールやプラーグ学派のphonèmeが、小林英夫によって、「音韻」と訳された（注2）。金田一京助も、この影響を受けていると思われる（注3））。

注

（1）古川正雄『絵入智慧の環』（1870-72）、中金正衡『大倭語学手引草』（1871）、高田義甫・西野古海『皇国文法階梯』（1873）、黒川真頼『皇国 文典初学』（1873）、藤沢親之『日本消息文典』（1874）、渡部栄八『啓蒙詞のたつき』（1875）、田中義廉『小学日本文典』（1875）、中根淑『日本文典』（1876）、小笠原長道『日本小文典』（1876）、藤田維正・高橋富兄『日本文法問答』（1877）、安田敬斎『日本小学文典』（1877）、春山弟彦『小学科用 日本文典』（1877）、藤井惟勉『日本文法書』（1877）、旗野十一郎『日本詞学入門』（1877）、物集高見『初学日本文典』（1878）、関治彦『語学階梯 日本文法』（1879）、中島操『小学文法書』（1879）、加部厳夫『語学訓蒙』（1879）、拝郷蓮茵『ちまたの石ふみ』（1879）、林甕臣『小学日本文典入門』（1881）、大槻修二『小学日本文典』（1881）、稲垣千頴『小学用語格』（1881）、弘鴻『詞乃橋立』（1884）、近藤真琴『ことばのその』（1885）、ビー・エッチ・チャンブレン『日本小文典』（1887）、大槻文彦『語法指南』（1889）、岡直盧『国語指掌』（1890）、佐藤雲韶『普通文典』（1890）、落合直文・小中村義象『日本文典』（1890）、手島春治『日本文法教科書』（1890）、大和田建樹『和文典』（1891）、高津鍬三郎『日本中文典』（1891）、関根正直『国語学』（1891）、岡倉由三郎『日本新文典』（1891）、井口隆太郎『普通文典』（1891）、村山自彊『普通教育 国語学文典』（1891）、大久保初雄『中等教育 国語文典』（1892）、木村春太郎『日本文典』（1892）、小田清雄『応用 日本文典』（1893）、大川真澄『普通教育 日本文典』（1893）、村田鈔三郎『国語文典』（1893）、秦政治郎『皇国文典』（1893）、大宮宗司『初等教育 日本文典』（1894）、井田秀生『皇国小文典』（1894）、遠藤国次郎・鈴木重尚『日本文典教科書』（1894）、岡崎遠光『日本小文典』（1895）、富山房編輯所『国語問答』（1895）、峰原平一郎『普通文典』（1895）、豊田伴『新撰日本文典』（1895）、大宮兵馬『日本語法』（1896）、新保磐次『中学国文典』（1896）、柏木重総『東文典』（1896）、西山実和『日本文典』（1897）、大槻文彦『広日本文典』（1897）、中島幹事『中学 日本文典』（1897）、中等学科教授法研究会『中学教程 日本文典』（1897）、渡辺弘人『新撰国文典』（1897）、鳥山譲『国文の栞』（1897）、塩井正男『中学日本文典』（1897）、和田万吉『新撰国文典』（1897）、杉敏介『中等教科 日本文典』（1898）、中邨秋香『皇国文法』（1898）、上谷宏『中等教科 新体日本文典』（1898）、大林徳太郎・山崎庚午太郎『中学 日本文典』（1898）、高田宇太郎『中等国文典』（1899）、佐方鎮子・後閑菊野『女子教科 普通文典』（1899）、瓜生篤忠・瓜生喬『国文法詳解』（1899）、大平信直『中等教育 国文典』（1899）、下田歌子『女子普通文典』（1899）、鈴木忠孝『新撰 日本文典』（1899）、永井一孝・岡田正美『国語法階梯』（1900）、普通教育研究会『中学教程 新撰日本文典』（1900）、岡沢鉦次郎『初等日本文典』（1900）。

（2）フェルディナン・ド・ソッスュール述、シャルル・バイイ、アルベール・スシュエ編、小林英夫訳『言語学原論』岡書院（一九二八）、トルベツコイ、小林英夫訳「『形態音韻論』について」『方言』二―一一（一九三二）など。

（3）金田一京助は、「言語学原論を読む」（『民族』三―三、一九二八：一一三〇）で、phonemeは「古来東洋の語」にある「音韻」に当たると述べている。

参考・引用文献

阿久津智（二〇一七）「明治期の日本文典における音韻」『立教大学日本語研究』24：pp.23―41. 立教大学日本語研究会

服部　隆（二〇一七）『明治期における日本語文法研究史』ひつじ書房

日本語の親族呼称・親族名称とその歴史

—言語史の空隙を考える—

林　史典

〈親族名称 kin term〉は、人類に共通する概念を表し、しかも比較に適したコンパクトな体系を示すところから、言語学に限らず、人類学・民族学などからも注目されてきた。それに反して、〈(親族) 呼称 address term〉はほとんど省みられない。親族名称と混同されるか、親族名称に付随して言及されるのが関の山である。理由は明らかであって、幼児語に由来するその存在自体があまりに弱々しく、文献・記録にも姿をとどめることが稀だからである。

しかしながら、親族呼称には、それ自体の歴史においても、親族名称との関係においても、興味深く、歴史言語学に示唆するところの大きな問題が内在する。そうした認識にもとづいて、小論では、親族呼称の性格を明らかにするとともに、親族名称との歴史的関係を推定し、その過程を通じて、文献に痕跡が少ないこのような事象に関する歴史的解釈の方法についても検証する。紙幅の制約から、概略を述べるに止める。

1.　親族名称と親族呼称

事物を指示 (reference) する方法には3通りある。まず、個体指示 (individual r.)。それそのものを指示する場合であって、これに用いられる語が固有名詞 (proper noun) である。次に、概念指示 (conceptual r.)。名詞のほとんどは概念を指示するから、これに用いられる語は普通名詞 (common n.) と呼ばれる。普通名詞の獲得には概念化が伴う。これら以外が場面的指示 (situational r.) と文脈的指示 (contextual r.) で、代名詞 (pronoun) がその役割を担う。特定の場面・文脈においてさまざまな事物を指示できる。

人を指示する方法も、これと異ならない。すなわち、固有名詞によって個人が、普通名詞によって概念が指示され、場面的・文脈的指示には人称代名

詞が用いられる。「ハハ（母）」「ツマ（妻）」などの親族名称（kin term）は概念指示語だから、普通名詞に分類される。

事物の指示と人の指示とはその方法において異ならないが、唯一、人の指示には呼称（address term）のあることが両者を分けている。

親族外の人に対する‘呼びかけ’には、「山田さん！」「先生！」「君！」のように固有名詞、普通名詞（職名・職位名など）、代名詞が用いられるが、ここに言う呼称とは、呼びかけるために生まれたコトバ、つまり、本来の呼称である。親族呼称がそれに当たる。

親族呼称は、母・父に対するものが基本で、どの言語にも存在するが、体系は親族名称よりずっと小さく、概ね4～10語に収まる。

この親族呼称には、以下のような注目すべき特徴がある。

その第一は、幼児語性である。特に母・父を呼ぶコトバは、幼児が最初に獲得する語群（初語群）の中の一つであって、もとより幼児語である。次のような点がそれを示している。

①　幼児語的形態

どのような言語にあっても形態が単純で、重音形（reduplication）をとることが多い。顕著な傾向として、頭音は唇音・舌音・（軟口蓋音）の破裂音・鼻音である。

母に対する呼称と父に対する呼称とは、一般に相称形を成す。

②　形態的多様性

多くの言語に幼児語特有の形態的多様性が認められる。例えば、英語の辞書は、幼児が母親を呼ぶ語として、次のような、いくつもの見出しを立て、

ma　mam　ma（m）ma　mammy　/　mom　momma　mommy　/ mummy

あるいは、次のように、同じ綴りで異なる音的形態を表している。

momma　→［mɑmə　mʌmə　mɔmə］

③　成長に伴う変化

本来が幼児語だから、使用される呼称には、成長に伴う変化がある。日本語には「オカーチャン　→　オカーサン」、英語には「momma　mommy

→ mom 」のような変化が認められる。韓国語では「 eomma → eomeoni eomeonim 」のように、成長すると敬称が用いられるようになる。

④ **使用域**

ある言語は親族呼称と親族名称とが分離していて、親族呼称は家庭内で、親族名称は家庭外の人に対して用いられる。親族呼称は、言わば〈内〉のコトバである。日本語で、家庭内では「オカーサン」、家庭外に対しては「ハハ」を使い、フランス語で、家庭内では maman 、家庭外に対しては ma mère などと言うのがそれに当たる。両者が分離していない韓国語〔K〕や中国語〔C〕では、

eomma, eomeoni, eomeonim（内）→ uri eomeoni, eomeonim（対外）〔K〕

mā (ma)（内）→ wǒ mā（対外）　〔C〕

のように、家庭外に対しては時に「自分（たち）の」の意を表す語を付す。韓国語では、家庭外に対しても敬称が用いられる。

⑤ **年少者を呼ぶ語の欠如**

英語・フランス語などには、兄弟・姉妹を呼ぶ呼称自体が無い。日本語や韓国語は兄・姉に対する呼称を持つが、弟・妹すなわち年少者を呼ぶ呼称を欠く。年少者を呼ぶ呼称が無いのは、呼称が最年少者の使うコトバに拠っているからだと解釈される。中国語は例外で、弟に dìdì（弟々）、妹に mèimèi（妹々）と呼びかけることができる。

第二の特徴は、その原始性にある。特に子が親を呼ぶコトバは、幼子が生きるために欠くことのできないコトバ、おそらく人類が最初に作ったコトバの一つであって、発生は言語の起源に遡ると想像される。長い歴史の中でその〈かたち〉は変わっても、連綿として子とその親を結びつけてきた、愛おしむべき最古のコトバの一つである。

必要な単語が生まれ、増加する。語順が定まる。形態変化が発生する。語法が発達し、表現が複雑化する。言語の進化は複雑であるが、言語習得（language acquisition）の諸事象から推測すれば、このような過程が並行したであろう。親族呼称は、その最初期に位置づけられる。勿論、親族呼称の歴

史は親族名称のそれより古い。

第三の特徴として、文法的性格の曖昧性が挙げられる。本来が〈呼称〉だから、特定の品詞的性質を示さない。呼称としての用法のほか、固有名詞的用法（「お母さん（＝自分の母）の指輪」）、普通名詞的用法（「お母さん（＝母親一般）の役割」）、代名詞的用法（「お母さん（＝私）にも見せて！」）が認められる。辞書がこれを「名詞（普通名詞）」として他の概念指示語と同様に扱うのは、その辞書の採る品詞区分に収めるためである。呼称としても用いられる普通名詞には、これと同様の‘ふるまい’が認められる。

2.　日本語の親族名称（直系）とその略史

『和名類聚抄』（10c）が載せる親族名称（直系）は次図のとおり。この他、『万葉集』（8c）の「母」「父」には、次のような対があり、これらから、下段のような原型が推定される。

オモ（母）／チチ（父）

アモ（母）／シシ（父）・・・東国方言

和名類聚抄（平安時代初期）

〔親子の関係〕

於保於保知（曾祖父）　　於保於波（曾祖母）

於保知（祖父）（九族図）　　於波（祖母）（九族図）

知々（父）／加曽（日本紀私記）　　波々（母）／以路波（日本紀私記）

［子］{無須女（娘）：少女之称也（説文）}

无麻古（孫）／比古（一云）

比々古（曾孫）

〔兄弟・姉妹の関係〕

古乃加美（兄）／伊呂禰（日本紀私記）　　阿禰（姉）／伊呂禰（日本紀私記）

◎

於止宇度（弟）　　以毛宇止（妹）／以呂止（日本紀私記）

原型

〔親子の関係〕

オホオホチ（曾祖父）　オホオホハ（曾祖母）

オホチ（祖父）　オホハ（祖母）

チチ（父）　ハハ（母）

コ（子）

ヒコ（孫）

ヒヒコ（曾孫）

〔兄弟・姉妹の関係〕

アニ（兄）　アネ（姉）

◎

オトウト

語素

エ／ネ

◎

オト

同性

〔男・女の関係〕

セ　→（セヒト）　→ セウト　（年齢に関係なく、姉妹から見た）兄・弟

イモ →（イモヒト）→ イモウト （年齢に関係なく、兄弟から見た）姉・妹

※セ・イモは、それぞれ結婚の相手として決まった男性・女性にも用いる

（注）オヂ＜オホヂ（祖父）　オバ＜オホバ（祖母）　（中近世）

これらを現在（次図）と比較すると、

現在

〔親子の関係〕

ソウソフ（曾祖父）　ソウソボ（曾祖母）

ソフ（祖父）　ソボ（祖母）

チチ（父）　ハハ（母）

コ（子）｛ムスコ・ムスメ｝

マゴ（孫）

ヒマゴ（曾孫）

現在

〔兄弟・姉妹の関係〕

アニ（兄）　アネ（姉）

◎

オトウト（弟）　イモウト（妹）

単純化 ―名称の統一、兄弟・姉妹関係の対称化― 、および、漢語の借入（祖父・祖母、曾祖父・曾祖母）によって、2音節を基本とする類型（uniformity）が完成されていることが知られる。歴史的変化は小さくなかったが、「母」「父」には、形式上の特徴（音価を除く外形的特徴）が保存されている。

3. 日本語の人称代名詞と待遇法

親族呼称、親族名称との関連において、人称代名詞に言及したい。

奈良時代に用いられた人称代名詞は、概ね次図のとおり。これから、下段のような原型が推定される。

奈良時代

一人称	ワ　ワレ　ア　アレ　ワケ　マロ（ワロ）……
二人称	ナ　ナレ　ナムチ　ミマシ　イマシ　マシ　キミ　ナビト　オレ　イワケ……
三人称	（シ）
不定称	タ　タレ

原型

一人称	ワ（レ）
二人称	ナ（レ）
三人称	—
不定称	タ（レ）

これらを現在（次図）と比較すると、

現在

1人称	ワタクシ　ワタシ　ボク　オレ……
2人称	アナタ　キミ　オマエ　キサマ……
3人称	カレ　カノジョ　アイツ　ソイツ　コイツ……
不定称	ダレ　ドナタ　ドイツ……

親族名称と対照的に、複雑な状態が存続している。就中、文語の1人称（「われわれ（我々）」「わがくに（我が国）」）、不定称（「だれ（誰）」）などに痕跡を残すだけで、原型はほぼ破壊され、1人称、2人称に用いられる語に変化の大きいことが注目される（3人称の発生は、同様の歴史を持つ他言語と同様に、体系の完成を意味している）。そのような変化の主因は、やはり待遇法である。

日本語や韓国語は〈敬語〉を持つ言語とされるが、それは、日本語・韓国語のような複雑な待遇法を、それらに限って〈敬語〉と呼ぶからであって、待遇法そのものは多くの言語に認められる。その待遇法は人称代名詞、特に2人

称の代名詞と関係が深い。この点に着目すると、諸言語は、英語・ドイツ語・フランス語・ロシア語、また中国語などのように、単純な待遇法を持つ言語と、日本語・韓国語などのように、複雑な待遇法を持つ言語に2分できる。

単純な待遇法を持つ主な言語は、2人称に敬称を用いることによって軽度の敬意を表現し、それで待遇法を完結させてしまっている。これは、主語に重点の置かれた待遇法であると見ることができる。フランス語が敬称に2人称の複数形 vous を、ドイツ語が敬称に3人称の複数形（3人称女性単数形）Sie を用い、それで済ませてしまっているのがこれである。英語の2人称 you は、敬称としての複数形（plural of reverence）の名残であって、親称としての単数形 thou が用いられなくなってしまった結果とされる。用いられなくなった親称は、よく'文語'として扱われる。そのように考えないと、現代英語の2人称が単数形を持たない理由を説明できない。1人称の複数形 we の元は、おそらく包括的1人称（inclusive 'we'）である。勿論、包括人称として残った we は、除外形（exclusive）としても用いられる。このように見ると、英語の人称代名詞は、話し手と聞き手による二人だけの場面、すなわち、最小の言語場に効率よく対応していることが解る。

フランス語やドイツ語などと異なって、現代日本語の2人称には敬称がないから、人称代名詞によって敬意を表すことができない。人称代名詞を使うことができる相手に制限があるということは、日本語の人称代名詞が人称代名詞本来の役割の一部しか果たしていないことを意味する。その代わりと言うと語弊があるが、親称・卑称とその用法が複雑である。1人称に謙譲的用法があるのも、日本語の人称代名詞の一面を示している。人称代名詞に依存しない日本語のような待遇法では、動詞をはじめとして、敬意を表すべき相手に関係するさまざまな語に敬語形を用い、それらによって程度の異なる敬意を表し分ける。このような待遇法は、フランス語・ドイツ語そして英語などのような主語に重点を置く待遇法に対して、述語に重点がある待遇法であると言える。

韓国語も日本語と似ている。韓国語の2人称には一種の敬称 tangsin があるが、これは漢語（古い俗語）「当身」の借用であって、固有語ではないらしい。

以上を要約すれば、2人称代名詞に敬称を用いる言語は待遇法を単純化で

き、2人称に敬称が存在しない言語は待遇法が複雑になる。

4.　現代日本語の親族呼称（直系）その体系と多様性

現代日本語の親族呼称は次図の如くで、このほかに、その下段に示す俗称がある。『日葡辞書』などから推すと、俗称「オフクロ」「セガレ」は室町時代に親族名称として発生し、それが呼称としても用いられるようになった。「オヤジ」は『日葡辞書』にこそ見えないものの、江戸時代初期には文証がある。「兄君」「姉君」に由来する「アニキ」「アネキ」は、江戸時代中期に存在が確認できる。

ヒーオジーチャン（—サン）	ヒーオバーチャン（—サン）
オジーチャン（—サン）	オバーチャン（—サン）
オトーサン（—チャン）	オカーサン（—チャン）
オニーチャン（—サン）	オネーチャン（—サン）
◎	

（注）祖父・祖母に対する呼称は親族外の人に対する呼称・名称と区別されない

俗称

オヤジ	オフクロ
アニキ	アネキ
◎	

※セガレ

（注）1.　Fucuro　フクロ（袋）　母．Vofucuro（お袋）の形で、婦人の間で用いられるのが普通であるけれども、また、それ以外の人々の間でも用いられる。（日葡辞書＝邦訳）

2.　Xegare　セガレ（倅）　若者．父親が自分の子を呼ぶのに使う語　または人が自分自身のことを卑下したり謙遜したりして使う語　（同上）
＊ 室町時代には、男女ともに指した

現代日本語の親族呼称は、親族名称から完全に分離され、独立している。蓋し、実際はその逆で、日本語の親族名称は親族呼称から分離され、独立している。親族名称が漢語を借入しているのに対して、親族呼称が漢語を含ま

ないのは、呼称としての性格によるものである。

韓国語を除く他言語に類例を求め難い現代日本語親族呼称の大きな特徴は、それが敬称の形態(「(オ)〜サマ・(オ)〜サン・(オ)〜チャン」)を示すことである。韓国語には、幼児語としての eomma(母に対する呼称)、appa(父に対する呼称)の外に、日本語「オカーサン」「オトーサン」に相当する eomeoni, abeoji、「オカーサマ」「オトーサマ」に相当する eomeonim, abeonim がある。

日本語・韓国語ともに、敬称形を作り出したのは'子は親を敬うべき'とする儒教的道徳観であろう。日本語の場合は、民衆に浸透した近世の儒教思想が、現在の呼称につながる敬称形を生み出した。親は発育期に合わせた形態を子に与え、それが社会習慣化した。

一方、親族名称の敬称化は、「ハハトジ(母刀自)、チチギミ(父君)」「ハハウエ(母上)、チチヌシ(父主)」「ハハゴ(母御)、チチゴ(父御)」などなど、古代からその例が少なくない。それらは、幼児期を過ぎると呼称としても用いられたであろう。

江戸時代末期、親族呼称は漸くその生き生きとした姿を垣間見せるようになるが、そこにも著しい多様性が認められる。母親を呼ぶ語を例に採ると、国定教科書の影響で明治時代末期から一般化したと言われる「オカーサン」、それ以前に広く用いられた「オッカサン」。「オカカサマ」に起源するこの「オッカサン」のバリエーションには、次のようなものがある。

オッカ(ア)　オッカ(ア)サマ　オッカ(ア)サン　オッカ(ア)チャン …

現代もこれとほぼ同様であって、「オカーサン」の'変異形'は次の如く、

標準モデル(現代・オカーサン)

(原形)	(標準形)	(幼児語形)
オカーサマ	オカーサン	オカーチャマ
		オカーチャン
	カーサン	カーチャン
		カーカ
		(喃語)

而して、呼称一般に認められる次のような特徴と傾向を示している。即ち、幼児語にはその多様性、成長に伴う幼児語形から標準語形への変化、最年少

者が用いる語形の共用、使用域の制限（家庭内での〈呼称〉、家庭外に対する〈名称〉、くだけた場面での〈俗称〉）などがそれである。

興味深いのは、家庭外の人の親族名称に、この親族呼称が用いられる（「君のオカーサン」など）ことで、それは敬語形を使う必要からと考えられる。

5.　日本語の親族呼称（直系）その歴史

室町時代以前の親族呼称は詳らかにできない。因って、親族名称と区別せず、その全体を示す。

平安 ～ 室町時代の親族名称・親族呼称（除：年少者）

曾祖父母	（オホオホチ）	（オホオホハ）
祖父母	オホヂ　（オヂ）	オホバ　オバ
父母	チチ　テテ　トト	ハハ ＞ ハワ　カカ
兄姉	アニ	アネ

（注）1.　テテ　　紫式部日記　更級日記　大鏡　宇治拾遺物語 など
「平安時代の仮名文学作品の場合、小児の会話の描写、また小児に対する大人からの話しかけの描写では、「ちち」よりも「てて」の方が、はるかに多い。また、男性よりも女性の作品に使用が目立つ。」（三省堂『例解古語辞典』）
2.　トト　　散木奇歌集　日葡辞書　虎明本狂言 など
Toto　　父　これは子どもの使う語である（日葡辞書＝邦訳）
敬称形「トトサマ」（虎明本狂言）
3.　カカ　　日葡辞書、虎明本狂言 など
Caca　　Faua（母）に同じ　母　これは子供の言葉である（日葡辞書＝邦訳）
敬称形「カカサマ」（虎明本狂言）

この図で重視されるのは、「ハハ」から「ハワ」への変化、および「カカ」「テテ・トト」の出現である。

平安時代の中期までに、「ハハ ΦaΦa」は、環境同化による母音間Φのw化、すなわち‘ハ行転呼音’によって「ハワ Φawa」に変化し、以後、この形態が標準形ないし規範形になったとされる。重音形 ΦaΦa の復活は室町時代を待たなければならなかった。しかし、ΦaΦa ＞ Φawa のような環境同化が生じるのは、親族名称（普通名詞）の場合であって、呼称、すなわち幼子が母親を呼ぶ語には、p ＞ Φ というハ行子音の摩擦音化それ自体が起こらない。呼称

と名称が分離していなかった時代、母を呼ぶ papa は、幼児語としての形態に守られるからである。ハ行子音の p が摩擦音化しても、幼子が母親を呼ぶ papa は、しばらく papa のままであり続けたと考えるべき十分な理由がある。

「カカ」「テテ・トト」は、そのような状況の中で生まれた。「テテ・トト」が文献に残るのは平安時代から、一方、「カカ」の出現はそれにやや遅れて見えるが、「カカ」は、やはり、「テテ・トト」と対をなす形態として、父を指すこの２形と同じ時期に発生していると認められるべきである。これらの新しい語形が発生した理由は、それが幼児語的形態すなわち呼称の形態を示すことの中にある。親族名称は起源的に親族呼称と関連が深く、前者は後者に由来するのが一般的であるという事実に即すなら、「カカ」「テテ・トト」は、「ハハ」「チチ」に代わる新しい呼称として生まれたと考えるのが自然であろう。その背景には、古い呼称の名称化とその進行が考えられる。

日本語の音韻史に照らして、「カカ」「テテ・トト」がそれに取って代わった「ハハ」「チチ」の祖形は papa, titi である。その形態は、単純で２音節の重音形を示すこと、頭音が唇音・舌音の破裂音であること、母を指す語と父を指す語とが相称形を成すことなど、そのまま呼称の一般的特徴と合致している。幼子が母・父を呼んだ最古の日本語は、この papa, titi であったと見て間違いないであろう。

例しに、呼称としての papa から名称としての haha に至る略史を図に表すなら、次のようになる。

（奈良時代）　（平安時代）　（江戸時代）　（現代）

ハハ（papa）――――――――――――――――――――ハハ（haha）

ハワ（ΦaΦa ＞ Φawa）

カカ（kaka）　**→ オ［カカ＞カー］サマ（サン）→**

重音の長音化

（注）1. オカーサマ　江戸時代末期、上方では中流以上の成人した男子の言葉（守貞漫稿 1853）
→明治時代以後、男女ともに用いる

2. オカーサン　江戸時代末期、上方では中流以上の男女児の用語（守貞漫稿）
→明治時代末期から国定教科書により、それまでの「オッカサン」に代わって広く用いられるようになったという

6. 日本語の親族呼称と親族名称 その歴史的関係（結語）

「ハハ」「チチ」も、元は、おそらく親がそのような愛らしいコトバで自分たちを呼んでほしいと願った幼児語、すなわち、呼称であったであろう。その頃は、まだ呼称と名称が分離していない。そうした状況に、「カカ」「テテ、トト」が現れた。平安時代のことである。そして、「ハハ」「チチ」に代わるこの新しい呼称を元に近世の儒教的道徳観が作り出した敬称の原型が「オカカサマ」「オトトサマ」。その重音部を、幼子が発する呼称にふさわしく整形した形が「オカーサマ」「オトーサマ」とその'変異形'である。新しい呼称が出現する原因となったのは、やはり、古い呼称の名称化であろう。新しい呼称の発生と一般化が、古い呼称「ハハ」「チチ」の名称化を推し進め、最終的に呼称と名称が分離された。祖父母、兄姉に対する現代の呼称も、母・父に対する呼称の類型として成立している。文献上のわずかな痕跡から推知されるのは、そのような歴史的関係である。

現代の若い世代に認められる呼称と名称の混乱、すなわち、家庭外の人に対しても呼称を用いる傾向は、将来、呼称と名称との新たな関係を作り出すかも知れない。

主要参照文献

亀井　孝（1967）「ハワからハハへ」『言語文化』4
柴田　武（1968）「語彙体系としての親族名称 —トルコ語・朝鮮語・日本語—」東京外国語大学『アジア・アフリカ言語文化研究』
鈴木孝夫（1972）「日本人の言語意識と行動様式 —人間関係の把握の様式を中心として—」岩波書店『思想』
————（1973）『ことばと文化』岩波新書
松本克己（2010）『世界言語の人称代名詞とその系譜 人類言語史５万年の足跡』三省堂
林　史典（2013）「日本語の親族名詞と親族呼称」『聖徳大学言語文化研究所論叢』20

「ある」ことの希望
——万葉集の「もが(も)」と「てしか(も)」——

仁科　明

1.　目的と構成

1.1　(広義) 希望表現

事態の成立／不成立、実現／非実現についての希望をあらわす表現を、(広義) 希望表現と呼び、そして、それにかかわる形式を (広義) 希望表現形式としよう。この意味での (広義) 希望表現には、命令や禁止、意志や勧誘もふくまれる。上代語で、具体的形式を挙げれば次のようになろう。

(1) 「ほし」、「ほる」、「もが (も)」(活用語に接したもの)、「こそ」、「命令形」、「な-そ (ね)」、「な (禁止)」、「がね」、「な」、「ね」、「なむ」、「ぬか」、「む」、「まし」、「じ」、「べし」(、「ましじ」)

中古語の希望表現については、(外延が本稿とは異なるが、) 近年も整理のこころみがある (福田2011など)。けれども、上代語は種類がさらに多いこともあって、独自の整理が求められるところである。

1.2　活用形と意味

未然形／連用形／終止形につづく述語形式——山田 (1908) などの「統覚の運用を助くる複語尾」と一部の終助詞——の意味・用法を、表される事態の現実性の如何および話し手の事態の述べ方 (捉え方) のさまざまと関連づけて理解する立場がある。伝統的な考え方と言ってよく、本稿の筆者もその立場を採る (仁科2014など)。筆者の考えを単純化して示しておこう (2)。

(2) 述語形式の意味と分出活用形

	現実	非現実
確言	連用形分出	終止形分出
臆言	終止形分出	未然形分出

連用形：現実（確言）
未然形：非現実（臆言）
終止形：現実（臆言）／非現実（確言）

過去および現在の領域を「現実」、未来および可能性の領域を「非現実」と呼び、話し手がその成立について積極的な保証を与えることを「確言」、保証を与えることなく想像しつつ述べることを「臆言」と呼ぶとすると、連用形分出の述語形式が現実事態の確言に、未然形分出の述語形式が非現実事態の臆言に、そして、終止形分出の述語形式が現実事態の臆言と非現実事態の確言に、おおよそ対応して見える（「けむ」「けらし」が例外となる）。

このような立場に立つとき、問題になる事実が二つあると思う。①未然形・連用形に接しながら、非現実・現実を表さないように見える形式の存在と、②非現実事態を表しながら、未然形に接しない形式の存在とである。上に述べた立場が、伝統的なものでありながら、留保をつけられてきたのには、これらの問題が大きく、議論を維持しようとすれば、こうした形式をしかるべく位置づけることが必要となる。

前者①の典型は、「（ら）る」「（さ）す」などであるが、これらについては仁科（2014）で（いちおうの）位置づけを行った。後者②で問題になるのが、上の（広義）希望表現形式にふくまれるいくつかの形式である。これについても意味づけを与えておかねばならない。つまり、②の点が問題になるタイプの希望表現形式を、「未然形＝非現実」の形式として理解可能なタイプの形式から分かって切り出し、説明を与えることが必要になるわけである。

1.3　対象と議論の構成

本稿は、上代の（広義）希望表現形式（中でもとくに前項②にふくまれる諸形式）のうち、「もが（も）」「てしか（も）」を取り上げる。以下では、まず、「もが（も）」と「てしか（も）」について分かっていることを整理し（第２節）、「もが（も）」の位置づけと「てしか（も）」について考えていく（第３節、第４節）。

ここまで述べてきた問題意識からすれば、とくに、述語について希望を表

す「てしか（も）」と「もが（も）」複合形式が問題となろう。これらの形式の位置づけや語源に関する議論は、上代資料では用例が少ないこともあって、いずれも決め手を欠いてきた。以下の検討を通して、これらの形式の接続の意味について理解を得、また、同意の得られていない「てしか（も）」の語源についても見通しを得られればと考える。挙例は主として万葉集により、必要に応じて、その他の資料の用例にも触れる。

2.　議論の前提

2.1　「もが（も）」と「てしか（も）」

2.1.1　「もが（も）」——用法の二種——

「もが（も）」（中古以降は「もが（な）」）は、山田文法などで「希望の喚体句」を構成する終助詞であるとされる。通常、「もが（も）」の用法としては、(3) に挙げるような二つのタイプが指摘される（山田 1908）。

(3)　a　老いず死なずの薬もが。

　　 b　世の中にさらぬ別れの無くもがな。

第一のタイプ（3a）では名詞句に「もが」がついて、名詞句で表されるものの存在の希望が表され、第二のタイプ（3b）では形容詞連用形などに「もが」がついて、事態の成立の希望が表される。後者のタイプには、主語－述語の語順（さらぬ別れ－無し）が現れ、そのことによって、喚体と述体の橋渡しとしてもとらえられている（山田 1936）[1]。二つのタイプの関係はどのようなものなのかは、第二のタイプ（上で「もが（も）」複合形式と呼んだものに対応する）を議論の主対象とする本稿の立場からも問題になるところである。

2.1.2　「てしか（も）」をどう理解するか

2.1.2.1　意味と特徴

(3) b からも分かるように「もが（も）」は、話し手が希望される事態の主体となるタイプの事態に限定されず、広く事態の実現の希望を表す。それに対

して「てしか(も)」は、基本的に話し手自身の行為の希望を表すとされる。

(4) なかなかに人とあらずは酒壺になりにてしかも(成而師鴨)酒に染みなむ(343)
年のはにかくも見てしか(如是裳見壮鹿)み吉野の清き河内の激つ白波(908)
ほととぎすなかる国にも行きてしか(去而師香)その鳴く声を聞けば苦しも(1467)
天飛ぶや雁を使ひに得てしかも(衣弖之可母)奈良の都に言告げ遣らむ(3678)

しかし、孤例ではあるが、次の(5)のような例も存在する(山口1985)。

(5) 天橋も長くもがも高山も高くもがも月夜見の持てるをち水い取り来て君に奉りてをちえてしかも(越得之旱物)(3245)

(5)には別様の理解もあるようだが、自分の行為に対する希望とは理解しがたいのではないか。話し手が「君」に「若返って欲しい」と希望していると解釈するのが自然かと思う。「てしか(も)」の表現は、話し手の行為に大きくかたよるものの、希望全般に開かれたものであったと考えるべきだろう。

また、上代の「てしか」の特徴としては、もう一点、「にしか」の不在が指摘できる。中古の「てしが(な)」は「にしが(な)」とペアになる(例えば6ab)が、上代には「てしか(も)」対応する「にしか(も)」の例がないことが知られている。

(6) a「…いかで、これ忍びて聞こしめさせてしがな」と聞こゆるままに、…(源氏・明石2-242-9)
b …実の親にさも知られたてまつりにしがなと、人知れぬ心にかけたまへれど、…(源氏・胡蝶3-175-7)

「てしか(も)」の例も少ないため、単なる資料的制約である可能性もあるが、

用例が見られないことについては重視する必要があろう。

2.1.2.2　語源理解

「てしか（も）」の語源についてはいくつかの論がある。まず、助詞の複合から生ずるという理解（山田1908、森重1947など）があり、近年では山口（1985）がこの線で議論を行っている[2]。一方、よく知られていて、希望の意味が生ずる理由が直感的に分かりやすいのは、仮定条件前句からの展開を考える田辺（1947）、浜田（1948b）などの議論かもしれない。すなわち、現代語の「～たらなあ」が希望を表すのと同様に、（仮定を表す）複文前句を構成する用法から、（前句だけが独立することで）希望を表すようになった、との把握である。この考えにしたがえば、「しか」は過去の「き」の活用形と言うことになる。

たしかに、複文前句からの移行によって生じたとみられる広義希望表現形式はほかにも存在する。上代には例が僅少だが「ばや」があり[3]、浜田（1948b）は、その先蹤として（7）に挙げるような「ば」を挙げている（ただし、後句から切り離さないと理解がむつかしいのは1259番歌だけかとも思われる）。

（7）佐伯山卯の花持ちしかなしきが手をし取りてば（手鴛取而者）花は散るとも（1259）
秋つ葉ににほへる衣我は着じ君に奉らば（於君奉者）夜も着るがね（2304）
事しあらば小泊瀬山の石城にも隠らば共に（隠者共尓）な思ひそ我が背（3806）
白玉を包みて遣らば（都々美氐夜良婆）あやめ草花橘にあへも貫くがね（4102）

また、「希望」を表す理屈は少し異なるが、「がに」「がね」もある（連体形接／「がに」は東国形とも）。これらは目的を表す従属句を構成する形式に出発したものとみることができそうである（8、9）。

（8）**（従属句構成）**
…いまだ見ぬ人にも告げむ音のみも名のみも聞きてともしぶるがね

(登母之夫流我祢)　(4000)

ますらをは名をし立つべし後の代に聞き継ぐ人も語り継ぐがね(可多里都具我祢)(4165)

(9)　(**希望表現**)

ますらをの弓末振り起こし射つる矢を後見む人は語り継ぐがね(語継金)(364)

おもしろき野をばな焼きそ古草に新草交じり生ひは生ふるがに(於非波於布流我尓)(3452)

「がに」「がね」は、従属句構成の用法でも、(8)に挙げた例のように、しばしば主文に後置されたかたちで現れる。後置された主文と切れて理解され、独立句とみなされた結果、希望表現として再解釈されたものであろう[4]。

しかし、上の「ばや」「ば」などの希望表現に準じて理解しようとすれば、「てしか」は仮定条件句であった、ということになる。「しか」を「き」の已然形とみなせば「希望」との関わりが考えにくくなるし、未然形と見なせば未然形の単独用法ということになるが、未然形は一般に付属形式を伴わずには用いられることがないから、これまた考えにくいように思われる。直感的に分かりやすい面はあるものの、説得的なものとは言いがたいのである[5]。

3.　事実の整理と意味づけ

3.1　万葉集の「もが(も)」

3.1.1　名詞＋「もが(も)」

あらためて、「もが(も)」の上代の用法を見なおしていこう。まず第一のタイプは、名詞に直接し、希望喚体を構成する用法である(10)。

(10)三栗の那賀に向かへる曝井の絶えず通はむそこに妻もが(彼所尓妻毛我)(1745)

足の音せず行かむ駒もが(由可牟古馬母我)葛飾の真間の継ぎ橋止まず通はむ(3387)

我がやどに盛りに咲ける梅の花散るべくなりぬ見む人もがも（美牟必登聞我母）(851)
めづらしき人を我家に住吉の岸の黄生を見むよしもがも（将見因毛欲得）(1146)

(10) に挙げた諸例では、それぞれ、「妻」「足音をさせずに進むことの出来る馬」「梅の花を見る人」「住吉の岸の埴生を見るすべ」の存在に対する希望が表されている。「もが（も）」は、下接した名詞句の表す対象の存在を希望することを表す、とまとめられよう。ただし例外もあり（後述）、また、このまとめの枠内にはおさまるものの、1745番歌は、特定の場所（「そこ」）に存在することを希望している点で少し特殊かもしれない（後の注10でも触れる）。

3.1.2.　連用＋「もが（も）」

「もが（も）」の用法の二つ目のタイプは、ある種の連用要素に「もが（も）」がつづくものである。まえ (2.1.1) にみた「世の中にさらぬ別れの無くもがな」も、ここにふくまれる。万葉集中では (11) に掲げるような四種が見られる（山田1908にも、すでにこれらのタイプの挙例があるし、『時代別国語大辞典 上代編』にも名詞と並んでこれらの要素にもつづくとの記述がある）。

(11)　a)　断定にもが（も）／b) 形容詞連用形もが（も）／c) てもが（も）／d) かく（し）もが（も）

(12) にそれぞれの実例を挙げよう。

(12)　a)　うら恋し我が背の君はなでしこが花にもがもな（波奈尓毛我母奈）朝な朝な見む (4010)
長門なる沖つ借島奥まへて我が思ふ君は千歳にもがも（千歳尓母我毛）(1024)
b)　…天橋も長くもがも（長雲鴨）高山も高くもがも（高雲鴨）…(3245)
c)　春されば散らまく惜しき梅の花しましは咲かず含みてもがも

(含而毛欲得)(1871)

d)　常磐なすかくしもがもと(迦久斯母何母等)思へども世の理なれば留みかねつも(805)

b)などであれば形容詞連用形の名詞性を考えて、一つ目のタイプの用法との連続を考えることも出来ようが、そのような理解を全体に及ぼすことはむつかしい[6]。a)～d)は、むしろ、いずれも情態修飾句相当の語句に「もが(も)」がつづいたものであることに共通点を求めておくべきであろう[7]。希望される事態内容の主体は一人称～三人称にわたるが、意志的な事態ではなく、話し手が、ある状態の存在を望む意味となる[8]。

3.1.3. 「もが(も)」の希望—「あり」の希望—

さて、一つ目のタイプの希望喚体(「名詞句＋もが(も)」)は、「もが(も)」のつく名詞句が表すものに対する希望を表していた。言い換えると、「モノがあること」の希望を表すということである。それにならって、前項の第二タイプの「もが(も)」(a～d)を、「(モノ／状態)であること」を求める表現だと考えてみる。a)～d)は情態修飾句相当の語句に「もが(も)」がつづいたものととらえられたが、要するに、いずれも断定言い切りであれば「あり」のくる位置に「もが(も)」があるわけである(13)[9]。

(13)　a)　なり(に＋あり)　→にもが(も)
　　　b)　形容詞(助動詞等を続ける際は連用形＋あり)
　　　　　→連用形もが(も)
　　　c)　たり(て＋あり)　→てもが(も)
　　　d)　かく＋あり　→かくもが(も)

全体として、「～である」ことを表す「あり」の複合表現を覆っていることが確認出来よう[10]。

3.1.補　「もが(も)」の遊離的性格

なお、「もが(も)」が「あり」を置き換えているというのは比喩で言っているのでは必ずしもない。「もが(も)」は終助詞に分類されるわけではあるが、

(14) のような例が見られるのである。

(14)朝霜の消易き命誰がためにも千歳もがもと（千歳毛欲得跡）我が思はなくに（1375）
月日選り逢ひてしあれば別れまく惜しかる君は明日さへもがも（明日副裳欲得）（2066）
佐保川の川波立たず静けくも君にたぐひて明日さへもがも（明日兼欲得）（3010）
嬢子のい隠る岡を金鉏も五百箇もがも（伊本知母賀母）鉏き撥ぬるもの（記歌謡99）

(14) の諸例では、「もが（も）」が名詞相当の語句に直接していて、一見、通常の希望喚体構成の用法の例（10）と違いがないように見える。だが、これらの例（「もが（も）」が期間や時点や量をあらわす名詞についている）で希望されているのは、「もが（も）」が直接する名詞があらわす対象そのものではないようである。これらを見ると、ある段階では、「もが（も）」を遊離的・自立的要素として考える理解もあったのではないかと考えられてくるわけである[11]。

3.2 「てしか（も）」

3.2.1「てもが（も）」との関連

前節の「もが（も）」の用法の検討を踏まえて、「てしか（も）」について考えてみよう。「てしか（も）」を考えるに当たっては、第二のタイプ、すなわち、「〜である」の希望タイプの「もが（も）」のあり方——とくに「てもが（も）」——との関連を考えることが必要だと本稿の筆者は考える。

上で見た第二のタイプの「もがも」の用法のうち、c)「てもが（も）」は、「たり（くてあり）」相当と考えられた。万葉集には3例のみだが、いずれも、対応する「たり」の用法で言うと、結果状態の（存在様態性の強い／野村1994）それに相当する。一方、上代の「たり」にはすでにパーフェクトの例（＝動作主性／行為性の強い例）が存在している[12]。「てもが（も）」に対してパーフェクトの例に対応する希望表現があってもおかしくなかろう。この位置にあるの

が「てしか（も）」なのではないか。事実、次のように、パーフェクト的な用法の「たり」と対応しそうな「てしか」の例を探すことも出来る。

(15)見えずとも誰恋ひざらめ山のはにいさよふ月を外に見てしか（外見而思香）(393)
cf：…目の前に見たり知りたり（見在知在）…(894)
龍の馬も今も得てしか（伊麻勿愛弖之可）あをによし奈良の都に行きて来むため(806)
cf：我はもや安見児得たり（安見兒得有）皆人の得かてにすといふ安見児得たり（安見兒衣多利）(95)

そこで、「てしか（も）」を、上の「てもが（も）」の理解にならって、「たり（てあり）」を前提に、「あり」を「しか（も）」で置き換えたものと考えてみよう。つまり、(16) のように整理するのである。

(16)　c)'てあり→てしか（も）

	てもが（も）	てしか（も）
存在様態性	○	−
パーフェクト性（動作主性）	−	○

「てあり」相当の内容の希望を、「存在様態性」重視か、「パーフェクト性」重視かによって、「てもが（も）」と「てしか（も）」とが分担していることになる。つまり、上代では「〜であること」を希望するタイプの「もが（も）」の一角としての「てもが（も）」と「てしか（も）」が対をなしていたと考えるのである。

一方、上代に「にしか」の例がなかった (2.1.2.1) ことについても、このような理解に沿って考えることができる。「てしか（も）」は動作主体が一人称に大きくかたよる点が「もが（も）」との大きな相違点となるが、この点についても、動作主性の卓越に対応すると考えることで説明することが出来そうである。「てしか（も）」に対応すると考えたパーフェクト用法の「たり」では、すでに「あり」の存在の意味は薄れている。ここから、「あり」を置き換えると

いう意識が消えた結果、「て」が「つ」相当に考えられて「て＋しか」と理解されるようになり、「に＋しか」形もあらわれるようになった。それが「てしか」が「にしか」と併存する平安時代の状態なのではあるまいか。

3.2.2　係助詞「も」「し」との関連

このように理解したときには、「もが」「てしか」の正体（語源）も問題になるであろう。「もが」「しか」については、係助詞「も」「し」と「か」の複合によって生じた形式であると考えておきたい。係助詞の複合によって希望が表されるとする山田（1908）、森重（1947）などの議論に立ち戻ることになる[13]。

係助詞の複合によって、なぜ希望が表せるのかについては、やはりよく分からない。また、この場合、「しか」に名詞に直接して希望を表すことがないことも問題となるが、「も－か」に対して「し－か」が対応しつつ役割分担していることには、こうした理解によって、それなりの意味づけをすることができそうに思う。まず、希望される事態は、現実にはない別の可能性である。一方で、希望をするという場合、いくつかの可能性の中から一つを選んで希望するわけである。前者に副助詞的に実現した「も」の意味（内容の併存）を、後者に同じく副助詞的に実現した「し」のはたらき（うしろと結びつく要素を焦点的に指示する）を関連づけることが出来そうである。それぞれの助詞の個性が希望表現としての意味に反映していると理解出来るのである。

3.2.3 問題になる事実と理解

ほかにも問題は残っている。三点にまとめられるかと思う。

第一は、「ありてしか」の存在である（万葉に一例／ 17）。「たり」との並行性を考える場合、「たり」は中世にならないと「あり」に接続しないから、「ありてしか」の存在は問題になるのである。

(17) ひさかたの天飛ぶ雲にありてしか（在而然）君を相見むおつる日なしに（2676）

さらに、この例は内容的には「雲にもが」相当で、動作的でもない。

第二は、「しか」が名詞に直接して希望を表した例の不在である。この点は上述の通りで、「もが」との並行を考えようとする場合の大きな障碍となる。

第三は、「てしか」相当の希望を表しつつ、「動詞＋しか」と訓まれている例の存在である（18／一段動詞連用形に接している）。「てもが」との並行性を考えてきたわけだから、この例は問題になろう。

(18) まそ鏡見しかと思ふ（見之賀登念）妹も逢はぬかも玉の緒の絶えたる恋の繁きこのころ（2366）

これらは、それぞれ大きな問題である。しかし、第一の問題については、「あり」に接続することについても、動作主性の低い内容の希望を表すことについても、希望表現として成立した後の独自展開と考えることは出来る。とすれば、この問題は解消可能なものであって、「てしか」に対する本稿の理解を否定するものではない。また、第三の問題については、問題の（18）（＝2366番歌）も「てしか」と訓むことは可能である[14]（山口1985は「ミテシカトオモフ」と訓じてよいと論ずる）。第二の問題については、どうしようもないが、「しか」も、名詞に直接することもあり得たのではないかと考えておく。

4.　まとめと課題

「あり」の希望を表すものとして、「もが（も）」の希望を位置づけ、その一類（「であること」の希望）を表す「てもが（も）」に対応しつつ、動作主性の強い事態に関する実現希望を表すものとして「てしか（も）」を位置づけた。「もが（も）」と（「てしか（も）」の）「しか（も）」が連用形（情態修飾形）に接続するのには理由があったわけである——動詞の連用形から分出されるのとは意味が異なっていることになる——し、「てしか（も）」が全体として動詞の連用形につづくのも、「てあり（たり）」に対応するものとみるならば、自然に理解出来るであろう。本稿の課題はひとまず果たされたことになる。

しかし、動詞の連用形につづく（広義）希望形式は「てしか（も）」だけではない。まずは、「こそ」がある（19）[15]。これは動詞の連用形につづくので、別途説明が必要になる。

(19) **連用形「こそ」**

梅の花夢に語らくみやびたる花と我思ふ酒に浮かべこそ (左氣尓于可倍許曽) (852)

また、禁止「な－そ (ね)」に連用形がかかわり、活用成立論で命令形の起源に連用形が関与する (「連用形＋よ／a／o乙」) とされ (20)、また上代には四段・ラ変以外の動詞の命令形が「よ」を伴わない (つまり連用形と同形の) 例がある (21／ただし条件は厳しい。川端1977) ことも思い出される。

(20) **命令形／な連用形そ (ね)**

朝な朝な我が見る柳うぐひすの来居て鳴くべき森にはやなれ (森尓早奈礼) (1850)

住吉の浜松が根の下延へて我が見る小野の草な刈りそね (久佐奈加利曽祢) (4457)

(21) **「よ」なしの命令法 (上一段動詞)**

良き人の良しとよく見て良しと言ひし吉野よく見よ良き人よく見 (良人四来三) (27)

現には逢ふよしもなし夢にだに　間なく見え君 (間無見君) 恋に死ぬべし (2544)

これらについては、当然、「てしか (も)」と同様の説明を与えることは出来ない。これら動詞連用形と関連するとみられる希望表現形式をどのように考えるか、といったことを課題として、ひとまず稿を閉じることとする。

注

1　このあたり、第二のタイプを喚体の中におさめて理解する山田 (1908) と、述体との橋渡しとみる山田 (1936) とで扱いに変更があるようである。

2　複合する助詞の性質については、論者によって違いがある。結論を先取りして言えば、本稿は最終的にこの立場に立ち戻るべきことを述べることになる。

3　上代の例「ばや」の例として指摘出来るのは、次の例のみのようである。

・高浜の下風さやく妹を恋ひ妻と言はばや (門麻止伊波波夜) 醜乙女賎も (風土記歌謡／常陸風土記)

4　「が」がア段の形式であることを重視して、希望「に」「ね」と関連づけ、希望から目的が生じたと考える立場もあり得るかと思う。
5　この点は、浜田(1948b)でも自覚されている。山口(1985)も参照のこと。
6　山田(1908)は「もが」の上接要素全般に名詞性を考えるようである。
7　古事記歌謡には指示副詞に下接した次のような例があるが、これも情態修飾句相当ということでのまとめと矛盾しない。
・かもがと(迦母賀登)我が見し子らかくもがと(迦久母賀登)吾が見し子にうたがけに向かひ居るかもい副ひ居るかも(記歌謡42)
8　なお、(12)a)～d)に挙げた例は、「AはB」の関係を内包する(主題が「は」で明示されることもある)。喚体というよりは、述体を前提にした表現だと考えるべきであろう。
9　(感動をふくめて)喚体的な表現に「物の存在(=あり)」が関わる点については、現代語の喚体的な一語文を扱った仁科(2008)で触れたことがある。
10　ただし、「～がある」と「～である」をつなぐ位置にあるものと考えられそうな場所「に」+「あり」相当の(場所「に」に「もが(も)」が直接した)例は拾えない。『萬葉集電子総索引』の本文で、以下のように本動詞(あるいは動詞の使役形)「こす」の命令形として訓まれている1939番歌について、「我にもが」との訓みを採ると、これに相当しようか。呼格が存在していることなど問題はあるが、「自分の元にある」ことを希望しているものと理解したい。
・ほととぎす汝が初声は我にこせ(於吾欲得)五月の玉に交じへて貫かむ(1939)
また、語順を度外視すれば、上(3.1)で挙げた1745番歌の「そこに妻もが」は、「妻そこにあり」を求めていると理解することも出来る。
11　喚体と述体の交渉と一口に言っても、感動喚体の場合とと希望喚体の場合とでは大きく異なることを思わせる。
12　本稿の筆者の上代の「たり」の理解と整理については、仁科(2009)で述べた。
13　なお、「立ち戻る」といっても、「てしか」「もが」を助詞の複合とみる立場は消えたわけではなく、山口(1985)などもこの立場に立っていた。本稿は、こうした立場を別角度から補強する議論であった、ということになる。
14　万葉集で「てしか」と訓まれている19例にも、「て」を補読した例が6例ある。
15　朝山(1937)など。ただし、本稿の筆者の見通しは、朝山(1937)とは異なる。

参考文献

川端善明(1965)　喚体と述体の交渉―希望表現における述語の層について―(国語学63)
――――(1977)　詠(国語国文46-5)
小柳智一(1996)　禁止と制止―上代の禁止表現について―(国語学184)
竹田純太郎(1989)　上代の命令法をめぐって(万葉134)

田辺正男（1947）　しか、てしかに就いて（日本文学論究）
仁科　明（2008）　人と物と流れる時と—喚体的名詞一語文をめぐって—（『ことばのダイナミズム』くろしお出版）
————（2009）　「存在」と「痕跡」—万葉集の「り」「たり」について—（国語と国文学86-11）
————（2014）　「属性」と「統覚」とそのあいだ—中間的複語尾の位置づけ—（『日本語文法史研究2』ひつじ書房）
野村剛史（1994）　上代語のリ・タリについて（国語国文63-1）
浜田　敦（1948a）　上代に於ける希求表現について（国語国文17-1／浜田1986）
————（1948b）　上代に於ける願望表現について（国語と国文学25-2／浜田1986）
————（1986）　『日本語史の諸問題』（和泉書院）
福田嘉一郎（2011）　中古日本語の希求の叙法（神戸外大論叢62）
森重　敏（1947）　上代係助詞論（国語国文16-2）
————（1958）　終助詞（国文学解釈と鑑賞23-4／森重1971）
————（1971）　『日本文法の諸問題』（笠間書院）
山口佳紀（1985）　『古代日本語文法成立の研究』（有精堂）
山田孝雄（1908）　『日本文法論』（宝文館）
————（1936）　『日本文法学概論』（宝文館）

用例の引用は以下による。
万葉集：『萬葉集 本文篇・訳文篇』（塙書房）。国歌大観番号を付す。
（用例の検索にあたっては『萬葉集電子総索引』塙書房も利用した。）
記紀歌謡：土橋寛『古代歌謡全注釈 古事記編・日本書紀編』（角川書店）。同書の歌番号を付す。
風土記歌謡：日本古典文学大系『古代歌謡集』（岩波書店）。
源氏物語：新編日本文学全集『源氏物語１～６』（小学館）。巻名のあとに、同書の巻数-頁数-行数を付す。

付記

本稿は、文法史研究会の研究会（2017年2月23日）で行った発表「（広義）希望表現の諸相—万葉集の例—」から論点を切り出して修正を加え、早稲田大学日本語学会2017年度春期研究発表会（2017年7月8日）にて「「もが（も）」とその周辺」として発表した内容を論文化したものである（論文化に際し、更に修正を行った）。発表にコメントをいただいた方々に感謝したい。日本学術振興会科学研究費基盤研究（C）研究課題番号16K02742、早稲田大学特定課題研究助成費（基礎助成）課題番号2018K-123による成果の一部である。

韓日現代漢文読法からみた釈読(訓読)の流れ

尹　幸舜

1.　はじめに

韓国と日本は古代から漢字・漢文を自国語で表記するのに活用した。例えば、韓国の郷歌と日本の万葉集歌は漢字の音や訓を借りて生まれたものであり、韓国の口訣字と日本の片仮名は漢字の画や辺を借りて誕生したものである。さらに、漢文を読み下す方法を考え出したのが漢文釈読（訓読）であった。 近来韓国での漢文釈読口訣資料の発見により韓国と日本の漢文釈読（訓読）の関連性に注目するようになった。藤本幸夫（1992:23）の研究では日本の訓点が始まったとされる華厳経が新羅留学僧の講義によることを手掛かりに、新羅の訓読法が日本に伝えられた可能性を説いている。また、小林芳規（2002:64-68、2004:185-202）の一連の研究では韓国の点吐（符号）口訣と日本のヲコト点とが酷似していることにより、その強い関連性を説いている。

韓国と日本は漢字文化圏の国として、 漢字・漢文の活用は非常に類似した歴史を有しているが、現代の漢字・漢文の活用には大きな相違が存する。まず、現代の漢字の使用については、韓国は名詞などの語彙や「漢字＋する」の動詞などに制限されているのに対して、日本は動詞や形容詞などの活用語までに極大化している。また、漢文の読み下しにも韓国は音読であるのに対して、日本は訓読を行っている。特に、両国において漢字・漢文は、近代に至るまで非常に重要な文章としてその役割を果たしてきたので、これらがどのように訓まれたかは重要な問題である。

漢文読法については日本は九世紀から長い期間に亘って漢文訓読が行われており、韓国は釈読口訣資料が伝えられる十一世紀以前から漢文釈読が行われたことが知られる。しかし、現代に至っては韓日両国の漢文読法は前者は音読、後者は訓読に定着している。現代の漢文読法の観点から見ると、韓

国は釈読を経て音読に変わっており、日本は訓読が現代まで維持されている。両国において漢文読法の展開の過程は類似しているにもかかわらず、漢字・漢文に対する活用の対応は別の流れを辿ってきたことが窺える。本稿はこのような点に注目して韓国と日本の漢文読法の特徴を検討し、現代の漢文読法の形成に影響を及ぼした性格を考えてみることにする。

2.　現代の韓日の漢文読法

2.1　韓国の音読

①子曰：‘弟子入則孝, 出則弟, 謹而信, 汎愛衆, 而親仁. 行有餘力, 則以學文’
（論語、學而）

②不尙賢, 使民不爭；不貴難得之貨, 使民不爲盜；不見可欲, 使民心不亂. 是以聖人 之治, 虛其心, 實其腹, 弱其志, 强其骨, 常使民無知無欲. 使夫智者不敢爲也, 爲無爲, 則無不治.
（老子、第3章）[1]

③坐幽篁裏《좌유황리》　彈琴復長嘯《탄금부장소》　深林人不知《심림인부지》　明月來相照《명월래상조》
（竹里館、王維）

④人西辭黃鶴樓《인서사황학루》　煙花三月下揚州《연하삼월하양주》　孤帆遠影碧空盡《고범원영벽공진》　惟見長江天際流《유견장강천제류》
（黃鶴樓送孟浩然之廣陵、李白）[2]

上記の用例は韓国において中国の漢文や漢詩を学習する現代の漢文読法であるが、その読み下しは全て音読で行われている。漢文の初歩者のため漢字音を示すルビなどを入れている場合もあるが、漢文の理解のため、最小限の表示を示している類似白文といえるような漢文読法である。漢文に句読点や分かち書き、または会話文である符号のみを入れてはいるが、韓国語に読み下す何の表示も表していない。即ち、韓国語による読み下しを行っているのではなく、漢文の構文を理解する最小限の符号を示しているだけである。このような漢文読法は英文の翻訳文のように漢文の翻訳文を別に提示しなければならないことになる。現代の漢文読法は高麗時代に行われた漢文釈読とは異なることが知られる。

2.2 日本の訓読

⑤子曰ハク弟子入リテハ則チ孝、出デテハ則チ弟。謹ンデ而信。汎《ひろ》ク愛シテレ衆,
而親《ちか》ヅクレ仁ニ。行ナヒ有ラバ二餘力一、則チ以テ學ベレ文ヲ。　　　　　　(論語、學而)

⑥不レバレ尚バレ賢ヲ、使ム二民ヲシテ不ラレ争ハ。不レバレ貴バ二難キレ得之貨ヲ、
使ム二民ヲシテ不ラレ爲サレ盗ヲ。不レバレ見レ可キヲレ欲ス、使ム二民ノ心ヲシテ
不ラレ亂レ。是ヲ以テ人之治ハ、虚シクシテ二其ノ心ヲ一、實タシ二其ノ腹ヲ一、
弱クシテ二其ノ志ヲ一、強クス二其ノ骨ヲ一。常ニ使メ二民ヲシテ無知無欲ナラ一、
使ム三夫ノ智者ヲシテ不ラ二敢テ爲サ一也、爲セバ二無爲ヲ一、則チ無シレ不ルレ治マラ。
(老子、第3章)

⑦獨リ坐ス幽篁ノ裏　彈琴復タ長嘯　深林人不レ知ラ　明月來タリテ相照ラス
(竹里館、王維)

⑧故人西ニカタ辭シ二黄鶴樓ヲ一　煙花三月下ル二揚州ニ一　孤帆遠影碧空ニ盡キ
惟ダ見ル長江ノ天際ニ流ル　　　　　　(黄鶴樓送孟浩然之廣陵、李白)[3]

上記の日本の訓読の用例は韓国の音読の用例と同一の漢文である。日本文に読み下しができるように句読点をつけており、語順を表す漢数字やレ点を示している。さらに、動詞や形容詞などの活用語の送り仮名を示し、助詞や助動詞などを詳しく施して、完全な日本文に訓めるようにしている。このような現代の漢文訓読は韓国の類似白文の漢文音読とは大きく異なっている。日本の現代の漢文読法は平安時代から行われた多様な漢文訓読とは異なるが、伝統的な訓読法を受け継ぎながらも幾分定型化して、訓読の流れを維持していることが知られる。

3.　古代の韓日の漢文読法

3.1　韓国の釈読[4]

①我ㇷ 作ソトㅎ丁 所乙ソア {如}支 此乙 以ㇿ 一切衆生乙 開導ソㇿハ {於}身心ㇿ十
貪愛乙 生リア 不冬 令リ下 悉ㇿ 得ㇿ尓 清淨智身乙 成就ㅅリㅎ禾ㇿ七丨ソナア入乙
{是}リ乙 名下 究竟施ㄱノ禾ナ丨　　　　(大方広仏華厳経疏 巻第35, 16張14-17行)

②時十 波斯匿王ㄱ 言尸 善ㄅ丅 大事七 因緣⺍ 故ノソ.ロトㄱリㄱ丁ソㄋ 卽ㄅ
百億種色七 花乚 散ソロハ.ㄱ 變ソㄋ木 百億寶帳リ 成ナㄋ 諸ㄱ 大衆乚 蓋ソロヒ丨
(旧訳仁王経 上巻, 3張20-21行)

③聖財所生樂ㄱ 一切 時亠十 有丨 内縁乙 依x入乙 {以}(ㄱ)⺍{故}亠又 非聖財所生樂ㄱ
一切 地十 有ソㄱ 非(矢)丨 唯 欲界印⺍{故}亠聖財所生樂ㄱ 一切 地十 有丨 三界
繫ノ亽入 及 不繫ノ亽入十 通ソㄱ⺍{故}亠　　(瑜伽師地論 巻第5, 2張20-23行)

④一切 天女ㄱ 咸七 歡喜(ソ)ㄋ 悉ㄋ 妙音乙 吐(ソ)ㄋ木 同リ 讚歎xㄌ自在天王ㄱ 大リ 欣
慶(ソ)ㄋ 摩尼寶乙 雨リㄋ木 佛乙 供養(ソ)ㄋ 讚言(ソ)ナ尸丁 佛ㄱ 我ㄋ {爲} 出興(ソ)
而下 第一 功德七 行乙 演說(ソ)ロハ而ㄱリ㢱丨　　(大方広仏華厳経 巻第36, 1張7-9行)

上記の韓国の釈読の用例のうち、①②は墨書字吐（文字）釈読口訣であり、③④は角筆点吐（符号）釈読口訣である。角筆点吐（符号）釈読口訣における読み下しは便宜上点吐（符号）口訣を口訣字に書きかえたものである。韓国の漢文釈読法の様子を理解するために、おおまかに日本語で書き表してみると、次のようになる。まず、①の墨書字吐（文字）釈読口訣は「我の作した所の如き此を以て一切衆生を開導し｛於｝身心に貪愛を生じ令せ｛不｝ず、悉く得て清浄智身を成就させることにする。｛是｝これを名けて究竟施という。」であり、③の角筆点吐（符号）釈読口訣は「聖財所生樂は一切時に有る。内縁を依することを以てする故である。又非聖財所生樂は一切地に有せ｛非｝ず。唯欲界にのみある故である。聖財所生樂は一切地に有る。三界繫することと｛及｝不繫することと通じる故である。」である。

上記で示したように、墨書字吐（文字）釈読口訣と角筆点吐（符号）釈読口訣の傍訓については動詞や形容詞や名詞などの概念語の加点はほとんどなく、これらの語彙を漢字音で訓んでいることが分かる。また、傍訓がある場合も、概念語の全訓を施しているのは見られず、訓で訓める表示として末音添記という最小限の語尾を示すに止まっている。韓国の釈読口訣に多く加点されているのは漢文の文脈を正確に理解するための必要な「文法形態素」の助詞や助動詞である。このような傍訓の状態は日本の逐次的な訓読のそれとは大きく異なる点である。

韓国の釈読口訣は記入方法と記入道具によって、墨書字吐（文字）釈読口訣と角筆点吐（符号）釈読口訣と大きく二つに分けることができる[5]。記入

方法としては墨書釈読口訣には字吐（文字）口訣のみ用いられており、角筆釈読口訣には点吐（符号）口訣のみ用いられている。即ち、韓国の釈読口訣において字吐（文字）口訣と点吐（符号）口訣を混用することはない。韓国の字吐（文字）口訣は日本の仮名点に当たり、韓国の点吐（符号）口訣は日本のヲコト点に当たる。これは日本の訓読において仮名点とヲコト点を混用しているのと大きく異なっている性格である。

墨書字吐（文字）釈読口訣は全て字吐（文字）を用いて漢文を読み下しており、漢文を読み下すための符号は返点を用いるのに止まっている。漢文を釈読するのに用いられた単純な方法は、上に返って訓むことを示す「返点」と上に返って訓むべき文字の文法形態素を「左側口訣字」の記入で工夫しているのみである。角筆点吐（符号）釈読口訣は全て点吐（符号）を用いて漢文を読み下しており、その符号は星点と線点が中心となっている。さらに、星点と線点の組み合わせの複合形態も用いられている。これら以外にも点圖表示・返点・修訂指示線・口訣記入境界線・合符などを加点して、漢文の読み下しを容易に試みている。

南豊鉉（1980:14）において「口訣 = 漢文 + 吐」という言及でも知られるように、韓国の漢文読法における口訣というのは漢文の句節の間に「吐」を記入することである。また、「吐」というのは韓国語の「文法形態素」を漢文に記入することである。文法形態素は「連結語尾」や「先語末語尾」の他に「使役助動詞」などの助動詞類や目的格、属格、処格、並列助詞などの助詞類を指す。これは日本の漢文訓読が日本文に重点をおいて逐次的に読下していく訓法とは異なる性格である。即ち、漢字一字一字に対する釈読を目指すものではなく、漢文の構文の理解を念頭においた釈読法である。韓国の釈読口訣において漢文の構文を重視する読法は後代の音読口訣に変わる大きな要因の一つになったと考えられる。

南豊鉉（2000:32-33）では角筆点吐（符号）釈読口訣は文章の句節末に点吐（符号）の文法形態素をまとめて加点する特徴があることを指摘している。このような特徴から後代の音読口訣は墨書字吐（文字）釈読口訣からではなく、角筆点吐（符号）釈読口訣からの影響を受けたとされる。しかし、韓国の漢文読法の歴史の上から大きく眺めてみると、漢文の構文の把握を重視す

る釈読法は、後代の音読口訣に変わりやすい状況が既に整っていたと考えなければならないと思う。このような構文中心の漢文読法は13世紀を前後にして釈読口訣が音読口訣に変わることになる。

3.2　日本の訓読[6]

⑤身の三と語の四と意の三種の行とをモチテ、十悪業を造レルこと、自《（おのれ）》も作り他をも教《ヲシ》へ作ルを見ても隨喜せり。諸の善人に於てはサマに毀《貴》謗を生せり、斗稱をモチテ、欺《アザム》キ誑《タボ(ロ)》カシ、僞《イツハ》リを以て眞と爲し、不淨の飲食をモチテ、一切の施與せり。　　（西大寺本金光明最勝王経　巻3、2丁6−9行）

⑥〔於〕其の路の上にある土－塊・瓦－礫・草木・根茎・枝葉・花－草（の）輪の爲に〔所〕輾《メグ》ラレて、皆悉、摧ケ壊《ヤブ》レて受用するに任《マカ》セ不《ズ》なりヌ（と）いふガゴトシ。　　（地蔵十輪経巻　巻第6、43−44行）

⑦今旦は楽を受ケ、明《アケ》は菩薩のトコロに詣（り）て、當に法要（を）受（け）ム。共に相（ひ）謂（ひ）て言（は）ク、我は［與］菩薩と、常に此には同（しく）住せり。脩行すること何ソ晩《オソ》（く）ア（ら）ムやト（いふ）。
（妙法蓮華経玄賛　巻第3、283−285行）

⑧想（ヒ）ミレハ心ヲ百家（ノ）［之］論ニシテ慮ヲ九部（ノ）［之］經ニマシム、正法ノ幢ヲ建テ、歸宗（ノ）［之］客《カク》ヲ引キ、勝（ノ）［之］鼓ヲ撃チ、腹（ノ）［之］賓ヲク、王侯（ノ）［之］前ニ頡《トヒノホ》リ鴔《トヒクタ》ル、
（興福寺本大慈恩寺三蔵法師伝　巻第7、343−344行）

上記の日本の訓読の⑤⑥⑦⑧の用例は日本の平安時代の代表的な訓点資料である。日本の訓点は韓国の釈読口訣に比べて、訓読の行われた期間が長く、現在伝えられている資料も膨大な量に上っている。これらの資料において用いられている訓点は多様に現れるが、一般的な漢文訓読は仮名点とヲコト点と共に用いられており、その役割を分担している。即ち、仮名点は一般的に動詞や形容詞や名詞などの概念語を表し、ヲコト点は助詞や助動詞などを表すのに用いられている。 このような訓法は韓国の釈読口訣とは大きく異なる性格である。さらに、日本の訓点では一字や二字以上の漢字に対して、漢字音と声点などを施しているのは韓国の釈読口訣には見られない点である。

これは漢字一字一字に至るまで日本文に読み下そうと試みたといえる。即ち、日本の訓読は全ての漢文を完全な日本文に読み下すことを目指しているのに対し、韓国の釈読は漢文の構文を重視し、文法形態素の加点を中心とした制限のある釈読法といえる。

日本の漢文訓読は仮名点とヲコト点とを視覚的に分けることによって、漢文を日本語で容易に学習することができたと思われる。一方、韓国の漢文釈読法においては点吐（符号）口訣と字吐（文字）口訣の混用が行われなかったのは、記入道具の角筆と墨書の相違のよるものか、或いは漢文の句節の間に文法形態素の加点を中心とする釈読法は、両体系の口訣を混用しなくても十分であったと考えたかであると思われる。当時の加点者は両体系の口訣を習得していたにもかかわらず、何かの原則により点吐（符号）口訣と字吐（文字）口訣の両体系を混用しなかったと思うのである。 韓国の制限のある部分釈読法は古代の古歌謡である郷歌と吏読の借字表記からもその性格が指摘できるし、後代の音読口訣に変わる大きな要因になったと考えられる。

4. 韓国の漢文読法の性格

4.1 郷歌・吏読と万葉集

①善化公主　主(nirim)　陰(eun)　他(nam)　密(keuseuk)　只(k)　嫁(eo)　良(rang)　置(du)　古(go)　薯童房　乙(eul)　夜(bam)　矣(ui)　卯(al)　乙(eul)　抱(an)　遣(go)　去(ga)　如(da)

（薯童謠、7世紀後期）[7]

［善化公主様は人が知られないように嫁いでおいて薯童房を夜卯を抱いて行く］

②経心　作旀(myeo)　仏菩薩像　作時中(ae)　青衣童子　伎樂人等　除余　淳浄法者(eun)　上同　之(da)　経心内中(ae)　一収舎利尒(gom)　入内如(da)　（新羅白紙墨書大方廣佛花嚴經周本造成記 、755年）[8]

［経心を作り、仏菩薩像を作るとき青衣童子の伎樂人等は除いて、後の淳浄法は上と同じである。経心の中に一収舎利ずつ入れる］

③白浪乃 濱松之枝乃 手向草 幾代左右二賀 年乃経去良武 一云 年者経 尓計

武
［白波の浜松が枝の手向くさ幾代までにか年の経ぬらむ 一に云う年は経にけむ］　（万葉集　巻1・34）
④余能奈可波 牟奈之伎母乃等 志流等伎子 伊与余麻須万須 加奈之可利家理
［世の中は 空しきものと知る時し いよよますます悲しかりけり］
（万葉集　巻5・793）

上記の①②は韓国の郷歌と吏読文であり、③④は日本の万葉集の和歌である。郷歌は漢字の音と訓を用いて歌った新羅の古歌謡であり、吏読は6世紀の金石文などに見えるのをはじめとして、8世紀には釈読を試みる本格的な吏読文が現れる。このような漢字の音と訓を利用して古代韓国語を表す借字表記は日本の万葉集の表記法とよく比較されたりする。上記の郷歌のはじめの「善化公主（音読）　主（nirim）陰（eun）」において、尊敬の接尾辞の「主（nirim）」は漢字訓で訓んでおり、「陰（eun）」は主題補助詞の音借字表記である。下線のないローマ字の表記は漢字訓を表し、下線を引いているのは文法形態素を表している助詞や助動詞の音借字表記である。 韓国の古歌謡では日本の記紀歌謡や万葉集歌の一字一音節の歌の表記は見当たらない。従って、動詞や形容詞などの概念語に対する正確な音節が分からない。 郷歌に一字一音節の表記ができなかったのは、古代韓国語の音節構造の複雑さによるものか、 或いは漢字・漢文に対する原漢文の依存性が強かったかであると思う。

郷歌の漢字表記の基準において、最も注目されるのは訓主音従の原則である。これは動詞や名詞などの概念語に当たる訓読みの漢字は前に置き、助詞や助動詞などに当たる文法形態素の音読みの漢字は後に置いて、歌を創る原則である。訓読みを表す漢字には最小限に制限された末音添記という語尾を表したりすることもあった。郷歌の「訓主音従」の表記の原則は吏読文においても同様の性格が指摘できる。さらに、高麗時代の漢文釈読においても概念語に当たる語彙の読みが漢字音か訓読みかは別として、その傍訓はほとんど現れず、文法形態素に当たる助詞や助動詞の加点を中心とする漢文釈読法と通じる性格である。

上記の③の万葉集の例は山上憶良の作品で、漢字の正訓と活用語尾や助詞や助動詞などを萬葉仮名で表記した和歌である。このような表記法は韓国の郷歌の表記法と類似しているといえる。④の万葉集の例は大伴家持の作品で一字一音節の万葉仮名の表記によるもので、漢字の正訓は現れない。 一字一音節の歌の表記は長くなる恐れはあるが、正確に古代日本語の音節を表すことのできる利点がある。8世紀の日本では漢字に対する多様な正訓の表記法の定着と共に、漢字音と日本語の音節との対応関係が完成段階に至ったことが窺える。

このような多様な漢字の借字表記は日本語の言語構造が比較的単純で、漢字を容易に活用できる開音節言語という特徴を有していることで可能になったと考えられる。特に万葉集歌などの正訓の定着と普及は、次の平安時代の漢文訓読が逐次的な読法になりやすい土台を作ってくれたと思われる。現代日本語においても漢字の正訓表記による動詞や形容詞などの概念語における活用は昔からの漢字・漢文の学習の残影といえる。

4.2 音読口訣とハングル口訣[9]

①是故灬 汝今阝 知見阝 立知丷尸 卽無明本㇏午 知見阝 無見丷尸 斯則涅槃匕匕 無漏眞淨口乛 云何是中阝 更容他物㇏禾午 根塵㇏ 本眞丷亽大 故灬 曰同源亽 丷.口 結解俱幻㇏亽大 故灬 曰無二亽 丷.口 夢識㇏ 無初丷亽大 故 譬空華丷.口 物境㇏ 成有丷亽大故灬 由塵丷阝 發知口 (南豊鉉本楞嚴經 1b:14-15, 13世紀中期)

②勇猛精進丷阝 名稱普聞丷ス 成就甚深未曾有法丷阝 隨宜所說㇏ 意趣難解㇏匕、 釋上阝七 智深法深之由也丷.匕、親無數佛則所學之深㇏.口 行丷.尸 無量道則所造之深㇏.口 (宝物1153 法華經 1:33b, 14世紀末)

③心重世名ᄒᆞ샤 好遊族姓者ᄂᆞᆫ 迷識著境 故로 外慕妄求也ㅣ라 從燈明教ᄒᆞ샤ᅀᅡ 而名心이 頓歇者ᄂᆞᆫ 了識이 依智ᄒᆞ면 則迷妄이 自除也ㅣ라 然燈佛이 現ᄒᆞ샤ᅀᅡ 乃成妙圓者ᄂᆞᆫ 迷妄이 旣除ᄒᆞ야ᅀᅡ 心燈이 卽現ᄒᆞ리니 心燈이 旣現ᄒᆞ면 則萬境이 妙圓矣리라

(金剛經三歌解 82a:8-82b:5, 1486年刊)

④今言萬二千者ᄂᆞᆫ 兼他方所集也ㅣ라 阿羅漢ᄋᆞᆫ 義翻殺賊이며 亦曰應供이며 亦曰不生也ㅣ라 善淵之心이 不能全一ᄒᆞ야 粘湛發識ᄒᆞ야 流逸奔境ᄒᆞᆯᄊᆡ 名漏ㅣ니

(法華經諺解 1:24b:2-1:24b:8, 1463年刊)

上記の用例の中、①②は音読口訣であり、③④はハングル口訣である。音

読口訣は漢字の単語や句節の間に入れる文法形態素を口訣字で表記し、ハングル口訣は口訣字で表すところをハングルに変えて表記することを指す。音読口訣とハングル口訣における原漢文は必ず音読する。 高麗時代に行われた釈読口訣は語順などを韓国語に応じて読み下すことであるが、音読口訣は語順などを示すことなく、漢文の語順を変えず、中国の漢文のように音読で読み下していくという意味で順読口訣とも呼ばれている。13世紀以降には音読口訣が漢文読法の主流となり、15世紀のハングルが創られた以降にも音読口訣は重視されながらも、ハングル口訣が用いられるようになる。

上記①の例である音読口訣の漢文の様子を窺うために大まかに日本語に直してみると、「是故で汝今に知見に立知すれば卽無明本であり、知見に無見すれば斯卽涅槃で無漏眞淨であり、云何是中に更容他物である。根塵が本眞するが故に曰同源であり、結解倶幻するが故に曰無二して、夢識が無初するが故に譬空華して、物境が成有するが故に由塵し發知して」のように、漢字を全て音読に読み下し、名詞句や動詞句に「である」や「する」などを入れるだけで読み下している。このような音読口訣は釈読口訣の制限された部分釈読法よりさらに簡略化された読法であり、原漢文の読みが中心となっていることは古代の借字表記の郷歌と吏読にも通じる性格である。

韓国では古くから漢文を正確に理解する方法として、文法形態素である口訣を明確に記入する必要があった。しかし、現代においてこのような口訣は漢文読法に用いられなくなり、中国の漢文のような類似白文になっている。漢字・漢文の活用において、韓国の漢文読法が日本のように展開されなかった理由はいろいろと考えられるが、最も大きな要因となったのは次の二つではないかと思うのである。一つは韓国語の音節構造に対する複雑さによって、細かい借字表記にまで進めることができなかったのではないか、もう一つは中国の文化との関わりが深く、それによる原漢文の対する強い依存性があったのではないかと考えられる。

5.　結び

韓国と日本の古代の借字表記として知られる代表的なものは韓国の郷歌と日本の万葉集の和歌である。 漢字の音と訓を利用して自国語を表した表記

法は非常に類似しているといえる。郷歌の借字表記の基準において最も注目されるのは訓主音従の原則である。これは動詞や名詞などの概念語の漢字は前に位置させて訓で訓み、助詞や助動詞などの音借字表記は後に位置させて訓むことである。 このような原則により韓国の古歌謡では、日本の記紀歌謡や万葉集歌で見られる一字一音節の歌の表記は見当たらない。新羅の古歌謡が一字一音節の借字表記にまで進めることができなかったのは、古代韓国語の音節の複雑さと原漢字に対する依存性が強かったのではないかと思われる。日本の万葉集に代表される万葉仮名は動詞や形容詞などの概念語のみではなく、活用語尾や助詞や助動詞までに細かく表記している。8世紀の日本では漢字に対する多様な正訓の定着と普及と共に、漢字音と日本語の音節との対応が完成に至ったことと考えられる。

高麗時代の釈読口訣の記入方法による区別は日本の訓点資料と異なる性格を有している。漢文釈読口訣における大きな特徴は動詞や形容詞などの概念語に当たる傍訓はほとんど現れず、文法形態素に当たる助詞や助動詞を中心とする漢文読法である。韓国の釈読口訣は漢文の統辭的の技能を明確にするために、漢文の句節の間に韓国語の文法形態素である助詞や助動詞を施している。このような漢文釈読は漢文の全てを釈読するという意図はなく、文法形態素を中心とする制限のある部分釈読を目指したものと考えられる。日本の訓読は時代と資料によって相違はあるものの、用言類や體言類などの傍訓は片仮名で、助詞や助動詞などはヲコト点で、その加点の役割を分担して用いられているのが一般的な訓読法である。このような読法は漢文を正確かつ詳細に日本語文に訓むことを目指しているといえる。

音読口訣とハングル口訣は漢字の単語や句節の間に入れる文法形態素を口訣字やハングルで表記し、両方の原漢文は必ず音読する。高麗時代に行われた釈読口訣は語順などを韓国語に応じて読み下すことである。しかし、音読口訣は語順などを示すことなく、漢文の語順も変えず、中国の漢文のように音読で読み下していくという意味で順読口訣とも呼ばれている。 音読口訣も漢文を正確に理解するために、文法形態素を中心とする口訣を漢文の句節に記入するのは、釈読口訣と同様であるが、原漢文において音読する部分が多く、文法形態素を表す口訣は最小限に制限されている。即ち、音読口訣と

ハングル口訣は釈読口訣よりもさらに簡略化された漢文読法といえる。

中国の漢文や漢詩を学習する韓国の現代の漢文読法の読み下しは音読で行っている。純粋な白文とはいえないが、句読点や分かち書き、または会話文である符号のみを示しており、韓国語に読み下す何の表記も施していない。韓国の漢文読法は新羅時代の郷歌の訓主音従の原則から高麗時代の制限された漢文釈読を経て、語順を示さない音読口訣とハングル口訣にさらに簡略される。また、現代に至っては韓国語の文法形態素の口訣を全て除く原漢文に近い形になるのである。これに対して日本の訓読は奈良時代の一字一音節の万葉集歌のように完全な古代日本語を表記することから、平安時代の詳細な漢文訓読を経て、漢文読法の伝統が幾分か定型化して現代の漢文訓読に伝わることになる。現代の漢文訓読にも漢文の構文を理解するために句読点をつけ、語順を表す漢数字やレ点をはじめ、動詞や形容詞などの活用語の送り仮名を施し、助詞や助動詞などを詳しく施して、完全な日本文に訓めることを原則としている。

以上の検討のように、韓国と日本は漢字文化圏として古くから漢字・漢文を受け入れて、自国語として活発に活用してきたことが知られる。さらに、両国の自国語が生まれた以降にも漢字・漢文の活用は廃れず活発に用いられてきたといえる。ところが、歴史的に韓国と日本は漢字・漢文に対する態度と自国語の音節構造との対応により、漢文読法の展開が非常に異なる流れを辿ってきたことが分かる。

注

1　崔完植・金榮九・李永朱（2001）『漢文讀解法』明文堂：pp.301，336

2　張基槿（2005）『綜合漢文解釋』明文堂：pp.472，501

3　小林信明（1986）『綜合漢文解釋』洛陽社：pp.233，299，350，355

4　韓国の釈読の用例は次のような釈読口訣資料による。
李丞宰　外（2005）『角筆口訣の解読と翻訳 一 ―初雕大藏経の「瑜伽師地論」巻第五・巻第八―』太学社、李丞宰　外（2006）『角筆口訣の解読と翻訳 二―周本「華厳経」巻第三十六―』太学社、『大方広仏華厳経疏巻第三十五』複写本、「旧訳仁王経　上巻」『口訣研究』1.

5　「合部金光明経 巻第三」には角筆点吐（符号）釈読口訣と墨書字吐（文字）釈読口訣が用いられている。しかし、点吐（符号）と字吐（文字）を混用することはない。角筆点吐（符号）釈読口訣と墨書字吐（文字）釈読口訣は同時代に

通用されており、角筆点吐（符号）釈読口訣を基に墨書字吐（文字）釈読口訣が加点されたとする。

6　日本の訓読の用例は次のような訓点資料による。
春日政治（1985）『西大寺本金光明最勝王経古点の国語学的研究』勉誠社、中田祝夫（1958）「地蔵十輪経」『古点本の国語学的研究 訳文篇』講談社、築島裕・小林芳規（1999）「妙法蓮華経玄賛巻第三」『石山寺資料叢書―聖教篇第一』法蔵館、築島裕（1965）『興福寺本大慈恩寺三蔵法師伝古点国語学的研究　訳文篇』東京大学出版会

7　金完鎮（1980）『郷歌解読法研究』ソウル大学出版部: pp.94 以下

8　南豊鉉（1991）『吏読研究』太学社: pp.225-226

9　口訣学会の講読会の研究による。

参考文献

南豊鉉（1980）「口訣と吐」『国語史のための口訣研究』太学社

南豊鉉（2000）「高麗時代の点吐口訣について」『書誌学報』24

小林芳規（2002）「韓国における角筆文献の発見とその意義　―日本古訓点との関係―」『朝鮮学報』182

―――― (2004)『角筆文献研究導論　上巻　東アジア篇』汲古書院

藤本幸夫（1992）「李朝訓読攷 其一」『朝鮮学報』143

いろは歌の作者について

——いろは48字説の検討——

鈴　木　　豊

1　はじめに

小倉肇（2003）は「たゐにの歌」（以下「たゐに」と略称する）に用いられている様々な修辞法を指摘し、全体の構造を明らかにするとともに、一首に明確な解釈を与えた。その結果、それまでの評価に反し、「たゐに」は数多くの和歌・漢詩を踏まえつつ首尾一貫した内容をもつ優れた作品であることが明らかになった。また、「たゐに」と源順との間に多くの関連を指摘できることから、その作者が源為憲であることもほぼ間違いないことを示した。小論では「いろは歌」（以下「いろは」と略称する）も「たゐに」の作者である源為憲が作成したとの仮説を検証する形で考察を進める。なお、源為憲に関する伝記的研究として大曽根章介（1980）、速水侑（2006）を参考にした。

「あめつち」「たゐに」「いろは」は清音音節の一覧であると同時に、作者によって様々な有用な情報が盛り込まれた、初学者向けの教材であると考えられる。『金光明最勝王経音義』所載「以呂波」は現存する最古（承暦3＝1079）の「いろは」であり、多くの興味深い事実を現代に伝えているが、これまでの研究では学術的側面が強調されていることが「いろは」の作者と成立事情の解明を阻んでいたのだろう（この「以呂波」については馬淵和夫（1955）・小松英雄（1979）・近藤泰弘（1981）・鈴木豊（2016）などを参照していただきたい）。「たゐに」と「いろは」の作者をともに源為憲であると考えることによって、「いろは」の成立事情もおのずから明らかになってくるのである。

2　研究史

2.1　大矢透 (1918) まで

現存する最古の「いろは」は『金光明最勝王経音義』所載の「以呂波」で、7字区切り、万葉仮名表記、大字小字があり、そのほとんどに平声点または上声点が注記されている。新義真言宗の祖である覚鑁『密厳諸秘釈』第八に「伊呂波釈」「伊呂波略釈」があり、いろは歌は『涅槃経』の中の無常偈「諸行無常　是生滅法　生滅滅已　寂滅為楽」の意訳であるとする。「いろは」の作者を空海とする説は『釈日本紀』に見られる。

髙橋愛次 (1974)・小山田和夫 (1984) は主としていろは歌の作者に関する説を網羅・分類している。大矢透 (1918) はあめつちが48字であるのに対して、たゐにの歌・いろは歌が47字となっているのはア行とヤ行の区別が失われたことを反映しているためであるとした。大矢透 (1918) はほとんどの国語学者に受け入れられ、いろは歌の成立時期は10世紀後半以降と考えられるようになった。しかし小山田 (1984) によればそれ以後もいろは歌の作者を空海であるとする多くの説が、主として国語学者以外から提出されていることを知ることができる。

2.2　大矢透 (1918) 以後

大矢透 (1918) はア行とヤ行のエの合流過程についての実証的な研究であり、「あめつち」・「たゐに」・「いろは」の順に成立したとする解釈を示した。

橋本進吉 (1932) は「いろは」の製作年代・作者・典拠について、大矢透 (1918) 説を踏まえて以下のように説明している。

> 【製作年代】大矢博士は、いろはの如き七五、四句単行の和讃は、恵心 (源信) 僧都の歌占の話 (古事談) に出るものが最古で、その数十年前からあつたであらう事、いろは歌が四十七音で、ア・ヤ両行のエを区別せず、しかもその他の仮名遣が正しいのは、仮名遣の歴史上、天禄永観の頃の有様を代表してゐる事からして、いろは歌を天禄乃至永観前後の作とし、その作者を、民間化導の為め大乗教の教徒の作つたものとし、空也・

千観又はその徒の手のものに成つたと推定した。この説は、いろは歌が、古くから行はれたあめつちに代つて仮名手本となるに至つたのが、平安朝半過ぎから院政時代初期までの間に在つたらしい事、天禄年間に源為憲が作つた「口遊《くちずさみ》」にあめつちの代はりに用ひるがよいとて「たゐにいで云々」の「多《た》爲《ゐ》(ママ)爾《に》歌《うた》」を載せた事(当時いろはの行はれた形跡はない)、「江談」に源信がいろは歌を講じたといふ伝説が見える事などと合せ考へて、大体に於いて当を得たものと考へられる。但し、作者に関する説はなほ考へる余地があらう。【典拠】覚鑁の「以呂波釈」以後、みな涅槃経の四句の偈「諸行無常、是生滅法、消滅滅已、寂滅為楽」の意を取つたものと解せられてゐる。但し、最近これを疑ふものもある。」

典拠の解説中「最近これを疑ふものもある」とするのは岡田希雄(1936)の説で、「いろは」の典拠は「止観文曲」であると主張するものであるが、その後現在まで岡田説が受け入れられるに至っていない。

大矢透(1918)以後、日本語研究者は「いろは」作者空海説を採らず、もっぱら音図および上記三種類の「誦文」の相互の関係について研究を深めていくことになる。

亀井孝(1960)は「音図」が「あめつち」に先行すること、「あめつち」が「偉大なちゑのあそび」として生まれたであろうことを論じた。小松英雄(1964)(1973)(1979)は「あめつち」「たゐに」「いろは」に関して多くの創見を示した(たとえば「あめつち」「いろは」は漢字の声調を学習するために製作されたなど)。特に、「たゐに」の末尾には「えふねかけぬ(江)」よのうにヤ行の「エ」が存在したことを主張したことはその後の研究に大きな影響を与えた。亀井孝(1978)(1986)は「いろは」が成立当初48字であった可能性を指摘した。これについては次節で検討する。

「あめつち」が見えるのは『宇津保物語』・『源順集』所載「あめつちの歌」・『口遊』・『相模集』・『賀茂保憲女集』である。「あめつち」を引用した記述や歌を残した人々とその関係者(源順・源為憲・賀茂保憲・慶滋保胤・慶滋保章・賀茂保憲女・相模)はいずれも文章道出身者とその子孫、より狭く捉えると源順・源為憲と関わりのあった人々とその子孫である。

2.3　小倉肇 (2003)

小倉肇 (2001) (2003) はたゐにの歌の内容と作者について多くの新見・創見を提示して、それまでの「たゐに」についての評価を覆した。小倉肇 (2004) はア行とヤ行のエの音節の合流過程の詳細を記述することに成功した。小倉肇 (2003) の要旨を以下に記す。

〈太為尓〉は、源順の「あめつちの歌四十八首」の冒頭2首および『万葉集』巻1の巻頭歌ならびに『三宝絵』序の冒頭に引く古人の漢詩を踏まえて作成された、「江」を含む48字の誦文で、作者は、『口遊』『三宝絵』の著者、源順の弟子の源為憲である。〈太為尓〉は、綿密かつ周到に計算された用語で構成されており、まさに「此誦為勝」と見なすことのできる内容の誦文 (韻文) となっている。〈阿女都千〉から〈太為尓〉への改編は、源為憲の「ちゑのあそびの産物」であり、「此誦為勝」という注記は、音韻史の問題 (ア行「衣」とヤ行「江」の区別) とは全く関係のないもので、そのまま文字通りの意味で理解することができる。また、五音と誦文との相互補完的な結びつきは、〈以呂波〉が成立してから後のことであることも改めて確認する。

小倉肇 (2003) は「たゐに」が源為憲『三宝絵』冒頭に引く「古人」の漢詩を踏まえていることを指摘して、「ところで、〈太為尓〉は、源順の「あめつちの歌四十八」の冒頭の2首だけではなく、実は以下に述べるように、『万葉集』巻1の巻頭歌をベースとしつつ、さらには、源為憲の手になる『三宝絵』序の冒頭に引く古人の「漢詩」をも踏まえて作成されている、と本稿の筆者は考えている。従って、このような種々の徴証を勘案すれば、〈太為尓〉の作者は、源為憲であると推定して間違いではないだろう」とも記している。『和泉式部集』269-311番歌 (重複歌368-399 (11首を欠く) あり) はこの漢詩「観身岸額離根草、論命江頭不繋舟」を冠に折り句的に詠んだ歌群である。『和泉式部集』には法華経勧持品の一節「我不愛身命」を句読に読み込んだ歌群も存在している。久保木寿子 (1981) は「経文を題とすることが隆盛して後、はじめてそ

の変形ともいえる折り句的台詞が設定されたとすれば、「我不愛身命」歌群は、当然長保四年八月以後の成立となる」とする。藤原行成の『権記』長保4年に讃法華経二十八品和歌序を藤原有国が書いた記録があり、その序によれば法華経の経文を句題とする和歌がこのときから行われるようになったといいうのである。『三宝絵』(『三宝絵詞』とも。絵は現存していない。安田尚道(1985)参照)に引く古人の詩は藤原公任『和漢朗詠集』「無常」にも作者名を「羅維」(厳維か)として引かれている。小野小町「わびぬれば 身を浮草の 根を絶えて さそふ水あらば いなむとぞ思ふ」、『枕草子』「草は」の段もこの「観身…」詩を踏まえていると言われ、古来よく知られた詩であったようである。

小倉肇(2003)により「たゐに」の作者は源為憲である可能性が高いと考えられるが、『口遊』成立当時、源順も存命であり「たゐに」は源順・源為憲の共同製作と考える余地も残されている。「いろは」の作者を源為憲とする説には村上通典(1994)に、「よって、手習いに役立つように、仮名47文字を重複させずに諸行無常偈を意訳したのは、「たゐに」や「九九」など、貴族の子弟の学習・暗誦すべき語句を集めた初学者用学習書「口遊」の著者源為憲と見ることが最も自然ではないでしょうか」とするのが唯一のものである。

3　ア行・ヤ行のエの区別に関わる研究史

ア行とヤ行の「エ」が上代においては区別されていたことは石塚龍磨(1798以前成立)『仮字遣奥山路』に、10世紀中頃には区別が失われることは奥村栄実(1829成立)『古言衣延弁』に指摘されている。その後大矢透(1907)・橋本進吉(1949)・亀井孝(1960)・小松英雄(1964)(1973)(1979)・馬淵和夫(1971)などにより「あめつち」「たゐに」「いろは」に関する研究が進展し、それに伴いア行とヤ行の「エ」の合流過程についても多くのことが明らかにされてきた。小倉肇(2003)はこれらの研究を承けつつ、「たゐに」について全く新しい解釈を与え、また小倉肇(2004)はそこからア行とヤ行の「エ」が合流する過程についても音声的な変化の過程を解明し、音韻論的解釈を示した。小倉の結論は以下の図1の通りである。

図1 ア行とヤ行の「エ」の合流過程（小倉肇（2004：p.24）の図を転用）

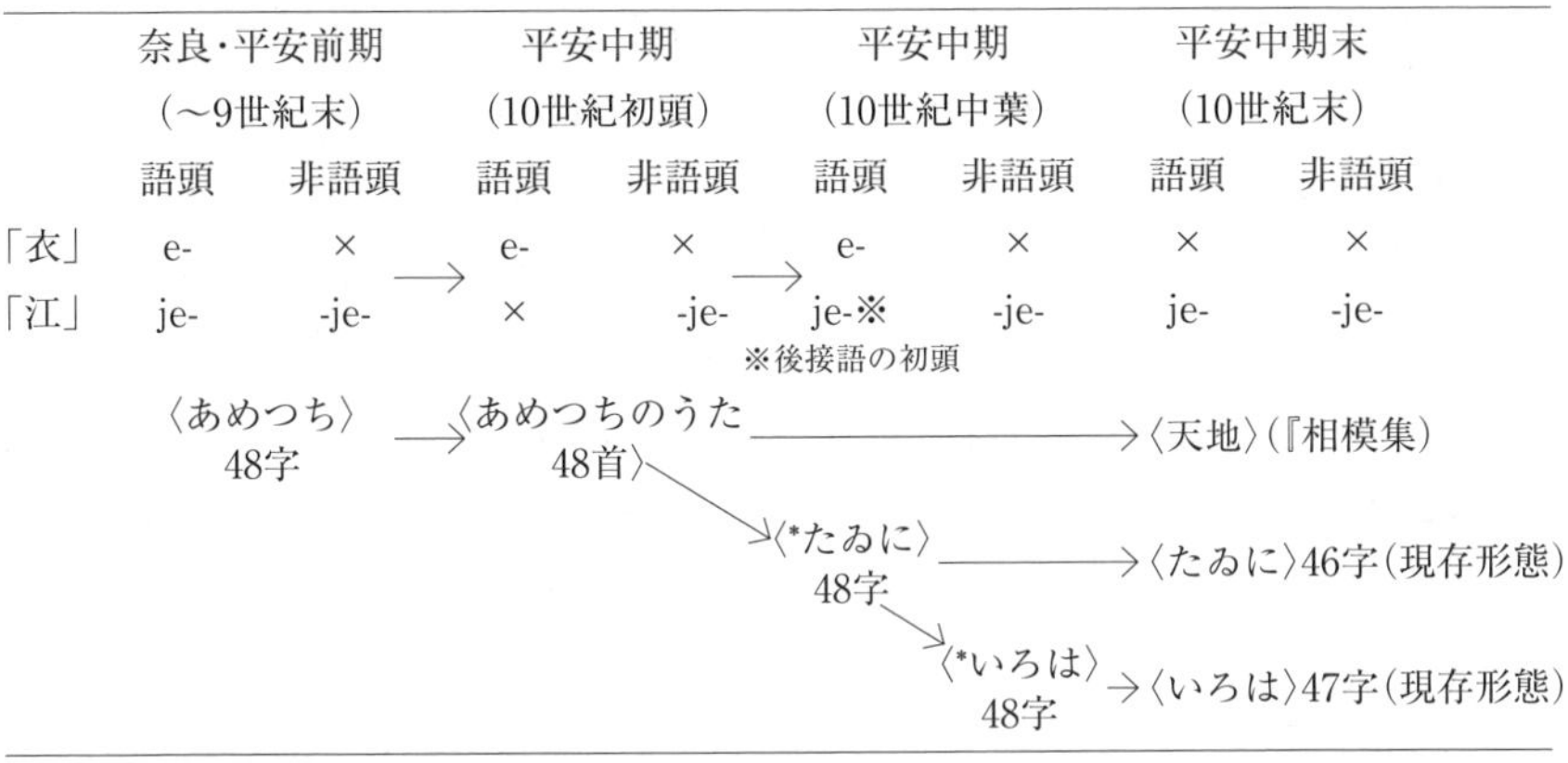

小倉は語頭［e-］、非語頭［je-］の相補分布の時期を経て、再建された48字の「たゐに」の「えふねかけぬえ」のように後接語の初頭では語頭音節にも［je-］が現れるようになり、ついに二つの音節は合流して、音声としては［je］に統一されたと説明した。小倉は小松英雄（1973）の「たゐに」48字説、亀井孝（1978）の「いろは」48字説を受け入れて上記の結論を導いている。亀井孝（1978）は以下のとおり。

それよりか、ひとつ、このばしょをかりて、むしろ一般のかたがたのめにはふれていないであろう私見をいまここにあえて一般にむけごひろうすることをゆるされたい。それは「いろはうた」も、もしかしたらその原型は四十八字から成っていたかもしれないという仮説である。この仮説がどこまで顧るにあたいするものかどうかはともかく、「いろはうた」にたいしても、「いろはにほへどちりぬるを、わがよたれぞえつねならむ……」と、もと“ア行のエ”をこのようにふくんでいた段階をもし想定するならば、少なくとも今様体として、それがいっそうすっきりとすることだけはたしかであろう。

同趣旨のことを述べた亀井孝（1986）は以下のとおり。

ついでをもって、せっかくもうひとこと、これも書きそえておくことをゆるされるならば、「いろは」が実年代のうえでいつできたにせよ、「あめつち」よりはのちであるべきむね、それについてことさらにわたくしはあげつらっているけれども（一五八ペイジ）、そのときすでにわたくしにはあるおぼつかないこだわりがあって、じつはためにそのくだりの行文が、いつもながらのことといえばいっそそうかもしれないけれど、やはりもたもたと歯ぎれのわるくなっていること、またこれ、いなみがたい。どうにも資料にめぐまれていないことはしかたないけれども、ひさしくわたくしは「いろは」もその“祖型”はいわゆるア行のエを含んだ四十八文字の形のものだったのではないかと想像をたくましうしているのである。すなわち、もしこれをあからさまにするならば、じつはもと「わかよたれそつねならむ」は「わかよたれそえつねならむ」こそその原型だったのではないかと、このようなことのありうべしさへのうたがいをみずからにたいしてわたくしはひそかにすてがたいのである。しかしながら、どのみちいまとなっては、むかしをいまになすよすがこそなけれ。

以上のように亀井孝（1978）（1986）は「いろは」の「原型」「祖型」は48字でなかったかと考えており、小倉肇（2004）は亀井説を支持してるが、小論の筆者は「たゐに」「いろは」作者の源為憲は48字の「あめつち」を組み替えたことがわかるような形で二つの誦文を製作したが、「たゐに」「いろは」ともに成立時から47字であったと考える。「たゐに」の「えふねかけぬ（え）」、「いろは」の「わがよたれぞ（え）つねならむ」はア行の「エ」・ヤ行の「エ」の区別をもたない源為憲がその処理について腐心したことを示している。「エ」を1字削除して47字の誦文に仕立てたが、削除した「エ」がどこにあるのかがわかるような形で処理したのである。「たゐに」ではヤ行の「エ」を最後に隠すことで47字でも48字でも誦文が成立するようになっているが、7字区切りの「いろは」（「常のいろは」）では折句として句末に「とがなくてしす」が隠されているので（4.4参照）、その場合は48字説は成り立たなくなる。また、「えつねならむ」は句またがり（句またぎ）となることも47字説を支持するだろう。

また、「わがよたれぞつねならむ」という問いに対する答えは「わがよたれぞえつねならむ」の場合と同じく「えつねならず」となるだろう。音韻としてア行とヤ行の二つの「エ」を区別しなかった源為憲は、「あめつち」48字の組み替えであることを示しつつも、「たゐに」「いろは」を当初から47字の誦文として製作したのである。

4　いろは歌の問題点

長い研究史をもつ「いろは」だが、作者と成立時期に定説を見ないのをはじめとして、「いろは」48字説は成り立つか、7字区切り(常のいろは)の句末「とがなくてしす」は折句か、「あさきゆめみし」の「し」は清音か濁音かなど、大きな問題が残されている。

4.1　「色」・「我が世」・「夢」・「酔」

「いろは」第1句の「色は匂へど」、第2句の「我が世誰ぞ」は小野小町の「花の色は移りにけりないたずらに我が身世にふるながめせしまに」の「花の色」「我が身」に対応していいると考えられ、また「いろは」第1句・第2句全体の句意は『涅槃経』の雪山偈を踏まえると同時に小野小町の和歌を踏まえていると考えられる(小倉肇(2003)注16に指摘がある)。さらに、「いろは」第4句の「夢」についても小野小町の『古今集』入集歌の多くが「夢」を詠んだものであることと関連させているのかもしれない。「誰ぞ」は「誰か」であるべきとの指摘に対しては岡田希雄(1936)に反論がある。

古代人にとっての夢は現代人のそれと異なり、重要なものであった。夢に関わる語彙は「夢告」「夢想」「夢殿」「夢解き(占夢者)」「夢判じ」「夢合わせ(占夢)」「夢違(ゆめちがえ)」「夢の誦」「夢占(ゆめうら・ゆめうらない・ゆめのうら)」「夢路」「夢の通い路」「夢の直路」など枚挙にいとまが無いほどである。詳しくは西郷信綱(1972)・名島潤慈(1994)・上野勝之(2013)・酒井紀美(2017)などを参照していただきたい。

「いろは」第4句「ゑひもせず」は飲酒を戒めるもので、最澄が弟子達に残した『臨終遺言(根本大師臨終遺言)』十ヶ条の第二ヶ条に酒を戒める言葉が

あるのは、必ずしも飲酒戒が守られていなかったためだろう。「たゐに」にも「うちゑへるこら」の句があるが、これも間接的に飲酒を戒める意味合いで使用されている。

4.2 「し」の清濁

現在「あさきゆめみじ」と濁音で発音されることが多い「いろは」だが、大矢透（1918）はサ変動詞連用形と見ているし、古くロドリゲス『日本大文典』の「いろは」では「xi」で書かれており、清音だった。桑田明（1959）（1984）は「松も引き若葉も摘まずなりぬるをいつしか桜はやも咲かなむ（後撰集・巻第五）」など「Aし、Bもせず」が「AもBもしない」の意味となる構文の例を多数示して「し」を清音で読むべきことを強く主張している。「国見す」「垣間見す」など和語名詞＋サ変動詞の例は奈良時代より多く見られる。『源氏物語』には「ゆめみす」の例はないが「ゆめみさはがし（夢見騒がし）」が存在しているので、複合名詞「ゆめみ（夢見）」が成立していたと考えられる。「し」をサ変動詞「夢見す」の連用形と見て差し支えないだろう。雪山偈（諸行無常偈）の句意から見ても清音で読むべきだろう。

4.3 「有為の奥山」

仏教関係者による「いろは」の解説書は多い。たとえば、大八木遊道（1916）『仏教捷径いろは本義』（森江書店）は『涅槃行』の「諸行無常偈」と「いろは」に用いられている仏教関係の語句に解説を加え、「この四句を二段に分ち前の二句を無常の半偈とし有為有漏の迷の有様を詠みたるものとす　後の二句を如意珠の半偈とし無為無漏の悟の境涯を詠みたるものとす」とする。仏語「有為」は因と縁との結合から生じる無常の諸現象であり、煩悩にまみれた迷いの世界である俗世間をいう。石田瑞麿（1997）『例文仏教語大辞典』（小学館）によれば「有為有漏」は「因縁によって生じ、煩悩にまみれていること。また、常に動揺変化し、迷いの中にあること」、「無為無漏」は「生滅変化することや、煩悩のけがれがないこと」である。同じく、「無為泥洹《ないおん》」は「無為涅槃」と同じ意味で「永遠に変わらない（常）、苦しみのない（楽）、他に束縛されない（我）、煩悩のけがれのない（浄）涅槃（絶対究極の悟りの境地）をいう」である。よっ

て、「いろは」第3句の「有為の奥山今日越えて」は「煩悩にまみれた俗世を離れ、悟りを開いて涅槃の境地に入った」と解釈すべきである。「いろは」第4句「浅き夢見し酔ひもせず」は、第3句を踏まえて「(涅槃に入ればもう) 浅はかな夢を見たり酔ったりすることもない」の意味となる。「いろは」第3句・第4句は『涅槃経』の「雪山偈」第3句・第4句の「生滅滅已　寂滅為楽」とよく対応していると考えられる。句意から「いろは」第4句の「し」は「浅き夢見し」と清音で読むべきことは明白だろう。

「いろは」は平安時代中期頃の成立した釈教歌・法文歌であるが、当時の法華経題の釈教歌について岡﨑真紀子 (2013) は以下のように記す。

> また、同時代の和歌の動向も無関係ではあるまい。たとえば『本朝文粋』所収の藤原有国「讃法華経二十八品和歌序」(巻11・349) は長保4四年 (1002) のものと考えられるが、「未下以二法華一為上題」とあり、法華経を題とする和歌がこの時初めてだったと記している。『長能集』にも法華経題の歌が見え、『公任集』『赤染衛門集』には法華経題と維摩経十喩題の歌もある。『発心和歌集』がなった西暦1000年前後の平安中期は仏典を題として和歌を詠むことが盛んになり始めた、いわば法文歌の初発期というべき時期なのである。同じ頃『拾遺和歌集』には、巻20哀傷部の末尾に仏教に関わる和歌をまとめて納める意識が現れ、『和漢朗詠集』仏事の部には、白楽天の詩句「願以二今生世俗文字業狂言綺語誤一　翻為二当来世世讃仏乗之因転法論之縁一」が納められた。つまり、文学の営みは仏教において本来的には戒められるものだが、突き詰めれば仏道に繋がる、という思想にもとづいて、和歌によって仏教に関わる事柄を詠むことへの関心が高まりを見せていたのである。

岡﨑真紀子 (2013) は『発心和歌集』末尾55番「願以此功徳　普及於一切我等与衆生　皆共成仏道　いかにして知るも知らぬも世の人を蓮の上の友となしてん」は「出典を示していないが『法華経』化城喩品の句である」とし、続けて以下のように記している。

同じ意識（鈴木注：『発心和歌集』全体の主題が仏の道に導かれること、すなわち成仏への願いにあるという意識）は、題の配列だけでなく、もとの仏典からどの部分を題に採るかの選び方にも現れている。たとえば19番歌の「般若理趣分」（『大般若経』五百七十八巻）」とは煩悩即菩提の理を説くことに主眼がある経典だが、『発心和歌集』が題に選んだのは、理趣分末尾にある「於諸仏土　随願往生　乃至菩提　不堕悪趣」で、仏土へ導かれることを願う意の章句だった。

さらに『発心和歌集』が多くの仏典から題を採り、配列構成に配慮がされていることについて岡﨑真紀子（2013）は以下のように記している。

序の内容と題が照応していることを踏まえれば、題を選定したのも、その選子以外の人物だった可能性が考えられるのかもしれない。内親王が仏典に関してしかるべき人から示唆を受けることは、選子の前代の賀茂斎院だった尊子内親王が出家にあたり、源為憲に『三宝絵』を撰進させた例にも通ずる。また、一般に、歌の題を定める人と歌を詠む人が異なることは珍しくないので、『発心和歌集』においてもあり得ないことではないだろう。」

選子内親王や和泉式部と同じ一条朝に法華経二十八品歌を残した歌人として赤染衛門がいるが、フィットレル・アーロン（2015）によってその詠作状況について知ることができる。

「いろは」において『涅槃経』雪山偈の四句「諸行無常　是生滅法　生滅滅已　寂滅為楽」が歌題とされていることは、このような時代背景によると見てよいだろう。

『古今集』巻第18雑歌下には無常観を詠んだ歌がまとめられている。「雪山偈」（「諸行無常偈」）を今様形式で詠んだ「同じ文字なき歌」である「いろは」の中に「有為の奥山」とあれば、そこから『古今集』955番物部良名の「同じ文字なき歌」と954番の「奥山」を詠んだ歌が連想されただろう。

『古今集』異本歌（元永本『古今和歌集』巻第十八954番の次）に「おなしも

しなき哥」がある(『古今和歌六帖』第三にも)。

おきつなみうちよするもにいほりして　ゆくへさためぬわれからそこは

一首の意味は「沖つ波うち寄する藻に庵して　行方定めぬわかれからぞこは」であり、出家に関わる内容の歌である。「いろは」も「同じ文字無き歌」であり、「有為の奥山」という表現はおそらく『古今集』954番と955番を踏まえて作られたものだろう。「いろは」の作者は「色は匂へど」の歌詞から小野小町の「花の色は〜」が、そして「有為の奥山」の歌詞からは上記の「世のうきめ〜」「世の中の〜」(あるいは異本歌の「沖つ波〜」)の歌が連想されるように意図してことばを選んだのだろう。

「いろは」の成立よりも後の時代のことであるが、『新勅撰和歌集』巻20物名に二条皇太后大弐の「同じ文字無き歌」がある。

あふことよ今はかぎりの旅なれや　ゆくすゑしらで胸ぞ燃えける

伊藤嘉夫(1967)は「物名の部立に入れてあるのにいささか混乱がある」とするが、この歌が「物名」の部に入れられているのは『古今集』955番の「同じ文字無き歌」の作者が「物部良名(吉名)」であることとの関連性をうかがわせる。「同じ文字無き歌」が「物名」の範疇に入るということになれば、『古今集』巻十「物名」47首の47という数字が、「同じ文字無き歌」が区別すべき仮名の数を表している可能性もあると考えなくてはならないだろう。現存する「同じ文字無き歌」の短歌ではア行・ヤ行の二つの「エ」を使用した作品は存在しない。紀貫之自筆本『土左日記』でも二つの「エ」は語頭とそれ以外で相補分布をなしていたと推定され、音素として区別されていないようである。小倉肇(2004)は9世紀初頭のア行とヤ行の「エ」の区別について以下のように説明している。

以上のように、平安中期の『和名類聚抄』や『土左日記』において、ア行の「衣」とヤ行の「江」は、語頭:「衣」、語中「江」という特異な分布をな

すことが確認されるのである。そして、ここで注目すべきは、『土左日記』においてア行[e]とヤ行[je]の書き分けの「異例」が1例見られることである。(中略)源順にとって、——紀貫之・藤原有忠などの同時代の人々を含む——「衣」と「江」は、同じ「文字」でありながら、語頭「衣」、非語頭「江」として書き分けられ、しかも発音を異にする文字であったことになる。そして、また、「衣」と「江」は単独で発音すれば、(語頭の発音として)[e]で実現されていたわけであるから、同じ「文字」として認識されていたとしてもいっこうに不自然ではない。

『古今集』の「同じ文字無き歌」(巻18雑下955番)の作者名「物部良名(吉名)」はおそらく「物名」を暗示するために創作された架空の作者だろう。よって、『古今集』成立当時、すでに、「同じ文字無き歌」は「物名」と同じ範疇の言語遊戯と意識されており、作歌に用いられる仮名の数は47であった可能性が高いといえるだろう。その場合、作歌の際の「同じ文字無き」ことの確認は「あめつち」48字ではなく、「音図」から得られたであろう47字によってなされたことになる。

「同じ文字無き歌」は「物名」「折り句」同様の「ことば遊び」として捉えられていた。作歌に課せられた制約は47字の中から31字を使って和歌を作るということである。これは緩い制約だが、47字のすべてを用いるのはきわめて厳しい制約である。

4.4 「とがなくてしす」

7字区切りの「いろは」(「常のいろは」)の句末に現れる「とかなくてしす」が「咎無くて死す」の意味の折り句であれば、「いろは」48文字説は成り立たなくなる。

大矢透(1918)は「是を偶合なりとのみいひて、思ひ棄つべきにあらざるが如し」とする。岡田希雄(1936)は「自分の如きは「とがなくて」を作者が意識して居たとは到底考へない」、また「「とがなくて死す」を認めるにしたところで、考証には此の種の乱暴な論法は慎しみたいと思ふ」とする。髙橋愛次(1974)は「七行七字の伊呂波の書式はそれなりに伝統があるが、脚尾が右の

やうになつたのは恐らく単なる偶然であらう」とする。小松英雄（1979）は『金光明最勝王経音義』所載の「以呂波」についての考察の中で、大矢透（1918）が判断を保留したことに対して触れ、「今様体として作られたものを、こういう目的に供するために区切ってみたら、たまたまこのような結果になったというのが真実のところであろう」と述べている。このように大矢透（1918）は判断を保留、岡田希雄（1936）・高橋愛次（1974）・小松英雄（1979）は偶然と見なしており、日本語研究史上、積極的に折り句「咎無くて死す」を認めているものはない。「いろは」48字説の亀井孝（1978）（1986）・小倉肇（2003）も、「わがよたれそえ」としてヤ行の「エ」が存在したことを認めると折り句が成立しなくなるので、間接的にそれを否定していることになる。

一方7字区切りの「いろは」（「常のいろは」）の句末に現れる「とかなくてしす」を「咎無くて死す」の意であるとする解釈も古来より存在する。「仮名手本忠臣蔵」・「菅原伝授手習鑑」の「仮名手本」・「手習鑑」もそのような解釈による命名であるとされる。平安時代中期の和歌では折り句が珍しくないことは周知のことである。『栄花物語』に載る村上天皇が女御たちに送ったとされる「**あ**ふさか**も**　**は**てはゆきき**の**　**せ**きもゐ**ず**　**た**ずねてとひ**こ**　**き**なばかへさ**じ**」は沓冠の折句で「あはせたきものすこし（合せ薫物少し）」が隠されている。源為憲の師である源順は「あめつち」を沓冠に据えた「あめつちの歌」48首を残しており、小倉肇（2003）によれば「たゐに」はその冒頭の2首を踏まえている。源順のライバルであった藤原輔相は物名の名手であり、歌集『藤六集』のすべてが隠し題の物名歌である。『拾遺和歌集』巻7所収の次の歌には「あらふねのみやしろ（荒船の御社）」が隠されており、難易度の高い物名歌としてよく知られている。

茎も葉もみな緑なる深芹は**洗ふ根のみや白**く見ゆらむ

源為憲が「いろは」を7字区切りとした理由は、「たゐに」が漢文体の『口遊』に引用されたこと、『万葉集』を踏まえた和歌であったことによって万葉仮名で表記されたことと同様に、万葉仮名表記されたことと関係があるだろう。「いろは」が『世俗諺文』に引用されていたかどうか不明であるが、おそらく

七言の漢詩の体裁に倣って「いろは」を万葉仮名・7字区切りとしたのだろう。『金光明最勝王経音義』大字の「以呂波」は次のとおりである。

以呂波耳本へ止
千利奴流乎和加
餘多連曽津祢那
良牟有為能於久
耶万計不己衣天
阿佐伎喩女美之
恵比毛勢須

源為憲は幼童に対する教育のための教材として「たゐに」「いろは」を製作したと考えられる。「たゐに」が『万葉集』冒頭歌と対比させつつ師源順の「あめつちの歌」や古人の「観身…」詩を踏まえているように、「いろは」も『涅槃経』雪山偈と対比しつつ『古今集』の小野小町や物部良名の句を踏まえていると考えられる。このような事情を考えれば「とかなくてしす」は当然折句と考えるべきだろう。

「あさきゆめみしゑひもせす」が「夢見す」と「酔ひす」の二つのサ変動詞を含むとすれば、「とがなくてしす」の「死す」もまたそれらに歩調を合わせて漢文訓読調である。

「咎無くて死す」は釈迦の教えと見て何ら矛盾するところがない。こころみにSAT大正新脩大藏經テキストデータベース2015版（SAT 2015）で「無咎&死」を検索すると『般泥洹経』（東秦、法顕訳。「泥洹」は「涅槃」に同じ。）に「去此五者　後**無咎**悔　**死**得上天　除悪道罪」がヒットする。源為憲は『涅槃経』の雪山偈四句を和歌に仕立て直したと同時に、「咎無くて死す」を折り句として詠み込んだのだろう（前節（4.3 有為の奥山）参照）。

5　いろは歌の作者

源為憲を、源順の弟子、勧学会結衆、法華経詩の作者、幼学書の製作者の4

つの観点から見て、「いろは」の作者として矛盾がないか検討する。

5.1　源順の弟子

源順は嵯峨源氏、勤子内親王の命により『和名類聚抄』を撰進（承平年間)、951年梨壺の五人の1人として撰和歌所寄人となり『後撰和歌集』を撰し、『万葉集』を訓読した。歌合、詩合へ出詠し、貴顕に多く詩歌を召された。「源順馬毛名合」・「あめつちの歌」・「双六盤の歌」のような遊戯的作品も多い。神野藤昭夫（1992）によれば「順の弟子である源為憲や橘正通が為光の周辺にいた事情も、順の推輓によるものと考えてまちがいない。俗な表現を恐れずにいえば、順は為光家の家庭教師集団のリーダー的存在」であったという。源順が判者を務めた天禄3年（972）の規子内親王前栽歌合では源為憲がその記録を受け持った。源為憲は漢詩ばかりでなく和歌についても師である源順から認められ、かつ大きな影響を受けたと考えられる。源順に『和名類聚抄』、源為憲に『三宝絵』・『口遊』・『世俗諺文』の著作があり、ともに幼童の啓蒙に大きな功績を残した。以上のことを考慮すれば「たゐに」は源順・源為憲らの合作であった可能性があり、『口遊』で「此誦勝阿女都千」と記したのは、為憲の単独作ではなく師順との合作であることを示しているのかもしれない。

5.2　勧学会結衆

源為憲は勧学会の中心人物の一人であった。勧学会の概略を桃裕行（1983）によって以下に示す。

> 平安時代儒仏両徒が合同で催した行事。3月と9月の15日、叡山の西麓か京辺の寺で、紀伝の徒と叡山の僧侶が20人ずつ集まり、講経（『法華経』）・念仏・作文を行なった。中国の故事によらない独自のものという。3期に分かれる。第1期は康保元年（964）3月が創始で、この期の儒徒は慶滋保胤・紀斉名・橘倚平・藤原在（有）国・高階積善・源為憲ら。保胤が中心と思われる。仏徒は不明。場所は月林寺・親林寺・禅林寺など（『扶桑略記』『三宝絵詞』『本朝文粋』）。天延2（974)、3年ごろ勧学会専用の仏堂建立を企てたが成就せず（『本朝文粋』)、寛和2年（986）の保胤の

出家により、会は叡山の二十五三昧講へ発展的解消したとされる。第二期は中絶約二十年ののちの寛弘年間（1004-12）のはじめの9月、藤原道長の援助により法興院に復興された。参加者は高階積善・藤原有国のほかは知られない（『本朝文粋』『本朝麗藻』）。これもいつしか絶えた。第三期は長元年間（1028-37）の後半ごろの3月、天台座主慶命の主唱により、随願寺で復活され、菅原定義が詩の序者となった（『本朝続文粋』）。

勧学会参加者については伴利昭（1994）にまとめられている。第2回の勧学会記の執筆者である源為憲は『三宝絵』の中で詳細に勧学会の内容を伝えている。

5.3 法華経詩の作者

源為憲は法華経詩をはじめとして、一条朝においてその詩才を認められていた。速水侑（2006）は「源為憲は詩文に秀で、勧学会結衆の大江以言は「為憲」は能く文章を知れる者か」（『江談』六-44）と称歎し、藤原行成によれば、一条朝の都人士は、紫女の父藤原為時と為憲を「元白の再誕」と讃えたという。大江匡房が、外祖父橘孝親が師とすべき人物を求めた際に、「文章は為憲に習うべし」との夢告を得たとし（『江談』五-12）、「時の人を得たる」一条朝を代表する文士として、為憲を「天下の一物」に数えた（『続往生伝』1）のは有名である」として、源為憲が一条朝において著名な文人であったことを説明している。

勧学絵に参加し、『三宝絵』の著作もある源為憲は『涅槃経』雪山偈を句題とする釈教歌としての「いろは」作者にもっともふさわしい。法華経詩の作者としての評価は速水侑（2006）の以下の記述によって知られよう。

臆測を重ねるなら、前に源信が斉隠に託した書物で、天台山国清寺に納められた『往生要集』以外の行方は不明だが、為憲の『法華詩賦』は水心寺に納められたのではあるまいか。勧学会結衆たちの白居易追慕の念が詠み込まれていたであろう『法華経賦』の収蔵場所として、当時の中国仏教の中心で斉隠の行動範囲でもある江南地域では、白居易旧跡に建つ

水心寺が最も相応しいと思われるからである。もし『法華経賦』が水心寺に収蔵されたのなら、「水心寺詩」には為憲への返礼的意味が込められていたのであって、為憲が最初に「水心寺詩」に接して継韻の詩を賦し、当時の文人たちが為憲を慶賀し、為憲の詩を本韻として酬和したのも理解できる。

平安時代中期、菅原道真『新撰万葉集』・藤原公任『和漢朗詠集』のように漢詩と和歌は対比され、さらに藤原道長の政権下では『法華経』などの経典から題を採った句題和歌が盛んに読まれるようになった。阿部俊子(1986)は「ともあれ道長は一統の現世安穏、滅罪生善、追善供養の為、熱心に法華講会を催し、謹慎貴族や家の者達に法悦を分かち、あるいは叡山の学僧と在俗の学生との交流にも理解をもって勧学会の開合を援助したりしている。これらの事がなかったならば、漢譯『法華経』のもつ、整然とした論理、説話的興味をもって展開する絢爛たる「語り」の面白さをとおして説かれる法華一乗の思想などが、一般貴族社会の中で、詩歌、物語の中で花開くことはおそらくあり得なかったであろう」と評価する。源為憲が『涅槃経』「諸行無常…」の偈を題とする「いろは」を作ったのはこの頃だろう。

5.4　幼学書の製作者

源順と源為憲は共に藤原為光の子弟の教育にあたった。また、貴顕の子弟のための著作があることも二人に共通している。しかし、大曽根章介(1980)によれば「…これは公的な文章が世間の鑑賞享受の対象になっていたことを示しており、その文章も対句の巧拙によって評価されたことは多くの文話によってしられる。従って大業を遂げざる者がその文才を認められるには、作文の詩や奏状の文章の秀句によって人々を感動させ、世間の賞賛を得るより外に道はなかったのである。その様に考えると、順にとって『和名抄』の作成が貴族や文人の間で注目を浴び好評を博したとは認めがたい。実際問題として、彼は生涯この著作について言及していない。また、依頼する方も、彼が鴻儒でなく学生の身分であったことは好都合であったと思われる」とあるように官位の昇進には繋がらなかった。一方、大曽根章介(1980)は「当時の追い

詰められた学者には初等教科書など書くことは思いも寄らなかったし街談巷説に目を向ける余裕もなかった。貴族の方でも子弟のための啓蒙書を依頼する文人と、辞表や願文の執筆を依頼する学者とを区別していたし、世人もそれを認めていたのである」とも記している。師である源順が従五位上能登守に終わったように源為憲も正五位下美濃守在任中にその生を終えた。

源為憲の著した『口遊』と『世俗諺文』について大曽根章介（1980）は以下のように記している。

「ところで『口遊』と『世俗諺文』は共に初等教科書の性格を持っているが、両書の間には差異が存する。前者は将来官吏として役立てるために卑近で実務的な知識を習得させることを目的としたものであり、後者は公卿として最低限必要な教養を身につけさせることを主眼としたものである。換言すれば、大和魂と漢才の違いと言うことができようか。ただし著者にそうした区別意識があったかは疑問である。両者の間には三十数年の隔たりがあり、また著述の対象となった児童の年齢も十歳以上の差がある（前者の誠信は7歳、後者の頼通は19歳　鈴木注：16歳か）。そのために叙述の形式や内容の難易に違いが生じたのであって、結果として実用的と教養的の区別が生まれたに過ぎない。

源為憲が藤原頼通のために『世俗諺文』を著すことになった事情について速水侑（2006）は次のように記す。

為憲が法興院勧学会に参加したかは不明だが、文人為憲への道長の信頼は深まり、息頼通のための『世俗諺文』（『続群書類従』885）撰述を依頼された。現行本には「時に寛治4年（1090）丁未の歳、8月17日、散班朝散大夫源為憲序」とあるが、寛治四年は丁未にあたる寛弘四年（1007）の誤写と考えられる。為憲は、かつて為光の息で7歳の松雄君のために『口遊』を撰したが、頼通はすでに元服をすました16歳の成人で、東宮権大夫に任じられていた。当然、公卿として必要な教養を身につけさせるのを主眼とするもので、「それ言語は自ずから交わり、俗諺は多く経籍より出づ。

釈典仏書といえども街談巷説となる。而れども必ず本の出づる所を知らず」と序に記すように、当世世俗の話に出てくる諺語を配列し、容易に理解できるよう出典と本義の文章を摘出したもので、大曾根氏の言葉を借りれば、実務的「大和魂」の『口遊』に対し、教養的「漢才」ともいえる。序文によれば3巻631章あったのに、現存するのは上巻の220章(目録では223章)だけだが、漢詩文を愛好保護した当時の卿相に求められる漢籍の故事熟語の知識範囲がどの程度のものであったか、その一端が具体的にうかがえて興味深い。

「たゐに」は藤原為光家に仕えているときに長男雄松君(後の誠信)のために製作され、「いろは」は藤原道長の長男頼通のために製作されたものだろう。「たゐに」と「いろは」はともに貴顕の子弟に対する教育のための教材として製作されたのだろう。前者は源順と源為憲の共同製作の可能性があるが、後者は源順没後に源為憲が単独で製作したものだろう。源為憲は藤原道長の治世下、『法華経』偈を句題とする釈教詩・釈教歌が数多く作られている時代を映して『涅槃経』の雪山偈(諸行無常偈)の四句を句題として「いろは」を製作したのだろう。

5.5　源為憲と関わりのあった人々

源為憲の伝記的研究としては大曽根章介(1980)、速水侑(2006)があり、特に後者は現存する漢詩を通じて為憲の交友関係を明らかにしている。以下に引用する大曽根章介(1994)は源為憲についての簡にして要を得た解説である(漢数字を算用数字に改めた)。

源為憲　みなもとのためのり(?～1011)　平安中期の詩人。字は源澄。光孝源氏、筑前守忠幹の子。源順に師事し、文章生となり応和3年(963)3月善秀才宅詩合に列し、康保元年(964)3月15日に創始された勧学会の結衆となる。天禄元年(970)藤原為光の一男松雄君(誠信)のために『口遊』を撰し、同3年8月28日の規子内親王前栽歌合に師の順とともに出席して仮名日記を記録する。同年空也の死に際して「時之英雄、世之名

才」(『六波羅蜜寺縁起』)を以て『空也誄』を執筆し、また『法華経賦』(『往生要賦』末文)も書いた。天元年間(978～82)に式部丞・蔵人に任ぜられたと思われ、三河権守の時の永観2年(984)11月尊子内親王に『三宝絵詞』を献じ、寛和2年(986)3月22日円融院の旧臣として東大寺に随行し『円融院御受戒記』を遺す。その後、遠江守を経て長徳3年(997)の申文(『文粋』6)により美濃守となったが、藤原致忠(宗忠)の殺害事件により釐務を停止されるも百姓の申請により旧に復した(『権記』長保2年2月22日条)。散位時代に寛弘4年(1007)4月25日の内裏密宴に文人として召され、8月17日藤原頼通のため『世俗諺文』を撰する。伊賀守在任中、寛弘八年八月没。幅広い教養を持つ優れた詩人で、啓蒙書の著述者として名高い。『為憲集』や秀句選『本朝詞林』は伝わらず、『本朝麗藻』『類聚句題抄』等に作品を遺し、和歌は『拾遺集』(464)に見える。

「いろは」の作者は源為憲とする仮説を検証するにあたり、以下に源為憲と関わりのあった人々について概観し、仮説を補強することにしたい。姓名の五十音順に配列する。ごく簡単に略歴や著作についての情報を記す。「勧学会」は勧学会の結衆であったことを示す。

一条天皇　980-1011　在位986-1011。

円融天皇　959-991　在位969-984。源為憲は986年『円融院御受戒記』を執筆。

大江挙周(たかちか)　?-1046　大江匡衡と赤染衛門の子。文章博士。

大江匡衡　952-1012　文章博士

大江以言(もちとき)　955-1010　大江音人(おとんど)の子千古の孫にあたる大隅守仲宣の子。大江匡衡とはまたいとこ。文章博士。

覚鑁　1095-1143　『密厳諸秘釈』。「いろは」の出典は『涅槃経』の雪山偈とする。新義真言宗の開祖。

花山天皇　968-1008　在位984-986。尊子内親王の同母弟。

賀茂保憲　917-977　陰陽家。慶滋保胤・保憲の兄。

紀斉名(ただな)　966?-999　橘正通に学び対策に及第。一条朝の名儒。大

江以言と拮抗するといわれた。

空海　774-835　古来いろは歌の作者に擬せられる。

空也　903-972　源順『空也誄』。慶滋保胤『日本往生極楽記』。

源信　942-1017　恵心僧都とも。『往生要集』(985)。

寂昭　962-1034　俗名大江定基。文章博士。1003年宋に渡海し、真宗から紫衣と円通大師の号を賜った。

菅原輔正　925-1010　文章博士。

菅原宣義　?-1017　文章博士。

斉隠　宋水心寺僧。水心寺詩をもたらした。源信が宋人朱仁聡・斉隠と越前国敦賀津で会う。

千観　918-984　「極楽和讃」。

選子内親王　964-1035　村上天皇皇女。12歳のときから57年間賀茂神社の斎院をつとめ大斎院と称された。家集『発心和歌集』(1012)、『大斎院御集』。

曾禰(曾根)好忠　923頃-1003頃か　源順・大中臣能宣・源重之らと交流。『曾丹集』。

尊子内親王　966-985　冷泉天皇第二皇女。円融天皇女御。花山天皇は同母弟。為憲は尊子内親王のために『三宝絵』(984)を作る。

高階積善　?-1003頃 勧学会。『本朝麗藻』(1010頃)を編纂。

橘忠兼　?-?　『色葉字類抄』(平安時代末期成立)の著者。

橘淑信　?-?　勧学会。

橘正通　?-?　源順の弟子。侍読として具平親王の教育にあたる。

橘倚平　?-?　勧学会。

藤原在国(有国)943-1011　勧学会。源為憲と生涯にわたり交流。

藤原公任　966-1041　『和漢朗詠集』「無常」に「観身…」詩(羅維)を納める。

藤原輔相　?-?　『拾遺和歌集』物名に37首がとられる。家集『藤六集』は39首すべてが隠題の物名歌。

藤原惟成　勧学会。師貞親王(花山天皇)の乳母子。

藤原為時　949ころ-1029ころ　源為憲とともに「元白の再誕」と讃えられた。紫式部は娘。

藤原為光　942-992　藤原師輔の第九男。正暦二年（991）太政大臣。

藤原道長　966-1027　「讃法華経二十八品和歌」。

藤原道信　972-994　為光三男。為憲に和歌を送る。中古三十六歌仙の一人。

藤原誠信　964-1001　藤原為光の長男。誠信のために『口遊』（970）を作る。

藤原行成　972-1027　日記『権記』を残す。

藤原頼通　992-1074　為憲、頼通のために『世俗諺文』を作る。

源是恒　?-905　源為憲の曽祖父。光孝天皇の第8皇子。出家して空性と号したが還俗。

源順　911-983　在列の弟子。源為憲の師。『和名類聚抄』「あめつちの歌」作者。

源為憲　941-1011　『勧学会記』（964）、『口遊』（970）、『空也誄』（972か）、『法華経賦』（972）、『三宝絵』（984）、『円融院御受戒記』（986）、『世俗諺文』（1007）。

源道済　?-1019　文章生。大江以言に師事。拾遺集撰集に関わったか。

源孝道　?-1010　水心寺詩に継韻。大江匡衡から為憲ら5人とともに「凡位を越ゆる者」と評された（江談抄）。

三善道統　?-?　『善秀才宅詩合』（963）判者。文章博士。

村上天皇　926-967　在位946-967。梨壺の五人を選ぶ（951）。

慶滋保章　?-?　勧学会。賀茂保憲・慶滋保胤の弟。文章博士。

慶滋保胤　?-1002　勧学会。法名は寂心。

良源　912-985　著作に「極楽浄土九品往生義」など。

以上のうち、源順は為憲の師、曾禰（曽根）好忠・橘正通は学問・和歌の先輩である。空也・源信は源為憲の浄土信仰に大きな影響を与えた。為憲は『空也誄』（972か）を執筆した。源信は『往生要集』とともに為憲の『法華経賦』を唐に送った。

慶滋保胤・藤原有国・藤原為時・その他は、文章道・勧学会同僚である。藤原有国・藤原為時とは終生に渡る長い付き合いだった。

円融天皇・尊子内親王に関して、源為憲は尊師内親王（円融天皇妃）のために『三宝絵』（984）を執筆した。986年『円融院御受戒記』を執筆した。

藤原為光・誠信・道信に関して、源為憲は為光の長男誠信のために『口遊』（970）を執筆、三男道信の教育にもあたった。

藤原道長・頼通に関して、源為憲は藤原道長の長男頼通のために『世俗諺文』（1007）を執筆した。

藤原公任・藤原行成に関して、法華経二十八品詩などを通じて源為憲と交流があった。

源為憲は若くして源順を師として学問に励み、文章道出身者として詩文の才能を発揮し、また勧学会の中心人物の一人としても活躍した。漢詩文の第一人者として認められるだけでなく、藤原為光・藤原道長の息のために幼学書を製作した。「たゐに」は「あめつち」を組み替えたもの、「いろは」は「たゐに」の改訂版と位置づけられよう。源為憲は二度の誦文製作の機会を与えられたことになる。「いろは」は為憲が文人としての地位を確立してからの製作であり、師源順に遠慮することなく製作することができただろう。

5.6　いろは歌の作者

以上、源順の弟子、勧学会結衆、法華経詩、幼学書の製作の4つの観点から、源為憲を「いろは」の作者と考えて矛盾がないかを検討した。源為憲は仏教・漢詩・和歌・幼学書に関して、そのいずれの面でも優れた才能を発揮している。「たゐに」を作成した経験、藤原道長の治世において『法華経』を中心とした数多くの釈教詩・釈教和歌が作られていたという環境が、「いろは」をより輝かしい作品にしたと考えられる。

「いろは」は仮名（清音音節）一覧としての誦文であるが、そこには当時の貴族が教養として身につけておくべき和歌・漢詩・仏教に関する基礎知識が盛り込まれている。これは「たゐに」にも当てはまることである。「いろは」は優れた釈教歌でありながら、高度な折句の技法が用いられ、『古今集』の和歌をも踏まえて作られている。さらに、源為憲はア行・ヤ行の音節が合流した時代にあって、「あめつち」で区別されていた48字を47字に改変（すなわち二つの「エ」のうちの一つを削除すること）に腐心している。結局のところ、「いろは」は源為憲でなければ作り得なかった作品ということになる。

6 おわりに

「いろは」の成立年代を決定する証拠として、ア行とヤ行のエ区別がないこと、今様形式であること、源為憲『口遊』にいろは歌についての言及がないことなどがこれまでに指摘されてきた。小論での検討により、「いろは」の作者は源為憲であり、成立当初から47文字からなる誦文であったことを明らかにしえたと考える。源為憲は以下の構想（制約でもある）のもとにいろは歌を製作したと考えられる。

(1) 貴顕の子弟（具体的には藤原頼通）のための教育に資する。

(2) 47字の「同じ文字無き歌」の誦文（和歌）を作製する。

(3) ア行「エ」・ヤ行「エ」の一方を隠す。

(4) 和歌の形式を七五調4句の今様形式とする。

(5)『涅槃経』の雪山偈（諸行無常偈、無常偈とも）の四句「諸行無常　是生滅法　生滅滅已　寂滅為楽」を句題とする。

(6) 七言詩を模して7字区切りにしたとき、句末に「とかなくてしす」を折句として隠す。

(7)『古今集』の小野小町（巻2春歌下113番）・作者未詳（巻18雑歌下954番）・物部良名（巻18雑歌下955番）の歌を踏まえる。

これらのうち(1)〜(4)は源為憲にとって、かつて「たゐに」を作製したときに経験したことであり（「たゐに」は五七調の和歌）、その点で「いろは」は「たゐに」の改訂版に相当する。このうち(3)の「あめつち」48字をア行とヤ行のエを区別しない「たゐに」「いろは」47字に改変することが、源為憲とって最も苦労したところだろう。(5)は『三宝絵』にも所収の釈迦の前生譚（ジャータカ）に見える。(6)は法華経詩の第一人者であり、沓冠歌「あめつちの歌」を残した源順の弟子である源為憲ならではの工夫である。「いろは」折り句の「咎無くて死す」は法顕訳『般泥洹経』の「後無咎悔死得上天除悪道罪」などに依拠していると考えられる。(7)「有為の奥山」は『古今集』の「同じ文字無き歌」との関連から「出家」を連想させる。このように「いろは」は「たゐに」同様に教養（学問の基礎）を学ぶための工夫に満ちあふれている。

「いろは」は源為憲が作成に関わった「たゐに」に代わる新しい仮名の一覧

表として作成された。成立時期はたゐにの歌が『口遊』の成立前であるように、いろは歌は『世俗諺文』成立前だろう。藤原道長から和漢の才を認められた源為憲は、浄土思想の広がりのもと、釈教詩(七言詩)の形式に模して7字区切りのいろは歌を製作したのだろう。よっていろは歌は成立時から万葉仮名で表記されていたと考えられる。『金光明最勝王経音義』所載のいろは歌に声点が注記されているのは、「いろは」が漢詩の学習と結びつけて利用されたことと関係しているのかもしれない。「いろは」は源為憲が漢詩と和歌にわたってきわめて優れた能力をもっていたことに加えて、為憲の出自(光孝源氏、曽祖父是恒は僧侶になるも還俗)、文章道の出身、師源順の薫陶、勧学会への参加、釈教詩・釈教歌の隆盛、二度にわたる幼学書の作成などの種々の条件が重なることによってはじめて生まれたと考えられる。「たゐに」「いろは」は貴顕の子女に対する教育活動に付随して作製された教材であっただろう。いずれも当時人口に膾炙していた漢詩・和歌を踏まえているのはそのためである。『口遊』書籍門に「たゐに」が記載されていたことを考えると、同じように、現存しない『世俗諺文』の中・下巻の中に「いろは」が記載されていた可能性を否定することはできないだろう。「いろは」に関する記録が残っていないのは、大曽根章介(1980)が指摘するように、幼学書が個人のために書かれたものであり、公的な評価の対象とはならなかったことによるのだろう。藤原行成『権記』における源為憲の記述を見ても、いずれも国司としてのそれであって、文人・学者としての為憲ではない。製作者である源為憲が作成後まもなく没した(1011年)こともあり、「いろは」がすぐに高い評価を得ることはなかったと考えられるが、その完成度の高さから「あめつち」に代わって種々の用途に用いられるようになったものと考えられる。釈教詩・釈教歌・折句などが身近でなくなった後世では、「いろは」の作者と製作目的が不明となり、空海作とする説が広がったのだろう。「たゐに」「いろは」共に幼童啓蒙のための教材であるとの観点から見れば、どちらも「同じ文字無き歌」に古歌・古詩をふまえつつ種々の技巧を織り込んだ作品であり、そこに用いられている語彙はけっして難解なものではなく、また芸術性を追求したものではないことが理解できよう。後世「いろは」が受け入れられたのは、その芸術性の高さによってではなく、仏の教えを平明な語によって説いたこと、成

立当初から二通りの唱え方が用意されていたことなど、むしろ、実用面での工夫を中心とした総合的な完成度の高さによると考えられる。

文献

阿部俊子(1986)「藤原道長と法華経」『日本文芸論集』15・16　山梨英和大学
伊藤嘉夫(1967)「「物名」の生々流転」『跡見学園女子大学紀要』創刊号
上野勝之(2013)『夢とモノノケの精神史——平安貴族の信仰世界』京都大学学術出版会
遠藤和夫(1972)「青谿書屋本『土左日記』における「え」の書き分け」『国語研究』35
大矢透(1907)『古言衣延辨證補』　※大矢透(1977)『古言衣延辨・古言衣延辨證補』勉誠社に再録
———(1918)『音図及手習詩歌考』大日本図書株式会社　※(1969)勉誠社
大曽根章介(1980)「源為憲雑感」『リラ』8　リラの会　※大曽根章介(1998)『大曽根章介　日本文学論集　第二巻』(汲古書院)に再録
————(1994)「源為憲」『平安時代史事典』角川書店
岡﨑真紀子(2013)「『発心和歌集』の詠歌と享受」『叙説』40
岡田希雄(1936)「色葉歌の年代に関する疑問」『国語国文』6-6　※小山田和夫編(1984)『論集　空海といろは歌：弘法大師の教育　下巻』思文閣に再録
————(1942)「源順同為憲年譜(上)」『立命館大学論争　第八輯　国語漢文篇』2　※黒田彰・湯谷祐三編(2004)に再録
————(1943a)「源順同為憲年譜(下)」『立命館大学論争　第十二輯　国語漢文篇』3　※黒田彰・湯谷祐三編(2004)に再録
————(1943b)「源為憲伝攷」『国語と国文学』19-1　※黒田彰・湯谷祐三編(2004)に再録
小倉肇(2001)「「衣」と「江」の合流過程—語音配列則の形成と変化を通して—」『国語学』52-1　※小倉肇(2011)に再録
———(2003)「〈大為尓歌〉再考—〈阿女都千〉から〈大為尓〉へ—」『国語学』54-1　※小倉肇(2011)に再録
———(2004)「〈あめつち〉から〈いろは〉へ：日本語音韻史の観点から」『音声研究』8-2　※小倉肇(2011)に再録
———(2011)『日本語音韻史論考』和泉書院
小山田和夫(1984)「解説」久木幸男・小山田和夫編『論集　空海といろはうた—弘法大師の教育　下巻—』思文閣出版
亀井孝(1960)「「あめつち」の誕生のはなし」『国語と国文学』37-5　※『亀井孝論文集5　言語文化くさぐさ』吉川弘文館(1986)に再録
———(1978)「いろはうた」『言語』12-7
———(1986)『亀井孝論文集5　言語文化くさぐさ』吉川弘文館

神野藤昭夫（1992）「源順論―「題鳥養有三の狂歌」をめぐって―」石川徹編『平安時代の作家と作品』武蔵野書院
久保木寿子（1981）「和泉式部集「観身岸額離根草、論命江頭不繋舟」の歌群に関する考察」『国文学研究』73
倉本一宏（2008）『平安貴族の夢分析』吉川弘文館
黒田彰・湯谷祐三編（2004）『説話文学研究叢書　第七巻　岡田希雄集』クレス出版
桑田明（1959）「いろはうた「あさきゆめみし」の解釈」『国文学 言語と文芸』9月号　明治書院
―――（1984）「いろは歌結句の解釈とあそび歌のの解釈」『就実論叢』14-1　※桑田明（2001）『古典に近づく文法』風間書房に再録
小松英雄（1964）「阿女都千から以呂波へ―日本字音史からのちかづき―」『国語研究』19　※小松英雄（1971）に再録
―――――（1971）『日本声調史論考』風間書房
―――――（1973）「《大為尓歌》存疑」『国語学』95
―――――（1979）『いろはうた』中央公論社
近藤泰弘（1981）「承暦本金光明最勝王経音義の以呂波歌について―音図と色葉歌との交渉―」『訓点語と訓点資料』66
西郷信綱（1972）『古代人と夢』平凡社　※1993平凡社ライブラリーに再録
酒井紀美（2017）『夢の日本史』弁誠出版
鈴木豊（2016）「『金光明最勝王経音義』所載「以呂波」のアクセント」『論集XI』アクセント史資料研究会
大藏經テキストデータベース研究会〈http://21dzk.l.u-tokyo.ac.jp/SAT/〉
髙橋愛次（1974）『伊呂波歌考』三省堂
名島潤慈（1994）「日本における夢研究の展望補遺（1）：古代から近世における夢の言葉」『熊本大学教育学部紀要 人文科学』43
橋本進吉（1932）「いろは歌」藤村作編『日本文学大辞典』新潮社　※橋本進吉（1949）『文字及び仮名遣の研究』岩波書店に再録
―――――（1949）「古代国語の「え」の仮名について」『文字及び仮名遣の研究』岩波書店
―――――（1949）『文字及び仮名遣の研究』岩波書店
速水侑（2006）「源為憲の世界―勧学会文人貴族たちの軌跡―」『奈良・平安仏教の展開』吉川弘文館
伴利昭（1994）「『源氏物語』螢巻の物語論と勧学会」『論究日本文學』60　立命館大学
フィットレル・アーロン（2015）「赤染衛門の法華経二十八品歌の表現と詠作情況について」『詩林』58
馬淵和夫（1955）「「いろはうた」のアクセント」『国語学』23

――――(1959)「いろは歌(二)「金光明最勝王経音義の「いろは」」『国文学 言語と文芸』9月号　明治書院
――――(1971)『国語音韻論』笠間書院
村上通典(1994)『いろは歌の暗号』文藝春秋
桃裕行(1983)「勧学会」『国史大辞典 第三巻』吉川弘文館
安田尚道(1985)「三宝絵の絵と絵解き」『一冊の講座　絵解き―日本の古典文学3―』有精堂出版

『語音翻訳』のハングル音訳と琉球語の母音
——中期朝鮮の漢字音表記との比較を中心に——

趙　大夏

1.　はじめに

琉球語を外国語で記録した資料には、『華夷訳語』(丙種本) 収録の「琉球館訳語」(15世紀初め)、『吏琉球録』(1534)、『音韻字海』(1572) 、『海篇正宗』(1572)、『中山伝言録』(1721) などの中国資料をはじめ、『海東諸国記』収録の「語音翻訳」(1501)、『漂海録』「言語」(1818) などの韓国資料、『Account of a voyage of Discovery to the West Coast of Corea, and Great Loo-Choo Island』(1818) 収録の「VOCABURARY OF THE LANGUAGE SPOKEN AT THE JAPAN SEA. COMPILED BY HERNERT JOHN CLIFFORD, WSQ. LIEUTENANT, ROYAL NAVY. (IN TWO PART) 」(クリフォード氏の琉球語彙) の英語資料が挙げられる。

これらの資料の中で、「語音翻訳」の琉球語は中期朝鮮語、すなわち訓民正音 (ハングル) で音訳されている。ハングルは表音文字として、子音音素と母音音素を区別して表記することができる。そこで、当時の中期朝鮮語の音韻体系に基づいて琉球語の音韻体系を究明することも可能であろう。

「訓民正音」の創製は、朝鮮王朝四代王である世宗の命で行われた国策事業である。

世宗は、当時の中国語音が一般に通じにくくて、通訳官に頼るしかないという問題を解決しようと、『洪武正韻』(楽韶鳳など、1375) に提示されている中国標準漢字音を訓民正音に音訳するよう申叔舟に命じた。申叔舟は成三問などとともに研究を進めて、『洪武正韻訳訓』(1445) を編纂した。それから『洪武正韻訳訓』を簡略化した『四声通攷』をも撰定したが伝わらなく、後日、崔世珍が『四声通攷』を補完して『四声通解』(1517) を撰述する。

本稿では、『四声通解』と『翻訳朴通事』など15 ～ 16世紀における中期朝

鮮の韻書と中国語学習書の音訳および『琉球館訳語』の漢字音表記を手がかりにして、「語音翻訳」の琉球語のハングル表音のうち、エ段音に当たるものについて考察する。

2.　資料と研究方法

2.1　「語音翻訳」

「語音翻訳」は、中期朝鮮の十代王の燕山君朝に琉球語を採録して訓民正音で表した資料として、『海東諸国記』に収録されている。

『海東諸国記』は、1443年（世宗二十五年）に書状官として日本を訪れた申叔舟（1417 ～ 1475）が1471年（成宗二年）に撰述した本で、日本の地勢、国情、交聘往来の沿革、使臣館待礼接の節目を記録している。申叔舟は成三問（1418 ～ 1456）などとともにハングル（訓民正音）製作における大事な役割を担当した人物で、音韻論にも造詣が深くて中国語、日本語、モンゴル語などの外国語にも堪能な人であった。

『朝鮮王朝実録』の《燕山君日記》（七年一月辛未）によると、「語音翻訳」は王命で当時宣慰使であった成希顔（1461 ～ 1513）が、1501年（燕山君七年）に来朝した琉球国の使臣に琉球の風土、人物などを聴き書きして『海東諸国記』の末尾に付き添えた付録である。[1]

成希顔は、1485年、科挙に及第して弘文館の正子、副修撰を経て1513年には現在の総理に当る領議政になった人物である。弘文館は「訓民正音」の揺籃の地の「集賢殿」の後身として、学問研究、言論、儒学の振興、人材育成の役割を担当した官庁であった。弘文館の正子は典籍や文章の校正を担当する職であって、副修撰は文翰編修を担当する修撰の補佐役として、王の教書の代筆、歴史の記録を担当していた。[2]

従って、成希顔は訓民正音について相当深い知識を持っていたに違いないと思われる。「語音翻訳」は、この成希顔が直接聴きとった琉球語を訓民正音で忠実に音訳したものと見られる。

2.2 琉球館訳語

『琉球館訳語』は、中国の明朝時代に編纂された『華夷訳語』に載った語彙集である。

『華夷訳語』は、中国が周辺国と円滑な交流をするために作った訳書として、明の洪武帝時代（1368～1398）にあたる1382年から続いて作られた13言語の対訳語彙集である。明・清時代の全般に渡って用いられていたので、種々の異本が存在する。

一般に、「甲種本」「乙種本」「丙種本」「丁種本」の4種類に分けられ、明初の洪武22年（1389）に刊行された蒙・漢対照語彙集を「甲種本」と称して、「乙種本」は15～16世紀にかけて四夷館で編纂したもので、女真館（女真語）、韃靼館（蒙古語）、高昌館（察合臺語《Chaghatai語》）、暹羅館（泰語《Siam語》）、百夷館（傣語）、八百館（泰沅語）、緬甸館（緬甸語《Myanmar語》）、西番館（蔵語《Tibet語》）、西天館（梵語《Sanskrit語》），回回館（波斯語《Persia語》）などの言語を対象にした。丙種本は、16世紀半ば、明の会同館で編纂したもので、朝鮮館、日本館、琉球館（琉球語）、女真館、韃靼館、畏兀児館（回鶻語《Uighur語》）、安南館（越南語）、暹羅館、百夷館、占城館（占後《Cham語》）、満剌加館（馬来語《Bahasa Melayu》）、西番館、回回館の言語を対象にしている。そして、丁種本は清代の会同四訳館で編纂したもので、英語、仏蘭西語などの西洋語が収められている。

琉球館訳語（伊波普文庫本）の所収語彙数は総数596語で、天文門・地理門・時令門・花木門・鳥獣門・宮室・器用門・人物門・人事門・衣服門・飲食門・身体門・珍宝門・数目門・通用門のように分類していて、これは「日本館訳語」の体裁と一致する。また、収められた語彙も『日本館訳語』と一致するものが4割にも達し、『日本館訳語』の中にも極少数琉球語らしき語が混入されていることから、日本と琉球との交流関係の密接さなどが考えられる。[3]

『琉球館訳語』における漢語音訳に基づいて琉球語を復元するに当たって、最も大事なのは、音訳に用いられた漢字音が中国のどの時代の音であるかということである。

将 垂東（2000—18）は、韻類を中心に『日本館訳語』（ロンドン大学本）の音訳漢字と基礎音係について検討して、音訳漢字の用法は、[uon]＞[uan]、

[an]（旧鐸韻）>[uo] など「中原音韻」以降の北方方言で起きた音韻変化を反映していると言っている[4]。すると、『琉球館訳語』の音訳に用いられた漢字音は、『華夷訳語』（丙種本）の成立年代を勘案すると[5]、15~16世紀初の中国北方音を反映していると見られる。

2.3 『四声通解』

世宗は、「訓民正音」の序文[6]にも示したように、当時、韓国で使われていた漢字音と中国の現実音との間にかなりの乖離があるので、正しい中国音の基準を設けるために、『洪武正韻』（楽韶鳳など、1375）に示されている中国の標準漢字音を訓民正音で表す事業を命じた。申叔舟は命を受けて中国へ行って資料調査したり、中国からの使臣と話し合いをしたりするなど、『洪武正韻』の漢字音を正確に訓民正音に訳す作業を行った。さらに、遼東にも13回も行って、そこに配流されていた明の翰林学士の黄瓚の助言を求めるなど『洪武正韻訳訓』の編纂に尽くした。

『洪武正韻訳訓』には代表字2,200字と同韻字14,546字、合わせて16,766の見出し字が収められている。それぞれの漢字の中国音は訓民正音で表し、声調は傍点で表示している。また、反切はそのまま引用するなど、『洪武正韻』の内容と体裁を忠実に反映している。しかし、あまりにも量が多いので、王命で『洪武正韻訳訓』を簡略化する作業が行われ、1445年に『洪武正韻訳訓』を簡略化した『四声通攷』が申叔舟によって編纂されたが、これは今日伝わらず、1517年（中宗12）に崔世珍が『四声通攷』を増補刪定して、1614年（光海君6）に『四声通解』を編纂した。

『四声通解』は洪武正韻の反切や東音（韓国の伝承漢字音）などは記録せず、純粋な中国音のみを訓民正音で表していて、正音・俗音・今俗音の三種の音が記録されているのが特徴である。 四声通解の凡例を見ると、

> 蒙古韻略元朝所撰也　胡元入主中国　乃以国字翻漢字之音作韻書　以教国人者也　其取音作字至精且切　四声通攷所著俗音或同蒙韻之音者多矣　故今撰通解必参以蒙音以証其正俗音之同異（第一条）
> 字之取捨　音之正俗　専以洪武正韻為準　但以俗所常用之字　而正韻遺

闕者多矣　故今並増添或以他韻参補之　可省捜閲之労　俾無遺珠之嘆矣　亦非敢使之尽用也　又恐帙繁罕於日用者　亦不具取（第二条）

四声通巧各韻諸字　一母四声　各著諺音……註下諸字諺音　則一依通攷例（第七条）

諸字於一母之下　洪武正韻與蒙韻同音者　入載於先　而不著蒙音　其異者則随載於下　而各著所異之蒙音　故今撰字序不依通攷之次也（第九条）

と記しており、字の取捨と正俗音の定める規準は『洪武正韻』でありながら、蒙古韻略の音をも重視していることと、体裁・形式・表音などは四声通攷の例をそのまま用いていることを示している。即ち、「正音」は『洪武正韻』の音韻体系による漢字音で、それ以外は「俗音」と命名して字下に細註で示している。敷衍すると、『蒙古韻略』を重視して示した理由は、「俗音」が現実音で『蒙古韻略』に近いからである。[7]

李英月（2005—129）は、正音と俗音・今俗音の違いは読書音と口語音の違いであって、俗音と今俗音の違いは、同じ北方音の時代的な違いで、今俗音は15世紀から16世紀初めの北方音であると見られる[8]と述べている。

そこで、『四声通解』の俗音は、『琉球館訳語』の漢字音訳に反映されている音韻を復元するうえで有力な手がかりになると考えられるのである。

2.4 『翻訳朴通事』

『翻訳朴通事』は、高麗時代から中国語の学習書として使われていた『朴通事』を翻訳して漢字をハングルで音訳した書物で、崔世珍が諺解して「上・中・下」の三巻に編纂した。

中国人の生活風習・制度などの内容が会話体で書かれていて、16世紀初めの韓国語研究および中国語史研究の貴重な資料と言われている。

『翻訳朴通事』は、会話体で書かれているだけで、中国語を生々しく表しているものの、ハングルで音訳した漢字音が当時の中国語音を忠実に表記しているのかが問題になる。

俞昌均（1974—244）によると、

翻訳朴通事の音は、中国語音を充実に模倣したというよりは韓国語の音声実習領域を基準にして中国語音の座標を設定したことが分かる。それは、翻訳朴通事という本の根本性格にも見られる。即ち、翻訳朴通事は中国語会話用の教科書ということを勘案する必要がある。初めて中国語を学ぶ子供に難しい中国語の発音を模倣させるよりは、母語の発音型を基準にしたほうが有利だということからでも推測できる。しかしこのような実用的方便が習慣的に伝承されてきた中国韻書の体系とはあまりにも違うということは確かである。こういうことから着眼してできたのが四声通解である。四声通解の31母は……中国における中国人の発音型を基準にしたものであるということは言うまでもない。[9]

と述べていて、中国語の学習のために『翻訳朴通事』を編纂したが、その中国語音が当時の現実音とは乖離があるので、『四声通解』によって正しい中国音を提示したということが分かる。

2.5　研究方法

「語音翻訳」のハングル音訳から琉球語の音韻体系を究明するにおいて肝要なのは、その音訳がどういう基準によって行われたのかということである。『翻訳朴通事』のように韓国語の音声領域を基準にして聞き書きしたのか、それとも実際の琉球音を忠実に転写しようとしたのであるかということを明らかにしなければならない。語音翻訳も翻訳書ではあるものの、学習書ではない。王命で記録したものであるので、できるだけ琉球語を忠実に翻訳しなければならなかったものと思われる。

『琉球館訳語』の語彙は当時の中国語、即ち北方音を基準にして記録されたものである。それから『四声通解』も15～16世紀の中国北方音を基準にした韻書で、同じ時期に作られた『翻訳朴通事』も学習書ではあるものの、当時の中国語の姿が反映されている。よって、この三つの資料を相互に関連づけると、15～16世紀の琉球語の音韻に接近できるのではないかとの見通しが得られる。

3. 琉球語の母音体系

琉球語の母音体系については、地域によって3母音、4母音、5母音の体系を有する。外間守善(1957: 24—25)によれば、[表1]と[表2]のように、「琉球方言の基本的な短母音は、a・i・ï・uであり、沖縄方言、与那国方言と奄美の一部、八重山の一部方の方言では、a・i・uの三母音、奄美方言宮古・八重山方言では、a・i・ï・uの四母音である。ただし、奄美方言と宮古・八重山方言のïの出自は異なる。

[表1] 母音対応の語例

段	ア	イ	ウ	エ	オ
語例	山	牛	舟	雨	雲
奄美(名瀬)	jama	ʔuʃi	Funi	ʔamï	k'umu
沖縄(首里)	jama	ʔuʃi	Funi	ʔami	k'umu
宮古(平良)	jama	ʔuʃi	Funi	ʔami	k'umu
八重山(石垣)	jama	ʔuʃi	Funi	aːmi	k'umu
与那国(祖納)	jama	ʔuʃi	Funi	ami	k'umu

[表2] 母音対応

段	ア段	イ段	ウ段	エ段	オ段
東京	a	i	u	e	o
奄美(名瀬)	a	i	u	ï	u
沖縄(首里)	a	i	u	i	u
宮古(平良)	a	ï	u	i	u
八重山(石垣)	a	ï	u	i	u
与那国(祖納)	a	i	u	i	u

[表1]と[表2]を見ると、沖縄(首里)方言では、東京語のエ段音に当たる母音が/ï/になっていて、宮古(平良)方言や八重山(石垣)方言では、東京語のイ段に当たる母音が/ï/になっている。

本稿で注目したいのは「語音翻訳」のハングル表音の中で「酒(사긔)」のように「ㅢ」/ïi/で表記されている琉球語の母音で、共通語のエ段音にあたる

ものである。

この「ㅢ」で表記されている琉球語の母音がどのような音韻であったのかについては、同じ時期に中国語をハングルで音訳する際、「ㅢ」が中国語のどのような母音を表すために用いられていたのかということが解明の手掛かりになろう。

4. 琉球語のエ段母音について

4.1 「語音翻訳」『琉球館訳語』のエ段母音

「語音翻訳」に表音されている琉球語のハングル表記の中で、母音表記をまとめると次の[表4]の通りである。

[表4]「語音音訳」における琉球語母音のハングル表記

ㆍ[ʌ]	ㅣ[i]	ㅡ[ï]				
ㅗ[o]	ㅏ[a]	ㅜ[u]				
ㅘ[wa]						
ㅛ[jo]	ㅑ[ja]	ㅠ[iu]	ㅕ[jə]			
ㆎ[ʌi]	ㅐ[ai]	ㅙ[wai]	ㅚ[oi]	ㅟ[wi]	ㅖ[jəi]	ㅢ[ïi]

「語音飜訳」の音訳表記の中で、共通語のエ段音に当たる音の表記に用いられたのは「ㅣ[i]」「ㅕ[jə]」「ㅖ[jəi]」「ㅢ[ïi]」「ㆎ[ʌi]」であって、これらの音韻が含まれているものを提示すると、次の[表3]の通りである。

[表3] 語音翻訳におけるエ段音のハングル音訳

エ段音	ハングル音訳	語例
エ	[jəi]	**예**계나구（少なく）
ケ，ゲ	[kïi]，[kjəi]	사**긔**（酒）・아**긔**리（あげれ），예**계**나구（少なく）
セ，ゼ	[sjəi]，[ʥïi]	칸**즤**（風），로[노]미**셰**（のませ）
テ	[t^hi]，[t^hjən]，[t^hjəi]	**티**（手）・**텬**（天），아산**디**（後日;あさって）， 파리**톄**（晴了;はれて）
ネ	[njə]，[nʌi]	먀우**년**（開年;みゃうねん），아ᄅᆡ[**ᄂᆡ**]（姐姐）
ヘ，ベ	[p^hïi]，[pïi]	**픠**루（蒜），나**븨**（鍋）
メ	[komjəi]，[mïi]，[mui]	고**몌**・고**믜**（米），아**믜**（雨），**뮈**（眼;め）
レ	[rïi]	아**릐**（あれ）

[**表3**] を見ると、エ段音の表記に、風(가긔 [kaïi])、酒(사긔 [sakïi])などのようにハングル「긔 [ïi]」がよく用いられていて、目(뮈 [mui])の「귀 [ui]」も同じ母音を表音していると見られる。「긔」は中舌母音の「ㅡ [ï]」と前舌母音「ㅣ [i]」からなる二重母音である。

多和田眞一郎(1995―24)によると、

> 「ɯi」の朝鮮語の音価は [ïj] であったとされるから、これで表記された沖縄語にも同様の音があったと考えられる。それは [ï] であったであろう。(服部四郎「日本祖語について」の言うように [ïi] の可能性も考えられなくはない。)
>
> これらがどのような変化経路を辿ったかを考える。その際に次の例は注目に値する。
>
> (6) 姐姐 'a・rʌi<nʌi>
>
> [e] が [i] に変化する間に [ï] を経由するが、その前に一時的に [ë] に移行したことを物語る例であろう。e → ë → ï → iの全変化相を「語音翻訳」が具現していることになる。[10]

と述べて、琉球語にそもそもeが存在し、それが高母音化してiに変化してきたといって、ï はその中間段階の音韻と見ている。

また、趙志剛(2005―12)は、『琉球訳』(1800)のエ段音の音訳字を『中原音韻』(1324)と『華英辞典』(1892)に基づいて、次のように結論づけている。

> 当時の沖縄語のエ段音には [i] [e] が存在すると推定される。しかし、これらは意味の区別に関与していないので、音韻論的には /i/ とすることができる。即ち、当時(1800年頃)の沖縄語においては、エ段音がイ段音に合流していたと考えられる。但し、/me/ と /mi/ は認められる。[11]

『琉球館訳語』の漢字音訳の中で、エ段音に当たる音の表記に用いられたものを提示すると、次の [**表4**] の通りである。

[表4] 琉球館訳語におけるエ段音の漢字音訳

エ段音	漢字音訳	語例
エ	葉, 也	**葉**急(駅), 馬**也**(前)
ケ	个, 及	阿**个**(開), 撒**及**(酒)・達**及**(竹)
ゲ	結, 乞, 潔	阿**結**的(進), 昂**乞**立(喫), 不**潔**(眉毛)
セ	些, 先, 森	**些**姑(節), **先**扎(兄), **森**那(千歳)
ゼ	集, 熟, 支	嗑**集**(風), **熟**尼(銭), **支**尼(鈔)
テ, デ	帖, 的, 甸, 得	**帖**(手), 法立**的**(陽；はれて), **甸**尼(天), 波**得**那(電)
ネ	乜, 尼, 年	密**乜**(嶺), 福**尼**(舡), 苗**年**(明年),
ヘ, ベ, ペ	卞, 別, 兵	阿**卞**(阿芙蓉), 那**別**(墻), **兵**卞(片脳),
メ	乜, 米, 眠, 毎, 綿	**乜**(目), 姑**米**(米), **眠**多木(妻), 買**毎**(銭；もんめ), 木**綿**(布)
レ	立	約姑**立**的(晩), 達毛**立**(求討)

4.2 『四声通解』の韻部と『琉球館訳語』のエ段音表記

『四声通解』は、当時の中国の現実音を忠実に記録するために『中原音韻』(1372)をはじめ、いろいろな韻書を参考にした。四声通解の凡例第12条には「九経韻覧凡例云　字有体用之分　及自然使然始然已然之別也」と書かれて、『九経韻覧』という韻書について言及しているので、韻部の体制は九経韻覧の体裁を参考にしたと思われる。[12]

『四声通解』の韻部母音の体系を基準にして『翻訳朴通事』の韻部母音の体系をまとめると、[表5]・[表6]の通りである。

その中で、四声通解音と翻訳朴通事音は、元々ハングル表記であるが、便宜上音韻表記に書き直して示す。

[表5] 四声通解における韻部母音の体系[13]

韻	東 uŋ	支 ï	斉 iəi	魚 iu	模 u	皆 ai	灰 ui	真 in	文 ïn	寒 ən	刪 an	先 iən	蕭 iəu	爻 au	歌 ə	麻 a	遮 iə	陽 aŋ	庚 ïiŋ	尤 ïu	侵 im	覃 am	塩 iəm
四声通解音		ï				ai			ï	ə	a			a	ə	a		a	ïi	ï	ï	a	
		i	jəi			jai		i			ja	jə	jə	ja		ja	ja	ja	i	i	i	ja	jə
	u				u	wai	wi		u	wi	wa				wi	wa		wa	wi				
	ju			ju					ju			jui					juə		jui				

[表6] 翻訳朴通事における韻部母音の体系[14]

韻	東 uŋ	支 ï	斉 iəi	魚 iu	模 u	皆 ai	灰 ui	真 in	文 ïn	寒 ən	刪 an	先 iən	蕭 iəu	爻 au	歌 ə	麻 a	遮 iə	陽 aŋ	庚 ïiŋ	尤 ïu	侵 im	覃 am	塩 iəm
翻訳朴通事音		ʌ				ai		ʌ	ʌ	a	a			a	o	a		a	ʌ	ï	ʌ	a	
		i	i			jəi		i	ï		ja	jə	ja	ja		ja	jə	o	ə	i	ï	ja	jə
	u				u	wai	wi		u	o	wa					wa		ja	i		i		
	ju			ju					ju			juə				u	juə	jo	wi				
																		wa	wə				
																			jui				

『四声通解』の韻部母音の体系を基準にして『琉球館訳語』におけるエ段音の音訳に用いられた漢字音の韻部母音をまとめると、[表7] の通りである。

[表7] 琉球館訳語における漢字音（エ段）の韻部母音の体系

韻	東 uŋ	支 ï	斉 iəi	魚 iu	模 u	皆 ai	灰 ui	真 in	文 ïn	寒 ən	刪 an	先 iən	蕭 iəu	爻 au	歌 ə	麻 a	遮 iə	陽 aŋ	庚 ïiŋ	尤 ïu	侵 im	覃 am	塩 iəm
琉球館訳語音	熟	支	米									先			个		些		的		森		葉
		尼										甸					乜		得		立		帖
												年					也				及		
												卞									乞		
												眠									集		
												綿											
												潔											
												別											

四声通解の韻部に基づいて琉球館訳語のエ段音を音訳した漢字の分布を見ると、[表7] のように「東韻」「支韻」「斉韻」「先韻」「歌韻」「遮韻」「庚韻」「侵韻」「塩韻」に分布していて字数では「先韻」に偏っている。「先韻」の主要母音は「斉韻」「遮韻」「塩韻」とともに中舌母音の /ə/ である。また「支韻」と「庚韻」の韻部母音に /ï/ が介入していてこれも中舌的な母音であって。「侵韻」も中原音韻が /iəm/ であることから主要母音は中舌的な性質を有する母音であったと見られる。

「斉韻」の「米」は「語音翻訳」には「ㅢ [ïi]」と「ㅖ [jəi] で表記されている。「斉韻」は四声通解には中国音を充実に反映して「ㅖ [jəi]」で表記されて、翻訳朴通事には「ㅣ [i]」で表記されていているが、洪武正韻訳訓の凡例に、「ㅣ則ㅣ

一之間 然後庶合中国之音」から分かるように「ㅣ[i]」も中舌母音を表音に用いられたと見られる。[15]

すると、『琉球館訳語』におけるエ段音の表記に用いられた漢字音は中舌母音を表音したもので、「語音翻訳」の「ㅢ」の表音と同じ母音であると認められる。そこで、15～16世紀の琉球語の母音体系には中舌母音が存在していたことが確かめられ、/ɘ/であったと推定される。それが頭子音の調音位置や音の長短によって、[jəi] や [ïi] などのような異音で聴きとることができたと言える。

5.　おわりに

本稿は、琉球語を中期朝鮮語で翻訳した資料である「語音翻訳」について考察を加えた。音訳に用いられた訓民正音（ハングル）の中でエ段音の表音に用いられたものを中心に、琉球語の母音体系について音韻史の観点から考察した。結果をまとめると次の通りである。

(1)「語音翻訳」のハングル表記、『琉球館訳語』の字音表記から15～16世紀の琉球語の母音体系には中舌母音が存在していたことが認められる。

(2) 15～16世紀の琉球語に存在していた中舌母音は、/ɘ/のような母音であったと推定される。それが頭子音の調音位置や音の長短によって、[jəi] や [ïi] などのように異音で聞き取られたと見られる。

(3) 古代琉球語の母音体系は、i・a・ə・uの四母音体系であったと推定される。そして、əはかなり広範囲で用いられていて、それが高母音化してə→ɘ→ïのように変化したり、前舌高母音化してə→ɘ→e→iのように変化してきたと推定される。

注

1　韓国精神文化研究院『韓国民族文化大百科事典』15. 熊津出版 p.13。

2　韓国精神文化研究院『韓国民族文化大百科事典』12. 熊津出版 pp.568―569。
Encyclopædia Britannica 2007 CD-ROM / DVD is an electronic, disc based encyclopedia from the editors of the Encyclopædia Britannica.《韓国語版》

3　木村 晟・李俊生（1974）「琉球館訳語」（その１）駒澤大学外国語部研究紀要３号
4　将 垂東（2000）『日本館訳語』と近世北方音―韻類篇―「文学部紀要」文教大学文学部第 14-1 号 p.18。
5　『日本館訳語』の成立時期の上限について、将垂東は浅井恵倫（1940）と大友信一（1963）と同様に提督会同館が設けられた明弘治五年（1492）と見ている。将 垂東『前掲書』p.19。
6　「國之語音異乎中國與文字不相流通故愚民有所欲言而終不得伸其情者多矣。予爲此憫然、新制二十八字欲使人人易習便於日用耳。」
7　俞昌均（1974）『蒙古韻略と四声通攷の研究』螢雪出版社 pp.25-28。
8　李英月（2005）「『四声通解』における正音・俗音・今俗音の性格の考察―『蒙古字韻』との関連を中心に―」『中國語文學論集』第29号 p.129。
9　俞昌均（1974）『前掲書』p.244
10　多和田眞一郎（1995）『外国資料を中心とする沖縄語の音声・音韻に関する歴史的研究』学位論文 p.24。
11　趙 志剛（2005）『琉球訳』エ段音の漢字表記について『国文学攷』187 号、広島大学国語国文学会 p.12。
12　俞昌均（1974）『前掲書』p.219
13　俞昌均（1974）『前掲書』p.230
14　俞昌均（1974）『前掲書』p.245
15　姜信沆（1987）『修正増補訓民正音の研究』成均館大学校出版部 pp480-481

参考・引用文献

浅井恵倫（1940）「校本日本館訳語」『安藤教授還暦祝賀記念論文集』三省堂。

大友信一（1963）『室町時代の国語音声の研究』至文堂。

外間守善（1981）『沖縄の言葉―日本語の世界9』中央公論社。

木村 晟・李俊生（1974）「琉球館訳語」本文と索引（その１）駒澤大学外国語部研究紀要３号。

将 垂東（2000）『日本館訳語』と近世北方音―韻類篇―「文学部紀要」文教大学文学部第14-1号。

多和田眞一郎（1995）『外国資料を中心とする沖縄語の音声・音韻に関する歴史的研究』学位論文。

姜信沆（1973）『四声通解研究』新雅社。

俞昌均（1974）『蒙古韻略と四声通攷の研究』螢雪出版社。

李英月（2005）「『四声通解』における正音・俗音・今俗音の性格の考察―『蒙古字韻』との関連を中心に―」『中國語文學論集』第29号
韓国精神文化研究院『韓国民族文化大百科事典』15. 熊津出版。

韓国精神文化研究院『韓国民族文化大百科事典』12. 熊津出版。

Encyclopædia Britannica 2007 CD-ROM / DVD is an electronic, disc based encyclopedia from the editors of the Encyclopædia Britannica.《韓国語版》

日本人の手による漢訳洋書

——村上英俊訳『西洋史記』について——

陳　力衛

1. はじめに

日本漢文は長い歴史を持っている。上代はもちろん、794年の平安京遷都から9世紀末頃までの時期も、いわゆる「国風暗黒時代」と言われるほど漢詩文の栄えた時代であった。『凌雲集』『文華秀麗集』『経国集』などの編纂をはじめ、文化的にも唐文化を摂取してきた。平安時代の高僧円仁が書いた『入唐求法巡礼行記』(838 − 847) などは、同時代の中国語の口語を反映する資料として中国でも注目されるぐらいである。しかし、894年に遣唐使の派遣が取りやめられてから、和文の成立とともに、漢文が相対化されるようになった。11世紀から13世紀にかけて入宋僧によって書かれた漢文が台頭してくると、五山文学のように、だんだんプロの集団によって独自の漢文世界が形成されていった。中でも道元 (1200 − 1253) の『正法眼蔵・正法眼蔵随聞記』は、中国由来の禅宗関連の史伝書や『碧巌録』『臨済録』『従容録』『無門関』などの禅宗語録に匹敵するものとして、同時代の漢文のなかで異彩を放っている。

近世では、とくに江戸時代の中期以降、新たに朱子学が導入されることによって、儒学の基本書である四書五経などの漢籍学習がますます重視されるようになった。「漢学の伝来は遠く上古に在りと雖も、其の最も盛大を極めたる時代は徳川幕府三百年の間とす」と、381人もの漢学者の伝記を収録する『漢学者伝記集成』(1928) の序に宇野哲人が言うように[1]、近世では平安前期を凌ぐほどの漢文隆盛の時代を迎えた。中国からのさまざまな書物の刺激を受けて、「近世の漢学者たちは経学だけでなく、同時に、兵学、自然学、歴史・日本史など他の学問をもおこなった」とされるぐらい、広範な分野にわたって漢学が広がりを見せた[2]。

むろん、漢文への理解度が深まるにつれて、日本人自身の漢文も一つの頂

点に達する。近世漢文の代表格とされる頼山陽の『日本外史』（1836－37）は幕末を経て明治初年に至るまで、非常に流行した。漢文で書く、また漢文に訳す行為そのものは時代的な要請からくるもので、場合によっては一種の格式を重んじた結果である。これはつまり東アジアの知識人の共通の教養に基づく営為として広く認められていたからである。

そこで、いわゆる西洋との接触によって新知識の受容を伴う一連の漢文書物が現れてくるのも至極当然の流れであろう。早くは蘭学からの知的受容によって、医学の『解体新書』（1774）をはじめ、本草学の『六物新志』（1786）や物理学の『気海観瀾』（1827）なども同じく漢文で訳されていた。なぜこのような新知識の分野で漢文に訳すか、ということを考えるに当たり、宇野哲人の前説を引き続き引用しておく。

> ……蘭学はもと医家によりて研究せられしも、幕府の末造之に指を染むる者、屢々漢学者の間に起れり。箕作紫川・大槻磐水の如き、漢学の素養によりて蘭学に進みしもの、安井息軒の如きも、天文地理工技算数に於ては洋学の説く所を取り、その他学者にして之を窺へるもの少なからず。明治初年、中村敬宇能く西洋道徳の粋を訳出し、其の説穏健妥当なりしは、其の基礎漢学にありしは世人の周知する所なり。……当時の智識階級に属する者、能く漢学によりて頭脳を錬磨したれば、遂に西洋文明に接触するも周章狼狽することなく、之を咀嚼し之を消化し、採長補短以て国民をして大勢の趨く所に順応して謬らざるを得しめし也。[3]

要は「漢学の素養」があって「西洋文明に接触するも周章狼狽することなく、之を咀嚼し之を消化」することができたということである。その背景として、むろん中国で出版され、漢文で書かれた西洋知識の関係書物――漢訳洋書という手本があった。前期の17世紀以来のイエズス会士による『職方外記』『坤輿図説』など歴史・地理を中心としたものと、後期の19世紀以来の『聯邦志略』『博物新編』『万国公法』のような政体・科学・法律などの紹介書や、さらに中国人の手による『海国図志』なども、悉く和刻され、漢文訓読の方法を通して日本に受容され、同時代の日本人に大いなる知的刺激を与えたことも忘

れてはいけない。

本稿は、こうした日本人の手による近代知識を反映する漢訳洋書を取り上げる。その理由は二つあり、一つは従来知られている通り、日本語史における近代漢語、とくに近代新語新概念を反映させる資料としてその利用の可能性をさぐることであり、もう一つは、漢文で訳されるこれらの書物は同時代、または後の時代の中国人にも読まれる可能性があったため、新概念を伴う漢語の中国語への逆輸入のもっとも直接な媒体として研究すべきものと考えているからである。

2. 漢訳された『西洋史記』

2.1 ヨーロッパ通史の概説書

歴史書の重視が近世以来の特徴の一つであろう。西洋史への関心は、前述の宇野哲人の話に出てくる箕作紫川（阮甫）に始まると言っても過言ではない。嘉永3年（1850）ごろには、すでに西洋史研究のサークルを作り、しばしばの阮甫家で研究討論したと伝えられている。刊行されることはなかったが、偉人の伝記を集めた『西史外伝』や『大西史影』『大西大事策』『大西春秋』など、ヨーロッパの歴史を翻訳した原稿を数多く残したという[4]。中には漢文で訳されたものもあった。系統的な西洋史叙述としては、嘉永4年刊行の『八紘通誌』（1851）が挙げられる。ゆえに大槻磐水の子息である大槻磐渓は、「誰訳西史継前賢、中興人推箕紫川」と、阮甫の西洋史研究の開拓者たる業績を詩文で褒めたたえた。

『西洋史記　上古史』は、日本における西洋史研究のなかで早いものとされる。**図1**のように巻一の中表紙に、「明治三年稟准／駝懦屢氏　原撰／茂亭村上義茂重訳／明堂村上義徳校正／西洋史記上古史／達理堂蔵版」とある。上古史編は広く流布し、日本各地の藩校や主要な公的機関に所蔵されている。『西洋史記　中古史』は翌「明治四年稟准」の出版となり、第七巻の中表紙は上古史と同じ記述となっている。

図1　『西洋史記』表紙

元々の翻訳計画は近世までであったが、実際には上古史と中古史の二編しか出版できなかった。

原作者のフランス人駝儒屢「ジャック・ルイ・ダニエル」(Jacques-Louis Daniel、1794 － 1862）は19世紀フランスの史学家の一人である。訳者村上義茂即ち村上英俊（1811 － 1890）は幕末明治期のフランス学の始祖といわれた人で、文化8年4月8日下野の出身。名は義茂、字は棟梁、号は茂亭など、明治5（1872）年の末ごろ松翁と改称した。信濃松代（まつしろ）の藩医を務め、嘉永元（1848）年、佐久間象山のすすめでフランス語を独学。江戸に出て嘉永7年（1854）に英語、仏語、蘭語を対応させる辞書『三語便覧』3巻を出版した。ペリー来航後には、まず『洋学捷径仏英訓弁』（安政2年、1855）の英語の部で宣教師メドハーストが1830年にバタビアで出版した『英和和英語彙』(*An English and Japanese and Japanese and English Vocabulary*)の和英の部の一部分を紹介した。その後、安政4年（1857）には英和の部を『英語箋 一名米語箋』、文久3年（1863）には和英の部を『英語箋後篇』として翻刻し、近代日本の、蘭学から英学への転換期において大いに活躍した。安政4（1857）年の『五方通語』もその流れにある、日本語からフランス語、英語、オランダ語、ラテン語が引ける辞書で、約1,400語が収録されている。元治元年（1864）に本格的な仏日辞典『仏語明要』4巻などをあらわす。幕府の蕃書調所教授となり、慶応4年（1868）に私塾達理堂をひらき、フランス語を教えた。ジャック・ルイ・ダニエルの『西洋史記』の翻訳によって、明治18（1885）年にフランスからレジオン・ドヌール勲章を授けられ、1882年に東京学士院会員となった。明治23（1890）年1月10日、80歳で死去した。

校正者の村上義徳はその長男の栄太郎であり、当時は20歳に満たぬ若造であったが、名前を前面に出していることに、父の期待が伺える。実際の『西洋史記』の翻訳過程については、「英俊は当初、化学についての講義を週一回全門人に行なったが、これは門人たちにはあまりよろこばれなかったので、やがてやめてしまった。また、講義で読んだ西洋史をのちに翻訳し、『西洋史記』（明治3年）として刊行している」[5]とされるように、達理堂という村上英俊が主宰していたフランス塾の弟子たちの輪読から翻訳に至ったと推測できる。これは、その当時では一般的に行われていた翻訳法のようである。

本書の装丁は和装本で25.8 × 18.2 (cm)、1葉10行20字となっている。奥付には異なる版のものがある。下記の**図2**では、右側は「江都」、左側は「東京府」となっているため、前者は初刷りかもしれない。発行と書林の住所などは同じで、下記の通りである。

日本橋通二丁目山城屋左兵衛/浅草茅町二丁目須原屋伊八

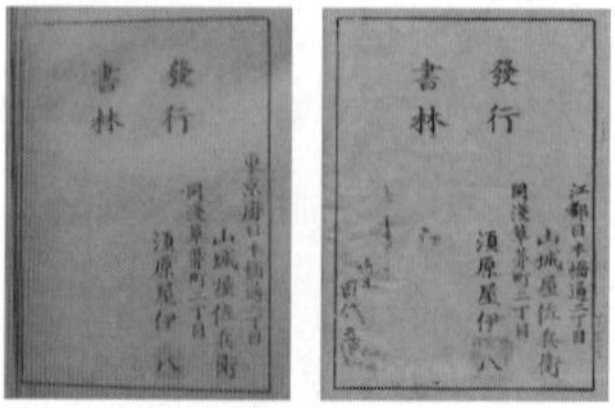

図2　二種の異版

2.2 西洋知識の紹介

本書はすべて漢文で訳され、送り仮名やレ点や一二三点、上中下点など基本的な訓点が施されている。序に曰く:

> 皇朝《ニ》有《リテ》二古事記。日本史。国史略。日本外史。等一全備焉。漢土《ニ》有《リテ》二春秋。左史[氏]伝。史記。漢書。及歴代史一。以《テ》尽二其詳《ヲ》一矣。然《レトモ》至《テハ》二万国史記《ニ》一。未《タ》レ有《ラ》二其全備《ナル》者一。故《ニ》有志之士。不レ能レ見《ルヿ》二西洋諸国《ノ》歴代之事跡《ヲ》一。因《テ》余訳《シ》二仏蘭西人著述《ノ》万国史《ヲ》一。名《テ》曰《フ》二西洋史記《ト》一。聊《カ》補二其欠《ヲ》一。後進閲《ハ》二此書《ヲ》一。少《ク》可レ足《ル》レ窺《フニ》下西洋諸国《ノ》。上自二天地開闢一。下至《ル》二近世《ニ》一之事跡《ノ》大略《ヲ》上。

この序文には、日本と中国の歴史書をまず挙げ、「万国史記」つまり世界史に関して完備しているものがないため、フランス人の世界史を訳してその西洋諸国の概要と歴史を知るのに役立てたいと書いてある。凡例ではまず原書について説明し、本書の底本がフランス人ダニエルの出版した編年体の世界史概論*Abrégé chronollogique de l'histoire universelle*の1865版を使っていると述べる。原書の初版は1831年であった。なお、村上英俊の使用したその原本がいま静岡県立中央図書館葵文庫(旧幕府系の蔵書)に所蔵されている[6]。さらに凡例では、左側の傍線で地名(括弧内は現地名を示す)を、右側の傍線で人名を表示し、帝王の名言などを傍点で示し、訳者の見解を(茂按)をもって記し、ほとんどの人名・地名には片仮名で読みのルビをつけると説明して

いる。

それに続く緒言の「往古著名之諸国」は原書より訳されていて、上古史は下記の6巻5冊よりなる。

巻一「神代紀」／54葉、巻二、三「挨及史」「亜斉利史」「迷徳私史」「波斯史」／31葉、巻四「希蠟史」／71葉、巻五「羅馬史」／68葉、巻六「羅馬史」／71葉

中古史は5巻11紀に分けられ、同じく5冊からなる。

巻七 第一、二紀「第一入侵」「第二入侵」／45葉、巻八 第三紀「東方諸国」、第四紀「欧私睹剌漬之隆盛」／45葉、巻九 第五紀「王国分裂」、第六紀「祠壇及分地」、第七紀「十字軍隊及騎兵」／67葉、巻十 第八紀「王国権威 三分一権威」、第九紀「大法 襲封」／45葉、巻十一 第十紀「百年戦争」、第十紀「欧羅巴之定」／61葉。

前の9冊の最初のページにはすべて「佛蘭西 駝懦屢氏 原撰」と記されているが、最後の第10冊では原著者名の当て漢字が一字異なっていて、「佛蘭西 駝懦児氏 原撰」と、「屢」から「児」に直されている。

上古史と、中古史は、天地開闢から15世紀のトルコ帝国の時代まで、創世紀の神話や主要な事件などを網羅している。たとえば、巻一「神代紀」はさらに七紀に分けられ、第四神代紀の第一章「埃及退去」には金字塔に関する記述がみられる。

令ム三族人ヲメ等従ハ二大難事業ニ一。命メ二族人等ニ。造二営セシム尖頂ノ四角大石廟。及ヒ日表ヲ一。又タ営二作シム諸街陌一矣。
（茂按）地球説略ニ曰ク。……茂按スルニ。非スレ亭ニ非スレ塔ニ。状チ如キレ塚ノ者ハ。即チ磪居《シャコツ》符《フ》氏族人等。営造スル尖頂ノ四角大石ノ廟ナラン乎カ。待ツ二後考ヲ一。

訳者自身の按によれば、この部分は、明らかにウェイの『地球説略』（1856）によっている。ほかに巻二に「挨及史」の部分があり、そこでは金字塔を「近

部ニ。建二造スルハ有名ノ義碎布《ギゼフ》四角柱塔ヲ一者。」のように、単に「四角柱塔」と称するだけである。

第二章には「渡紅海 十禁神令」があり、今日われわれのいう「十戒」を記している。漢訳聖書と比べてみると、訳の違いが目立つ。

天主教並びに新教（路徳宗）	**『西洋史記』**
第一戒 欽崇一天主在万有之上。	汝等ラ拝メレ我ヲ勿レレ拝スル二他神ヲ一。
第二戒 毋呼天主圣名以発虚誓。	汝等徒ラニ勿レレ称スル二上帝之名ヲ一。
第三戒 守瞻礼主日。	汝等謹ミ慎ンテ。祭日ニ必ス供セレ牲ヲ。
第四戒 孝敬父母。	汝等為メニ二長生ノ一。尊三敬セヨ汝ノ父ト与トヲ二汝ノ母ト一。
第五戒 毋殺人。	汝等勿レ二必ス殺傷スルコト一。
第六戒 毋行邪淫。	汝等勿レ二必ス去ルコト一レ妻ヲ。
第七戒 毋偷盜。	汝等勿レ二必ス窃盜スルコト一。
第八戒 毋妄証。	汝等勿レレ為ス二将来之偽ヲ一。
第九戒 毋願他人妻。	汝等勿レレ求ムルコト二後妻ヲ一。
第十戒 毋貪他人財物。	汝等勿レレ欲スルコト二有主ノ家室。奴僕。下婢。牛驢。及ヒ諸物ヲ一。

1854年の中国語訳聖書『旧約全書』と比べてみても村上訳の特異なところが目立つ。『西洋史記』の場合は「汝等」で始める訓示の形に統一しているが、第六戒と第九戒の訳は明らかに不正確で、「去妻」と漢訳の「邪淫」とは相離れた意味になり、「勿求後妻」と漢訳の「毋願他人妻」とも意味的ずれが大きい。こういう現象は初期の洋学翻訳において免れ難いものであろうが、漢文力というのも関係してくるかもしれない。

巻三の亜斉利史において、「亜斉利帝国」の輝きに触れる際、まずバビロンの空中庭園を「営二作ス空中懸垂ノ園囿ヲ一。是レ乃チ世界七不可測ノ之一ナリ也」と褒めたたえ、下記の注をつけている。

註曰。世界ノ七不可測ハ。第一ハ耙米路揆《バベーロネ》ノ墻壁。及ヒ懸垂ノ園囿也。第二ハ埃及諸王四角柱塚。第三ハ武里私《ムリス》湖上ノ迷堂。幷セル二壮観十二宮ヲ一者也。第四ハ路兌私《ロデス》大人ノ像。乃チ青銅製造。亜波崙《アポロン》ノ像也。第五ハ架利《カリー》王孟作列《モーソレー》ノ大

廟。孟作列ハ者亜児兌美崔《アルデミセ》后之配也。第六ハ隈奬崔碏腫《エヘセショネ》ノ神殿。為メニ二猥路《エロ》私都刺兌《ストラデ》ノ一所二焚焼一者也。第七ハ隖例比《ヲレヒー》ノ支岥兌児《ジヒデル》ノ像。古彫刻ノ名工。岥《ヒ》碏私《シャス》ノ之作也ナリ。

その世界の七不思議を今日の訳と照らし合わせてみると、第一はバビロン（耙米路㨪《バベーロネ》）の空中庭園；第二はエジプトの金字塔；第三はリムノス島の迷宮（?）；第四はロドス（路兌私《ロデス》）島の巨像（亜波崙《アポロン》）；第五はマウソロス（孟作《モーソ》列《レー》）とアルテミシア（亜児兌美崔《アルデミセ》）霊廟；第六はエフェソス（隈奬崔碏腫《エヘセショネ》）のアルテミス神殿、ヘロストラトス（猥路私都刺兌《エロストラデ》）によりて焼かれる；第七はオリンピアのゼウス（隖例比支岥兌児《ヲレヒージヒデル》）像となる。村上のルビの読みと今日の外来語表記との間に大きな差が認められ、また世に言うアレクサンドリアの大灯台が含まれておらず、三番目に挙げられているものもバビロンの城壁とはとれないように思える。

3. 言語的特徴

3.1 音訳漢字

前節の世界の七不思議にある音訳漢字と現代語の片仮名表記との異同を考えるには、本書の音訳漢字を系統的に整理することが必要であり、当時の日本の他の訳書や著作中にある外国音対訳漢字と比較しながら、それぞれの出自の異同を見極め、後の翻訳法（たとえば『哲学字彙』など）とも比較すべきであろう。それによって、日本語における人名、地名の音訳漢字の形成過程をさぐる手がかりが得られ、中国語からの音訳漢字の影響を整理することにもつながるであろう。

前記した箕作阮甫の『八紘通誌』（1851）の凡例には、この点に関して、長い説明が書いてある。まとめると、以下の三点が挙げられる。

1. 国名地名人名等、従来世ノ偏知レル漢訳字面ハ、固リ論勿シ、近来清人ノ奏議詔勅、一統志、海録、聖武記、莫里松《モリソン》支那志、蒋友仁地球図説、ノ如キ、地名官名人名ノ音訳ヲ載ル者頗多シ、［阿付顔尼部《アフガニスタン》、蘭《ロン》

噸《ドン》、愛倫《イヽルラント》、斯葛蘭《スコットランド》、弥利堅《アメリケン》、波利稔王《ナポレヲン》など]

2. 其地表著ニメ、漢訳ナク、僅ニ先輩ノ塡訳ヲ経、字面典雅穏当ノ者ハ、亦其ノ訳字ヲ用フ、独逸《ドイツ》、……白耳義《ベルギー》ノ如シ
3. 島嶼河海、漢訳ナキ者、大氐片仮名ヲ以、其名ヲ記ス

つまり、まずはすでに漢訳にあるものを使う。そこになければ、先輩の訳を使うか、自分で新たに当てるかする。最終的には片仮名で記すという順番で対応するとしている。

その意味で考えれば、村上の音訳漢字はフランス語による逐字音訳の場合が多く、一種の新訳または創作とも言えよう。そのため、対音用字は伝統的な漢訳とも異なり、当時の日本の他の音訳漢字とも違って、独特な一面を呈していて、読み手にとっては理解しがたいものとなっている。たとえば、固有名詞の場合、「亜歴山帝《アレキサン》、猶太《ヨータ》」など漢訳に由来するものもあるが、大多数は以下のような難解な音訳漢字を使っていて、当時の漢文訳とはかなり異なる当て字をしているので、いわゆる人名地名の訳の継承性において配慮に欠けているところがあると言わざるを得ない。たとえば、

梗碏珢《ベンジャミン》、便雅憪、蒩崔布《ジョセフ》、些路門《サロモン》、亜駝母《アーダム》、隈牌《エベ》

は、当時の漢文訳ではそれぞれ「本雅明、本雅明、約瑟夫、索羅門、亜当、夏娃」と対応し、ほとんど同じ人名とは思われない。地名のほうは伝統的な訳を援用するものが多く、分かりやすい。たとえば、次のようなものがある。

地中海、紅海、印度海、死海、波羅的《ハルチケー》海、波斯《ヘルシア》、埃及《エケフテ》、希臘《キリシャ》、羅馬《ローマ》、欧羅巴《ヨウロツハ》、亜細亜《アジア》、澳太利亜、亜布利加《アフリカ》

しかし、「把列私智捼《ハレスチ子》国」をパレスチナ、「亜斉利帝国」をアッシリャ、「批罷列」をヘプライとするなど、難しい当て方も多い。上古史の巻三までの音訳漢字を五十音順に並べると、下記の**表1**に纏められる。

表1 音訳漢字一覧表

ア 亜、隖。 アン 安	イ 易、倚。 イン 印	ウ 烏、委	エ 隈。エウ 欧	オ 隖。
カ 莪、楷、可、和。 カウ 尻。カン 干	キ 枳。 キン 掀	ク 枯、区、矩、拘	ケ 圭	コ 古、居、墟。 コツ 居
ガ 莪	ギ 奇、義	グ 屈、苦	ゲ 傑、倪	ゴ 伍、巨、胡。 ゴン 艮
サ 泄、娑、些。 サウ 操、卓。 サン 瓚、訕	シ 積、漬。 シャ 社、碏	ス 私、斯	セ 倅、崔、皠。 セー 斉、泄 セツ 崔、蕝。 セン 訕	ソ 粗、作。 ソー 祚、作
ザ娑	ジ 支、徂、豉。 ジョ 菹、徂。 ジヤウ 棖	ズ	ゼ 碎、啐	ゾ
タ 跢	チ 智	ツ 都。 ツー 通、徒	テ 的、梯	ト 多、独、妬、覩、 都。トン 頓、焫
ダ駝	ヂ	ヅー道	デ　弟、兊、兌、 徳	ド 土、独。 ドン 焫、屯
ナ 那。 ナン 南	ニ 尼。 ニー 尼、痿、蘂。 ニン 忍	ヌー 努	ネ 内、捼、腫	ノ 奶。 ノー 懦
ハ 把、巴。 ハウ 包 ハム 扮。ハン 煩	ヒ 比、帔。 ヒツ 邲。 ヒン 儐	フ 蒲、布	ヘ 批、獘。 ヘー 陛	ホ 模、暮、波。 ホー 褒。 ホン 噴
パ 怕、葩	ピ	プ	ペ	ポ波
バ 耙、跁、把。 バー 拔	ビ 伯、皮	ブ 蒲、捕、符	ベ 別、牌、罷、陌。 ベー 米。ベン 梗	ボ 姥、暮
マ 麻、摩。 マン 構、満	ミ 眉。ミー美。 ミン珉	ム 母、武。 ムー 務	メ 美、媽、黙、面、 墨、緜。メー 迷	モ 母。 モン 吻、悶、門
ヤ 椰		ユ		ヨ
ラ 剌、喇。 ラー 姥。ラン 蘭	リ 利、里。 リー　利、梨	ル 児、爾、屢、耳	レ 列、例。 レー 列、例。 レツ 列。 レム 連、輦	ロ 路、魯。 ロー 老。 ロン 崙
ワ	ヰ	ウ	ヱ 隈、猥	ヲ 隖、汙。 ヲー 欧。ヲン 恩

この表からうかがえる特徴が二つある。一つは「ガ(莪)、キン(掀)、シャ(碏)、セ(倅、崔、皠)、ジ(砠、豉)、ジヤウ(棖)、ドン(炳)、バ(耙、跁)、ヱ(隈、猥)、ヲ(隖、汙)」のように、旧来の漢字書きの伊呂波歌のような見慣れた漢字を使わず、意図的に難解な漢字を多用していることである。もう一つは同じ音に多くの異なる漢字を用いていることである。たとえば、「カ(莪、楷、可、和)、ク(枯、区、矩、拘)、サ(泄、娑、些)、デ(弟、兊、兌、徳)、ト(多、独、妬、覩、都)、ブ(蒲、捕、符)、ベ(別、牌、罷、陌)、ホ(模、暮、波)、メ(美、嫣、黙、面、墨、緜)、ル(児、爾、屢、耳)」のようである。これは翻訳語であるという特徴を際立たせる意味ではよいが、読解の意味においては困難をもたらす結果を招いたと思われる。

3.2 漢語とその表現

『西洋史記』は、語彙の面から見れば、現在の西洋史に通用する「十字軍(隊)」や「百年戦争」のような用語以外に、一般的な語、たとえば「幸福」などが数多く使われているため、近代漢語の使用状況を把握するための資料として利用できるだけでなく、次節に示すように、中国語版も出されているから、近代新語の中国への逆輸入を探る資料としても利用することができよう。

医学、依頼、遠隔、援兵、運行、横行、王国、戒厳、海賊、開拓、学者、学術、苛酷、家族、楽器、玩物、緩急、感動、緩和、飢饉、議事、犠牲、基礎、基本、救済、教育セリ、境界、驚愕、強大、居民、議論、疑惑、禁止、金属、寓意、空中、軍事、軍人、軽薄、減少、航海、光景、攻撃、考察、鉱山、幸福、国家、災害、再戦、財宝、作業、史学、事業、詩人、酒宴、集会、充実、重職、循環、上帝、女王、植物、食糧、仁愛、人員、陣営、神教、人種、人体、新聞、神法、人民、人類、星学、生活、政権、政治、製造、制度、正統、政法、生命、世襲、切断、戦車、戦勝、戦没、造化、想像、宗族、嘆息、地方、中央、帝国、鉄器、動静、独立、発見、叛逆、蕃(繁)殖ス、美観、風俗、風習、武器、服従、婦人、附属、仏教、文学、兵器、平原、平常、兵力、変革、妨害、法制、法律、法令、未然、民俗、民法、滅亡、容疑、楽園、旅行、隣国、連続

以上の二字漢語は上古史の前三巻から拾ったものだが、一見して伝統的な漢籍に由来するものが多い。これらには、日本語のなかで明治初年のこの時期まで使い続けてきたものと、新たに使用しだしたものとがある。具体的な用法としては、たとえば前者には「速殖人種于荒蕪之地」「未見学術之事」のように、近代概念としてはやや未完成なものがある。本文中における「新聞、帝国、文学」などの用法も同様である。一方、中には当然ながら網掛けの語のように少なからぬ新語も含まれる。『日本国語大辞典（第二版）』（以下『日国』）の用例と照らし合わせると、「戦車」（『日葡辞書』、『五国対照兵語字書』1881）、「連続」（『日葡辞書』、『嚼氷冷語』1899）などは、『日葡辞書』と近代の用例との間に、この1870年の用例を挟むことができよう。また、「再戦」（『近世紀聞』1875）、「容疑」（『ブラリひょうたん』1950）、「楽園」（『文明論之概略』1875）などは、『日国』の初出例よりさらに古い例として利用することができるだろう。なお、下記の例のように、接辞による造語（三字語と四字語）も発達していて、「全世界之造化」などのように、今日の意味に近く、しかも新しい事物を表すための組み合せが多く見られる。

大麦酒、外国人、立法人、文学士、重大事、十字軍、共和政、
大洪水、全世界、新研究、神学校

上記のうちのいくつかの初出例を単純に『日国』で検証すると、「文学士」（『当世書生気質』1885）、「重大事」（『人さまざま』1921）、「共和政」（『新撰字解』1872）は、いずれも『日国』の初出より早い例となるし、また「立法人、新研究」などは『日国』に収録されていない。「百年戦争」に至っては、項目にありながら、例がないので、『西洋史記』のものを初出例に挙げてもよさそうである。

3.3　影響と評価

『西洋史記』は日本近代最初期の欧洲通史として、欧洲の各国の歴史について紹介し、叙述した先駆け的なものと見なされる。ただし、その前後には日本語で書かれた西村茂樹の西洋通史の類の書が見られる。たとえば、西村の『万国史略』と『泰西史鑑』（稲田佐兵衛、明治2[1869]年）上編はすでに刊行さ

れていた。両方とも人名・地名において中国の漢訳洋書と通ずるところが多かった。『万国史略』「前編」の目録には、「上古ノ史」から、「法蘭西革命ノ乱」の「中古史」を経て最終的に「第十九世ノ中葉ニ至ル」「近世ノ史」まで載っていて、最後には年表を「附録」としてつけている。これは日本語（文語文）で書かれているので、村上英俊の漢訳本より読みやすく、小学校の教科書にも指定されている[7]。

日本で翻訳書の出版が増えてくると、矢野文雄（1850 − 1931）は、地方の民衆に何を読むべきかを勧める『訳書読法』（明治16[1883]年）を著し、その「歴史ノ部」の万国史において、「先ニ読ムベキ疎ナル者」として『巴来万国史』（牧山氏訳）を、「後ニ読ムベキ密ナル者」として『万国史略』（西村氏訳）を挙げた。さらに各国史として『希臘史略』『羅馬史略』『日耳曼国史』『具氏仏国史』『英史』『米国史略』『魯国沿革史』を挙げ、万国近世史として『万国新史』『近世泰西通鑑』など九種類の訳書を挙げている。この中に西村茂樹訳『万国史略』は含まれるが、村上英俊の漢訳『西洋史記』は取り上げられていない。

4. 中国における流布と利用

『西洋史記』は、清の光緒28年（1902）に中国で『西洋通史前編』と改名され、「壬寅年春暮上洋会文訳書社石印」として、会文訳書社より石印本で翻刻された。「前編」という名称は、「後編」もまもなく出版されるという印象を人に与えるが、事実、原著の訳者村上の序言によれば、本来は近世まで出版する予定だったようである。しかし、当時上海で出版されたJohn Lambert Rees著、蔡爾康、曹曾涵訳『万国通史前編』（10巻、広学会、1900）が頗る好評であったため、あるいはそれにあやかりたいという気持ちもあったのかもしれない。

中国語版では、日本語版にあった訓点や人名・地名漢字の両側にあったカタカナのルビが消されて、わずかに地名・人名を示す左右の傍線だけが残っている。元の日本語版の1葉10行20字を1葉15行31字にすることで日本語版より一回り小さくし、20 × 13.2（cm）のサイズで七冊に縮小された（図3）。光緒35年（1909）には中国の伝統的な唐本の形で増刷された。現在、中国国家図書館及び南通大学図書館などに収蔵されており、前者では請求番

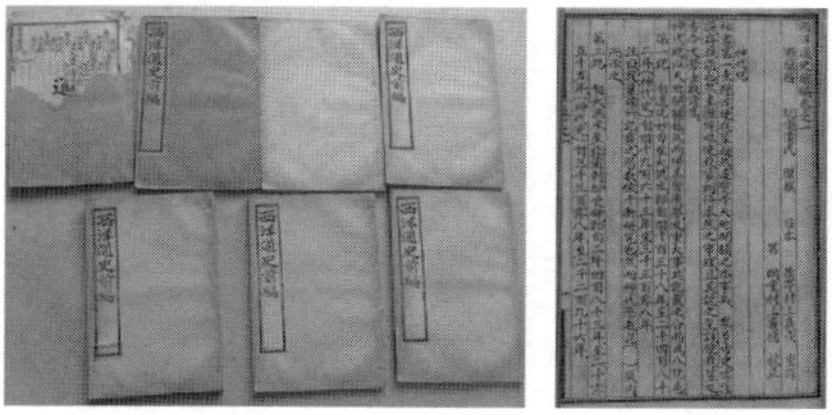

図3　中国語翻刻版

号312002014006で、72305、70512、6150の三種類が収めてあり、前の二種には朱筆による書き入れもある。

出版元の上洋会文訳書社はやや短命の出版社だったらしい。この社名で出版された書目は少なく、いまのところ『修身教科書二、参冊』（上洋文会堂蔵板、光緒丁未刻、1907）一種しか見つからず、『西洋通史前編』が1909年に再版されたことを考えても、細々とやっていたように思われる。

梁啓超の『西学書目表』（1897）が出版された時には、『西洋史記』はまだ中国において出版されていなかった。ゆえにその「史志」の部にこの書は挙げられておらず、それより前に中国で出版された岡本監輔『万国史記』（上海排印本、十本、五角）が挙げられ、その識語には「雖甚略、然華文西史無詳者、姑読之」とあり、西洋史ならとりあえずこの書から読み始めるのがよいとされている。『西学書目表』の後ろに付された「読西学書法」には、「通史有万国史記万国通鑑等、通鑑乃教会之書、其言不尽可信、不如史記」とあり、西洋人の編集した『万国通鑑』に比べ、『万国史記』は宗教色がより少なく、信ずるに足ると言っている。後に梁啓超が日本で書いた『東籍月旦』（1899）にも『西洋史記』への言及はなく、代わりに本多浅治郎の『西洋歴史教科書』を「最簡明適於初学之用者」と褒めている。同書は1902年に『泰西史教科書』（広智書局）として中文訳され、何度も版を重ねており、『西洋史記』よりは随分歓迎されたようである。

中国の目録学の大家である顧燮光（1875-1949）の『訳書経眼録』（1904）「巻一・史志第一」では、この書を取り上げて、

> 西洋通史前編十一巻、壬寅会文訳書社石印本、七冊。法駝懦屢 原撰、日本村上義茂訳。原書係西暦一千八百六十五年出版、計十一巻、分神代紀八、上古史記十二、中古史記十一、蓋始于天地開闢、而終于西暦一千四百八十一年、所分各紀年歳互有長短、蓋以事跡為主、非若近日西暦以百年為一紀也。所記神代紀多本教書、荒誕不足信、訳筆亦艱渋可厭。

毎紀末臚列年表頗為清晰、全書可取者僅此。

と述べている。ここでは、書誌の紹介に続いて、「(内容) は天地開闢に始まり、西暦1481年に終わる。その各紀の分け方には年代の長短が見られ、概ね事跡を主としているため、近年の百年を一世紀とするものと異なる。その神代紀は宗教書に多く依拠し、荒唐無稽で信ずるに足らない。しかも、訳は艱渋で厭になるほどである。毎紀の末に並べられている年表だけが頗る明瞭で、全書の取るべきところはこれのみである」と手厳しく評している。その理由は、一つには、元の日本版は人名・地名に読みのルビが付いていて本文の他の部分とすぐに区別できて、読みやすかったものが、中国版ではそもそも人名・地名の音訳漢字が特殊すぎるうえに、ルビまで削除され、さらに読みにくくなっているということがある。

また、本書では通常の「百年を以て一紀とする西暦」の用法と異なり、村上がフランス語の序数詞première lecon (或いは première période)、Deuxième leçonをそのまま「第一紀」「第二紀」と訳したため、混乱と誤解を引き起こしやすくなっている[8]。また前に見たように、『西洋史記』にある人名・地名は、フランス語の発音に基づいて逐字的に音訳している部分が多すぎて、中国の読書人の慣れ親しんできた伝統的な表記(例えば『海国図志』等)と訳し方と異なるため、わかりづらいものとなってしまっている。そのため「艱渋可厭」の感があったのであろう。事実、当時の日本人ですらこれらの洋学者の翻訳レベルを貶めることがあった。陳捷 (2012) によれば、仙台の漢学者岡千仞は清国公使館員として来日した黄遵憲との筆談録「清讌筆話」(明治11[1878]年9月20日) につぎのような感想を漏らしている。

陋邦洋学盛行以来、訳書汗牛充棟、皆以伊呂波者。而洋学者未曾学作文、故其書鬱渋不可読(黄旁注:中村正直言不通漢学不能訳洋書、洵然)。故其書随刊随滅(岡自注:蓋無読之者)、其能行於四方者無幾何。真乎哉、文章之難!所謂辞之不文、不可以伝久者。

つまり、「日本で洋学が流行りだして以来、訳書は汗牛充棟となっているが、

洋学者は作文を学んでいないため、その訳書は艱渋で読めないし、刊行しても読む人がいなくてすぐに消えてしまう運命にある」と言うのである。黄遵憲は1879年12月18日石川鴻齋との筆談において、日本文人の作った漢詩文の欠点を次のように指摘していた[9]。

> 日本文人之弊、一曰不読書、一曰器小、一曰気弱、一曰字冗、是皆通患、悉除之、則善矣。

『西洋史記』は全面的にフランス語からの翻訳なので、前三項には当たらないが、四番目の「字冗」がどうしても二字語、三字語の多用として現れてくる。ただ、それこそ漢語レベルの使用と成立に資するものであると評価すべきところであろう。それに対して、『万国史記』は一種の抄録とも言える。『万国史記』は、岡千仞の序文によると、「輯和漢近人訳書数十部、撰万国史数十万言拠其書」であり、凡例にも「此篇就翻訳諸書、摘録其要而成」とあり、諸々の書物から抄録しているのがわかる。故に、岡本は村上を参照した可能性が十分にあり、実際書名の「万国史記」はそのまま村上の序文に使われていたものである[10]。『万国史記』は既刊書からの抄録による部分が大きく、単純に『西洋史記』と比較することはできない。とはいえ、文筆が上手かどうかも読み手を獲得するための重要な要因である。同じ漢文で書かれた著作であっても、『万国史記』は中国で30万部売れ、もっとも有名な著作の一つとなり、本多浅治郎の『西洋歴史教科書』の翻訳も流行したが、その中に埋れて、『西洋史記』はあまり目立たなくなっている。西洋人の李提摩太（Timothy Richard）らが19世紀末に直接中国語に翻訳した『泰西新史攬要』が流行った理由の一つは、当然ながら西洋近代の歴史変遷をもっと知りたいという時代的な要請に応えたからである。その意味では、中世の15世紀までを翻訳しただけの『西洋通史前編』はさほど重視されなかった。或いは人々はその後編の出版をずっと期待していたのかもしれない。

5.　おわりに

日本の漢文資料は汗牛充棟といえるほど多いが、研究史上から見れば、従来、日本語史の資料としてはあまり扱われてこなかった。『日本国語大辞典（第二版）』では、上代、中古に関して、漢文を資料に使う場合はあるが、これは、和文資料がないためやむを得ずといった感がある。近世以降、国学意識の高揚とともに、和漢を相対化させ別々に扱った結果、近代漢文の位置づけが曖昧となり、まったく特別の世界と見なされるようになったところに問題があるのではないかと思われる。つまるところ、漢文が「国語」という枠組みの中でとらえられることがなくなっていく傾向がうかがえるのである。

国立国語研究所の「日本語歴史コーパス」にも同じ問題がある。コーパスの資料となる「日本文学古典大系」における漢文の占める割合を考えれば、これで日本語の全体像を浮き彫りにすることは難しいと思われる。ましてや明治期のコーパスにおいては近代雑誌を中心に組み入れているため、漢語の用例の断層が近世と近代の間に見られ、上は『日葡辞書』、下はもういきなり『明六雑誌』というように、幕末以降の部分が空いたままの状態となっている場合が多い。これを補うためには、ここで見てきたような近代日本の漢文資料を以て補完しなければならないと考える。できれば、こういう資料群を分野別に整理し、とくに近代漢語の東アジアにおける伝播を示す資料としてデータベース化すべきだと考える。

20世紀に入ってから、中国には「広訳日書」のスローガンの呼びかけに応じて、中国人による日本書籍の翻訳のブームが起こり、それまでの日本人の漢訳書をカバーする勢いであった。しかし、日本で出版された漢文書籍を直接翻刻する場合は、スピーディーでもっとも労力のかからない導入経路であったため、中国各地でさまざまな地方版が出され、その流通範囲はかなり広かったようである。したがって、それらの書物を通して中国語に入った新語新概念自体が、それらの中国における普及の一方式を示すものとなっている。実際ある調査によれば、日本語の訓点などを省いたいわゆる「華刻本」（和刻本に対する名称）は376種にも達している[11]。就中、村上英俊の弟子の中江兆民の、同じ漢文で訳された『民約訳解』（1882）は西洋の民主的思想を伝え

る書物として、師の『西洋史記』を凌ぐ勢いで広く読まれ、中国の近代化に積極的に寄与したものとしてよく知られている。

注

1 竹林寛一編『漢学者伝記集成』関書院、1928年。
2 黒住真「漢学―その書記・生成・権威」『近世日本社会と儒教』ぺりかん社、2003年
3 竹林寛一編『漢学者伝記集成』関書院、1928年。
4 津山洋学資料館にある「洋学博覧漫筆 Vol.30阮甫の西洋史研究」http://www.tsuyama-yougaku.jp/Vol30.html
5 富田（1983）
6 田中（2014）
7 1872年日本文部省の『小学教則』『中学教則略』では彼の書を推薦。下記のリンクを参照。
https://max.book118.com/html/2017/0705/120520873.shtm
8 田中（2014）
9 劉雨珍「筆談で見る明治前期の日中文学交流」（配布資料）2017年7月13日於東京大学総合文化研究科
10 陳（2017）
11 王勇（2004）

参考・引用文献

小澤栄一（1968）『近代日本史学史の研究：明治編』吉川弘文館
酒井三郎（1969）『日本西洋史学発達史』吉川弘文館
滝田貞治（1934）『仏学始祖 村上英俊』巌松堂書店古典部
田中貞夫（2014）『幕末明治初期フランス学の研究［改訂版］』国書刊行会
徐蜀、宋安莉（2003）『中国近代古籍出版發行史料叢刊』北京図書館出版社
田雁主編（2015）『漢訳日文図書総書目・第一巻（1719 － 1949）』社会科学文献出版社
陳捷（2012）『人物往来與書籍流転』中華書局
陳力衛（2017）「「金字塔」の由来とイメージの形成」『成城大学経済研究』218号
富田仁（1983）『フランス語事始――村上英俊とその時代』日本放送出版協会
豊田実（1963）『日本英学史の研究』千城書房
熊月之主編（2014）『晩清西学書目提要』上海書店出版社
李慶（2002、2004）『日本漢学史・壹』『日本漢学史・貳』上海外語教育出版社
王宝平（1997）『中国館蔵日人漢文書目』，杭大出版社，
王勇（2004）『中国館蔵華刻本目錄』日本国際交流基金会

明治初期における聖書の翻訳と日本語意識

——漢文訓読語法「欲ス」を例に——

齋藤文俊

1. はじめに——明治初期における聖書の翻訳と文体

明治初期、聖書を翻訳する際に、翻訳者の「日本語意識」は、まず、文体の選択をどのようにするかという点におかれていた。聖書の「聖典」という面を強調すると、「威厳ある文体」で翻訳することが求められ、一方、万人が読めるように、という点から考えるならば、なるべく「平易な文体」で、ということになるだろう。翻訳委員の外国人宣教師達は、中国ですでに翻訳されていた「漢訳聖書」（ブリッジマン・カルバートソン訳1859）の有用性は認めつつも、次のJ. C. ヘボン（1815-1911）の手紙[1]にみられるように、漢文では、多くの人々に読んでもらうわけにはいかないと判断していた。

> 漢訳聖書は教養ある人々には利用せられておりますので、かなり多くの部数を配布いたしました。国民の大衆——多分百分の九十五までは漢文の聖書を読むことができません。この国の人口のどの割合までが漢文の書物を読みうるか正確に言えません。しかし上に述べた割合でさえ過大評価にすぎるとわたしは考えます。（1866年9月4日）

一方、日本人の翻訳委員（補佐者）は、彼等自身が漢文の素養のある知識人だったということもあり、漢訳聖書を訓読した漢文訓読体で翻訳しようとしていた。外国人宣教師と日本人補佐者の対立については、次のS.R.ブラウン（1810-1880）に関する、井深梶之助（1854-1940）の報告[2]が有名である。

> さて翻訳の文体に就ては堅い漢文風にしやうといふ説と出来る丈通俗的にしやうといふ意見と二つに別れ、支那訳に信頼した輔佐方には自然と

漢文風に流れんとする傾向があつた。ブラオン先生は始終その傾向と戦つたことを話されたやうに記憶する。折角聖書を日本語に翻訳しても只少数の学者丈に読めて普通の人民に読めぬやうでは何の益があるかとは先生の屡々繰返した議論であつた。又輔佐役の或る人が漢文はコウダと云ふと漢文は本文に非ずと力説されたことは恐らくは幾回であつたか分るまい。

このようにして翻訳された翻訳委員社中訳『新約全書』（1880年刊）の文体は、

こうして新旧約全書の翻訳出版事業は完成し、聖書は今や日本語で日本人の手にわたるようになりました。他国語のものと比べて見おとりのない立派な忠実な翻訳であるとわたしは信じています。あまり多く漢文がまじっていないで、国語を愛する日本人の学者たちから文学的作品として称賛されていることを知っています。容易に民衆に読まれ、理解されましょう。（1887年12月28日）

というヘボンの手紙に記されるように、ヘボンとしては、「あまり多く漢文がまじっていない」、「容易に民衆に読まれ、理解され」得る文体になっていると意識している。しかしその一方で、森岡健二（1991）で

和訳聖書の文体は、振り仮名ならびに和文を支持する翻訳委員、漢字ならびに漢文くずしを支持する補佐者の対立と協力から生まれたといってよく、たとえば、漢訳をふまえながら、しかも訓読や意読によって和語中心の翻訳をなし、さらに、漢文の構文に従いながら、しかも和文風にこれを言い替え、表面上は和文を基調とすることに成功したが、同時に、用語にも構文にも漢訳の味わいを残しているのである。

と、「漢訳の味わい」も見られるという指摘もある。

では、それが、実際の文章の中に具体的にどのような語法として現れているのか、これまで論じられてきたことをもとに以下でまとめてみたい。

2.　訓点付『新約全書』と翻訳委員社中訳『新約全書』

翻訳委員社中訳『新約全書』（以下、「社中訳」と記す）[3]における、ヘボンが言うところの「あまり多く漢文がまじっていない」「容易に民衆に読まれ、理解され」得るような工夫としては、まず、御法川恵子（1965）などで紹介されるルビの使用があげられる。すなわち、漢訳聖書（訓点付きの『新約全書』。以下、「訓点本」と記す）で用いられた「恩寵」「真理」などの漢語が、ヘボンが翻訳した聖書（以下、「ヘボン訳」、用例中では「ヘボン」と記す）では、「めぐみ」「まこと」のように和語で翻訳され、そして社中訳においては、「恩寵《めぐみ》」「真理《まこと》」のように、訓点本の漢語にヘボン訳のルビを付すという形で翻訳されているというものである。

また、過去・完了の助動詞については、森岡健二（1991）による

> 次に書き下し文と和訳聖書とで著しく目立っている相違は、助動詞の用法である。たとえば、中国語にはもともと動詞に過去形がないから、書き下し文では必然的に現在形を用いることになるが、和訳聖書では多くの過去の助動詞を用い、時に、尊敬の「ます」や補助動詞の「たまふ」なども加えて、書き下しではあらわせない、一種の和文的調子を加えている。しかし、時の助動詞があるからといって、聖書の原典もしくは英訳に忠実に時制を守っているわけではなく、文脈によって漢訳にしたがっているところも少なくない。（中略）このうち、過去の助動詞が特に多いことは、漢文の直訳的な書き下し体と異なる大きな特色を示すものだといえよう。

という指摘があるが、これを承け、齋藤文俊（1995）においては、訓点本と社中訳における過去・完了の助動詞「キ」「ケリ」「ツ」「ヌ」「タリ」「リ」の用例数の比較を行った。その結果、訓点本においては、「キ」「タリ」「リ」のみが使われ、用例数も少ないのに対し、社中訳においては、「ツ」は用いられないものの、全体的に用例数も多く、「ケリ」が一番多く用いられるなど、文体の相

違が明確に表れている。

また、齋藤文俊（2014）では、可能（不可能）を表す漢文訓読語法「能ハズ」について論じた。訓点本において「行フ所有ル能ハ不ル也」（5:30）のように「不能（アタハズ）」が使用されている箇所では、社中訳でも「行《おこな》ふこと能《あたは》ず」のように「能《あた》はず」が用いられることが多いが、一方、ヘボン訳においては、「なすことかなはず」のように他の表現形式に変えている例が多く見られた。

さらに、齋藤文俊（2017）においては、漢訳聖書で用いられた「則」「乃」「即」が、ヘボン訳の聖書、また翻訳委員社中訳の聖書の中でどのように用いられているのかを調査し、ヘボン訳、社中訳ともに、該当部分に「すなはち」が使用される例が少なくなっていること、特に「民衆に理解される」訳文を目指したヘボン訳の使用数が少ないこと、そして、社中訳はヘボン訳に比べれば多くなっているものの、「レバ則」と一般的に称されている漢文訓読独特の表現形式はほとんどみられなくなっていることを示した。

3.　漢文訓読語法「欲ス」

本稿では、これらの結果をふまえ、漢文訓読語法の「欲ス」について調査していきたい。「欲ス」については、『訓点語辞典』[4]によると、

> 「欲」が動詞に付いて助動詞のように用いられる場合には、（一）人間の願望や意志を表す用法、（二）自然現象などについて将然の意を表す用法とがある。（中略）
> （二）の将然の意を表す用法は古く「ムト欲《ス》」と訓読した。（用例略）しかし後世は、将然の意の用法でも「ホッス」と訓読するようになる。

とされている。そして、この「願望」「将然」両者とも「ホッス」と読むようになる時期については、夙に山田孝雄（1935）に次のような指摘がある。

> さてもこの「欲」字を上の如く意義を顧みずして常に「ほつす」とよむに到りしは何時頃よりなるべきか。今これを討究するに、かく「欲」の字を

字義如何にかかはらず、必ず「ホツス」とよむを原則とするやうになりしは恐らくは江戸時代よりなるべきか。

つまり、明治初期においては、「欲」=「ホッス」という訓読が固定化されていたことがうかがえる[5]。そしてこの「欲ス」は漢文訓読体に特徴的な語法として、明治以降、漢文訓読体の文章中に多く用いられる。例えば、漢文訓読体で翻訳された『欧洲奇事花柳春話』(織田(丹羽)純一郎訳、1878年刊)もその一つである。なお、この『欧洲奇事花柳春話』には、後年同じ訳者が「馬琴調の和文体」(表記は、漢字ひらがな交じり文、総ルビ)で翻訳した『通俗花柳春話』(1883年刊)があるが、こちらでは、本動詞の「欲す」は用いられるものの、補助動詞については、次の例[6]のように、「まほし」「ばや」、そして「願ふ」など別の語に言い換えられている。

盗マント欲スルコト幾回《いくたび》ナリシモ、未タ之ヲ果《ハタ》サズ。

(『欧洲奇事花柳春話』三12)

盗《ぬすま》まほしきは幾回《いくたひ》なれど、若《もし》もや大翁《うし》の呵責《みしかり》に遇《あひ》もやせんと心底《こゝろね》に恐《おそろ》しければ、今日《けふ》までは得《ゑ》も果《はた》さずして過《す》ぎたり

(『通俗花柳春話』三11)

アリスモ亦楼《ロウ》ニ上《ノボリ》テ寝ニ就キ、唯タマルツラバースヲ

夢ミンコトヲ欲ス(『欧洲奇事花柳春話』七十三2)

自《みづか》らも寝房《ふしど》に入《いり》て恩人《おんじん》を夢《ゆめ》に見《み》ばやと寝《ね》に就《つけ》り

(『通俗花柳春話』八十六5)

兒唯タ凍餒《トウタイ》ヲ禦《フセ》カント欲スルノミ(『欧洲奇事花柳春話』四3)

唯凍餒《たゞうゑこゞえ》のなきことを願《ねがふ》心《こゝろ》の餘《あまり》のみ(『通俗花柳春話』四4)

では、この漢文訓読語「欲ス」はいつ頃まで使用されていたのであろうか。雑誌『太陽』[7]においてその状況を確認すると、

1895(明治28)年　804例

1901（明治34）年　645例
1909（明治42）年　346例
1917（大正6）年　209例
1925（大正14）年　51例

と、時代とともに用例が減少し、特に明治末から大正にかけて激減していく様子がうかがえる。

4.　聖書における「欲ス」

「欲ス」は訓点本（訓点付漢訳聖書）の約翰伝福音書には54例が使用されている。それぞれの例について、ヘボン訳『新約聖書約翰伝』、翻訳委員社中訳『新約全書（約翰伝福音書）』（「社中訳」）の対応箇所を調査してみると、ヘボン訳には7例「ほつす」が使用されているものの、社中訳ではすべての箇所において「欲す」は用いられていない。まず、次の例は、ヘボン訳・社中訳ともに「んとす」を用いているものである。

【例1】（1:43）
訓　点：明日耶穌加利利《ガリラヤ》ニ往ント欲シテ腓力《ピリポ》ニ遇ヒ之ニ謂テ曰　我ニ従ヘ
ヘボン：あくる日《ひ》耶穌、ガリラヤにゆかんとし、ピリツポにあふて「われにしたがへ」といへり。
社中訳：明日《あくるひ》イエス、ガリラヤに往《ゆか》んとして、ピリポにあひ「我《われ》に従《したが》へ」と曰《いへ》り。

次の**【例2】**では、ヘボン訳で「ほつす」を用いている。

【例2】（6:67）
訓　点：耶穌十二門徒ニ謂テ曰　爾亦去ント欲スル乎
ヘボン：よつて耶穌十二のでしにいひけるは「なんちらもゆかんとほつするや」
社中訳：之《これ》に因《より》てイエス十二の弟子《でし》に曰《いひ》けるは「爾曹《なんぢら》も亦去《さら》んと意《おも》ふや」

前述のように、社中訳では、訓点本が「欲ス」を用いている箇所に「欲す」を使用してはいないが、次の**【例3】【例4】**のように、「欲」の字を用いている例がある。

【例3】(9:27)

訓　点：爾亦其門徒為ント欲スル乎

ヘボン：汝《なんぢ》らそのでしにならんことをおもふや

社中訳：爾曹も其弟子《でし》に為《なら》んと欲《おも》ふや

【例4】(15:7)

訓　点：爾若シ[於]我ニ居テ[而]我之言[於]爾ニ居バ　爾凡テ欲スル所ノ者之ヲ求バ則(チ)必ス爾ニ於テ成ヲ得可シ

ヘボン：なんぢらもしわれにをり、またわがいひしことなんぢらにをらば、ほつするところのものをねがふにそれをうべし

社中訳：爾曹《なんぢら》もし我《われ》に居《をり》、また我《わが》いひし言《こと》なんぢらに居《をら》ば、凡《すべ》て欲《ねが》ふところ求《もとめ》に従《したが》ひて予《あたへ》らるべし

つまり、訓点本と同じ「欲」の字を用いながら、ルビを利用して「おもふ」「ねがふ」と別の読み方をしており、しかも**【例3】**における読み方は、ヘボン訳で使われているものである。このように社中訳で「欲」の字に「ほつす」以外のルビをつけているのは、

「欲《おも》ふ」3例、「(心に)欲《かな》ふ」1例、「欲《この》む」2例、「欲《ねが》ふ」3例、「欲《のぞ》む」2例

の計11例であり、そのうち、**【例3】**の「欲《おも》ふ」1例以外に、「(心に)欲《かな》ふ」1例、「欲《ねが》ふ」1例が、ヘボンが使用している語をルビとして用いているものである。このような例は、前述の、「訓点本」で用いられた「恩寵」「真理」などの漢語が、ヘボン訳で「めぐみ」「まこと」のように和語で翻訳され、そして社中訳においては、「恩寵《めぐみ》」「真理《まこと》」のように、訓点本の漢語にヘボン訳のルビを付すとい

う形で翻訳されているという用法と対応するものである。

また、54例中、「殺ント欲スル」という例が10例見られるが、次の例のように、ヘボン訳・社中訳では「はかる／謀る」としている例が多い（ヘボン訳では10例中6例、社中訳では10例中9例）ことも特徴的である。

【例5】（7:25）

訓　点：耶路撒冷《エルサレム》ニ属スル之数人曰、此人殺ント欲スル所ノ者ニ非ズ[乎]

ヘボン：こゝにおいてあるヱロソルマの人いひけるは「これはひとゞのころさんとはかるものにあらずや。

社中訳：此時《このとき》エルサレムの或人《あるひと》いひけるは「此《これ》は人々の殺《ころさ》んと謀《はか》る者に非《あら》ずや。

以上、明治初期に翻訳された聖書における漢文訓読語法について「欲ス」を中心に論じてきた。訓点本で「欲ス」と訳されている箇所でも、社中訳においては「欲す」としていない点などに、「あまり多く漢文がまじっていない」、「容易に民衆に読まれ、理解され」得る文体を目指したという意識がうかがえる。しかし、その一方、ヘボン訳には「ほつす」が用いられており、そして社中訳においても「欲」という漢字が用いられ、そこに「ほつす」以外のルビをつけるという例も見られた。聖書の翻訳において、「威厳ある文体」と「平易な文体」をどのように両立させていったのか、さらに他の語法を調査することで明らかにしていきたいと思う。

注

1　ヘボンの手紙の引用は、高谷道男編訳（1959）『ヘボン書簡集』（岩波書店）による。

2　『福音新報』1088号、1916･5。佐波亘（1938）『植村正久と其の時代　第4巻』（教文館）による。

3　使用した聖書は下記の通り。

訓点本：（漢訳聖書訓点本）『新約全書』明治12（1879）年、米国聖書会社（ゆまに書房　近代邦訳聖書集成12）
用例は訓読して示す。なお、訓読にあたっては、なるべく原漢文の漢字を残すようにつとめた。

ヘボン：J.Cヘボン訳『新約聖書約翰伝』明治5（1872）年（ゆまに書房　近代邦訳聖書集成13）

社中訳：翻訳委員社中訳『新約全書』明治13（1880）年、米国聖書会社（ゆまに書房　近代邦訳聖書集成3）

なお、聖書をはじめとする用例の引用にあたっては、漢字の旧字体は新字体に直し、仮名の異体字・合字も現行の字体に改め、また適宜、句読点などの記号を補った。

4　「（マク・ムト）ホッス（欲）」小林芳規執筆。「欲」の訓法の研究史については、田中草大（2014）が詳しい。

5　もちろん、江戸時代の漢語文典などでは、両者の区別は意識されている。例えば、荻生徂徠『訳文筌蹄』（1715年刊）には、

又将字ノ義ニテ「ス」トヨムコトアリ。ホツスルニハ非ス。混スルコトナカレ。（巻六・3表）

「ホツス」ト訓ス。ナニヽテモ其事ヲシタク思フナリ。（中略）又「ス」トヨム時ハ助字ナリ。将字ノ意ナリ。（巻六・19裏）

とある。江戸時代における「欲」の訓読の変遷については、また稿を改めて論じてみたい。

6　『欧洲奇事花柳春話』・『通俗花柳春話』で用いられている左ルビについては、『欧洲奇事花柳春話』の左ルビは、漢字の右側にひらがなで付し、『通俗花柳春話』の左ルビは、漢字の右側にカタカナで付した。

なお、『欧洲奇事花柳春話』と『通俗花柳春話』における漢文訓読語法については、別稿を予定している。

7　国立国語研究所編（2005）『太陽コーパス』（博文館新社）使用。

参考・引用文献

海沢有道（1989）『日本の聖書』（講談社学術文庫）

大坪併治（1981）『平安時代における訓点語の文法』風間書房

門前正彦（1963）「漢文訓読史上の一問題（五）――「欲」字の訓について――」『訓点語と訓点資料』25

加藤早苗・齋藤文俊（2009）『明治期和訳聖書研究資料　本文四種対照「約翰伝」』（私家版）

小林芳規（1967）『平安鎌倉時代における漢籍訓読の国語史的研究』東京大学出版会

――――（2001）「（マク・ムト）ホッス（欲）」『訓点語辞典』東京堂出版

齋藤文俊（1995）「明治初期における聖書の翻訳と漢文訓読」『築島裕博士古希記念国語学論集』（汲古書院）（齋藤文俊（2011）第四章所収）

――――（2011）『漢文訓読と近代日本語の形成』（勉誠出版）

――――（2014）「明治初期における学術日本語を記す文体」『日本語学会　2014

年春季大会予稿集』
――――（2017）「明治初期における聖書の翻訳と漢文訓読語法――「スナハチ」を例に――」『愛知県立大学　文字文化財研究所紀要』第3号
鈴木直治（1975）『中国語研究・学習双書12　中国語と漢文』（光生館）
田中草大（2014）「「欲」の訓法追考――変体漢文解読のために――」『日本語学論集』第10号
御法川恵子（1965）「聖書和訳とその訳語についての国語学的研究」『東京女子大学日本文学』第25号
森岡健二（1991）「新約聖書の和訳」『改訂近代語の成立　語彙編』明治書院
山田孝雄（1935）『漢文の訓読によりて伝へられたる語法』宝文館
吉田金彦・築島裕・石塚晴通・月本雅幸編（2001）『訓点語辞典』東京堂出版

［謝辞］

本稿は、第7回外国資料研究会（2017年1月23日愛知県立大学サテライトキャンパス）における口頭発表「明治初期における聖書の翻訳と漢文訓読語法――「欲ス」を例に――」をもとに成稿したものです。席上賜った貴重なご意見に感謝申し上げます。

また、本研究は、JSPS科研費JP17K02772の助成を受けたものです。

「『西遊見聞』に入った日本語」再考

李　漢燮

1.　はじめに

本稿は、以前発表した筆者の論文[1]を調べ直そうとするものである。筆者は1985年に発表した論文で『西遊見聞』(1895)に入った日本語を調査し、次のように報告した。①『西遊見聞』には、著者の兪吉濬が日本留学中に覚えた近代日本語の語彙が290語取り入れられている。②『西遊見聞』に入った日本語の語彙は、当時韓国に存在しなかった語彙や概念である。③近代における日韓の語彙交流は『西遊見聞』から始まった。

本論文を発表した当時、筆者はまだ博士課程の大学院生であった。その後、筆者は『西遊見聞』の索引集[2]を作ったり、いくつかの関連論文を発表するなど研究を続けてきた。本稿ではこれまでの研究をもとに旧稿の一部を改め、また新たに明らかになったことを述べたいと思う。三十数年も前に書いた論文を見直そうとするのは、『西遊見聞』が近代韓国語の語彙の成立を研究するのに重要な資料であるだけではなく、日韓の語彙の接触や交流の問題を考えるうえでも大変重要だからである。

2.　『西遊見聞』について

本稿の理解を助けるため『西遊見聞』について簡単に紹介しておく。『西遊見聞』は韓国人最初の日本留学生である兪吉濬(ユ・キルジュン)が書いた啓蒙書であり、1895年に東京の交洵社から出版された。全20編で構成されており(556ページ)、内容は日本とアメリカ留学中に得た知識や、ヨーロッパ旅行中に見聞きしたことが中心になっている。全20編の中には福沢諭吉の『西洋事情』から翻訳された部分もあり、内容面では福沢諭吉の著作と関係が深

い[3]。

『西遊見聞』の文章はいわゆる「国漢文体」(日本の和漢混交に似ている)で書かれており、文章を書く際に足りない語彙を積極的に日本語から取り入れたという点で多くの研究者から注目されてきた。

3. 『西遊見聞』に入った日本語の語彙

3.1 旧稿を作成するときの調査方法

『西遊見聞』に出てくるある語が日本語から来たかどうかを判断するのに旧稿(以下1985年の論文を旧稿と呼ぶことにする)では次のような方法を取った。まず、19世紀末以前の韓国の文献に出典があるかどうかを見て、出典のない語のみを調査の対象にした。次に日本と中国の資料を調査し、同じく19世紀末以前に用例があるかどうかを調べた。「哲学」や「義務」のように、中国語に用例がなく、日本語資料のみに用例のあるものは日本語から『西遊見聞』に入った語と判断した。日本語と中国語の両方とも用例がある場合は、どちらが先なのか、また、中国の古典から語形を借りて日本で新義を与えたかどうかなどを見た。調査の結果、1985年の時点では『西遊見聞』に入った日本語の語彙は290語であると判断した。

ところが、そのあとの調査で一部の語については判断に誤りがあったということが分かった。後続の調査で19世紀末以前の韓国や中国の資料に用例が見つかったからである。その例をいくつか挙げる。

「交際」は『朝鮮王朝実録』[4]成宗2年(1471年2月9日)の記録に「大抵兩國交際, 必須各悉其弊, 務爲永久之道。」とあり、同じく 成宗12年(1481年5月27日)の記事にも「凡交際, 必以言語相曉, 若或誤傳, 則待賓之意　矣。」と見られるなど、25件の用例が見つかった。また『承政院日記』にも14件の使用例が見られ、19世紀末以前からの用例が多数見つかった。「法律」の場合も『朝鮮王朝実録』に49件、『承政院日記』に122件の用例が見つかった。結局、これらの語は日本語から入った語ではないということが明白になったのである。旧稿で判断に誤った語は57語にのぼる。『西遊見聞』の以前から用例が見つかった語を挙げると次の通りである。

依頼 印刷 院内 引喩 海関税 外交 概論 化学 化学器械 家室税 幾何 客室 給料 協議 軍楽 形式 刑法 建設 交際 国憲 歳出 実用 銃剣 条約 所長 政権 政体 政府 税法 石油 説教 戦時 船体 専任 占有 増加 総計 倉庫 体制 地理学 天文学 動機 独裁 発射 法官 法規 法律 命令 約束 遊戯 優勝 輸運 乱暴 理学 流行 論述

旧稿では、なぜこのような誤りがあったのだろうか。これにはおそらく調査した資料が足りなかったところに原因があると考えられる。当時はまだ調査する資料に制限があり、今日のように古い文献を対象に作られたデータベースなどは少なかった。1985年の論文を作成する際に調べた主な資料は次のようになる。

○日本の資料：古典の索引類（日本書紀、今昔物語など）、『色葉字類抄』などの古辞書類、『易林本節用集』類、『和英語林集成』『言海』などの近代辞書類、福沢諭吉の初期著作10種類

○中国の資料：四書五経など漢籍類の索引集、『佩文韻府』,『大漢和辞典』などの辞書類、ロブシャイド『英華字典』などの英華字典類、『字源』(1931年版)、『辞海』(1979年版) などの近代中国語辞典

○韓国の資料：『三国史記』などの歴史書、『韓仏字典』(1881)『韓英字典』(1897, 1911)『朝鮮語辞典』(1920)『큰사전』(ハングル学会編、1947 − 57)

3.2 今回調査した資料

旧稿を発表してから三十数年経った今、研究環境は大きく改善され、一般の研究者が接近できなかった多くの資料が、現在では誰でも利用できるようになっている。韓国の場合、多くの古典資料が複製または電子化され、大規模なコーパスも作られている。今回の調査に利用した「韓国古典翻訳院」データベース (http://db.itkc.or.kr/) の場合、『朝鮮王朝実録』や『承政院日記』『日

省録』、古典の翻訳書(187種、原文と訳文)、文集類(1259種の原文)、古典原文(66種)など膨大な記録が収録されており、これらの内容はインターネットを通して公開されている。「韓国歴史情報統合システム」(http://www.koreanhistory.or.kr/)には、古い図書や古文書、古典の翻訳資料、近現代新聞資料など数万種の資料が入っている。「21世紀世宗計画データベース」もハングルで書かれた資料の調査に有用であった。「21世紀世宗計画データベース」は韓国の国立国語院が1998年から2007年まで10年かけて作った大規模な韓国語のコーパスで、15世紀半ばから20世紀初頭までの主なハングル資料が収録されている(https://ithub.korean.go.kr/user/main.do)。筆者が作った「近代韓国語コーパス」も今回の論文を作成するのに利用した。「近代韓国語コーパス」は1880年代から1945年まで出された韓国語の資料850種が収められており、収録された資料は新聞、雑誌、啓蒙書、翻訳書、教科書、文学作品、聖書などのキリスト教関連資料が含まれている。今回『西遊見聞』以前に韓国で使われた例があるかどうかは「韓国古典翻訳院」データベース及び「韓国歴史情報統合システム」「21世紀世宗計画データベース」を利用し、19世紀末以降の用例や意味用法を調べる時は自作の「近代韓国語コーパス」を使用した。

日本語の資料は、国立国語研究所で作った「現代日本語書き言葉均衡コーパス」や「日本語歴史コーパス」、「近代語コーパス」、「日本語史研究資料」などを始め、国文学資料館で作ったデータベースなどを利用した。また「青空文庫」に収録された近代日本語の資料も、日本語の語彙の出典を確かめるのに有用であった。

中国語に出典があるかどうかは、「四庫全書」のデータベースや北京大学漢語語言学研究中心(http://ccl.pku.edu.cn/Yuliao_Contents.Asp) Sinica Corpus (Academia Sinica Balanced Corpus of Modern Chinese　台湾中央研究院平衡語料庫)関西大学近代中国語コーパス(http://www.csac.kansai-u.ac.jp/ などを利用した。

3.3 『西遊見聞』に取り入れられた日本語の語彙

上記の資料を利用し、『西遊見聞』に入った日本語の語彙を調べ直した結果、

その数は376語であるということが分かった。筆者は1985年に発表した旧稿で『西遊見聞』には290語の日本語の語彙が入っていると報告した。今回の論文では『西遊見聞』以前から用例のある57語が外されているので、新しく見つけられた日本語の語彙は143語になる。『西遊見聞』に取り入れられた日本語の語彙を全部挙げると次の通りである。

ア　愛国心　曖昧　亜鉛　亜人院　圧力　医学校　意匠　意味　飲料　飲料水　引力　受取　運賃　運動　影響　営業　英語　衛生　園芸　演芸演説　演説会燕尾服/鷰尾服　欧州　欧美　織物

カ　下院 開化　会館　会社　会場　海上保険　解析　凱旋門　解剖　改良会話　価格　化学　学費　格物　確立　火災保険　家産税　架設　仮想家族　価値学科　学校　画廊　感覚　関係　看護　幹事　感情　管制機関車　議員議院器械学　機関　機関士　紀元前　記号　棄児院　議事院　議事堂　汽車技術　汽船　企図 稀薄 義務 休戦 牛痘 牛痘法 窮理学供給 境遇 教師 教室 教授 狂人院 行政 義勇兵 教養 共和 共和党 巨額 強大国 距離 居留地 記録 金額 銀行 金石学 軍医 軍艦 君民共治 経験 経済経済学 経済人 芸術 月收 原因 現金 権限 健康 言語学 現実 現象/現像元素 原因 幻想 現代 建築 原理 權力 權利 公園 高額 工業 公權 廣告 工作 公衆 公稱 光線 交通 高等學校 鑛物 鑛物學 工兵 公立 公立學校 港灣語學 午餐 孤兒院 悟性 國會　国会議事堂 古物学

サ　最低 裁判所 座談 酸素 桟橋 桑港 時間 資金 事項 支出 時代 執行 失踪者支店 師範学校　紙幣 司法 資本 社会 弱小国 車道 自由 集会 就学 宗教宗教学集合 銃殺 就任 重砲 自由貿易 重量 主義 主権 出席 種痘 主任 上院 証印税 需要 小学校 蒸気 蒸気機関 蒸気車 蒸気船 商業 商権 商社 小銃隊 状態商店 蒸発 常備軍 常備兵 植物学 女学校 職種 植物園 植民/殖民 書籍庫 私立 私立学校 飼料 人工 人種 新聞 新郎 水素 推想 推量 税関生産 政治学 製鉄 生物学 西暦 世界 全~ 宣戦 戦線 船長　専売権 全面総額 操縦 相談 装置 造幣局 総領事 測定 速度 組織 卒業状

タ　太陰暦　大学　大学校　代議士　大審院　体操　大統領　大都会　大陸炭素　痴児院　智識　秩序　中立国 賃金 庭園 綴字 敵視 哲学 鉄橋 鉄

索　電気 電　　車 電信 電信機 電線 伝染病 電報 天文臺 電力 当籤　灯台 東半球 動物 動物　園 動物学 動力 特別 獨立 獨立軍 土地税 特許 特権 噸 西半球

ナ　入院 認識　熱心　熱中　農学　能力

ハ　博士　剥奪　爆発　爆発物　博物園　博物学　博物館　舶来品　博覧会場所　発行　発砲　発明　馬力　反射　半島　麦酒　美観　引上　引受　比重　美術　病院　肥料　貧院　品質　福祉　舞台　付着　物産学　物質　物品　物理　文　　法学校　文房具　文明　文明開化　望遠鏡　法学　暴挙　封建　暴行　砲台　　膨張　法庭　暴徒　暴動　砲兵　方法　法律学　保険　保守　保守党　保証　　保証人

マ　～枚　見本　明確　名所　綿織物　盲人院　目的　持入　問題

ヤ　野戦砲　野蛮　郵政　遊星　郵便船　輸出　輸入　要港　幼児院　様式　呼出　予約

ラ　乱暴　立憲　立憲政体　理由　留学　流行病　硫酸　令状　歴史学　恋愛　老人院　論評

4.　いくつかの観点からの検討

『西遊見聞』に入った376語をいくつかの観点から考察したい。本稿では紙面の関係上語種及び**漢語系の造語成分に焦点を合わせて**述べることにする。

4.1　語種

『西遊見聞』に入った日本語の語彙の大きい特徴は、すべてが漢字表記語であり、語種面では漢語が多いということである。このような事実は『西遊見聞』がいわゆる「国漢混用文体」[5]で書かれたということと関連があると考えられる。実際、『西遊見聞』の文章を読んでみると、次の例から見られるように文章は韓国語文であるが、使われた文字は漢字表記が多くなっている。ハングル文字は活用語の語尾や助詞助動詞のみに使われていて漢文の読み下し文と似ている。

地球는吾人의居住흐는世界니亦遊星의一이라今其遊星을數흐건듸一曰水星二曰金星三曰地球星四曰火星五曰木星六曰土星七曰天王星八曰海王星이니(第一編　地球世界의概論)

「国漢混用文体」で文章を書く時は漢語語彙が必要となるが、問題は当時、韓国には新文明を表す語彙が足りなかったところにあった。著者の兪吉濬はこの問題の一部を日本留学中に覚えた日本語の語彙(たとえば上記の例文の「遊星」)を取り入れる形で解消しようとしたと思われる。

『西遊見聞』に入った376語を語種の面から見てみると、〈表1〉で見られるように漢語が圧倒的に多い。

〈表1〉

語種	和語	漢語	混種語	計
語数	5	367	4	376語

一つ目を引くのは、和語「受取　引上　引受　持入　呼出」と混種語「見本」である。これらの語は漢語ではないが漢字で表記されているため、漢語扱いされている。『西遊見聞』から用例をいくつか拾ってみる。

○兩新人이執手흐는禮를行흐는際에新婦에게傳흔則新婦가左手에受取흐고(15編　婚禮의始末)

○一座大器械를設흐야十餘丈의高에引上흔後에地中의水筒으로千門萬戶에通흠이라(19編　各國大都會의景像)

○議事院에其事由를稟흐야專賣權을請흐고其見本을此院에呈흐야衆人에게披示흐느니(17編　博覧会)

上に示した「受取」「引上」「 見本 」は、『西遊見聞』では動詞の語幹として使われ、いずれも「수취 suchi」「인상 insang」「견본 kyonbon」のように韓国語の字音で音読みされている。このような傾向は現代韓国語でも同じく、中国や日本の漢字表記語を取り入れる場合は、字音読みをしている。現代韓国語に取り入れられた字音読みの和語は169語であり、混種語は115語もある

という[6]。これらの一部を紹介すると次のようになる。

和語：編物　請負　受取　埋立　賣切　売出　売場　大型　買入　買占
混種語：仮釈放　開札口　見積書　係員　生麥酒　労働組合　漁獲高

4.2　漢語系の造語成分

『西遊見聞』に入った376語の日本語を語構成の面から見ると、274語は二字からなる漢語であるが、残り102語は複合語(13語)と派生語(89語)である。ここで特に注目されるのは漢語系の造語成分である。二字の漢語語基の前後に語構成要素を付けて新しい単語を作る方法は蘭学時代の資料にも見られるし、明治時代になるともっと盛んな造語法であった[7]。漢語系の造語成分を使って新語を作る方法は、後に中国語や韓国語にも影響を及ぼしたと言われている[8]。『西遊見聞』に見られる漢語系の造語成分を挙げると次の通りになる。

語基の全部に付く造語成分
　医～(医学校)
　小～(小学校)
　女～(女学校)
　全～(全世界)
　大～(大学校　大都会)
　総～(総領事)
語基の後部に付く造語成分
　～院(亜人院　棄児院　議事院　大審院　痴児院　盲人院　幼児院　老人院　狂人院　孤兒院)
　～園(植物園　動物園　博物園)
　～会(演説会　博覧会)
　～学(古物学　宗教学　鉱物学　器械学　窮理学　金石学　経済学　言語学　植物学　政治学　生物学　動物学　博物学　物産学　法律学　歴史学)

～館（博物館）
～機（電信機）
～鏡（望遠鏡）
～局（造幣局）
～具（文房具）
～軍（常備軍　獨立軍）
～権（専売権）
～庫（書籍庫）
～国（强大国　弱小国　中立国）
～士（機関士　代議士）
～者（失踪者）
～車（機関車　蒸気車）
～所（裁判所）
～状（卒業状）
～心（愛国心）
～人（経済人）
～水（飲料水）
～税（家産税　土地税　証印税）
～船（蒸気船　郵便船）
～前（紀元前）
～隊（小銃隊）
～臺（天文臺）
～地（居留地）
～党（共和党　保守党）
～堂（議事堂）
～人（保証人）
～病（伝染病　流行病）
～品（舶来品）
～服（燕尾服）
～物（爆発物）

〜兵（義勇兵　常備兵）
〜法（牛痘法）
〜砲（野戦砲）
〜枚（二百八十枚）
〜門（凱旋門）
〜暦（太陰暦）

上にあげた語構成要素はすべてが日本語由来のものとは言いがたい。たとえば、接頭辞の「小〜　全〜　大〜　総〜」や接尾辞の「〜院 〜園 〜学 〜軍 〜権 〜庫 〜国 〜者 〜人 〜兵 〜法 〜門」などは『西遊見聞』以前の韓国の文献にも使われた例がある。しかし、これらの**漢語系の造語成分**は主に漢文の文章に見られるものであり、韓国語の文章に使われた例は少ない。周知のように1890年代半ばまで韓国の公の文章は漢文で書かれており、知識人はものを書く時漢文で文章を書いた。ハングル文字は女性の手紙文や経典（漢籍・仏典）の翻訳、軽い読み物（小説）などに使われ、まだ公の文章を記録する手段ではなかった。朝鮮の朝廷では1894年11月21日になって法律の文章などを「国文」（韓国語の文章）にする勅令[9]を発し、小学校の教科書などを「国文」で出すわけであるが、『西遊見聞』はちょうどそのころに書かれたものである。

『西遊見聞』に入った日本語の漢語系の語構成成分は、**漢文ではなく**韓国語の文章に使われたというところに意味があると思う。著者の兪吉濬は「国文」で文章を書く時、足りない語彙（特に専門語）を補うのに日本語の派生語からも多くを取り入れる方法を取ったのである。上記の語構成成分が付いた語彙の中には、現在では使われなくなったものも多い。たとえば、「亜人院　棄児院　窮理学　狂人院　古物学　証印税　大審院　痴児院　書籍庫　博物園　老人院」などは現代韓国語では使われない。しかし、これらの語に含まれた語構成成分はいまだ生産力のあ語構成要素として生きている。

5.　終わりに

以上、『西遊見聞』に取り入れられた日本語の語彙について調べなおした

結果を述べた。1985年の論文で筆者は、『西遊見聞』に入った日本語の語彙は290語であると述べた。ところが今回の調査で『西遊見聞』に入った日本語はこれをはるかに超えて376語にのぼるということが分かった。旧稿を改めることができたのは、近来構築された日韓中の様々なデータベースのおかげである。この場を借りて関係者の皆様に感謝の意を表したい。

注

1　李漢燮(1985)「『西遊見聞』の漢字語について　－日本から入った語を中心に」『国語学』141

2　李漢燮(2000)「『西遊見聞　語彙索引』博而精

3　日本に留学した時は慶應義塾に通い、福沢諭吉の自宅に寝泊まりしたと知られている。『西遊見聞』と『西洋事情』との関連については 任展慧(1994)などを参照。

4　『朝鮮王朝実録』は http://sillok.history.go.kr/ で用例検索が可能である。

5　ハングルと漢字が混ざった韓国語の文章を韓国では「国漢混用文」という。1890年代の教科書や啓蒙書、新聞などは**「国漢混用文体」で書かれたものが多い**。

6　李漢燮(2014)『일본어에서 온 우리말 사전』(高麗大出版部)、p 19

7　高野繁男(2004)『近代漢語の研究』明治書院　p48-49

8　王立達(1958)「現代漢語中従日語借来的詞彙」『中国語文』68期など

9　勅令第一号　第十四条　法律勅令　総以国文為本　漢文附訳　或混用国漢文

参考文献

木村秀次(2013)『近代文明と漢語』おうふう

齊藤毅(1977)『明治のことば』講談社

佐藤喜代治外編『講座日本語の語彙9~11 語誌Ⅰ，Ⅱ，Ⅲ』明治書院

佐藤喜代治(1979)『日本の漢語』角川書店

佐藤亨(1986)『幕末・明治初期語彙の研究』櫻楓社

進藤咲子(1981)『明治時代語の研究』明治書院

鈴木貞美・劉建輝編(2009)『東アジア近代における概念と知の再編成』国際日本文化研究センター

惣郷正明・飛田良文(1889)『明治ことばの辞典』東京堂出版

高野繁男(2004)『近代漢語の研究』明治書院

田中章夫(2000)『近代日本語の語彙と語法』東京堂出版

松井利彦(1990)『近代漢語辭書の成立と展開』笠間書院

森岡健二(1969)『近代語の成立 明治期語彙編』明治書院

山田孝雄(1940)『國語の中に於ける漢語の研究」宝文館

渡辺万藏（1930）『現行法律語の史的考察』万里閣書房
高名凱・劉正埮（1958）『現代漢語外來詞研究』文字改革出版社
沈国威（2008）『近代日中語彙交流史』笠間書院
王力（1958）『漢語史稿 上 中 下』北京科學出版社
朱京偉（2003）『近代日中新語の創出と交流』白帝社
陳 力衛（2001）『和製漢語の形成とその展開』汲古書院
冯天喻（2004）『新语探源』中华书局
朴英燮（1994-1997）『開化期國語語彙資料集』1-5, 博而精
———（1995）『國語漢字語彙論』博而精
李漢燮（1985）「『西遊見聞』の漢字語について　－日本から入った語を中心に」『国語学』141
———（2014）『일본어에서 온 우리말 사전』高麗大学出版部
任展慧（1994）『日本における朝鮮人の文学の歴史』法政大学出版局

「三味線」は「guitar」か？
――『和英語林集成』における対訳語について――

曺　喜澈

1.　はじめに

対訳語辞書において一般的に共通の物事はその対訳語を見つけられれば良いものの、相手国に存在しない、片方だけに存在するものについては一工夫をしなければならない。これはまた、異文化の受容とも関連があり、文化史的にも興味をいだくテーマである。

筆者も1999年日韓辞書[1]を出したことがあるが、そこで対訳語をつけるときに一番苦労したのは、「相撲」「三味線」「納豆」「法被」などの日本特有の文化の影響でできた、韓国で対訳語が定まらない語彙の対訳語をどのようにつけるかであった。

これは古くて新しい問題であり、19世紀に英和辞書や和英辞書を作ってきた人たちもぶつかってきた問題でもある。相手国にない物事の対訳語をつけることは至難のわざで、本稿では19世紀に発行された『和英語林集成』などの対訳語辞書において、日本語特有のものにどのように英語の対訳語をつけたか、また、英語特有の物にどのように日本語の対訳語をつけたかを調べてみることにする。

本稿では、三味線、尺八、相撲などの日本特有の物事にどのように対訳語をつけてきたかについて、『和英語林集成』を中心として、対訳語のつけ方、版を重ねることによって変わってきた対訳語の変遷などについて調べてみる。

また、19世紀以降に出版された『和英語林集成』をはじめ多くの和英や英和辞書において「三味線」や「guitar」にどのような対訳語がつけられてきたかについても考究してみる。

2. 『和英語林集成』の対訳語のつけ方

『和英語林集成』は、J．C．ヘボンによって1867年（慶応3）に出版された和英・英和辞書である。幕末から明治末1910年（明治43）の9版まで、40年以上も出版され続けた辞書である。この辞書は、各分野に多大な影響を与え、後続の辞書の規範ともなった。日本における19世紀を代表する辞書と言える。著者ヘボンは1859年に来日後、日常生活、伝道、施療、読書などを通じて、また、日本人の教師などの教示によって、幅広く日常語を中心に集め、『和英語林集成』に集めている[2]。

ヘボンの『和英語林集成』は英和・和英辞書や和独辞書、和仏辞書などの対訳語辞書だけでなく、『言海』などの国語辞書にも影響を及ぼすことになる。また、この辞書の語釈などを見ると、元来在日宣教師を主な対象として執筆されただけに、日本特有のことばに対して、外国人のためにどのように定義をくだし、説明を加えてたのかについていろいろと工夫を重ねてきたことがわかる。

ヘボンは日本を知らない人のために、普通，両方に存在する語はともかく、外国には存在しない日本特有の物事をどのように表すかについて大変な苦労があったに違いないだろう。対訳語辞書における語釈のつけ方は、従来の書物の外国語からの翻訳の方法と大して変わらないはずで、『和英語林集成』が作られる100年も前に出された『解体新書』にもその苦心がうかがわれる。

『解体新書』(1774)「凡例」には「訳有三等。一曰翻訳。二曰義訳。三曰直訳」と翻訳にあたっての原則が記されており、翻訳の方法を、

①翻訳：従来の漢語を充てる—骨など

②義訳：該当する既成の語彙がない場合に造語—神経、軟骨など

③直訳：漢字表記の音訳—機里爾キリイルなど

のように分けている。

18世紀にオランダ語からの翻訳の方法で苦労したのと同じように、19世紀にも和英や英和辞書において語釈のつけ方にいろいろと苦労しながら工夫を重ねていった。

(1) 和英の部の対訳語

現在、出されている国語辞書や対訳語辞書のいずれにおいても見出し語一つに対して複数の訳語をつけているのが一般的である。

杉本つとむ氏は『英和対訳袖珍辞書』の訳語の形式と翻訳の方法について、

a　一対一の対応をもつ、

b　一対一の対応に注文を付す、

c　一対多の対応をもつ、

d　一対一また多の対応をもち、さらに句・成語などを例示する、

e　一対説明文

と分けている[3]。

これは、『英和対訳袖珍辞書』ばかりでなく、同時代にだされた『和英語林集成』の語釈の方法においてもあてはまるもので、これを援用してみると、

a　一対一の対応をもつ

(例) SAMISEN, サミセン, 三絃 A guitar.〔初版〕

b　一対一の対応に注文を付す

(例) HIBACHI, ヒバチ, 火鉢 A brazier or pan for holding hot coals for warming the hands or apartments of a house.〔再版〕〔三版〕

(例) YUKATA, ユカタ, 涼衣 A bathing dress, or robe in which one gose to the bath; also thin garment worn in summer.〔三版〕

c　一対多の対応をもつ

(例) CAKE, Pan; mochi; K'washi; hi-g' washi〔初版〕

d　一対一また多の対応をもち、さらに句・成語などを例示する

(例) Bed, Ne-dokoro; futon, nedoko, toko.—*time*, neru toki. *In bed*, nete iru, Go to —, nero.

e　一対説明文

(例) FUROSHIKI, フロシキ, 風呂敷 A cloth used for wrapping, a handkerchief.〔初版〕〔再版〕

などが確認できる。

『和英語林集成』初版の中から、「和英の部」において英語には存在しない日本特有の物事を表す語彙、また「英和の部」において、日本には存在しなかったり、ずれがあったりする語彙を中心として対訳語を掲出する。

日本語を英語に訳す場合、①単語について具体的な説明を加えたり、②類似したものを当てて見立てたりする方法が用いられている。

①具体的な説明

この方法は、英語に存在しない物事について詳しく説明する方法である。ここではいくつかの単語を通じてその様子を見てみる。

・FUROSHIKI, フロシキ, 風呂敷

A cloth used for wrapping, a handkerchief.

・FUN-DOSHI, フンドシ, 褌

The cloth worn around the loins; a waist cloth.

・GEISHA, ゲイシャ, 藝者, →GEIKO, 藝子 A dancing girl.

・IKEBANA, イケバナ, 挿花.

A flower kept alive by putting in water.

・KANA, カナ, 假字

The 46characters of the Japanese alphabet, so called from their having been borrowed from the Chinese.

・KIMONO, キモノ, 著物

The long robe worn by the Japanese; clothing.

・TEMPURA, テンプラ, 天麩羅

Fish dipped in batter and fried, fish-cutlets.

・ZA-BUTON, ザブトン, 座蒲團　A rug or cushion for sitting on.

こういった語釈に説明を加える方法は、近年の研究社の『新和英大辞典』(1974)に FUROSHIKI は「a (cloth) wrapper; a wrapping cloth」、IKEBANA は「flower arrangement」などのように長い説明から短めの単語訳に変わったり、または、英語における日本語の外来語化によって、KANA は「*kana*; the Japanese syllabary」、KIMONO「*a kimono*; Japanese clothes」、

TEMPURAは「*tempura*; Japanese deep-fat fried food」という具合に最初に、日本語のローマ字表記のあとに、簡単な語釈をつけたりするなどの変化を遂げてきた。

②見立てる方法

『和英語林集成』の対訳語においては、上のように具体的な説明を加える方法の他に、見立てる方法がある。

＜A＞

これは「A kind of ～」の形で、英語に存在しない物事を表現するために類似したものに見立てる方法である。いくつかの例を見てみよう。

・HAPPI, ハッピ, 法被
　A kind of coat worn by the followers of Nobles.

・KABUKI, カブキ, 歌舞伎　A kind of opera.

・MISO, ミソ, 味噌　A kind of sauce made of beans.

・SHAKU-HACHI, シャクハチ, 尺八
　A kind of flute, or pipe blown at the end.

・SZSHI[4], スシ, 酢　A kind of food.

・TOFU, トウフ, 豆腐　A kind of food made of beans.

・TOKOROTEN, トコロテン, 心大　A kind of jelly made of seaweed.

SHAKU-HACHIをフルートの一種と見なして「A kind of flute」、KABUKIをオペラの一種と見なして「A kind of opera」、TOKOROTENをゼリの一種と見なして「A kind of jelly」と語釈をつける方法である。なお、SZSHIになると「A kind of food」という語釈で意味が分かりにくい場合もある。

＜B＞

見立てる方法のもう一つは、ずばり類似する単語を対訳語として当てる方法である。いくつかの該当する単語を見てみよう。

・CHARUMERA, チャルメラ, 喇叭　trumpet, bugle.

・FUDE, フデ, 筆　A pencil, pen.

・KEMARI, ケマリ, 蹴鞠　A foot-ball

・KOTO, コト, 琴　A harp.

・SAMISEN, サミセン, 三絃　A guitar.

・SZMŌ, スマフ, 相撲　Wrestling.

・TABI, タビ, 短韈　Stocking, socks.

研究社の『新和英大辞典』(1974) によると、上記の単語のうち、KOTOは「a *koto*; Japanese harp」、SAMISENは「a *samisen*; a *shamisen*」、SZMŌは「*sumo* (wrestling) 」という具合に、日本語の語彙が英語にも外来語として浸透しているため、ローマ字で表した日本語を出している。

また、特記すべきことは、KEMARIの場合、依然として「foot ball」と載っていることで、この語については1世紀も前の19世紀の対訳語がそのまま受け継がれている。

(2) 英和の部の対訳語

『和英語林集成』(初版) の標題は「和英」とされているが、英語の書名としては「JAPANESE AND ENGLISH DICTIONARY; WITH AN ENGLISH AND JAPNESE INDEX」とあり、英和とともに巻末に「AN IDEX; OR, JAPANESE EQUIVALENTS FOR THE MOST COMMON ENGLISH WORDS」として英和の部を持っている。見出し語も和英の部が2万772語あるのに対して、英和の部は1万30語で、ほぼ和英の半分に及んでいる。

ところで、和英の部では日本特有の単語の対訳語のつけ方においてもいろいろな工夫が見られたが、英和の部はどちらかというと淡白なくらい、いずれも説明を避け、日本に存在する類似の物事の名前を当てている。

ここでも『和英語林集成』の初版の中から、英語の独自の物事を表すことばを中心に調べてみる。

・ALPHABET: I-ro-ha.

・CAKE: Pan; mochi; K'washi; hi-g'washi.

・CANDY: K'washi.

・CHESS: Shōgi.

・CUSHION: Zabuton.

・FLUTE: Fuye; Ōteki; shakuhachi.

・JUICE: Shiru.
・GENTLEMAN: Kunshi.
・GUITAR: Samisen.
・HARP: Koto.
・PICKLE: Tszkeru.
・SOUP: Shiru; shitaji.
・VIOLIN: Kokyu.
・WRESTLING: Szmō; jidori; yawara; jūjutsz.

次第に時代が下るにつれて、日本語の対訳語はいずれも外来語に入れ替えられてきており、「ALPHABET」は「I-ro-ha」から「アルファベット」、「CAKE」は「Pan; mochi; K'washi; hi-g'washi」から「ケーキ」、「FLUTE」は「Ōteki; shakuhachi」から「フルート」、「GUITAR」は「Samisen」から「ギター」などのように、上にあげた単語は現在すべて外来語として定着している。

3. 『和英語林集成』の語釈の変遷

『和英語林集成』は版を重ねるごとに語彙数を増やしていくとともに語釈なども充実していく。

『和英語林集成』は、初版、第2版、第3版と改定増補され、その内容も充実していった。この辞書は明治末の1910年（明治43）の9版まで40年以上も出版され続ける。

初版は、和英の部が中心で、英和の部は索引となっていたが、第2版から英和の部が第2部PART SECONDとなり、第3版では『改訂増補　和英英和語林集成』となり大改訂された[5]。

著者はこの辞書を絶えず手元に置き、時間と他の重責（仕事）が許す限り、語義の増補、改訂、そして新語及び用例の追加に努めてきた。しかし、あらゆる分野（方面）における日本人の驚くべき変化と急速な発展のために生じた日本語の語彙の増加に（この辞書を）追従させるのは困難であった。しかし著者はそれらの新語を集め、吟味の上分類し、定義すべく努力してきた[6]。

ここでは日本特有の語をどのように受け止めたかを初版、再版、三版を通

じて調べてみる。三版は初版が出てから19年、再版が出てから14年後であるが、当時の劣悪な環境の下で、和英の部では1万2千以上の見出し語を増補したということは特筆に値する。

＜表1＞『和英語林集成』の収録語彙

	和英の部	英和の部
初版（1867）	20,772	10,030
再版（1872）	22,949	14,266
三版（1886）	35,618	15,697

（1）和英の部の語釈の変遷

『和英語林集成』は日本特有の物事を表す言葉においては、初版の対訳語に、再版や三版ではより詳しい説明を加える方法を取った。

たとえば、DANGO（団子）は初版では‘A dumpling（餃子）’だけだったが、再版・三版では‘A dumpling, or bread cooked by boiling（餃子、または沸騰して調理したパン）’、NOREN（暖簾）は初版ではただ‘A curtain（カーテン）’という語釈をつけたが、再版では‘A small curtain, as for a window（窓のような小さいカーテン）’、三版では、‘A curtain hung before a shop and serving as a sign.（カーテンは店の前に掛けられ、印として役立つ）’と、どんどん詳しい説明が施された。

特に三版の語釈は近年の辞書の語釈にも引けを取らない的を射た語釈のように思われる。ちなみに暖簾の語釈として、『研究社和英大辞典（1954）』には「a shop curtain」、『研究社和英大辞典（1974）』には「[店先にさげる] a shop [sign] curtain」とあることからも、「店の前に掛けられ～」という『和英語林集成』（三版）の語釈を進化させたものと言える。

ここでは再版、また、三版で語釈が追加された日本特有の単語を中心として語釈の変遷を調べてみる[7]。

- DANGO〔初版〕A dumpling.〔再版〕〔三版〕A dumpling, or bread cooked by boiling.
- HIBACHI〔初版〕A brazier.〔再版〕〔三版〕A brazier or pan for holding hot coals for warming the hands or apartments of a house.

・MIRINSHU〔初版〕A kind of sweet *sake*.〔再版〕A kind of sweet wine〔再版〕〔三版〕A kind of sweet liquor made from rice.
・MOCHI〔初版〕A kind of bread made of rice.〔再版〕〔三版〕A kind of bread made of glutinous rice by beating it,in a mortar.
・NOREN〔初版〕A curtain〔再版〕A small curtain, as for a window〔三版〕A curtain hung before a shop and serving as a sign.
・SAMISEN〔初版〕A guitar.〔再版〕〔三版〕A guitar of three strings.
・SUSHI〔初版〕A kind of food.〔再版〕A kind of food made of rice and fish seasoned with vinegar.〔三版〕A kind of food made of rice and fish or egg seasoned with vinegar.
・TATAMI〔初版〕A floor mat.〔再版〕〔三版〕A floor mat, made of rice straw tightly bound together and covered on the upper surface with matting; each piece being 6 feet long, 3 wide and 2 inches thick, the edges being generally neatly bound with cloth.

TATAMI（畳）の場合は、初版では'A floor mat（床マット）'と簡単な語釈だけだったが、再版では一気に材料をはじめ大きさまで詳しく説明している。

SUSHI（寿司）も初版では'A kind of food（一種の食べ物）'と頼りない語釈だったのが、再版では、'A kind of food made of rice and fish seasoned with vinegar.（お酢で味付けしたご飯と魚で作られた食べ物の一種）'になり、三版では卵まで追加される。

他に、HIBACHI,MIRINSHU,MOCHIなども再版から語釈が充実し、わかりやすくなった。

（2）英和の部の語釈の変遷

松村は「解説」で、三版では、見出し語に対する訳語としての日本語の大幅な増補がなされたとしたうえで、訳語の訂正・増補は、英和の部の全体にわたり、きわめてひろく行われており、特に訳語の大幅な増補は、再版と三版を比べると、きわめて顕著であるとしている。

また、再版と三版との訳語の当て方に見られる大きな相違として、再版では日本語で説明した形になっているのを、三版ではすべて日本語としての訳

語をあてることに徹しようとしていると指摘した。

なお、その理由としては、再版では、その英語に対応する日本語としての訳語がまだはっきり固定していなかったのに対して、三版になるとすでにある程度訳語としての日本語が固定してきたためであろうと結論づけた[8]。

ところで、英語特有の物事を表す語の対訳語においては、中には初版から三版まで、対訳語が全然変わらないものもあれば、版を重ねるごとにその数が増えていくものもある。CANDYのように初版では、K'washi、再版ではArihei-tōだけだったのが、三版では一気にkinkuwa-tō, Kompei-tō, Aruheitō, kinkuwatō, Kompeitōの五つに増えた場合もあるが、依然として一つだけの場合も多い。

対訳語の変動の有無に応じて、以下、AとBに分けて示す。

A. 対訳語に変動のない語

下記の英語独自の語は、現在はいずれも外来語として使われているが、『和英語林集成』においては三版まで初版と同じく日本の類似したものを当てている。

- CHESS〔初版〕〔再版〕〔三版〕Shōgi.
- CUSHION〔初版〕〔再版〕〔三版〕Zabuton.
- HARP〔初版〕〔再版〕〔三版〕Koto.
- JUICE〔初版〕〔再版〕〔三版〕Shiru.
- SOUP〔初版〕〔再版〕〔三版〕Shiru;shitaji.
- VIOLIN〔初版〕〔再版〕〔三版〕Kokyu.

B. 対訳語に変動のある語

英和の部の単語の中には、版を重ねるごとに対訳語を増やしたり、対訳語を変えたりしたものがある。ここでは再版または三版で対訳語が変わったものを調べてみる。

- ALPHABET〔初版〕I-ro-ha.〔再版〕Igirisu no ni-ju-roku moji no sō-miyō.〔三版〕Jibo.
- BANK〔初版・再版〕kane-kashi.〔再版〕kane-kashi,kawase,riyō-gaye.〔三版〕kawaseza,riyō-gaye-ya,ginkō.
- BISCUIT〔初版〕×〔再版〕Katai pan.〔三版〕Katai pan, Kuwashi pan.

・CAKE〔初版〕Pan; mochi; K'washi; hi-g'washi.〔再版〕〔三版〕Kuwashi, mochi, katamari.
・CANDY〔初版〕K'washi〔再版〕Arihei-tō, kinkuwa-tō, Kompei-tō〔三版〕Aruheitō, kinkuwatō, Kompeitō.
・FLUTE〔初版〕Fuye; Ōteki; shakuhachi.〔再版〕〔三版〕Yoko-buye, Ōteki.
・FOOTBALL〔初版〕〔再版〕kemari.〔三版〕shūkiku.
・GUITAR〔初版〕〔再版〕〔三版〕Samisen.
・KISS〔初版〕No equivalent for the word in the Japanese.〔再版〕Kuchisū, seppun suru.〔三版〕Kuchisū, seppun suru, kuchi-tsuke suru.
・PIANO〔初版〕×〔再版〕Gakki no na.〔三版〕Gakki no na, piano.
・SUNDAY〔初版〕Ansoku-nichi; yaszmi-bi;dontaku.〔再版〕〔三版〕Ansoku-nichi, yasumi, dontaku, nichiyōbi
・WRESTLING〔初版〕Szmō; jidori; yawara; jūjutsz.〔再版〕〔三版〕Sumōtori; yawara; jujutsu.

4. 辞書における「三味線」と「guitar」

「三味線」は『和英語林集成』初版(1867)には、'A guitar' とあるが、再版から 'A guitar of the three strings' と絃が3本あることを付け加えた。それでも 'guitar' とあるため、現物を見ていない人はギターを思い起こすしかないだろう。なお、『和英語林集成』ではSAMISENだけでなくSHAMISENも見出し語として立項されており、三版では、'(same as samisen) A guitar' とある。

「samisen」が「*OED* (Oxford English Dictionary)」に載るのは「OED 1」からで、そこにはアメリカの作曲家C. EngelのMus. Anc. Nat(1864)からの次の用例が紹介されている。'The *san heen* of China, and the *samisien* of Japan. The two instruments are almost identical.'【中国の*san heen*と日本のサムシェン。二つの楽器はほとんど同じものである。】とある。また、Clive

Holland *Jap. Wife*(1895)からの'The music of guitars or *samisens* being played in the tea-houses'【茶屋で演奏されているギター，すなわちサミセンの音。】という用例が載っているが、三味線はすでに辞書ばかりでなく一般的にもギターとして見なされていたことがわかる[9]。

(1) 和英辞書における「三味線」

「SAMISEN」は『和英語林集成』初版では 'A guitar' とあるが、再版から 'A guitar of the three strings' と絃が3本あることを付け加えた。それでも 'guitar' とあるため、現物を見ていない人はギターを思い起こすしかないだろう。

しかし、この語釈は20世紀初期の英和辞典にまで引き継がれ、1924年の『スタンダード和英大辞典』には 'The Japanese three stringed guitar.'、1928年の『和英大辞典』(1924)には 'A samisen; a three stringed guitar.' と、guitarと見なしていることがわかる。

＜表２＞　和英辞書における「三味線」の語釈

	見出し語	語釈	備考
『和英語林集成』 初版(1867)	SAMISEN	A guitar	
『和英語林集成』 再版(1872)	SAMISEN	A guitar of three strings	
『和英語林集成』 三版(1886)	SAMISEN	A guitar of three strings	
『漢英対照いろは辞典』(1888)	さみせん	三味線,三絃,(三絃ノ琴), A guitar	
竹原常太『スタンダード和英大辞典』 (1924宝文館)	Samisen (三味線)	The Japanese three stringed guitar.	Shamisenに 「*samisen*を看よ」
斎藤秀三郎『和英大辞典』(1928日英社)	Samisen (三味線)	A *samisen*;a three stringed guitar.	Shamisenに 「*samisen*(三味線)を見よ」
『新和英大辞典』 (1954研究社)	Shamisen 三味線	a Japanese balalaika.	
『新和英大辞典』(1974研究社)	shamisen 三味線	a *samisen* ; a *shamisen*.	

(2) 英和辞書における「guitar」

19世紀と20世紀初頭の英和辞典の「三味線」の語釈がいずれも「guitar」であったが、同じ時期に出た英和辞典の「guitar」の語釈はもっと多様である。『和英語林集成』は初版、再版、三版いずれもSamisenとあるが、『英和対訳袖珍辞書』(1862)には「琵琶の類」、その5年後の『改正増補英和対訳袖珍辞書』(1867)でも同じく、「琵琶の類」、そのあとの『和訳英文熟語叢』(1886)でも「琵琶」とある。

他方、『附音挿図英和字彙』(1873)、『英和双解字典』(1885)には、「三絃」と書いて「サミセン」と読み仮名をつけている。この「三絃」というのは『英華辞典』の影響とみられる。また、『附音挿図和訳英字彙』(1886)では「六絃」、『明治英和辞典』(1889)では「六絃琴」という対訳語が見られ、『和訳英文熟語叢』(1886)や『ウェブスター氏新刊大辞書和訳字彙』(1886)にはギターの挿絵も載っているため、対訳語のずれを埋めてくれるよい手立てになったに違いない。

＜表3＞英和辞書における「guitar」の語釈

	見出し語	語釈	備考
『和英語林集成』初版(1867)	GUITAR	Samisen	
『和英語林集成』再版(1872)	GUITAR	Samisen	
『和英語林集成』三版(1886)	GUITAR	Samisen	
『英和対訳袖珍辞書』(1862)	Guitar	琵琶ノ類	
『改正増補英和対訳袖珍辞書』(1867)	Guitar	琵琶ノ類	
『英華字彙』(1869)	Guitar,balloon Guitar,moon	琵琶 月琴	
『附音挿図英和字彙』(1873)	Guitar	三絃《サミセン》	

	見出し語	語釈	備考
『ENGLISH-JAPANESE DICTOONARY OF The Spoken Language』(First Edition)(1876)	Guitar	×	Guitarは立項されていないがHARPに(Jap) *koto*とある。
『ENGLISH-JAPANESE DICTOONARY OF The Spoken Language』(Second Edition)(1879)	Guitar	×	Guitarは立項されていないがHARPに(Jap) *koto*とある。
『訂増英華字典』(1884)	Guitar	Three stringed guitar, 三絃; the four stringed guitar, 阮感;the moon-guitar, 月琴;the balloon-shaped guitar, 琵琶;the bamboo guitar, 竹銅鼓,to play on the guitar, 弾琴	
『英和双解字典』(1885)	Guitar	a stringed musical instrument 三絃《サミセン》	
『和訳英文熟語叢』(1886)	Guitar	琵琶	ギター挿絵も掲載
『ウェブスター氏新刊大辞書和訳字彙』(1886)	Guitar	［音］六絃 Balloon *guitar*［音］ moon-*guitar*, 月琴 Three stringed guitar ［音］三味線	ギター挿絵も掲載
『附音挿図和訳英字彙』(1886)	Guitar	六絃	
『明治英和辞典』(1889)	Guitar	六絃琴	
小学館ランダムハウス英和大字典第二版(1973)	guitar	ギター	

5. 終わりに

対訳語辞書を作るとき、語釈ばかりでなく、用例、発音など多くの要素を盛り込まないといけない。その中でもいちばん大変な作業は対訳語をつける語釈に違いない。両方に同じ物事が存在すれば対訳語を見つければいいが、相手側にそのような物事が存在しなかったり、ずれがあったりした場合は、語釈次第で辞書の真価が問われる。

19世紀頃は英語圏と日本はあまり交流がなく、辞書の編纂者は英語特有の物事を日本語に、また、日本語特有の物事を英語に訳すとき大変苦心しながら対訳語を見つけてきたと考えられる。

本稿では和英辞書の嚆矢である『和英語林集成』初版・再版・三版を中心として、日本語の「三味線」と英語の「guitar」をはじめ、日本語や英語の特有の物事を英語や日本語に訳す際に、どのような工夫を凝らしてきたかを調べてみた。その上で、19世紀の和英・英和などの対訳語辞書での語釈を確認した。

日本特有の物事を表す言葉においては、初版の対訳語に、再版や三版ではより詳しい説明を加える方法を取ってきた。

対訳語のつけ方としては、相手側に存在しない特有の物事については詳しい説明をつけたり、または見立てたりする方法を使ってきた。

例を示すと、DANGOは 'A dumpling, or bread cooked by boiling.'、SUSHIは 'A kind of food made of rice and fish or egg seasoned with vinegar.' という具合に英語に存在しない概念を少しでもわかりやすいように説明を施したり、また、大胆にそのずれをあえて無視し、KEMARIを A foot-ball、KOTOを A harp、SAMISENを A guitarと対訳語をつけたりする方法もあった。

今後の課題として、『和英語林集成』ばかりでなく、19世紀の多くの英和・和英辞書における日本特有の物事や英語特有の物事をどのように受け止めてきたのか、また、対訳語辞書の語釈を通じて、異文化の受け入れについても考究していきたい。

注

1　『チンミョンニューミレニアム日韓辞典』（進明出版社。ソウル）
2　木村一（2015）『和英語林集成の研究』明治書院、p.3
3　杉本つとむ（1999）「『英和対訳袖珍辞書』の研究」（『杉本つとむ著作選集７辞書・事典の研究Ⅱ』八坂書房、pp.535-536
4　『和英語林集成』の初版においては「ス」は「SZ」と表記したが、再版から「SU」に変わる。
5　飛田良文他（2001）『和英語林集成初版・再版・三版対照総索引』第三巻 港の人、pp.518-519
6　山口豊（1997）『和英語林集成第三版訳語総索引』武蔵野書院、p.1
7　直接内容と関わらない表記の違いなどは同じものとして扱った。また、見出し語の綴りは「三版」に従った。
8　J・C・ヘボン／松村明解説（1980）『和英語林集成 THIRD EDITION』講談社学術文庫、p.978
9　『OEDの日本語378』（東京成徳英語研究会著，論創社）、p.321

参考文献

石塚正英・柴田隆行監修（2013）『哲学・思想翻訳語事典【増補版】』論創社
岩堀行宏（1995）『英和・和英辞典の誕生』図書出版社
木村一（2015）『和英語林集成の研究』明治書院
森岡健二（1991）『改訂近代語の成立—語彙編—』明治書院
杉本つとむ（1985）『日本英語文化史の研究』八坂書房
————（1991）『国語学と蘭語学』武蔵野書院
————（1999）『辞書・事典の研究Ⅱ』八坂書房
————（2015）『江戸時代翻訳語の世界』八坂書房
飛田良文他（2000a）『和英語林集成初版・再版・三版対照総索引』第一巻 港の人
————（2000b）『和英語林集成初版・再版・三版対照総索引』第二巻 港の人
————（2001）『和英語林集成初版・再版・三版対照総索引』第三巻 港の人
山口豊（1997）『和英語林集成 第三版 訳語総索引』武蔵野書院
東京成徳英語研究会編（2004）『OEDの日本語378』論創社
永嶋大典（1968）「英語辞書の発達」『日本の英学一〇〇年—明治編—』研究社
————（1996）『新版蘭和・英和辞書発達史』ゆまに書房
古田東朔他（1976）『日本語の歴史６新しい国語への歩み』平凡社
J・C・ヘボン／松村明解説（1980）『和英語林集成 THIRD　EDITION』講談社学術文庫

ジョン・チャーマーズと『英粤字典』[1]

——初版、再版、第3版の考察を中心として——

孫　建軍

はじめに

19世紀に入り70年代にかけて、プロテスタント宣教師の手による英華辞書が相次いで刊行されていたことは周知の通りである。R.モリソン（Robert Morrison、漢名 馬礼遜）の*A Dictionary of the Chinese Language*（1815-1823年、以下では馬辞書と称する）を筆頭に、S. W.ウィリアムズ（Samuel Wells Williams、漢名 衛三畏）の*An English and Chinese Vocabulary in the Court Direct*（1844年、以下では衛辞書と称する）、そしてW. H.メドハースト（Walter Henry Medhurst、漢名 麦都思）の*English and Chinese Dictionary*（1847-1848年、以下では麦辞書と称する）、W.ロプシャイト（Wilhelm Lobscheid、漢名 羅存徳）の*An English and Chinese Dictionary*（1866-1869、以下では羅辞書と称する）、またJ.ドゥーリットル（Justin Doolittle、漢名 盧公明）の*A Vocabulary and Hand-book of the Chinese Language*（1872年、以下では盧辞書と称する）がよく言及されている。それに対して、『英粤字典』に関する研究は管見では極めて少ない。1859年の初版から1907年まで、およそ半世紀に及んで7版にわたり刊行され続けるこの辞書はどんな特徴を持つのか、見出し語にいかなる変化が見られるのか、本論では上記の他の辞書との関連を結びつけながら、その歴史的位置づけを考察する。

1.　ジョン・チャーマーズ及びその辞書編纂

『英粤字典』の編集者であるジョン・チャーマーズ（John Chalmers、1825-1899）はスコットランドに生まれる。漢名を湛約翰とし、湛孖士とも呼ばれていた。1852年6月にロンドン伝道会の派遣を受け香港に到着したチャーマー

湛約翰
(John Chalmers 1825-1899)

ズはJ.レッグ(James Legge、漢名理雅各)の協力係として英華書院の日常運営に携わるようになる。教師を務める傍ら、英華書院の印刷所を任されていた。1859年から1879年にかけて広州で宣教活動を続け、2年半の休暇を除いて、17年半に及ぶ年月を広州で過ごしていた。なお、チャーマーズの著作の大部分も広州で完成されている。その後、1879年から1899年までの間、チャーマーズは英国に帰国したJ.レッグに代わってロンドン伝道会の香港における宣教活動を統括し、1899年に旅先で亡くなっている。

同じロンドン伝道会の宣教師として、かの有名なR.モリソン、W.ミレン(William Milne、漢名米憐)、そしてJ.レッグと比較すれば、チャーマーズは言及されることが少なく、いわゆる漢学における貢献度においては、先輩たちの「オーラの影に遮られている[2]」と評価されている。A.ワイリー編の宣教師及び著作リストを見ても、中国滞在の年月が浅いためか、チャーマーズに関する紹介は比較的少ない[3]。

しかし、他の先輩宣教師と同様、チャーマーズは言語、文学、歴史、宗教、政治ないし風俗習慣等、様々な分野にわたって研究業績を残している。数例を挙げると、J.レッグに協力して『四書』を英訳し、『中国経典』の第1巻、第2巻に収められている[4]。老子『道徳経』の英訳を完成し、*The Speculations on Metaphysics, Polity and Morality of "The Old Philosopher", Lau-tsze*という題で1868年にロンドンで刊行した。また、漢詩の翻訳作品を多く残しており、チャーマーズの漢学研究の大きな特徴の一つであるとされている[5]。古典の翻訳だけでなく、ジャーナリストの才能も発揮している。1865年から1868年にかけて、中国近代最初の週刊誌とされる『中外新聞七日録』を発行し、広州や香港の社会発展や人々の日常生活に近い記事が多く、地元では広く愛読されていた。

辞書編纂においても、尋常ならぬ業績が見られる。より多くのヨーロッパ人を漢字に親しませるため、チャーマーズは『康熙字典』に倣い、*The Concise Kang-Hi Chinese Dictionary*(『簡要康熙字典』、1877)を公刊している。この辞書は「一里塚的な貢献に値する」と高く評価を受けており、チャー

マーズ自身も思わず自賛したようである[6]。また、漢字研究においては、*The Structure of the Chinese Characters*（『漢字の構造』1882）が見られる。

以上のように、古典翻訳、週刊誌発行または辞書編纂などの業績を見る限り、チャーマーズの中国語または中国研究は造詣が深く、他の西洋人宣教師に決して遜色しない業績を残していると言えよう。音韻、漢字、漢語、漢文といった地道な研究が『英粤字典』の誕生を促したと言っても過言ではない。40余年にわたる広東生活を通じて、チャーマーズの広東語に対する理解や研究も絶えず深化し、『英粤字典』も1859年の初版から相次いで1862年に再版、1870年に第3版、1873年に第4版、1878年に第5版、そして1891年には第6版の刊行に至った。1907年に刊行された最後となる第7版も、すでに亡くなっていたチャーマーズが編集者となっている。

2.『英粤字典』——初版から第七版まで

『英粤字典』に関する研究はごく少ない。日本に所蔵されている版本に関する書誌的記述として、宮田（2010）が最も詳しい[7]。宮田は前半の四つの版（初版、再版、第3版、第4版、以下、「前四版」とする）と後半の三つの版（第5版、第6版、第7版、以下、「後三版」とする）に分けて、簡潔に紹介している。前四版の英文タイトルは*An English and Cantonese Pocket-Dictionary, for the Use of Those Who Wish to Learn the Spoken Language of Canton Province*とあり、後三版の英文タイトルにpocketが使用されておらず、*An English and Cantonese Dictionary, for the Use of Those Who Wish to Learn the Spoken Language of Canton Province*とある。英文タイトルにpocketという語の使用があるかどうかが二つの部分に分けて扱った主な理由であろう。

版の順を追って見ると、1859年、1862年、1870年の版は確認できている[8]。出版元はいずれもHongKong, Printed at the London Missionary Soceity's Pressとあり、前三版であることが判断できる。初版では本文は159頁とあり、見出し語が約5,460語である。再版では本文の頁数は163頁であり、初版とさほど変わらないが、本文中の活字の種類と改行位置に異同があるためであろう。見出し語は約5,850語あるが、単なる増補のみでなく、見出し語の一部削

除も見られる。また、はしがきにおいて、「中国語の発音の規則」が加えられ、本文の前に「正誤表」が設けられた。一方、第3版では見出し語は6,028語であり、増補語数は200語弱である。行間をさらに縮めたため、本文の頁数は145頁と少なくなっている。しかし本文の後に「補遺」があり、さらに348語が追加されている。こうして、初版から第3版まで、見出し語の増補が900語以上になる。

第4版は未見であるが、香港大学図書館に所蔵されていることが確認できている。書誌情報を見ると、編集者の名前の後に、"4th ed. enlarged."とあり、また、第3版のほぼ全篇を通して大幅に訂正を行い、しかも3分の1ほど語数を増やしたと第5版の序言で言及されている[9]。そして、刊行元と刊行年は"HongKong, Printed by the Chinese printing and publishing company, 1873."とあり、1873年に刊行された第4版の刊行元が初版、再版、第3版と違うことがわかる。

次に、後三版を見てみよう。それぞれ第5版(1878年)、第6版(1891年)及び第7版(1907年)である[10]。それまでM.A.である編者の肩書きが第5版からLL.D.になっていた。母校のアバディーン大学(University of Aberdeen)から学位授与されたものと推測されよう。この版の序言によると、第4版の誤りやミスを訂正するのみということである[11]が、わずか20年の間に、5回も版を重ねることは当時として異例のことであり、この辞書に注ぐチャーマーズの心血が窺い知れよう。第6版は変化した発音などを反映し、語数をさらに増補させている。第7版は香港皇仁書院(Queen's College, HongKong)のThomas Kirkman Dealy[12](漢名狄烈、1861-1924)により、第6版の大幅な改訂増補が行われている。編集作業は3年間ほどかかり、膨大な見出し語数が増やされている。「チャーマーズ博士が集めた全ての材料を使えば、ボリュームがもっと簡単に膨らんだものだろう」[13]と記されていることから、増訂の素材はチャーマーズの収集によるものが多いことがわかる。この点から、敬意を表すだけでなく、素材を集めた功績を讃えることも、編集者の名をチャーマーズにした理由であったと考えられよう。頁数でみれば、初版からほぼ半世紀後の第7版は822頁となり、5倍以上に増え、収録語数や俗語及び例文は約共4万余にのぼっている。

初版（1859年）

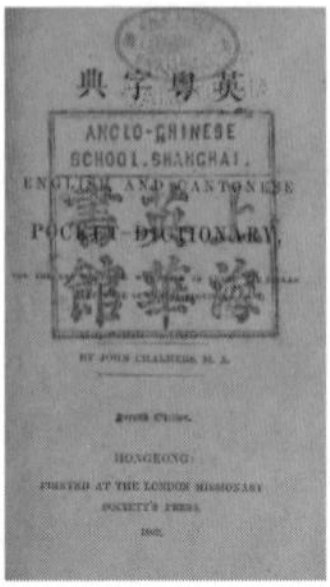

第2版（1862年）

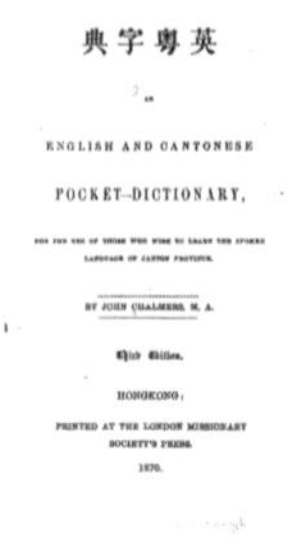

第3版（1870年）

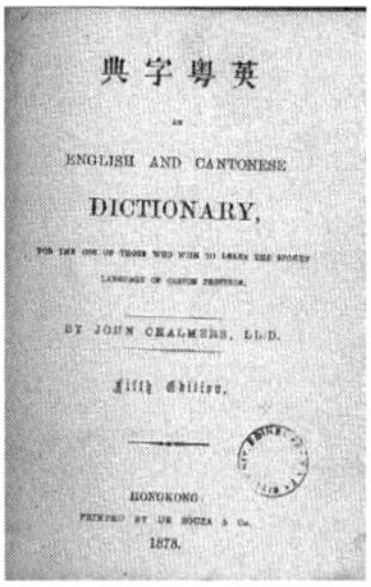

第5版（1878年）

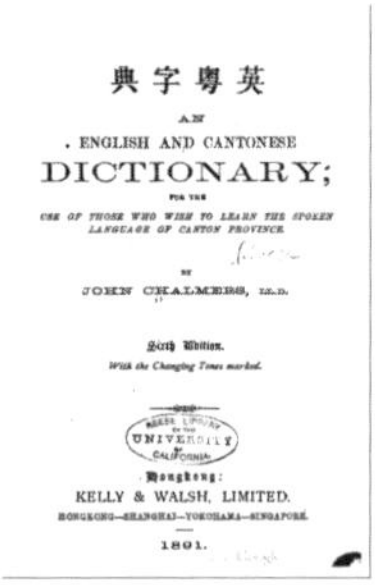

第6版（1891年）

第7版（1907年）

『英粵字典』はタイトルから、方言辞書に分類されがちであるが、半世紀にも及んで版を重ねられ、拡大されたという特徴、または外国交渉の最前線ともいうべき広東という場所、以上の二点から考えれば、この辞書は方言辞書の域をはるかに超えている。用字用語の変化や他の英華辞書の相互関係の考察を通じて、近代中国語の成立や定着のプロセスの一端がうかがえるだけでなく、この辞書の歴史的位置づけも確認できるといえよう。

3.　前三版『英粵字典』の見出し語及び他の辞書[14]との関連

第2版が発行する1862年までに、宣教師によって出版された主な英華辞書として、馬辞書、衛辞書そして麦辞書がある。また、再版と第3版の間に、羅辞書があり、第3版の直後には盧辞書が刊行されている。これらの辞書の刊行年の順に従い、aの部の語に絞って、改訂や増補または相互関係などを見てみよう。

表：前三版『英粵字典』の見出し語及び他の辞書との関連 (aの部を例として)

見出し語	馬辞書	衛辞書	麦辞書	初版	再版	羅辞書	三版	盧辞書
	1822	1844	1847-1848	1859	1862	1866-1869	1870	1872
abandon	○	△	△	丟棄	捨棄	△	捨棄	○
abbey	○△	×	△	×	×	○△	*佛寺、道觀、修道院*	△
abbot	○△	○△	○△	×	×	○△	*方丈、道長*	○△
ability	○	○	○	才能、本領	才能、本領、能幹	○	才能、本領、能幹	○
aborigines	△	△	○	×	×	○	*土人、(of China)苗子*	△
abstruse	○	○	○	×	×	○	*深奧*	○
absurd	○	△	△	斷唔合理	斷唔合理、混帳	△	斷唔合理、混帳	△
acacia	×	×	△	×	金鳳	△	金鳳	△
access	△	△	△	×	×	△	*走近路*	△
accidental	×	×	△	意外	意外、偶然	○	意外、偶然	○△
acclimated	×	×	△	×	×	○	*服水土*	△
accomplice	△	△	△	×	×	△	*從犯*	○
accuse	△	×	△	告、告狀、攻	告訴、告狀、攻	△	告訴、告狀、攻	△
accustomed	○	×	×	慣	慣熟	○		×
acquit	△	△	△	擬冇罪	擬冇罪	△	*審冇罪*	△
addled	△	△	△	×	×	△	*腡*	△
adhesive	×	△	△	×	黐	△	黐	△
admire	△	△	△	×	×	△	*見賞*	△
adore	△	○	○	×	×	○	*崇拜*	○
affable	△	△	△	×	×	○	*好相與*	△
afflictions	△	△	△	×	痛楚	△	痛楚	○
after	△	○	○	後	後、後來	○	後、後來	○
afterwards	×	×	○	然後	然後、尾後	○	然後、尾後	△
agate	○	○	△	×	瑪瑙	△	瑪瑙	○
age	○	△	△	年紀、世	年紀、世、貴庚呢	○	年紀、世、貴庚呢	○
agreement	△	△	○	×	約、合同、契約	○	約、合同、契約	○

見出し語	馬辞書	衛辞書	麦辞書	初版	再版	羅辞書	三版	盧辞書
aground	△	△	△	擱淺嘅	擱淺嘅、抗船	△	擱淺嘅、抗船	△
alarm	△	△	△	震驚	震驚、儆醒	△	震驚、儆醒	○
alive	△	△	○	×	生活	△	生活	○
allay	△	△	△	×	止	○	止	○
alliance	△	○	△	×	結親	△	結親	○
allusion	×	△	○	×	暗指	○	暗指	○
almanac	×	○	×	×	通書	○	通書	○
aloes	△	○	○	蘆薈	蘆薈、沉香	○	蘆薈、沉香	○
although	○	△	○	×	雖然	○	雖然	○
ambitious	△	△	△	×	×	△	*志氣高*	△
amusing	×	×	△	×	×	△	*趣*	△
angle	○	○	○	角頭	角頭、釣魚	○	角頭、釣魚	○
anniversary	×	×	△	年期嘅日子	年期嘅日子、對年	○	年期嘅日子、對年	△
anonymous placard	○	△	△	×	×	△	*白帖*	△
answer	○	○	○	答、回音、着使	答應、回音、着使	○	答應、回音、着使	○
apostatize	○	×	○	×	×	○	*背教*	○
apostle	○	×	○	×	×	○	*使徒*	○
appendix	×	△	△	×	×	○	*補遺*	△
apt to	△	△	△	×	×	△	*噲*	△
arrange	△	○	△	安排	安排、整齊	△	安排、整齊	○
arrogate	×	△	△	×	僭分	○	僭分	○
assemble	△	○	○	×	聚集	○	聚集	△
at	△	△	△	在	在、喺、(-last)卒之	○	在、喺、(-last)卒之	△
attend	△	○	○	留心、在	留心、在、侍奉	△	留心、在、侍奉	×
azalea	×	○	×	×	杜鵑花	○	杜鵑花	○

説明：①上の表は再版と第３版のａの部において、変化が見られたもののみを示したものである。②下線がついた語は再版で増補・改訂したものを表す。③斜体になっている語は第３版で増補したものを表す。④波線の下線がついて、斜体になっている語は他の辞書に見られないものを表す。⑤「×」は当該辞書に収録されていないことを表す。⑥「○」は再版または第３版で増補した見出し語の語釈が当該辞書に見られることを表す。⑦△は再版または第３版で増補した見出し語の語釈が当該辞書に見られないことを表す。

収録語数において、他の辞書は『英粤字典』よりはるかに多い。一つの見出し語に多くの語釈が与えられているのが普通であるのに対し、『英粤字典』の

前三版では一語のみ与えることが目立つ。これも辞書研究においてあまり注目されてこなかった理由の一つであろう。収録語数の少ない『英粵字典』にも次のような特徴が確認できる。

(1) 以前刊行された辞書を参照、引用していること。再版における改訂部分の多くはそれ以前に刊行された馬辞書、衛辞書、麦辞書の語釈を参照していることが確認できる。例えば、abandonの語釈が「丟棄」から「捨棄」に変わっているが、馬辞書を参照したと見られる。同様に、absurdの語釈に「混賬」が追加されているが、これも馬辞書に確認できる。また、aloesの語釈に「沉香」が追加されているが、衛辞書及び麦辞書を参照したものであろう。第3版で増補したabbey, abbot, aborigines, acute, adore, affable, affect, age, apostatize, apostle, appendixはいずれも初版より刊行された辞書か直前に刊行された羅辞書を引用している。中でも、acclimatedの語釈「服水土」や appendixの「補遺」は羅辞書のみに見られるが、第3版に採用されていることがわかる。

(2)『英粵字典』に見られるが、それ以前に刊行された辞書に収録されていない語が存在すること。acacia, azaleaなどの植物用語やalmanac, anniversary, appendixなどのように、馬辞書に見られない語が、その後の辞書には収録されるようになった。『英粵字典』が何らかの形で影響を及ぼしていた可能性がある。

(3) 再版も第3版もその後の辞書に何らかの影響を与えていること。再版で改訂したaccidentalの語釈「偶然」は羅辞書にも盧辞書にも収録されている。anniversaryも追加された語釈「対年」が羅辞書に見られる。他に、arrogateもそれに当たる。また、第3版で追加したaccompliceの語釈「従犯」が盧辞書に確認できる。盧辞書に関しては、序言において、ドゥーリットルは多くの参考書をあげ、『英粵字典』もその一つとして入っており、刊行年から見れば初版から第3版まで、全部参考対象になったものと考えられよう[15]。

また、周知のように、盧辞書の第3部には、宗教、自然科学、言語学、ビジネス、飲食など多岐にわたる分野の情報が85項目にも分けて掲載されており、そのうち、「道教用語」(Tauist Words and Phrases) はチャー

マーズの執筆になる[16]。老子の『道徳教』を英訳したことが認められて、収録に至ったものと考えられる。「佛寺、道觀、道長」などのように、関連の宗教用語の盧辞書及び他の辞書への影響が興味深い。

(4) 編集者チャーマーズの自負。第3版に見られる「佛寺、道觀、道長、苗子、走近路、審冇罪、志氣高、趣、白帖、噲」などの語釈のように、いずれも他の辞書には確認できない。編集者としての自負心が垣間見できよう。acquitについては、他の辞書では「釈放」が定着を見せる中、チャーマーズは短文の「審冇罪」を与え、第6版と第7版はいずれも「擬無罪、審無罪」となっているように、最後まで改めなかった。また、ambitiousについて、各辞書の語釈はそれぞれ異なっており、「好高的人、心頭高的人」(馬辞書)、「自尊」(衛辞書)、「圖謀大事、越迄」(麦辞書)「慕、求、貪」(羅辞書)、「自尊、圖謀大事」(盧辞書)、チャーマーズも合わせることなく、「志氣高」という語釈を与えている。「審冇罪」や「志氣高」など短文のほうがより使用者に理解されやすいと考えたためであろう。

また、pocketの語釈として「袖珍」が他の辞書に見られるものの、『英粵字典』の全7版に現れない。前四版の英文タイトルにPocket-Dictionaryが使用されているが、サイズは16.0cm × 9.7cm(日本東洋文庫蔵初版)で、当時の辞書と比較すれば、若干小さめである。初版から第3版では、pocketの解釈はいずれも「衫袋、袋」であり、第6版も変わらず、第7版では少し増えて、「衫袋、衣袋、袋、搭袋、入袋」になっている。Pocketという見出し語からは「袖珍」の使用が確認できない。馬辞書には、VADEMECUMの語釈として「or small manual that may be carried in the sleeve according to the Chinese manner 袖珍」とある。衛辞書は「pocket-book、袖珍」とあり、早くも「袖珍」の使用が確認できる。日本においても、1862年に江戸で出版された『英和対訳袖珍辞書』(A Pocket Dictionary of the English and Japanese Language)に「袖珍」の対訳が見られる。しかし、『英粵字典』には最後まで見られなかった。

4. 『英粵字典』と日本

わずかながら、『英粵字典』は日本の国会図書館、東洋文庫、そして一部の

大学図書館に所蔵されている[17]。中でも、国会図書館に所蔵されている啓蒙思想家、教育者である西村茂樹（1828 － 1902）の写本が目を引く。

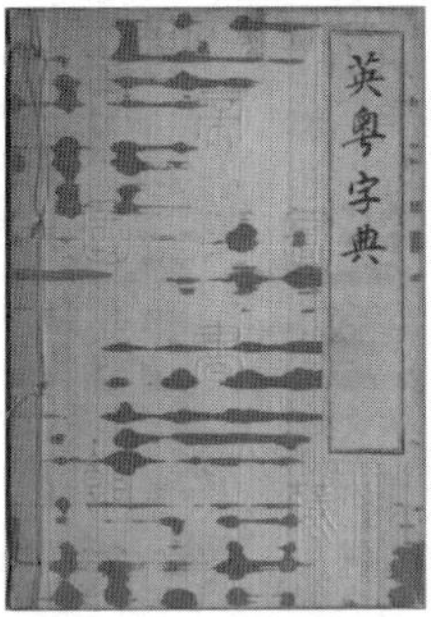

西村茂樹写本（国会図書館蔵）

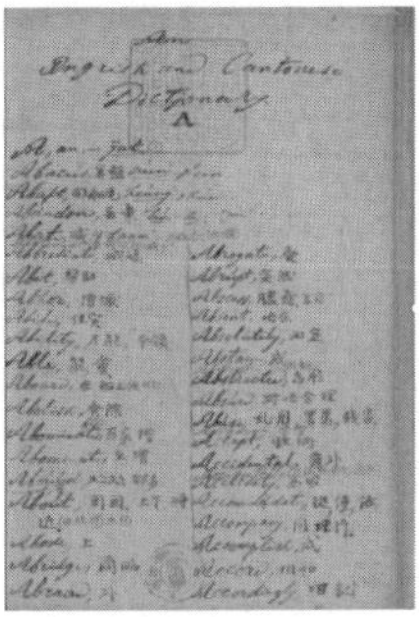

左、本文

西村の自叙伝『往事録』に、1861年（文久元年）から手塚律蔵先生に蘭学英学を学び、「寸暇あれば西洋の辞書を謄写して後日の準備となせり」、また「此時世人洋学を悪む者多きを以て、是を学ぶは尤も内密にせざるべからず、其上辞書を始として書類甚だ乏しく、実に無益の労力を為したり」[18]とある。謄写が1861年に行われたことから、『英粤字典』の初版はすでに日本に伝わっていたことがわかる。初版の刊行からわずか2年しか経過していない。西村は1856年（安政3年）に幕府の貿易取調御用掛に任じられ、外交上の機密文書を担当していたことから、仕事柄一般の人に手に入らない輸入書に触れることができたのであろう。

写本には、朱色の筆で多くの書き入れが見られる。aを頭文字とする見出し語を例にすれば、「abatement、減少」「academy、學堂」「accidentally、忽然」「accountant、掌櫃」等が見られ、『英粤字典』以外にも、参考できる対訳書が手元に存在していたことがわかる。西村が英学の勉強を始める直前の1860年に、福沢諭吉による『増訂華英通語』が刊行されている。上にあげた見出し語などで照合したところ、内容的にほぼ『増訂華英通語』であることが断定できる。開国前後に多くの日本人に愛用されたこの対訳書は西村にユニークな形で英語学習に活用されていたのである。

西村がいつ、いかに『英粤字典』を手に入れたかはまだ不明であるが、初版が刊行される1859年はまさにプロテスタント宣教師が正式に日本に上陸し

た年にあたる。中日間を行き来する宣教師によって日本にもたらされた可能性は考えられなくもない。

結び

以上、イギリス人宣教師チャーマーズが編集した『英粵字典』の前三版を中心に、その辞書の特徴及び前後に刊行された英華辞書との相互関係を考察した。『英粵字典』は方言辞書として扱われがちであるが、半世紀にわたって改訂増補され続けたことから、その近代英華辞書の歴史における価値は看過できない。1870年までに刊行された前三版はよく言及される他の英華辞書に較べると、収録語数こそ劣るものの、それまでの辞書に見られない語を収録し、その一部が以降の辞書に採用されていることから、『英粵字典』の史的価値が限られた範囲で確認できたといえよう。また、独自の語釈に堅持する傾向が見られるが、版をあらためた際に編集者としてのチャーマーズの姿勢も窺い知れた。今後考察の範囲をさらに拡大させ、より客観的な結果に結びつけることを目指したい。その一つとして、他の英華辞書と同様、『英粵字典』の日本における流布の経路や英和辞書との相互関係などをもとに考察を進めている。

注

1　この論文は北京大学桐山教育基金研究助成（2016年度）「近代英華辞典研究—以湛約翰《英粵字典》的7个版本為中心」（近代英華辞書に関する研究——ジョン・チャーマーズ『英粵字典』の七つの版を中心として）による研究成果の一部である。

2　段懷清（2006）、119頁。チャーマーズの履歴に関する内容はこの論文によるものが多い。

3　Alexander Wylie（1867）, pp.217-219。一方、モリソンやミレン、レッグに関する記述はかなり詳しい。

4　毛志輝（2010）、19頁。

5　段懷清（2006）、120-125頁。

6　同上。

7　宮田（2010）、237-39頁、270-272頁。

8　各版の画像はいずれもインターネットアーカイブ（https://archive.org/）よ

り確認。そのうち、初版(1859年)はミシガン大学図書館所蔵、第2版(1862年)と第3版(1870年)はカルフォルニア大学図書館所蔵となっている。

9 'This edition of the Cantonese Dictionary has been carefully revised throughout; and fully one third has been added to its size.' とある。第5版序言 'Note to the Fourth Edition' による。

10 各版の画像のうち、第5版(1878年)はエディンバラ大学図書館所蔵、第6版(1891年)と第7版(1907年)はインターネットアーカイブ(https://archive.org/)より確認。両方ともカルフォルニア大学図書館所蔵となっている。

11 'This edition of the Cantonese Dictionary is in no important respect different from the last. Errors and inaccuracies have been corrected where noticed. ' とある。第5版序言 'Note to the Fifth Edition'。

12 皇仁書院の資料によると、Dealy氏は学位こそもっていないものの、広東語に精通し、1909年よりこの学校の校長を務めていたという。

13 Dealy序言、『英粤字典』第七版、1907年。

14 ここで扱う「他の辞書」の内容はいずれもMHDB英華辞書データーベースによる。MHDBとは中央研究院近代史研究所開発の近代史数位資料庫(Modern History Databases)を指す。英華辞書データーベースには19世紀から20世紀初頭にかけた主な英華辞書が収録されている(http://mhdb.mh.sinica.edu.tw/dictionary/index.php)。

15 ドゥーリットルは "Charmer's English and Chinese Pocket Dictionary" と記しているが、『英粤字典』の間違いであると考えられる。盧辞書、第1部、Preface, Ⅲ, 1872.

16 盧辞書、第3部、229-237頁。関連内容について、宮田(2010)をも参照、152－163頁。

17 宮田(2010)、237-39頁、270-272頁。

18 西村茂樹『翁伯全書』第2集『往時録』、西村家図書部蔵版、65頁。国会図書館デジタルコレクションによる。

参考文献

木村一(2015)『和英語林集成の研究』明治書院

沈国威編(2011)『近代英華華英辞典解題』(関西大学東西学術研究所資料集刊31)関西大学出版部

鄒振環(2006)「19世紀早期廣州版商貿英語読本的編刊及其影響」(19世紀初期広州版ビジネス英語読本の編集刊行及びその影響)、『学術研究』第8期、92-99頁

段懷清(2006)「『中國評論』時期的湛約翰及其中國文学翻訳和研究」(『中国評論』時代のジョン・チャーマーズ及びその中国文学の翻訳と研究)『世界漢学』第1期、119-126頁

宮田和子（2010）『英華辞典の総合的研究——19世紀を中心として』白帝社
楊慧玲（2012）『19世紀漢英詞典伝統—馬礼遜、衛三畏、翟理斯漢英詞典的譜系研究』（19世紀漢英辞典の伝統——R.モリソン、S.W.ウィリアムズ、H.A.ジャイルズの漢英辞書の系譜に関する研究）商務印書館
Alexander, Wylie.（1867）*Memorials of Protestant missionaries to the Chinese: giving a list of their publications, and obituary notices of the deceased. With copious indexes.* American Presbyterian Mission Press.pp.217-219.（中国語訳、偉烈亜力著『1867年以前来華基督教伝教士列伝及著作目録』広西師範大学出版社、2011年1月）
Pearce, T. W.（1889）. The late Dr. Chalmers. *The China Review, or Notes and Queries on Far East,* Vol. 24, No. 3, 1899. Dec. pp.115-119.

『和英大辞典』(1896)の略号表示

——[*Chin.*]の略号を持つ語と先行辞書との関わり——

木村　一

1.　はじめに

現代の辞書で、見出し語に対して、略号(略語とするものもある)や記号によってさまざまな情報が示されている。それらの表示内容および方法は多様であるが、小型国語辞書では大きく「表記」(常用漢字表外)、「文法」(品詞や活用)、「位相」(使用分野や原語)などに関するものが表されている。

このような方法と内容はそれぞれ異なるが、古辞書[1]にも見受けられるものであり、また対訳辞書[2]でも注記といった方法ではあるが『日葡辞書』(1603-1604)にも確認できる。『和英語林集成』初版(1867)ではABBREVIATIONSとする項目に文法事項を中心に23の略号が用いられている。その後の再版(1872)では24、そして3版(1886)では41と増加していく。

また、F. ブリンクリー(1841-1912)、南条文雄(1849-1927)、岩崎行親(1855-1928)によって著された[3]『和英大辞典』(1896)はLIST OF ABBREVIATIONS USED IN THIS WORKで87の略号に分類している[4]。

本論では、『和英大辞典』の略号のうち、[*Chin.*]の略号(stands for Chinese.)を持つものを中心として扱い、近代への移行を顕著に示すと考えられる漢語について調査を行うことで、当時の標準日本語の実態を探る基礎研究の一つとする。

2.　『和英大辞典』(1896)と用いられる略号について

『和英大辞典』*An Unabridged Japanese-English Dictionary with Copious Illustrations*は、1896年[5]に三省堂から刊行された。J. C. ヘボンの『和英語林集成』3版(1886)を引き継ぐものとされる面がある。日本語をアルファベッ

ト順に配列した和英辞書である。見出し語は、ローマ字、ひらがな・カタカナ、漢字表記の順で示される。

英語の序文には、現在ことばの変化がきわめて激しいため、その落ち着きをみるまでの辞書作成の作業をためらいながらも、一般の希望が満たされないままでも支援のない学生('unaided students'とあり日本人学生を指すと考えられる)の便をはかるために辞書作成を企図したとしている。その上で、先行辞書を次のように評している点は関心を引く(以下、私訳を記す)。

> 著者たちは同じ分野における他の人々の業績や、J. C. ヘボン博士の先駆的辞書(『和英語林集成』)、E. サトウ卿と石橋氏による語彙集(筆者注:時代を考慮すると *An English-Japanese dictionary of the Spoken Language* の再版(1879)であろう)、J. H. ガビンズ氏の漢語辞書(筆者注:『漢語英訳辞典』(1889・1891・1892))のような編纂物の高い価値を十分に評価しています。しかし、これらの編纂物のうち、最初の辞書は遠い昔のものです。二番目の語彙集はもともと包括的であることを意図したものではありません。三番目の辞書は、優れてはいますが、範囲が限られています。

続いて、英和辞書の出版を目指していることが記される。

また、日本語の序文には「英語ヲ学ブ者及外國人ノ日本語ヲ研究スル者ノ便ニ供スルヲ主トス」とあり、日本語への関心にも意識が払われる。このことは挿絵(例、「編み笠」、「御所車」、「注連飾り」、「六歌仙」など)からも確認できる。日本語母語話者に対する和英辞書でありながら、外国人にとっての日本語辞書としての側面も強く持ち合わせているようである(注5に関わるものである)。そのために英語話者の日本語習得に端を発する『和英語林集成』よりも軸足が「英語を学ぶ」ことに移行している。『和英大辞典』は、『和英語林集成』3版(1886)の 10 年後(ただし、『和英語林集成』は初版(1867)から 9 版(1910)まで版を重ねるが)、日本人による和英辞書(井上十吉『新訳 和英辞典』(1909)など)の13年前に位置している。

3. 「リ」の部の略号［*Chin.*］について

『和英大辞典』では、文法、分野、原語などについての87の略号を［ ］で囲って示している。本論では、［*Chin.*］(stands for Chinese.) の略号を持つ見出し語を扱う。これらは漢語であるために、その特性を顕著に示すと考えられるラ行（〔表1〕参照）に絞り、ラ行内（1,737語[6]）で見出し語をもっとも多く収録する「リの部[7]」を対象としたところ、「リの部」の750語のうち19.9%を占める149語が［*Chin.*］の略語を持ち、ラ行内全体では18.8%にあたる。

〔表1〕ラ行の見出し語数と比率（括弧内は［*Chin.*］の略号を持つ見出し語）

ラ	リ	ル	レ	ロ	計
289語（46語）	750語（149語）	81語（17語）	267語（45語）	350語（70語）	1,737語（327語）
16.6%	43.2%	4.7%	15.4%	20.1%	100.0%

『和英大辞典』の見出し語の表示方法に触れると、原則として和語と漢語についてはひらがなで記され、外来語はカタカナで示されている（外来語が構成要素となる合成語についてはひらがな）。また、「Rokuro-kubi、ろくろくび、轆轤頸、飛頭蠻」、「Ryōgaeya、りやうがへや、兩替屋、兌銀舖、錢莊」、「Ryoten、りよてん、旅店、逆旅」（下線、筆者）のように、ローマ字表記と漢字表記を1語目で対応させた上で、2語目以後に字音や字訓に伴わないが意味の類する（見出し語と語形が異なる）漢語を掲出しているケースもあり（上記の下線を付した漢語）、内容は直接的ではないにしろ『漢英対照いろは辞典』(1888) との関わりが見出せそうである。

以下に、「リの部」の［*Chin.*］について、出現順にひらがなの見出しを省略して149語を挙げる。ただし、考察においては、「龍駕 Ryōga」と「龍駕 Ryūga」が重複しているため148語として進める。

鯉尾 Ribi、梨園子弟 Rien-shitei、俚言 Rigen、俚諺 Rigen、離合 Rigō、離叛 Rihan suru、六花 Rikkwa、六畜 Rikuchiku、陸沈 Rikuchin、戮力 Rikuryoku suru、六戚 Rikuseki、戮戰 Rikusen suru、陸續 Rikuzoku、里民 Rimin、憐（ママ 隣）邦 Rimpō、臨地（ママ 池）Rinchi、隣人 Rinjin、林間

Rinkan、輪廓Rinkwaku、輪奐Rinkwan、隣屋Rin-oku、凛烈Rinretsu、淋漓Rinri、凛凛Rinrin、林立Rinritsu、稟性Rinsei、綸宣Rinsen、林泉Rinsen、林鐘Rinshō、隣村Rinson、離散Risan suru、履踐Risen suru、離愁Rishū、離祚Riso、利達Ritatsu、慄然Ritsuzen、里俗Rizoku、畧賣Ryakubai、畧文Ryakubun、掠奪Ryakudatsu、療痾Ryōa、諒闇Ryōan、良媒Ryōbai、良謀Ryōbō、陵侮Ryōbu suru、良籌Ryōchū、領諾Ryodaku（ママ）、良夫Ryōfu、獵夫Ryōfu、兩夫Ryōfu、凉風Ryōfū、龍駕Ryōga、凌駕Ryōga suru、兩儀Ryōgi、旅具Ryogu、凌犯Ryōhan suru、良弼Ryōhitsu、陵夷Ryō-i、稜威Ryō-i、聊爾Ryōji、良人Ryōjin、梁上君子Ryōjōkunshi、凌辱Ryōjoku suru、諒恕Ryōjo suru、良順Ryōjun、兩可Ryōka、良家Ryōka、旅賈Ryoko、閭巷Ryokō、良好Ryōkō、良工Ryōkō、力役Ryokueki、綠波Ryokuha、綠陰Ryoku-in、綠樹Ryokuju、綠林Ryokurin、力爭Ryokusō suru、虜獲Ryokuwaku、良民Ryōmin、良二千石Ryō-ni-sen-goku、良能Ryōnō、凌轢Ryōreki suru、料理Ryōri、悢悢Ryōryō、遼遼Ryōryō、寥寥Ryōryō、膂力Ryoryoku、良宰Ryōsai、良策Ryōsaku、諒察Ryōsatsu、良政Ryōsei、旅舍Ryosha、寮舍Ryōsha、良師Ryōshi、良士Ryōshi、良辰Ryōshin、旅商Ryoshō、良書Ryōsho、良宵Ryōshō、糧食Ryōshoku、領掌Ryōshō suru、虜囚Ryoshū、領袖Ryōshū、龍舟Ryōshū、龍集Ryōshū、良圖Ryōto、了得Ryōtoku suru、凌雲Ryōun、良夜Ryōya、遼遠Ryōen、寮友Ryōyū、良材Ryōzai、柳眉Ryūbi、流聞Ryūbun、流暢Ryūchō、硫銅Ryūdō、柳營Ryū-ei、龍駕Ryūga、龍舸Ryūga、龍顔Ryūgan、流言Ryūgen、輪鼓Ryūgo、龍馭Ryūgyo、流弊Ryūhei、隆準Ryūjun、隆興Ryūkō suru、硫化Ryūkwa、硫化亞鉛Ryūkwa-aen、硫化鉛Ryūkwa-en、硫化鐵Ryūkwa-tetsu、流民Ryūmin、流落Ryūraku suru、瀏覽Ryūran、流例Ryūrei、流連Ryūren、流離Ryūri、瀏亮Ryūryō、瀏瀏Ryūryū、隆盛Ryūsei、龍車Ryūsha、隆車Ryūsha、流矢Ryūshi、粒食Ryūshoku suru、留滯Ryūtai、流涕Ryūtei、隆替Ryūtei、隆運Ryū-un、流竄Ryūzan zuru、流俗Ryūzoku

4.　辞書類との比較を通して

抽出した148語について、刊行年が若干先行する辞書で、語義が英語で記されたもののうち、ヘボンの『和英語林集成』3版（1886）、高橋五郎の『漢英対照いろは辞典』（1888）、さらに『和英大辞典』の英語の序文に記されている三分冊からなるガビンズの『漢語英訳辞典』（*A Dictionary of Chinese-Japanese words in the Japanese Language*）（1889・1891・1892）での収録状況を検討したい。なお、『漢語英訳辞典』を用いる理由は、①『和英大辞典』の英語の序文での評価が高く、資料とした可能性が高いこと、②外国人が著した漢語辞書であること、③『漢語英訳辞典』の序文に先行辞書（このことについては後述する）を挙げていることの3点を重視したためである。

また、国語辞書での扱いを確認するために。大槻文彦の『言海』（1889-1891）、山田美妙の『日本大辞書』（1892-1893）（以上、『漢英対照いろは辞典』も含め、大空社の複製版を使用した）での状況を扱う。

『漢語英訳辞典』については、坂本（1994・2000・2001・2006・2007）による詳細な研究がある。それによると3,131字の親字に、二字漢語の項目数は28,419語（落丁部は除く）とある。参照した辞書は英語の序文に次のようにある（私訳と、括弧内に刊行年を付す）。

> この辞書に収められている単語は一部公式文書や新聞、大衆文学、または日本の漢語辞書から収集されたものである。漢語辞書は主に青木輔清氏の『漢語字彙』（『音画両引 大全漢語字彙』（1875））、岩井真二郎氏の『大増補 漢語解大全』（1874）、庄原和氏の『漢語字類』（1869）、そして市川清流氏の『雅俗漢語訳解』（1878）を参考文献としている。単語の定義とそれに対応する英単語の決定には主にヘボン博士の日英・英日辞書（筆者注：おそらくは3版（1886）であろう）、高橋五郎氏が最近手掛けたいろは辞書（筆者注：『漢英対照いろは辞典』（1888）を指すと考える）、そしてアイテル博士とウィリアムズ博士著の中国語辞書（筆者注：E. J. EitelとS. W. Williamsのそれぞれの著作を指すと考えるが、今後の検討を要する）より援助を得た。

そして、B. H. チェンバレンへの教示への謝辞と、提供された単語集を活用できなかった旨が記される。続けて、「INTORODUCTION（筆者注：PREFACEに続く「日本語概説」を指すと考えられる）の校正刷りは、王立協会員のE. ダイバーズ博士、チェンバレン氏、英国砲兵隊のブリンクリー大尉の手に渡り、有益な助言を頂戴した。」とあり、『和英大辞典』のブリンクリーとの関わりを示すものである。

また、Douglas, R. K.（1898）のPREFACE[8]では、ヘボンとガビンズの辞書を用いて日本語のローマ字表記における「經」の字音の綴りと、「ヅ」の綴りについての難しさとあいまいさに触れる。

次の**4.1.**から**4.4.**で実例を示すにあたり、見出し語の一部分が収録（「梨園子弟」→「梨園」）、同義異表記（「俚諺」→「里言」、「離叛」→「離反」）や異体字（「畧文」→「略文」）など、また字音の異なり（「力役（りよくえき）」→「力役（りきえき）」、「龍顔（りゆうがん）」→「龍顔（りようがん）」）といった場合は、同一として扱った。

次に148語の収録状況を大きく次の四つに分けて整理する（出現順に示し、ひらがなとローマ字の見出しを省略した）。〈3書に共通〉、〈2書に共通〉、〈1書にのみ収録〉、〈いずれにも未収録〉の組み合わせとなる。

〈3書に共通〉（47語）

梨園子弟、離叛、陸沈、戮力、陸續、里民、輪奐、隣屋、凛烈、淋漓、凛凛、綸宣、林鐘、隣村、離散、利達、里俗、畧文、掠奪、諒闇、凉風、兩儀、良人、凌辱、兩可、閭巷、力役、緑林、良能、料理、膂力、諒察、糧食、良夜、遼遠、柳營、龍顔、流言、流弊、流民、流落、流連、流離、隆盛、留滯、流涕、流俗

※「梨園」として確認。

〈『和英語林集成』（1886）と『漢英対照いろは辞典』（1888）に共通〉（4語）

離愁、輪鼓、隆車、粒食

※「輪鼓」は『言海』と『日本大辞書』に収録。

〈『和英語林集成』（1886）と『漢語英訳辞典』（1889・1891・1892）に共通〉（5語）

六花、良民、凌轢、旅商、領掌

※「良民」は『言海』と『日本大辞書』に収録。

〈『漢英対照いろは辞典』(1888)と『漢語英訳辞典』(1889・1891・1892)に共通〉(34語)

俚言、俚諺、臨池、林間、輪廓、慄然、良謀、陵侮、領諾、兩夫、龍駕、凌駕、良弼、良工、綠陰、綠樹、力爭、虜獲、寥寥、良策、旅舍、寮舍、良辰、虜囚、良圖、寮友、柳眉、流聞、隆準、隆興、瀏覽、瀏亮、流矢、流竄

※「臨池」として確認。「俚言」「臨池」「輪廓」「龍駕」「綠陰」「綠樹」「寥寥」「良辰」「柳眉」「隆準」「流矢」は『言海』と『日本大辞書』に収録。

〈『和英語林集成』(1886)のみ共通〉(3語)

良家、瀏瀏、龍車

※「良家」は『言海』と『日本大辞書』に収録。

〈『漢英対照いろは辞典』(1888)のみ共通〉(29語)

鯉尾、六戚、戮戰、林泉、離祚、詈賣、良媒、良籌、凌犯、陵夷、稜威、聊爾、梁上君子、諒恕、旅賈、良好、良二千石、悢悢、良士、領袖、龍舟、龍集、了得、硫銅、龍舸、龍馭、硫化、流例、隆運

※「林泉」「詈賣」「陵夷」「聊爾」「領袖」「龍舟」「龍集」「硫化」「流例」は『言海』と『日本大辞書』に収録。

〈『漢語英訳辞典』(1889・1891・1892)のみ共通〉(18語)

離合、六畜、隣邦、隣人、林立、療痾、獵夫、旅具、綠波、良宰、良政、良師、良書、良霄、凌雲、良材、流暢、隆替

※「隣邦」として確認。「流暢」「隆替」は『言海』と『日本大辞書』に収録。

〈いずれにも未収録〉(8語)

稟性、履踐、良夫、良順、遼遼、硫化亞鉛、硫化鉛、硫化鐵

※「稟性」は「ヒンセイ」として『言海』と『日本大辞書』に収録。

4.1 『和英語林集成』(1886)との比較を通して

59語が合致するに過ぎない。また『和英語林集成』にのみ見受けられるものとしては、「良家」「瀏瀏」「龍車」の3語である。『和英語林集成』を参照とした可能性は低いものと考えられる。なお「梨園子弟」は「梨園」の用例として収録されている。

4.2 『漢英対照いろは辞典』(1888)との比較を通して

148語中114語が共通し、対象とした辞書の中で最も多い結果となった。中でも「梨園子弟」「梁上君子」「良二千石」といった四字漢語が共通している。しかもこれらの3語はその他の比較対象とした辞書には見られないものである。また、『漢英対照いろは辞典』にのみ収録されるものは29語であり、この点でも最も近い関係にある。

4.3 『漢語英訳辞典』(1889・1891・1892)との比較を通して

148語中で104語が共通するものであり、18語の『漢語英訳辞典』にのみ収録される。『和英大辞典』の序文(「優れてはいますが、範囲が限られています」)の記述と関わりがあるところかとも考えられる。

4.4 『言海』(1889-1891)、『日本大辞書』(1892-1893)との比較を通して

『言海』と『日本大辞書』での収録を確認したところ、148語中、共通するものは、以下の56語となる(『和英大辞典』の収録順に示す)。なお、『言海』と『日本大辞書』間での収録における差は生じていない(56語がすべて共通している)。

梨園子弟、俚言、戮力、陸續、里民、臨池、輪廊、輪奐、凛烈、淋漓、凛凛、稟性、林泉、林鐘、離散、利達、詈賣、詈文、諒闇、凉風、龍駕、兩儀、陵夷、稜威、聊爾、良家、力役、綠陰、綠樹、綠林、良民、良能、料理、寥寥、諒察、良辰、領袖、龍舟、龍集、良夜、柳眉、流暢、柳營、龍顔、流言、輪鼓、流弊、隆準、硫化、流民、流例、流連、流離、流矢、流涕、隆替

『和英語林集成』と『漢英対照いろは辞典』と『漢語英訳辞典』の3書で「稟性」以外をすべてカバーできる。唯一収録される「稟性」は「ヒンセイ」と読むべきものであるが、慣用音で「リンセイ」と読まれている。

なお、上記の語のうち51語が『言海』では「種々ノ標」にある「和漢通用字」として扱われ古来の漢語として理解することができる(陳(2001))。ただし、

「稜威」「聊爾」「輪鼓」「硫化」「流例」の5語は「和ノ通用字」とあり、「聊爾」は漢籍からの日本語での意味の変化に配慮し、「輪鼓」は日本固有のものであることを示し、「硫化」は新たな漢語と、とらえることができそうである。

また、『日本大辞書』では51語の語義に「漢語」とある（ただし「輪鼓」「寥寥」の2語にはその記載がなく、「稜威」「硫化」「流例」の3語には「字音」とあり『言海』と一致する）。一方、「符號ノ解」[9]の「文専用（「○」の符号）」とするものに「陵夷」「稜威」「寥寥」「龍舟」「流弊」「流例」「流矢」「隆替」が該当する。

5. まとめ

『和英大辞典』には、漢語に〔*Chin.*〕の略号が付されている。その中、ラ行には148語（〔表2〕参照）が見られる。先行辞書との関わりを調査したところ、『漢英対照いろは辞典』[10]は、他の辞書には収めない29語を唯一収録し、四字漢語の一致も確認することができた。語の採集源の主要な資料として活用した可能性の高さをうかがわせる。

『漢語英訳辞典』については、この書にしか見られない語が18語ある。『漢英対照いろは辞典』と『漢語英訳辞典』の両書をもって137語をカバーすることができる（両書において81語が共通している）。一方、『和英語林集成』については、59語と少なく、その関わり（3語が他の2書に見出せないに過ぎない）は低いように考えられる。3書に収録されないものは次の8語である。

稟性、履踐、良夫、良順、遼遼、硫化亜鉛、硫化鉛、硫化鐵

また、『言海』と『日本大辞書』に収録されるものが56語である。

今後は、『和英大辞典』で略号を持たない漢語の見出し語、専門用語、また〔*Jap.*〕（stands for Japanese.）をはじめとした様々な略号を持つものといった調査対象に視点を広げ、後続する辞書への影響などを交えながら、当時の標準日本語について考察を進め実態に迫りたい。

〔表2〕「リの部」における諸辞書での収録状況 (148語中8語はいずれにも未収録)

<table>
<tr><th>『和英大辞典』</th><th>『和英語林集成』</th><th>『漢英対照いろは辞典』</th><th>『漢語英訳辞典』</th></tr>
<tr><td>148語</td><td>59語 (3語独自)</td><td>114語 (29語独自)</td><td>104語 (18語独自)</td></tr>
<tr><td></td><td colspan="2">←122語 (51語共通) →</td><td></td></tr>
<tr><td></td><td></td><td colspan="2">←137語 (81語共通) →</td></tr>
<tr><td></td><td>←111語</td><td></td><td>(52語共通) →</td></tr>
<tr><td></td><td colspan="3">140語 (47語共通)</td></tr>
</table>

付記

試みに対象とした148語について、さらなる精査が必要であるが、一つの目安として、『日本国語大辞典』(2版) (以下、『日国』) と『漢語大詞典』の漢籍をはじめとした中国語の文献の出典を確認したところ、古代から近世と多岐にわたり、また分野も幅広く、例えば、「領諾」の『水滸伝』、「良好」の現代小説 (李惠薪『老處女』、参考までに日本側の文献としては『日本風俗備考』(1833)) に見られるようなものを含んでいる。一方、次の25語は『漢語大詞典』と『日国』に中国語の文献の出典を持たないことが確認できた (うち15語は『日国』に日本語の文献の出典が記される)。さらに、下線を付した10語は『日国』に日本語の文献の出典も記されていない。

鯉尾、戮戰、隣地、輪廊、綸宣、離祚、詈文、療痾、兩夫、旅具、諒恕、良順、旅賈、寮舍、旅商、良霄、領掌、硫銅、輪鼓、硫化、硫化亞鉛、硫化鉛、硫化鐵、隆車、隆運

上記10語についてはその背景を決定づけることは極めて難しいことであるが、「鯉尾」「戮戰」「離祚」「旅賈」「硫銅」は『漢英対照いろは辞典』にのみ、「療痾」「良霄」は『漢語英訳辞典』にのみ、「輪廊」は両書に収録され、「良順」「硫化鉛」がいずれにも未収録である (以下の未収録の8語のうちの2語にあたる)。15語についても『日国』ではもっぱら中世から近代の文献を初出としている。特に、「詈文」(「殿村篠斎宛馬琴書簡」(1831))、「諒恕」(『玉石志林』(1861-

1864)、「旅商」(「東京日日新聞」(1896))、「硫化」(『舎密開宗』(1837-1847)、「硫化鐵」(『米欧回覧実記』(1877))、「隆運」(『開化評林』(1875))と19世紀の用例を挙げる。なお、「輪廓」「署文」「輪鼓」「硫化」は『言海』と『日本大辞書』にも収録される。

また、『和英大辞典』にのみ収録される漢語としては**5. まとめ**に挙げた8語であり、『和英大辞典』の特異性を示すものとも言えようが、「良順」が中国語の出典を持たないのみである(「硫化―」の3語は除く)。

なお、3書すべてに共通する47語のうちで、中国語の出典が見られないものは「綸宣」と「署文」である。

あらためて全体をとらえなおすと、148語には『言海』で「和漢通用字」(51語)と「和ノ通用字」(5語)とするものが含まれている。また、「硫銅」(‘Sulphate of iron.’とあり「硫酸鉄」であろう)や、「硫化」(『舎密開宗』(1837-1847)に見られる)といったものもある。そのために、[*Chin.*]のそもそもの基準といったことについては一貫性が見られず、雑多なものから成り立っていることが確認できる。[*Chin.*]は『言海』や『日本大辞書』に見られる当時の分類を継承していると言い得ないと考えられる。

一方、『漢英対照いろは辞典』と『漢語英訳辞典』については、語義自体が英語で記されていることもあり、関わりが深いものと考えられる。特に、『漢英対照いろは辞典』での収録率は高く、四字漢語の一致もその一つと考えることができよう。しかしながら、略号との関連ということでは、現時点では直接の依拠資料ないし基準が見出せていない。

注

1　例えば、『新訳華厳経音義私記』の「訓」や、『類聚名義抄』の「和」や「音」にあたる省文など。

2　「方言」「卑語」「仏法語」「文書語」「詩歌語」などにあたるポルトガル語の頭文字などで語義内に示される。

3　ブリンクリーは、アイルランド出身で、イギリスの砲兵中尉として来日。海軍砲術学校、そして工部大学校の教師となり、英字新聞The Japan Weekly Mail を発行するThe Japan Mail 社を買収し主筆となる。南条はオックスフォード大学でサンスクリット語学を修め、近代仏教学の礎を築いた。また、岩崎は第7高等学校造士館の初代館長で農学士であった。

4　本論は9版 (1903) を用いた。奥付には7版 (1901) で訂正が行われた旨が載る。精密な調査が必要ではあるが、増補・削除といった大幅な異同は生じていない模様である。

5　1963 年にアメリカでリプリント版が出版されている。見出し語をはじめ日本語をローマ字で記し、アルファベット順で利用しやすく、また日本を知るための辞書として着目されたと考えられる。

6　「落着」Rakujaku（らくぢやく）とRakuchaku（らくちやく）、「樂土」Rakuto（らくと）とRakudo（らくど）、「羅城門」Rashōmon（ら志やうもん）とRajōmon（ら志やうもん）、「連名」Remmyō（れんみやう）とRenmmei（れんめい）、「龍吐水」Ryūdosui（りゆうどすゐ）とRyūtosui（りゆうとすゐ）は、連続して収録されているため漢語と語義がまとめられている。ただし、本論ではローマ字表記とかな表記が異なるため、二つの見出し語として扱った。

7　『雅俗幼学新書』(1855)、『和英語林集成』初版「和英の部」、『言海』(1889-1891)、『日本国語大辞典』初版 (1972-1976) の4書に共通する（木村 (2010)）。本論ではローマ字表記を現代仮名遣いにあらためて算出した。

8　Another difficulty with which the Cataloguer has had to contend has been the question of the orthography to be adopted for the transliteration of Japanese words. Hitherto in is matter every European writer on Japanese has been a law unto himself. As an instance of this difficulty we may return to the Chinese word 經 *Ching* in the sense of a Buddhist Sūtra. In the first edition of Hepburn's Japanese Dictionary (1867) it is transcribed *Kiyō*, in the second edition (1886) it is written *Kyō*, and in Gubbins's very useful little "Dictionary of Chinese-Japanese Words in the Japanese Language" it is transliterated *Kiō*. Again, in the same way the Japanese syllable　ヅ is written respectively *Dz*, *Zu*, and *Dzu*; and so on with almost every word admitting of ambiguity.

9　「++（す又ハするヲ加ヘテ動詞ニナルモノ）」との関わりなども検討の余地があろうか。

10　語義が英語で記されているという観点のため、『和漢雅俗いろは辞典』(1888-1889) との確認は行っていない。

参考文献

沖森卓也編・木村一・木村義之・陳力衛・山本真吾執筆 (2017)『図説 近代日本の辞書』おうふう

木村一 (2010)「語頭文字別分布－幕末期の辞書との比較を通して－」「東洋通信」47-7

――― (2014)「『和英語林集成』における増補見出し語の性格」「東洋通信」51-3

――― (2015)『和英語林集成の研究』明治書院

坂本浩一（1994）「近代漢語の一側面—「漢語英訳辞典」に見られる二字漢語のサ変動詞用法をめぐって—」「語文研究」77
———（2000）「明治期対訳辞書と漢語辞書とをめぐる一考察—『漢語英訳辞典』を中心に—」「香椎潟」46
———（2001）「漢語対訳辞書と周辺対訳資料とに関する一報告—『漢語英訳辞典』・『日本語口語文典』所載語彙集・『和英語林集成』をめぐって—」「香椎潟」47
———（2006）「明治期日欧言語交流史の一研究—『英語節用集』所収二字漢字表記語の『漢英対照いろは辞典』および『漢語英訳辞典』における収載状況をめぐって—」「香椎潟」52
———（2007）「明治期日欧言語交流史の一研究—『英語節用集』所収二字漢字表記語の『漢語英訳辞典』における収載状況をめぐって—」「文芸と思想」71
陳力衛（2001）『和製漢語の形成とその展開』汲古書院
Douglas, R. K.（1898）*Catalogue of Japanese Printed Books and Manuscripts in the Library of the British Museum.* The British Museum

近代用語としての「生活」とその周辺

木村義之

1. はじめに

本稿は「生活」という語が近代でどのようなふるまいを見せたかをたどることを目的とする。「生活」に関する考察は、坂詰力治(1983)が「生計・生業・活計」などの漢語、「口過ぎ・なりわい」などの和語まで幅広く見渡して語誌的考察を行っている。また、福井淳子(1995)にはlifeの訳語としての「生命・人生・生活」に関する考察がある。このほか、佐藤亨(1980, 1983)でも近世資料の分析の中で「生活」に関する言及がある。いずれも「生活」が漢籍に用例のあるものの、活発に使用されるようになるのは江戸時代以降であり、特に江戸後期以降は単に生存する意から人間の活動全般に及ぶ広がりを見せることの指摘がみえる。藤原暹(1988)はこれら「生活」に関する考察の成果をもとに、明治期の自由民権運動の高まりをはじめとする社会の動向と「生活」の使用を日本思想史の立場から観察している。

本稿ではこれまでの成果を尊重しつつ、近代以降の辞書が「生活」とその周縁にある語をどのように扱ってきたのかを概観し、「生活」が造語成分としての広がりを見せるようになることをたどってみる。それによって、近代用語としての「生活」という位置づけを獲得することを述べる。なお、本稿で言う近代用語とは、近代になって創造されたり新出した語という意味に限らず、近代以降にいっそう基本的な用語として広く用いられるようになった語、という意味で用いている。

2. 「生活」とその関連語

2.1 現代語の「生活」

現代語の辞書で「生活」は、たとえば次のように記述される。

せいかつ【生活】　生きて生体として活動すること。「野鳥の―」「芸術―」。世の中でくらしてゆくこと。また、そのてだて。くらし。「―が立たない」　『岩波国語辞典　第7版新版』(2011)

せいかつ【生活】　①生物体の生存活動。②毎日くらしてゆくこと。暮らし。生計。　『新選国語辞典　第9版』(2011)

せいかつ【生活】　①生物が生きていて、からだの各部分が活動する（している）こと。「－反応」②社会に順応しつつ、何かを考えたり行動したりして生きていくこと。「火事で家を失いしばらく友人の家で－する」「恵まれた－を送る」《中略》③家計を同じくする者が何らかの収入に支えられて暮らしていくこと。「年金だけで－するのは容易ではない」「－〔＝生活費〕を切りつめる」《下略》

『新明解国語辞典　第7版』(2011)

せいかつ【生活】①生きていて活動すること。「昆虫の―」②人が社会の中で暮らしていくこと。また、その生計のあり方。「外国で―する」「―が苦しい」「社会―」　『明鏡国語辞典　第2版』(2010)

これらの国語辞書を見ると、語釈の中で「くらし」と「生計」との関連を重視していることがわかる。そして、「生活」の使用範囲は広く、「くらし」や「生計」と重なるところもある。『講談社類語大辞典』(2002)では、次のように解説している。

●生活する　一定の環境や社会などに順応しながら、生きていくこと。「大学を出てから名古屋で～しています」◇「暮らす」が主として人間の日常的な生命維持の営み（衣食住）を表すのに対し、「生活する」は、（人間以外の生き物をも含めた）生きていく活動全般についていう。したがって、「学校での生活」に対して「学校での暮らし」は不自然であり、「みつばちの生活」に対して「みつばちの暮らし」には擬人的な響きがある。なお、「ペン一本で生きる」「農村に生きる」のように、本来「生命力を保つ」という意を基本とする「生きる」が手段・場所の表現を伴って、「生活する」の意で使われることがある。　『講談社類語大辞典』(2002)

現代語の「くらし」「生活」「生計」について典型的用法をまとめた表を次に引用する。

	～を切りつめる	ぜいたくな～をする	楽しい～を送る	～費	アリの～
くらし	○	○	○	—	—
生活	○	○	○	○	○
生計	○	—	—	○	—

『現代国語例解辞典　第4版』(2006)

上の範囲で見ると、「生活」が最も意味範囲が広く、「生計」が最も狭い。「生計を切りつめる」は、「家計を切りつめる」とも言い換えることができるので、いっそう「生計」の使用範囲は限られるであろう。また、収入を得るための活動を「生計を立てる」と表現することも多いが、「生活を立てる」とも言い換えることができるので、現代語ではやはり「生活」が最も広い範囲をカバーする基本的な語であると言えるだろう[1]。しかし、「生活」が現代のように日常的な語として位置づけられるのは、それほど古いことではなさそうである。

2.2 「生活」とその関連語

坂詰(1983)は「生計」を中心にその関連語として「生活・活計・生業・渡らい・なりわい・すぎわい・口過ぎ」を取り上げているが、それぞれが同時代で同じ程度に用いられていたわけではないと指摘している。現代語ではこれに「くらし」が加わる。しかし、『日本国語大辞典　第2版』(以下、『日国』と略)で動詞「くらす」を見ると、他動詞として「時を過ごす」「月日を送る」の意となる用法は万葉集や源氏物語を早い時期の例に掲げるが、自動詞としての「生計をたてる・生活する」の意では虎明本狂言を初出例としているので、近世初期まで下ることになる。名詞としての「くらし」になると、

①暮らすこと。時日を過ごすこと。日々の生活を送ること。多く他の語の後に付き、「ぐらし」の形で用いる。＊浮雲〔1887～89〕〈二葉亭四迷〉一・二「其頃新に隣家へ引移って参った官員は、家内四人活計(グラシ)で、細君もあれば娘もある」

②日々の生活。暮らし向き。口すぎ。生計。活計。なりわい。＊俳諧・続

猿蓑〔1698〕上「俎の鱸に水をかけながし〈里圃〉目利で家はよい暮しなり〈馬莧〉」＊浮雲〔1887 ～ 89〕〈二葉亭四迷〉一・二「左而已（さのみ）富貴と言ふでもないが、まづ融通（ゆとり）のある活計（クラシ）」
③生活を営むための費用。生活費。生計費。＊平凡〔1907〕〈二葉亭四迷〉二「机を持ち出して生計（クラシ）の足しの安翻訳を始める」＊爛〔1913〕〈徳田秋声〉四「人の家の生活費（クラシ）の算盤をするなんて」

と語釈を与えられる用例が見えるのは、さらに19世紀後半まで下る。しかも、現代語の「生活」と重なる用法としては②・③の挙例はいずれも「くらし」に「生活」を宛てていない。こうしたことからも、漢語「生活」や和語「くらし」はそれほど古くから使われてきたわけではないことが示唆されている。また、「くらしむき」も『日国』に掲げられた早い時期の用例では、

生活の様子。家計の状態。生活。暮らし。＊二人女房〔1891 ～ 92〕〈尾崎紅葉〉下・六「月の入高も軽少なもので、其に応じて活計（クラシムキ）もお麁末ではあるが」＊自然と人生〔1900〕〈徳富蘆花〉写生帖・雨後の月・三「叔父は活計（クラシ）むきの都合で音戸の家をたたんで」＊こゝろ〔1914〕〈夏目漱石〉上・二七「私の方はまだ先生の暮（クラ）し向（ムキ）に関して、何も聞いた事がなかった」

のように漢字表記に「活計」が選ばれている。『言海』（1889 ～ 91）に見える「生活」の語釈は「（一）生《イ》キテアルヿ。（二）スギハヒ。クラシ。」とあるものの、「生活」と「くらし」との関連性は現代ほど緊密だったとも言えないようである。そこで、幕末から明治期の辞書で「生活」に関連する語にどのようにとらえていたかを確かめる手がかりとして、明治期の雅俗辞書の一種である『俗語辞海』（1909）で「くらし」を見てみると、

【くらし】（暮）（名）くらすこと。よわたり。くちすぎ。
生活（セイクワツ）活計（クワツケイ）生計（セイケイ）為生（ヰセイ）営生（セイセイ）渡世（トセイ）過活（クワクワツ）糊口（ココウ）

すぎはひ、なりはひ、よすぎ、よわたり、わたらひ、

とある。もちろんこれらは使用された時代、用法、文体の面でも異なるわけだが、現代における類義の漢語とは異質のものがかなり含まれている。たとえば、『日国』では「為生」が立項されておらず、「営生　過活」のように現代語としてはほとんど目にすることのない2語には「営生」の初出を西周『百学連環』(1870 ～ 71頃) とし、「過活」の初出は中村正直訳『西国立志編』(1870 ～ 71) とする。また、いずれにも補注を付し、明代の白話資料の中に「スギハヒ」の読みが与えられていることを記す[2]。このように見ていくと漢語の中にも「生活・生計」のように現代でも活発に使用される語、「活計」のように活発には使用されなくなった語、「為生・営生・過活」のように使用の場を失った語など、それぞれの位置づけは一様ではないことに気づく。そこで、「生活」を近代用語ととらえ、その用法の変化を探ってみることにしたい。

3.　辞書における「生活」

3.1　現代語の「生活」

改めて、「生活」の語釈を『日国』に求めると、次のように見える。

(1) 生きていること。また、生かすこと。生存して活動すること。この世に存在すること。＊乾坤弁説〔1656〕元・一「夫れ物の性を論ずるには、生活して其作用あるを以て論ずるもの也」《中略》(2) 世の中に暮らしてゆくこと。また、その暮らし。生計。しょうかつ。＊宝生院文書－永延二年〔988〕一一月八日・尾張国郡司百姓等解 (平安遺文二・三三九)「而猶思二生活之便一、及二五六月之比一」＊読本・椿説弓張月〔1807 ～ 11〕続・六「おのれ近来生活 (セイクヮツ) 繁多にして、諸才子新作の草紙へ、或は序し、或は校じ」＊和英語林集成 (再版)〔1872〕「Seikuwatsu (セイクヮツ) スル」《中略》＊北史－胡叟伝「蓬室草筵、惟以レ酒自適〈略〉我此生活、以レ勝二焦先一」

7世紀の中国史料を出典としているので、ブランチ（2）の用例も日本側の使用例では平安時代の資料が見え、最も早い例となっている。しかし、これに続く用例はブランチ（1）にあるように江戸初期まで飛び、「生活」が近世以前の日本語で活発に使用されていたとは考えにくい[3]。こうした実態は坂詰（1983）で明らかにされており、むしろ、今日使用例の少なくなった「活計」のほうが中世から近世にかけて話し言葉でも使用され、名詞だけでなく、形容動詞としても使用されていた例が紹介されている。明治期の用例にもしばしば「活計」に「くらし」の振り仮名が見られるのは、「生活」よりも「活計」が使用されていた実態に見合ったものと考えられる。

3.2　俗語辞書・漢語辞書と「生活」の関連語

2で見たように、現代語では漢語「生活・生計」が和語「くらし」と意味の重なりから見て関連語ととらえられるが、江戸後期から明治にかけては和語と漢語の関係はどのようになっていたのだろうか。

筆者が「生活」に注目したきっかけは、木村義之（2015）で坪内逍遙『一読三歎　当世書生気質』（1885 ～ 86）のテキスト批判を行った際に、晩青堂版初出本文には、

定《さだ》めなき世《よ》も智恵《ちゑ》あれば。どうか活計《くらし》はたつか弓《ゆみ》。（第1回）

として「くらし」に「活計」の漢字表記を対応させた部分が、春陽堂版『逍遙選集』本文（1929）では、

定《さだ》めなき世《よ》も智慧《ちゑ》あれば、どうか生活《くらし》はたつか弓《ゆみ》、

のように「くらし」に「生活」を対応させるという表記上の変化が見られたからであった。初出本文と『逍遙選集』本文との間には約40年の時間的隔たりがあるが、これは単に漢字表記の変化ではなく、語のありように関する時代的変化の反映を見て取るべきかと考えた。この事例を見ても、和語「くらし」と、漢語「生活」とが類義の関連語として「活計」が「生活」の位置を占めて使

用されていたことが示唆されてると考えてよいだろう。

「生活」は『書言字考節用集』巻9-言辞門で、「活計《スギハヒ》」に続く「生計《同》」の割注に「―活。営生ハ並仝」とあるものの、近世節用集の本行部分にはほとんど見えないようである。一方、「活計」は日葡辞書や、節用集には多く見える[4]。中世から近世にかけて広く使われた「活計」は「くらし」とも結びつきやすい背景があったのだろう。

このように、「生活」の意味に連なる和語と漢語の対応を調査したところ、江戸時代後期に至っても節用集類に「生活」はほとんど現れないことから、江戸後期から明治初期にかけての俗語辞書と、明治初期の新語辞典の役割を果たした漢語辞書のいくつかを調査することとした。周知のように、これらは唐話辞書との関連が指摘されているので、節用集などとはやや性格が異なる。結果は以下の表1、表2にまとめた(掲出に当たって、漢字は通用字体に改め、'—'で先行する漢字の代行表示が行われている場合は、その漢字を補った)。各表の下にあるのは、漢語を出現数順に列挙したものである[5]。

表1　俗語・漢語辞書に見る「生活」の関連語

	柴野栗山(1786)『雑字類編』	森楓斎(1827)『雅俗幼学新書』	長井澄明(1877)『用字群玉』	谷口松軒(1888)『魁本大字類苑』
クチスギ		餬口 生活	生業 生計 生理 過活 餬口 稲粱謀 衣食計	餬 餬口 生活
クラシテキル				挙火 生活 衣食
スギハヒ(スギワイ)	営生　過活　生理　生計　活計　養口	活計 産業	生計 生理 生事 活計 営生 過活 養口 衣食計 糊口計 稲粱謀	生業 産業 営生 為生 過活 活計 養口
スギハヒノモト				資産
スギハヒヲカセグ				赶過活
ナリハヒ		業 稼穡 活業 農税		活業 活計 生計 営生
ヨワタリ			生計 生活 生理 生事	生活
ヨワタリゴト				生計 活計

	柴野栗山（1786）『雑字類編』	森楓斎（1827）『雅俗幼学新書』	長井澄明（1877）『用字群玉』	谷口松軒（1888）『魁本大字類苑』
ヨワタリノワザ				営業

活計（6），生計（6），生活（5），営生（4），過活（4），生理（4），餬口（3），養口（3），衣食計（2），活業（2），産業（2），生業（2），生事（2），稲梁謀*（2），為生（1），衣食（1），稼穡*（1），挙火（1），業（1），糊口計（1），資産（1），農税*（1），餬（1），赶過活（1）

表2

	荻田嘯（1868）『新令字解』	庄原謙吉（1869）『漢語字類』	萩田長三（1874）『増補布令字弁』	村上快誠（1879）『必携熟字集』	木戸照陽（1892）『漢語熟字典』	山田美妙（1904）『新編漢語辞林』
イキテユクダケノイリヨウ						生活費
イキル						生活
イノチヲツナグ						過生
カゲフ						生意　生業
クラシ						活計　生計　生産
クチスギ						生計
クラシテユク						過生
スギハヒ（スギワヒ）					活計	営生
トセイ			活計			
ナリハヒ（ナリワヒ）	生活　生業	活計　生計　生産　生理　営産　営業	活業　生産　営業	活業　営生	営生	活計　生産　生意　生業　営業
ナリワヒノコト			生計　生業			
ナリワヒノコトハリ			生理			
ヨスギ						活計
ヨワタリ			活計　生活	活計　生活		

	荻田嘯 (1868)『新令字解』	庄原謙吉 (1869)『漢語字類』	萩田長三 (1874)『増補布令字弁』	村上快誠 (1879)『必携熟字集』	木戸照陽 (1892)『漢語熟字典』	山田美妙 (1904)『新編漢語辞林』
ヨワタリニツカヘノナキコト				生計自由	生計自由	
ヨワタリノゲフ				生産　営産 営業	営産	
ヨワタリノミチ				生計	生計	生産
ヨワタリノワザ				生業	生業　営業	

活計 (8), 生業 (6), 生計 (6), 生産 (6), 営業 (5), 生活 (4), 営産 (3), 営生 (3), 過生 (2), 活業 (2), 生意 (2), 生計自由 (2), 生理 (2), 生活費* (1)

表1と表2を比べると、いずれも「クチスギ・スギハヒ・ナリハヒ・ヨワタリ」といった和語に漢語が多く対応しており、「活計・生計」は全体として多く現れ、表2では「生業」も「生計」と並んで上位にある。表2の『新編漢語辞林』だけが、漢語辞書として「クラシ」のルビがあり、漢字表記としては「活計・生計」が対応するものの、「生活」の表記はなかった。逆に「生活」には「イキル」が対応していることに注目したい。また、「クラシ」には「生産」も宛てられているが、現代語の「生産」は「くらし」や「生活」と意味上重なるところがほとんどなく、漢語としてのふるまいに共通性があるとは言えない語である。意味上、「くらし」「生活」の関連から外れながら、今日常用語となっているのは、「生産」のほかに「生理・営業」がある。

表1, 2の漢語はほとんどが唐話語だが[6]、その中でも中、近世で広く用いられていた「活計」は近代以降は衰え、「生活」が多面的に用いられて使用されていくと予想できる。

3.3　対訳辞書と「生活」の関連語

3.3.1　『和英語林集成』に見る「生活」の関連語

「生活」という語が近代以降に使用の幅を広げていった背景には、福井(1995)でも取り上げられているように、訳語として用いられたことが考えら

れる。ここでは、日本語と英語との対訳辞書の記述から「生活」とその関連語の位置づけを探ってみることにしよう。まず、近代初頭の代表的文献としてヘボン『和英語林集成』和英の部に「生活」の関連語を求めた結果を次に表3として掲げる（ヘボン初版・ヘボン再版・ヘボン3版と略）。

表3 『和英語林集成』に見る「生活」の関連語

	ヘボン初版（1867）	ヘボン再版（1872）	ヘボン3版（1886）
活計	K'WAKKEI, クワツケイ, 活計, *n.* Livelihood, way or expedients used for getting a living. —*ga tsutanai*, inexpert at making a living. Syn. KUCHISZGI, KURASH'KATA.	KUWAKKEI クワツケイ, 活計, *n.* Livelihood, way or expedients used for getting a living. —*ga tsutanai*, inexpert at making a living. Syn. KUCHISUGI, KURASHIKATA, NARIWAI.	KWAKKEI クワツケイ 活計 n. Livelihood, way or expedients used for getting a living: —*wo tatsuru*, to making a living; —*ga tsutanai*, inexpert at making a living. Syn. KUCHISUGI, KURASHIKATA, NARIWAI, KURASHI.
生活	—	SEIKUWATSU セイクワツ 生活 n. Life; a living, way of making a living; employment. — *suru*, to live. Syn. INOCHI, TOSEI, SUGIWAI.	SEIKWATSU セイクワツ 生活 n. Life; a living, way of making a living; employment: — *wo tateru*, to support life; — *suru*, to live. Syn. INOCHI, TOSEI, SUGIWAI.
生計	—	—	—
生業	—	—	—
くちすぎ	KUCHISZGI, クチスギ, 餬口, *n.* A living, livelihood, means of getting food. —*no tame ni hōkō szru*, to go out to service in order to get the means of living. —*ga deki-kaneru*, difficult to make a living. Syn. KURASHI, TOSEI, NARIWAI. K'WAKKEI, KOKŌ	KUCHISUGI, クチスギ, 餬口, *n.* A living, livelihood, means of getting food. —*no tame ni hōkō suru, to* go out to service in order to get the means of living. Syn. KURASHI, TOSEI, NARIWAI. KUWAKKEI, KOKO	KUCHISUGI クチスギ 餬口 n. (coll.) A living, livelihood, means of getting food: —*no tame ni hōkō suru*, to go out to service in order to get the means of living. Syn. KURASHI, KUWAKKEI, KOKŌ

	ヘボン初版(1867)	ヘボン再版(1872)	ヘボン3版(1886)
くらし	KURASHI, クラシ, 暮, *n.* The means, or manner of living. — *ni komaru*, distressed for the means of living. — *ga yoi*, to live well. *Hitori-gurashi*, to live alone. *Sono hi gurashi no h'to*, one who lives from hand to mouth.	KURASHI, クラシ, 暮, n. The means, or manner of living. — *ga yoi*, to live well. *Hitori-gurashi*, to live alone. *Sono hi gurashi no hito*, one who lives from hand to mouth.	KURASHI クラシ 暮 n. The means, or manner of living: — *wo tsukeru*, to make a living; — *ga yoi*, to live well; *hitori-gurashi*, to live alone; *sono hi-gurashi no hito*, one who lives from hand to mouth.
すぎわい	SZGIWAI, スギハイ, 活業, *n.* A living, livelihood. occupation. *Daiku wo — ni szru*, to follow carpentering for a livelihood. Syn. NARIWAI, KAGIYŌ, TOSEI.	SUGIWAI, スギハイ, 活業, *n.* A living, livelihood. occupation, employment. *Daiku wo — ni suru*, to follow carpentering for a livelihood. Syn. NARIWAI, KAGIYŌ, TOSEI.	SUGIWAI スギハヒ 活業 n. A living, livelihood, occupation, employment: *daiku wo — ni suru*, to follow carpentering for a livelihood. Syn. NARIWAI, KAGYŌ, TOSEI.
なりわい	NARI-WAI, ナリハヒ, 業, *n.* Employment, occupation. business; cultibating or tilling the earth. Syn. TOSEI, KAG'YŌ, SHŌBAI.	NARI-WAI, ナリハヒ, 業, *n.* Employment, occupation. business; calling. Syn. TOSEI, KAGIYŌ, SHŌBAI.	NARIWAI ナリハヒ 業 n. Employment, occupation, business; calling. Syn. TOSEI, KAGYŌ, SHŌBAI.
よすぎ	YO-SZGI ヨスギ, 世過, *n.* A living, support, livelihood, —*ga deki-kaneru*, hard to make a living.	YO-SUGI ヨスギ, 世過, *n.* A living, support, livelihood, —*ga deki-kaneru*, hard to make a living.	YOSUGI ヨスギ 世過 n. A living, support, livelihood： —*ga deki-kaneru*, hard to make a living. Syn. KURASHI, YOWATARI.

3.3.2 対訳辞書と「生活・生命」

表3を見ると、「活計」が初版～3版で立項されるが、「生活」は再版以降に立項されている。「生活」は「活計」に遅れて一般語化したように扱われていると言えるであろう。また、「生活」のsynonymにはINOCHIがあるが、英和の部ではlifeにInochiの訳語が与えられる。lifeには3版になってseikwatsu

の訳語が加えられる。この「生活」は現代語の用法に比べて狭く「生命」に近い意味内容だと考えられる。他の英和辞書でも、『英和対訳袖珍辞書』(1862)では「生活、命」とあり、増訂版に当たるいわゆる薩摩辞書『改正増補和訳英辞書』(1869)では「生活、命」にそれぞれ「セイクワツ、メイ」とルビが付される。

訳語に英華字書の影響があるとされる『附音挿図英和字彙』(1873)ではLifeに「生命（イノチ）、生活（セイクワツ）、寿命（ジユミヤウ）、生涯（シヤウガイ）、活業（ナリハヒ）、行為（オコナヒ）、身上（ミノウヘ）、動物（ドウブツ）、快活（キミヨサ）、世事（セジ）、人類（ニンゲン）、伝記（デンキ）、養生（ヤウジヤウ）、胃（ヰ）、現世（ゲンゼ）ノ幸福（サヒハヒ）」とルビ付きで多義的に訳語を与えられているが、訳語の配列から見ると「生活」は生命そのものの意であろう。同書ではExistenceにも「存在（ソンザイ），生活（セイクワツ），成立」と「生活」が見える。さらにBiologyは「生活論」と訳されていることに注目したい。これは、ロプシャイト『英華字典』(1866-69)でBiologyを「the science of life 生活之理,生活総論」と訳している例と通じる[7]。ところが、井上哲次郎『哲学字彙』(1881)ではBiologyに「生物学」の訳語が与えられ、『増補改正附音挿図英和字彙』(1882)になると「生活論、生物学」のように訳語が併記される。後続する英和辞書では「生物学」に落ちつくが、「生活」は生命活動それ自体を指す語として用いられていたようである。

『哲学字彙』でlifeの改訂の跡を見ると、初版(1881)、改訂増補版(1884)には「生命」としか訳語は見えないが、『英独仏和　哲学字彙』(1912)では「(Ger. Leben, Fr. vie) 生命、生活、Spiritual life (Ger. geistiges Leben, Fr. la vie spirituelle) 精神的生命、心霊的生命」と改められる。Spiritual lifeは20世紀になると「精神（的）生活」と訳されるが、ここでは「生命」が今日の「生活」と同義に用いられている。『哲学字彙』は学術用語集なので、日常語レベルの用法とは区別しておくべきだが、「生活」が「生命」と重なる例として指摘しておきたい。

3.3.3　対訳辞書と「生活・活計」

「生活」が一般語化する前に広く用いられていたとされる「活計」は、表3を見ると「くちすぎ」のsynonymにも掲げられており、話しことばでも用いられたと考えられる。さらに、「活計」には初版でsynonymを掲げていない

が、再版では「KUCHISUGI, KURASHIKATA, NARIWAI」、3版ではこれに「KURASHI」が加わる。「くらし」は初版〜3版で立項されているので、むしろ「活計」の領域に「くらし」が進出してきたと解釈してよいだろう。「生計・生業」は3版まで立項されることがないことから、書きことばと見なされて立項されなかったと考えられる。「生計・生業」の意味は「くちすぎ・すぎわい・くちすぎ」が担っていたと考えてよい。

「活計」は今日、日常語として扱われているとは思われないが、和英辞書の見出し語となっているかどうかで、そのことを確認してみよう。国語辞書は、その語が活発に使われなくなっても、歴史的存在として見出し語に残す傾向が強いが、和英辞書は実用性に重きを置く傾向があるので、小型和英辞書の改訂を通じて確認してみようと思う。今日まで継続的に出版されている『コンサイス和英辞典』を順に版を追って見ていくと[8]、『袖珍コンサイス和英辞典』(1923)・『新コンサイス和英辞典』(1932)では「kakkei　活計(クワツケイ)=kurashi」として「くらし」への参照を指示するだけで、英語訳は示さず、『最新コンサイス和英辞典』(1940)以降は立項もされない。「生活」は1923年版から今日まで立項されているのは当然だが、「生計」も1923年以降立項されている。「生業」は1923・1932・1940年版で立項されるが、1950年版からは立項されていない。これによっても「活計」の後退をうかがうことができる。

4. 「太陽コーパス」による分析

4.1 「活計・生活・生業・生計」

これまで辞書の立項状況や記述を見ながら変化の傾向を見てきた「活計・生活・生業・生計」について、明治期の総合雑誌『太陽』を資料としたコーパスでこれら4語の出現用例数の変化を見ると、表4(次頁)のようになる(ルビなしは、字音読みをしたと仮定し、ルビの順は字音読みを最後に置いた)。

「生活」が群を抜いて多いのは予想どおりだが、20世紀に入ってからの用例数が大きく伸びている。また、「生活」に付されたルビが和語「くちすぎ・くらし」である例は相対的に少なく、語としては漢語セイカツで用いられるのが一般的であったことも明確である。これによっても、「生活」が近代用語

表4 「太陽コーパス」に見る「活計・生活・生業・生計」

表記	年	1895	1901	1909	1917	1925	計	
活計	くらし	3	4	0	0	0	7	
	たつき	1	1	0	0	0	2	
	なりはひ	1	0	0	0	0	1	
	くわつけい	1	1	0	0	0	2	}8
	ルビなし	4	1	1	0	0	6	
	計	10	7	1	0	0	18	
生活	くちすぎ	0	0	0	1	0	1	
	くらし	4	3	11	7	5	30	
	(〜) ぐらし	0	1	1	0	1	3	
	ライフ	0	0	1	1	0	2	
	せいくわつ	2	19	61	244	318	644	
	せいかつ	2	0	1	0	2	5	}3093
	ルビなし	208	267	601	456	912	2444	
	計	216	290	676	710	1237	3129	
生業	すぎはひ	1	0	0	0	0	1	
	なりはひ	0	1	0	0	0	1	
	せいげふ	0	1	0	0	4	5	}32
	ルビなし	5	8	11	0	3	27	
	計	6	10	11	0	7	34	
生計	くらし	0	3	2	1	0	6	
	(〜ぐらし)	2	0	0	0	0	2	
	なりはひ	1	0	0	0	0	1	
	せいけい	4	1	4	3	24	36	}156
	ルビなし	19	42	31	10	18	120	
	計	26	46	37	14	42	165	

としての位置を固めてきたことがわかる。

「活計」の指す幅広い意味内容は「くらし、くらしむき」といった社会の中で生きることに当たる意味を「生活」が担い、「くらしのてだて、くらしのうらづけ」といった経済的行為および手段に当たる意味を「生計」が担うことになったと言えるだろう。

4.2　造語成分としての「生活」

4.2.1　単独用法の「生活」

「太陽コーパス」の用例から近代における「生活」の用例を見てみよう。表4から、「生活」が字音語としてセイカツで使用される例は3093例である。このうち、以下の(1)～(5)のように、「生活(する)」が単独で用いられている例は1663例であった。

(1) ヤツと其100℃近くからして、約そ55℃、即ち生物が生活し得らるるといふ温度にまで冷却し、遂に現在の状態に達して

(1909「普通講話　宇宙の闔塞」鶴田賢次)

(2)　此の菌類は生活せる蛾の幼虫に寄生して

(1925「不老長壽の藥―冬蟲夏草―」飯塚啓)

例(1)(2)のように、人間以外の生物についても「生活」が用いられているが、特に擬人的な用法ではないから、「生命を維持する」という内容から「生存」「棲息」などと言い換えられる用法が存在する。これが人間の日常的活動を指す場合は、まさに「くらし」と言い換えられるが、

(3) そのうへ概して此地方の衣食住の生活は不潔と不衛生とが著しく目に付きます。　(1917「心頭雜草」与謝野晶子)

のような例も見える。さらに、

(4) かれは自分の辛い恐しいデガダンの生活を思ひながら、町の外れに出来た小さな停車場の方まで行つて見て、

(1917「ある僧の奇蹟」田山花袋)

の例は近代用語として、精神的な活動に対する「生活」の用法だと言えるのではないだろうか。こうした用法が「生活」の使用される範囲を広げたように思われる。もちろん、経済的な基盤を得るための活動を指す「生計」と同義

になる用法も見え、(5) のように「生活を立てる」の形で使われることがしばしばある。

(5) 寄る年波で昨今は仕事も思ふ様に出来なくなつたので何か他に生活を立てる工夫を考へて居た。
(1925「探偵二十年」小泉摠之助)

(1) ～ (5) で基本的には現代語の用法が出そろっていると言えよう。

4.2.2　造語成分としての「生活」

合成語として用いられている例は1469例である。「生活」の合成語には、次の (6) ～ (8) の例のように、高次結合の例も83例あるが、前接成分、後接成分を抽出してカウントする場合は区別していない。

(6) 即ち彼れが属する所の、歴史的生活体が、自ら生存せんことを欲す。
(1895「フリードリッヒ、パウルゼンの倫理学（承前）」湯本武比古)

(7) 殖民地生活状態の簡易なる概ね此類、他は御推察を乞ふ。
(1909「海外通信　最の米国大和殖民地」奥江清之助)

(8) 生活改善論者の躍起となるのも無理はない。
(1925「職工及俸給生活者の生計状態―本邦最大の生計調査成る―」記者)

そのため、前後の造語成分がすでに複合、派生の結合となっている例もあるが、語基、接辞の区別をせずに前部分・後部分として、抽出した。その結果、前接成分は、異なりで301例、後接成分は異なりで84例あった。この中から、出現頻度から見て、それぞれ上位30位までを一覧にまとめたものが表5、表6である。表の各列左に付した数字は用例数における順位を示している。なお、2次以上の結合となっている場合には、形態素間に'|'を入れて区切って掲げている。

表5, 6いずれも「生活」の造語力の強さをうかがわせるが、「社会（的）生活」「精神（的）生活」のように、もともと造語力の強い接辞「的」を介したり介さ

表5 「生活」の前接成分

1	国民	51		結婚	17		共棲	10		団集|的	8
2	社会	46	12	実	16		都会	10		農民	8
3	経済	41	13	現実	12		文化	10			
	日常	41		公共	12	24	寄宿|舎	9			
5	美的	36		社会|的	12		孤独	9			
6	俸給	29		田園	12		精神	9			
7	家庭	27	17	趣味	11	27	学生	8			
8	実際	25		精神|的	11		学校	8			
9	人間	23		裸体	11		現代	8			
10	共同	17	20	寄生	10		政治	8			

表6 「生活」の後接成分

1	状態	63	11	機能	11	21	気分	5
2	費	60		力	11		的	5
3	者	40		論	11		法	5
	難	40	14	苦	9	24	化	4
5	問題	26	15	作用	8		内容	4
6	改善	16		態度	8		領域	4
	体	16		破綻	8	27	意志	3
8	現象	13	18	困難	6		現実	3
	程度	13		条件	6		振り	3
10	様式	12		必需|品	6		方法	3

なかったりして「生活」と結合する例も混在する。表の範囲外にも「都会(的)生活」「文化(的)生活」「本能(的)生活」など同様の例がある。語によって「的」の有無は個別的だが、中には20世紀初頭の新語辞書で立項されているものも少なくなく、「〜生活」が新語として認識されることで、「生活」が近代用語として広がりを見せる過程であろうと思われる。

5. おわりに

近代用語としての「生活」を、再整理すると、

A：生物が生命を維持するために活動
B：社会的存在としての人間の活動
C：人間として社会で活動するための経済的基盤を得るための活動

のように意味の分類ができる。歴史的に見ると、Cの意味を主に「活計」が担っていた時代もあるが、現代では主に「生計」と言い換えて使用される。

Aで言う生物が人間であるとき、衣食住といった基本的活動を維持していく場合には「くらし」と言い換えられる。Bのように、人間がある社会のもとでの活動全般を「生活」と言い、この用法が最も近代用語として用法を拡大した部分だと考えられる。Bの場合は、その人の思想、職業、立場、活動の分野などによって多様である。こうした文化的ないし精神的活動について言う場合は、「生活」単独の用法よりも合成語による例も多くなる。これが「生活」が術語の造語成分として造語力を強めていったことによると考えられる。

「生活」そのものを斎藤龍太郎『文芸大辞典』（1928）では思想用語の訳語として位置づける項目がある。

生活　（英　Life　仏　Vie　独　Leben）　生活は生命に同じい。即ち、人間、生物、若くは世界存在の内実であるところの本源的な動力活動を生活といふ。そしてこの活動は目的と統一とを要素としてもつてゐるから、生活は目的統一活動の合成的な作用であると云ひ得る。作用は同化、増大、分化の三つの働きで或。従つて、この作用が旺盛なれば旺盛なるほど生活（生命力）が豊富なりと云へるのである。芸術は如何なる意味からも、生活内容の具象化でなければならない。だから、芸術家にとつて、生活の浅薄なことは（芸術家に限つたことではないが、特に芸術家には）芸術家として致命的な欠陥である。

このように術語化された「生活」を見ると、AからBへ、Bの中でも特に「人間として」という根源的な問いに向かって「～生活」とする新語も多く、「田園生活」「内的生活」「美的生活」など、表5に掲げたような造語成分を含む複合語も多く出現した。これらと新語辞書の記述や術語としての内容説明に関

しては十分にふれる余裕がなかったので、別の機会に述べることにしたい。

注

1　松井栄一編（2004）『小学館日本語新辞典』は現代語の辞書であるが、「生活・暮らし・生計・家計」を比較して次の表を掲げている。

表現例	生活	暮らし	生計	家計
A　―が苦しい	○	○	○	○
B　ぜいたくな―をする	○	○		
C　学校での楽しい―	○			
D　―を預かってやりくりする			△	○
E　―の道を確保する	○		○	

しかし、これには歴史的視点が含まれているように思われる。たとえば、Aで「生計が苦しい」の例は、「太陽コーパス」に用例は見えるが、「現代書き言葉均衡コーパス（BCCWJ）」には1例しか見えない。筆者の語感では「生計」と「苦しい」は共起しない。またAの「暮らし」も「苦しい」と共起する例はBCCWJで4例あるが、連体修飾成分のない「暮らし（が／は）苦しい」は2例である。これも筆者の語感では「日々の～」「一家の」のような連体修飾成分のない用法には消極的である。

2　「営生」には1753（宝暦3）年岡白駒施訓の『小説粋言－二』より引用した「況又有㆓段舗営生（〈注〉スギハヒ）㆒、利息無㆑尽」を掲げ、「過活」には1758（宝暦8）年沢田一斎施訓の『小説奇言－四』より引用した「在㆑家開㆓個菓子店㆒、営運過活（〈注〉スギハイスル）」を掲げている。

3　「ショウカツ」の語形で『徒然草』に用例はあるものの、近世以前は稀であることは変わらない。

4　文明本、明応本、天正本、饅頭屋本、黒本本、易林本、といった古本節用集にはすでに見え、『合類節用集』『書言字考節用集』といった近世節用集に見える。『合類節用集』では「活計」に右ルビ「ワタラヒ」、左ルビ「クワツケイ」があり、「又云栄業」の割注がある。なお、「生活」は見えない。『書言字考節用集』では、「クハツケイ」に「活計」があるほかに、「スギハヒ」、「ナリハヒ」で「活計」を宛てる。『蘭例節用集』でも「すぎわい」に「世産」を宛て、割注に「活計、産業」として見える。

5　表1、2の枠外にある語のうち、＊を付した語は、注6参照のこと。

6　唐話語彙の確認は、小田切文洋（2014）、白維国（2010）によって行った。そこで確認できなかった表1の「稲粱謀」は、『漢語大詞典』（1986～2003）によれば、杜甫「同諸公登慈恩寺塔」に見える詩語、「稼穡」は『書経』『孟子』『史記』などに見える古典語である。また、『雅俗幼学新書』では「ナリハヒ」に「農税」を宛てるが、『合類節用集』は、「農祝」の右ルビに「ナリワヒ」、左ルビに「ナウ

シク」とある。いずれが妥当なのかは不詳。表2で「生活費」は、『漢語大詞典』の用例に魯迅作品しか挙げていないので、和製漢語の可能性がある。

7　井上哲次郎『訂増英華字典』（1884）でも踏襲されている。

8　三省堂『コンサイス和英辞典』は、2001年で11版を数える。1923年刊の『袖珍コンサイス和英辞典』が初版に当たり、1950年『最新コンサイス和英辞典』は4版に当たる。

文献

『日本国語大辞典　第2版』ジャパンナレッジ〈https://japanknowledge.com/〉

石川林四郎編（1923）『袖珍コンサイス和英辞典』三省堂

――――編（1932）『新コンサイス和英辞典』三省堂

――――編（1940）『最新コンサイス和英辞典』三省堂

――――編（1950）『最新コンサイス和英辞典(新語篇つき)』三省堂

井上哲次郎ほか編（1881）『哲学字彙　附・清国音符』東京大学三学部

井上哲次郎編・有賀長雄増補（1884）『改訂増補哲学字彙』東洋館

井上哲次郎ほか編（1912）『英独仏和哲学字彙』丸善

小田切文洋編（2014）『江戸明治唐話用例辞典』笠間書房

北原保雄ほか編（2010）『明鏡国語辞典　第2版』大修館書店

木村一・坂詰力治『『雅俗幼学新書』のデータベース化及び唐話辞書・対訳辞書との比較研究』平成14年度～平成17年度科学研究費補助金基板研究（C）（2）研究成果報告書

木村義之（2015）「近代文学における本文の変容をどのように考えるか―『一読三嘆当世書生気質』初刊本と『逍遙選集』本文の資料性について―」『言語事実と観点』pp.49--68. 延世大学校

倉持保男ほか編（2011）『新明解国語辞典　第7版』三省堂

斎藤龍太郎編（1928）『文芸大辞典』文芸春秋社出版部

坂詰力治（1983）「せいけい（生計）、せいかつ（生活）、かつけい（活計）、せいぎよう（生業）、わたらい（渡らい）、なりわい（生業）、すぎわい（生業）、くちすぎ（口過ぎ）」『講座日本語の語彙10　語誌Ⅱ』明治書院

佐藤亨（1980）『近世語彙の歴史的研究』桜楓社

―――（1983）『近世語彙の研究』桜楓社

柴田昌吉・子安峻（1873）『附音挿図英和字彙』日就社

――――――（1882）『増補改正附音挿図英和字彙』日就社

柴田武・山田進編（2002）『講談社類語大辞典』講談社

島正三監修（1968）『薩摩辞書初版本　明治2年改正増補和訳英辞書（復刻版）』

杉本つとむ編（1981）『江戸時代翻訳日本語辞典』早稲田大学出版部

――――編（1994）『魁本大字類苑―江戸時代を読むあて字大辞典―』雄山閣出版

長井澄明編(1877)『用字群玉』長井澄明
中田祝夫・小林祥次郎編(1979)『合類節用集研究並びに索引』勉誠社
――――――――――――編(1973)『書言字考節用集研究並びに索引』勉誠社
野村雅昭ほか編(2011)『新選国語辞典　第9版』小学館
白維国編(2010)『白話小説語言詞典』商務院書館
林巨樹・松井栄一監修(2006)『現代国語例解辞典』小学館
福井淳子(1995)「「生命」「人生」「生活」― lifeの訳語との関わり」『武庫川国文46』pp.123-140. 武庫川女子大学
藤原暹(1988)「「生活」にみる日本思想史」『Artes liberales　42』pp.323-342 岩手大学人文社会科学部
松井栄一編(2005)『小学館日本語新辞典』小学館
松井栄一・木村晟(1997)「漢語辞書四種総合索引」『明治期漢語辞書大系別巻3』大空社
松平円次郎ほか編(1909)『俗語辞海』集文館
水谷静夫ほか編(2011)『岩波国語辞典　第7版新版』岩波書店
羅竹風主編(1986～2003)『漢語大詞典』上海辞書出版社
藁科勝之編(1981)『雑字類編　影印・研究・索引』ひたく書房
本稿はWEBリソースとして、次のものを利用した。
国立国語研究所『現代日本語書き言葉均衡コーパス(BCCWJ)』https://chunagon.ninjal.ac.jp/bccwj-nt/searchを利用した(2017年10月22日最終確認)。
国立国語研究所『日本語歴史コーパス　明治・大正編Ⅰ雑誌』http://pj.ninjal.ac.jp/corpus_center/chj/meiji_taisho.html(2017年10月22日最終確認)
台湾　中央研究院近代史研究所　英華字典資料庫　http://mhdb.mh.sinica.edu.tw/dictionary/index.php(2017年11月20日最終確認)
明治学院大学図書館『和英語林集成デジタルアーカイブス』http://www.meijigakuin.ac.jp/mgda/waei/(2017年11月20日最終確認)

付記

引用にあたり、漢字は現行通用字体に改め、仮名遣いはそのままとした。辞書の引用にあたっては、品詞情報、ブランチの形式などを改めたところがある。

上田万年「P音考」前後

安田尚道

1. 「P音考」とは

上田万年《かずとし》の有名な論文「P音考」(上田1898) は、“日本語のハ行子音は古くはpであり、それがfへ、さらにhへと変化した”とするもので、1898年1月の《帝國文學》に載ったが、それは、「語學創見」という総タイトルで括られた4編のうちの一つである。この「P音考」の主張の論拠を、浜田敦 (1955) は以下のように整理している。

論拠① 清音・濁音の音韻的対立から考えて、バ行のbに対するpが存在したはずである。

論拠② h音は古い音でなく、梵語・漢語のh音はkで写している。

論拠③ アイヌ語にはいった日本語はpで写されている。

論拠④ 上古の音は熟語的促音 (オコリッポイ okorippoi) や方言 (琉球諸島の言語にはpが存する) に残る。

2. 上田「P音考」以前のp音説・f音説

上田の“p音説”が実は上田の創見ではないことは、岡沢鉦次郎 (1898a)・亀田次郎 (1909)・浜田敦 (1955)・新村出 (1955) 等が指摘している。最近では内田智子 (2005) がこれまで具体的には紹介されなかった先行研究を挙げて論じている。しかし内田 (2005) に漏れたものとしてダラス (1875)・アストン (1879)・那珂通世 (1890) があり、またさらに上田自身も「P音考」の数年前にp音説を簡単に述べている (上田 1895b; 1895c; 1895d)。

「P音考」が発表されると、すぐさま岡沢鉦次郎 (1898a; 1898b; 1899) が反対論を展開したが、その中で岡沢 (1898a) は、p音説・f音説の論者として複

数の名を挙げている。岡沢は言う。

> チヤンブレン氏の日本小文典等、大槻氏の廣日本文典等、さては、新進の名士上田万年氏岡倉由三郎氏等の諸著、皆相和して、〈略〉「ハヒフヘホ」の古音を以つてfa fi fu fe fo となし、或は pa pi pu pe po となす等の如きに至り、〈略〉 (p.31)
> アストン チヤンブレン二氏ハ行の古音をpと推斷してより、〈略〉之を信じ之を唱ふるもの多く、今ははや、確定せるもの丶如くなりて、〈略〉ハ行の古音をpとなす説は、新智識ある者の間に、廣く信ぜらる丶にか丶はらず、廣く世人に向つて、其の説を公にしたるは、上田万年氏にして、語學創見中なるp音考あるのみ。 (p.36)

岡倉由三郎の著作は岡倉（1897）『日本文典大綱』のことであろうか。

上田の教え子の亀田次郎（1909, p.129）は言う。

> 今日のh、又はf音の古音が、p音なりきといふことは、已に早くチャンバーレン、故那珂博士（通世）等の心附きて説かれし所〈略〉。尤も「ハヒフヘホ」古音が、唇部の摩擦音fなりしならんといふ事は、早くホフマン（Hoffmann）の日本文典（1868明治元年刊）にいへり。

那珂通世《みちよ》の著作は那珂（1890）『國語學』のことらしい。この書には奥付がないが、1890年か1891年の刊行である（斉木美知世・鷲尾龍一　2014）。

浜田敦（1955）は、「このハ行子音p音説は必ずしも上田の創見とは言いがたく、すでにエドキンス・サトウ（別項）・チャンブレン（別項）などの外国人が、それ以前に述べているが、本考が出て、はじめて一般の関心をひくに至った。」と述べる。

上田の教え子の新村出（1955）は、「「創見」とは表題をうつてありましても、實はそれよりも〈略〉七八年くらゐ前に、〈略〉Chamberlain先生が上田先生を助手にして當時日本のアジア協會會報に於いて日本のハ行古音はPであつたと簡單に述べて居ります。」と述べる。「アジア協會會報に……述べて居り

ます」とはチェンバレン(1889)のことである。

以下に、これまで具体的には紹介されなかったものを中心に p音説・f 音説をいくつか引用する。

①**ダラス**はイギリスの貿易商で、山形県米沢に英語教師として4年間住み、横浜で刊行の雑誌《Transactions of the Asiatic Society of Japan》(以下、《TASJ》と略称)にダラス(1875)「The Yonezawa Dialect.」を発表した。ハ行音に関する部分を以下に引用する。

> The series of aspirate sounds (in Tôkiô *ha, hi, fu, he, ho*), all take an initial *F.*, thus *fa, fi, fu, fe, fo*. In the mouths of many of the *samurai* this *F* often becomes *Fŭ*, thus *fŭana, fŭata, fŭato*, but the lower classes say decidedly *fana, fata, fato*, for 'a flower,''a flag''a pigeon.' This interchange of the initial sound of F and H is of such frequent occurence in philology as not to require any comment, but I may perhaps mention it as occuring in China, where *Foochow* becomes *Hookchow* in the mouths of the Cantonese, while every schoolboy is familiar with the fact of the ancient digamma having been replaced by the rough breathing. (p.145)

ダラスはハ行子音について、中国の地名を引き合いに出して、"「福州」は、北京語のFoochow という発音が広東語では Hookchow となる。これは、学校の男子生徒にとり、ギリシャ語の古い文字 digamma (ϝ) の発音が気息音に変化した、という身近な例がある"と述べる。これは、"日本語では「f → h」という歴史的変化があった"と彼が考えていたことを意味するのであろう。ただしdigammaについての言説はよく理解できない。

②**アストン**: 岡沢鉦次郎(1898a)はp音説の論者としてアストンの名を挙げながらも文献名を記さないが、Aston(1879)にp音説があるのが見つかったので、以下に引く。なお、彼はここでは日本語と朝鮮語は同系統だと考えており、そういう前提での発言である。

> In classical Japanese there is no *p*. It is probable, however, that the Japanese language was not always without this letter, and that the present *h* or *f* represents an original *p*. *P* has re-appeared in the modern colloquial Japanese. *H* and *f* are written with the same letter in Japanese. It is read *f* before *u*, *h* before any other vowel. The Korean *h* belongs to the guttural series of consonants. In comparing the two languages, we are therefore prepared to find that a Japanese *f* or *h* corresponds to a Korean *p*, and a Korean *h* to a Japanese *k* or *g*. (p.319)

アストンは、“（通説では）古典日本語にはｐの音はない。しかし、どの時代にもｐがなかったわけではなく、現代のｈやｆの音は元々はｐであった。〈略〉日本語と朝鮮語を比較すると、現代日本語のｆやｈは朝鮮語のｐに対応し、朝鮮語のｈは日本語のｋまたはｇに対応する。”と主張するのであるが、なんとも説明不足である。

③**エドキンス**はイギリス人の宣教師で、中国で活動した。エドキンス（1880）で、“中国語のｈを日本語ではｋとして受容しているのは、日本語にはｈがなかったからで、ハ行音はｐかｂであったろう”とする。

④**三宅米吉**（1884b）「蝦夷語ト日本語トノ關係如何（前號ノ續）」は、内田智子も言うように、日本人として初めてｐ音説を述べたもの。その根拠は漢字の「支那音」である。三宅は言う。

> 邦語ニテ現ニハ行ノ發音ハ喉音唇音相混スト雖モ、之ヲ歴史ニ徴スレバ往時ハ皆唇音（F）ナリシト云フ〻ハ既ニ語學家ノ一致スル所ナリ。然レトモ、猶一層其源ニ遡レバ、此唇音（Ｆ）ハ亦元來ノ（P）ヨリ變シ來リシモノナルヘシ。其証ニハ、ハ行ノ假字ハ皆支那音ニテ（P）音ナル文字ノミナリ。波 比 布 閉 保 其他皆然ラサルナシ。〈略〉此他猶ハ行ノ、古へ、パナリシ理由アルヲ以テ、今邦語ニテハ行ノ語ノ、蝦夷語ニテ、パ音ナルヲ見レハ、我古音ノ、彼ガ語中ニ殘レリト云フモ可ナルヘキカ。然レトモ猶再考スルニ、〈略〉、蝦夷人ハ容易ク（F）音ヲ發スルコト能ハザル

ヲ以テ見レバ、彼レ邦語ノ（F）音ナル語ヲ傳ヘテ、其音ノ呼ヒニクキヲ嫌ヒテ、容易ク之ヲ（P）音ニ變セシナルベシ。サスレバ、邦語ノ（F）音ナルモノ、彼ニ於テ、（P）音ナルハ、強チ、古音ヲ存スルニ非ズシテ、却テ、邦語ノ（F）音ヲ、彼ニ於テ、便利ノ爲メ、（P）音ニ變ジタルモノナランカ。

（p.165）

「往時ハ皆唇音（F）ナリシト云フ〻ハ既ニ語學家ノ一致スル所」とあるから、三宅は複数の「語學家」がf音説を唱えているのを見たはずである。文献名を記さないが、オランダで刊行のホフマン（1868）『A Japanese Grammar』や日本で刊行の《TASJ》に載ったダラス（1875）「The Yonezawa Dialect」を見たのであろう（いずれも f 音説）。しかし、オランダでオランダ語で出版されたクルチウス（1857）（f音説）を見たのかどうかは不明。

⑤**チェンバレン**（1887, p.8）は数詞の倍数法について論じ、「*Hito* and *futa* probably stand for earlier *pito* and *puta*」と言い、チェンバレン（1888, p.88）でも同様の趣旨を述べるが、いずれも詳しい説明はない。

⑥**那珂通世**（1890）『國語學』（p.14~17）は言う。

假名ノ發音ニ、古ト今ト同ジカラザル者アリ。〈略〉變化ノ最モ著シキ者ハ、はひふへほノ五音ナリ。此ノ五音ハ、古ハ脣音ニシテ、p ヲ發聲トシ、即今ノぱぴぷぺぽナリシガ、次第ニ變ジテ fa fi fu fe fo トナリ、其ノ後 f 又變ジテ h トナリ、脣音ヨリ喉音ニ移レリ、五音中唯ふノミハ、今猶 f ナル發聲ヲ保存セリ。

古音ノ今ニ異ナリシコトハ、古書ニ字假名トシテ用ヒタル漢字ノ古音ヲ考索スレバ、知ラルヽナリ。今波行ノ音ニ就テ、其ノ考證ノ要畧ヲ述ベン。〈略〉漢字ノ古音ニハ、三十六種ノ發聲アリ。之ヲ三十六母ト謂フ。母ト名ヅクレドモ、母韻ニ非ズ、發聲（即子音）ノ符ナリ。〈略〉喉音ニハ、見（k）溪（k'）群（g）疑（ng、以上四音ヲ漢人ハ牙音ト名ヅク）影（h ノ極メテ弱キ者）曉（h）匣（h ノ濁音）喩（y、以上四音ノミヲ漢人ハ喉音ト云フ）ノ八音アリ、脣音ニハ、幫（p）滂（p'）並（b）明（m、以上重脣）非（f）敷（f'）奉（v）微（m ノ輕キ者、以上輕脣）ノ八音アリ。然ルニ、記紀萬葉

等ノ古書ニ、波行ノ音ニ用ヒタル者ハ、何レモ脣音ノ字ニシテ、喉音ナル曉母匣母ノ字ヲ用ヒタルハ更ニ無ク、然ノミナラズ、曉母ノ訶（ha）希（hi）化（hwa）許虚（hyo）匣母ノ河何荷賀（ha）下夏（hia）胡祜（ho）ノ如キハ、何レモ加行ノ假名ニ用ヒタリ。サルハ、hハkト同ジク喉音ニシテ、我ガ國ニハ、其ノ時マデ此ノ音ヲ發シタル習慣ナカリシガ故ニ、有意若クハ無意ニテ有ラユルhノ音ヲ皆 kト發音シタルナリ。〈略〉元來 bハ、pノ濁音ニシテ、輕脣音ノf、喉音ノhトハ關係ナシ。然ルニ、清音ノpノミハ、f 又ハhニ變ジテ、其ノ濁音ハ、bノ舊音ヲ保チタレバ、今ノ波行ハ、bニ對スル清音ニ非スシテ、bニ對スル清音ニハ、却テ小圈點ヲ以テ標スルノ必要起レリ。

那珂は三宅米吉と親しく、三宅（1884a; 1884b）を見たのは確実である。

⑦**上田万年**：　内田智子（2005）は、大槻文彦（1897）『廣日本文典』の第27節「波行ノ音」の記述が「Ｐ音考」に先行する、とするが、上田は大槻以前に上田（1895b; 1895c; 1895d）の２編においてｐ 音説をごく簡単に述べている。すなわち、上田（1895b）「普通人名詞に就きて」は、「ひととは中古以後の發音法に依りしものにて、上古はぴとと發音せること疑ひなし。こは別に波行發音考あればこゝにはこれを略すべし。」と述べる。また、上田（1895c; 1895d）「清濁音」は、「實際發音上のＢの濁音に對する清音はＰ音にして、このＰ音は〈略〉悉曇韻學の上よりいふも、支那韻學の上よりいふも、共に純粋なる清音の地位に措かれ〈略〉猶此上には波行發音考あり、不日公にすべければ一讀を賜はらんことを冀望す。」と述べる。「波行發音考」とあるのは「Ｐ音考」のことであろう。

⑧**大島正健**（1896）「ハヒフヘホ古音考」は、各地の方言（沖縄を除く）と漢字音とから、「兩唇の間より出づる音なりしなるべし。」と述べる。

⑨**岡倉由三郎**（1897）『日本文典大綱』は、「世にパ、ピ、プ、ペ、ポを半濁音といふ事、ゆゝしきひが事なり。これらは、純然たる清音にて、古代には存せしを、一旦中絶して、近世の人の耳に、きゝなれぬ音となれる爲、かゝる誤謬を來たしゝなり。」と述べる。

3. 「P音考」の問題点

浜田が整理した四つの論拠は色々問題がある。

論拠①について。有声音の b に対応する無声音が p であることは確かであるが、上田は「有声（音）」「無声（音）」という音声学用語を用いず(注1)、伝統的音韻学の用語である「清音」「濁音」を用いるので、わかりにくくなっている。この、“バ行のbに対するものは p だ”という考えは、すでに見たように那珂通世（1890）が述べている。

論拠②について。「梵語・漢語の h 音は k で写している」とするが、上田が梵語について挙げている「阿羅漢」等は、日本人にとっては漢訳仏典中の漢語であって、日本人が直接に梵語（サンスクリット）に接して 梵語のh を k で写したわけではない。だから、上田自身は悉曇韻学（梵語音韻学）の知識があったが、それをここで活用しているわけではない。ただ、上田（1895c; 1895d）では「悉曇韻學」に触れている。

論拠③について。上田は“日本語からアイヌ語に入った語では、ハ行音は p で受け止められている”とするが、実はアイヌ語には h, p はあるが f はないから、“日本語の f を p で受け止めた、と考えなければならない”と三宅米吉（1884a;1884b）は見る。“アイヌ語には h があるのに日本語のハ行音を h で受け止めなかったのは、当時の日本語のハ行音が h ではなかったからだ”ということになる。

論拠④について。促音の後の p の上田の挙例はあまり適切でないためか、上田の教え子の橋本進吉（1928）は別の例を挙げて、「ヤハリがヤッパリとなり、アハレがアッパレとなる如く、波行子音が p になる事があるのも、また波行音が p であつた時代の發音の名殘と見るべきであらう。」と述べる。しかしオトッツァン（御父さん）・マッツグ（真っ直ぐ）・ゴッツォー（御馳走）がサ行子音が古くは ts であった証拠とはなしがたいように、橋本の挙例も、p であった時代の名残りと見るのは難しいと思う。

日本の「清」「濁」という用語は元来、中国音韻学の用語であって、『韻鏡』では頭子音を「清」「次清」「濁」「清濁」（後世は「全清」「次清」「全濁」「次濁」）の4種に分けるが、鼻音・流音や [j] などは「清濁」音とされる。これらは音

声学的には有声音であるが、今、日本ではナ、マ、ラ、ヤを「濁音」とは呼ばない。とにかく、日本における「清」「濁」という語の使い方は日本流なのである。詳しくは肥爪周二（2000）を参照。

pを「半濁音」と呼ぶのは江戸時代以来のことだが、"「半濁音」という呼び方は不適切だ"と言い立てるのは、「P音考」の本来のテーマから外れている。読者にきちんと説明すべきだったのは、"日本で伝統的に用いてきた「清・濁」の対立とは、音声学的には、原則として「無声・有声」の対立を言い、有声の両唇閉鎖音bに対応する無声の両唇閉鎖音はpである"ということであった。なお、「半濁音」という名称については岡島昭浩（2001）が詳しい。

4.「P音考」に対する批判の問題点

「P音考」に対する岡沢鉦次郎の批判の多くは妥当でないが、"上田は「f → h」の具体例を挙げていない"という批判（岡沢 1898a）は妥当である。これについては30年後に、p音説を支持する新村出（1929）が、外国には「f → h」の例がある、と述べるが、具体例を挙げていない。しかし、すでにクルチウス（1857　訳本p.5）がスペイン語の「fidalgo → hidalgo」という例を挙げている。また、ダラス（1875）が、北京語のfが広東語でhとなっている例を挙げていることはすでに第2節で見た。

新村出（1929）は「f → h」の例について言う。

> f h 二音の變遷は、〈略〉印歐語學者がケルト語等における類例を示したのを指摘するまでもなく、私たちは既に在留中のラムステッド教授の指示した如く、北方には手近かなアルタイ語派の諸方言に散見することを知り、又南方にはインドネシア語派の嶋嶼の土語に於て好き例の存在をブランドステッテル氏に由つても詳かにされてゐるのである。

当時、ケルト語について、またフィンランドの言語学者ラムステッド（G. J. Ramstedt）やスイスの言語学者ブランドシュテッター（R. Brandstetter）の著作について知る人は少なかったはずだから、新村は詳しく述べるべき

であった。また、キリシタンのローマ字文献に詳しい新村は、1600年ごろのローマ字文献では京都の言葉の語頭のハ行子音がすべて「f」で書かれていることを示すべきであった。当時の京都の発音が f であったとなれば、今の京都ではフ以外は h となっているのだから、“上田は「f → h」の具体例を挙げていない”という岡沢の批判はほとんど意味がなくなるわけである。

5. 「P音考」の意義

現代東京語においては、pという音はかなり出現場所の限られた特殊な音である。外来語は別として、①語頭に立たない。例外は和語の擬声語・擬態語。②擬声語・擬態語以外では、促音「ッ」や撥音「ン」の後にしか現れない。それも、和語では俗っぽい語や強調語形に限られる。

このように、p は出現環境が限られる特殊な音である。本居宣長が p を「不正鄙俚ノ音ナリ。皇國ノ古言ニ此音アル事ナシ。」(『漢字三音考』〔外音正シカラザル事〕) とするのは、宣長の時代にも p が特殊な音であったことによる。これは、“言語の発音は時代によって変化しうるし、「何が普通で何が特殊か」ということも時代によって変化する”ということが理解できていないのである。三宅や上田はこういう国学者流の考え方にとらわれなかった。

方言が低く見られていた時代に、“方言の f あるいは p という音は古い音を保存しているのだ”と見ることは、多くの国語学者にとっては受け入れ難いことであったろう。“方言の中に古語が残っていることがある”ということは江戸時代から知られていたが、それはほとんどが語彙的なものであった。印欧語比較言語学では、音韻の面に注目し、ギリシャ語・ラテン語といった「古典語」だけでなく、それに比べて社会的に価値が低いと見られていた諸言語をも材料として活用するものであった。アイヌ語は日本語とはまったく別の言語であり、これを日本語の歴史を考えるに当たって材料とする、というのも、日本の多くの国語学者にとって考え難いことであった。

上田などは国学者流の内に籠もった意識を排除した、と言えよう。

内田智子 (2005) は言う。

> 従来の研究では、「P音考」の中で「西洋語学の知識を国語に応用」している箇所は明らかにされていない。それにもかかわらず西洋言語学に依っているとされるのは、「P音考」成立の背景に注目したためではないか。〈略〉ハ行子音に関する一連の議論は、Edkins “On the Japanese Letters “CHI” and “TSU”” (1884) に始まる。

ハ行音についての西洋人の議論には、従来の日本人による論には見られなかった点がある。①ローマ字を使って個々の音の具体的発音について議論する。②言語音は時代とともに変化することがあり、(印欧祖語の) p がゲルマン語では f に変化した、というのは共通理解である。また他に、f が h に変化した例がある。

ハ行子音については、すでに見てきたとおり、クルチウス (1857)・ホフマン (1868)・ダラス (1875)・アストン (1879) が論じており、そのうちのいくつかを三宅米吉は読んでいると見られる。この議論にアイヌ語を持ち出したのは三宅の功績であろう。そして、三宅 (1884a;1884b) を那珂通世が読んで中国漢字音についての詳しい記述を加え、さらにそれらを上田万年は読んだものと思われる。なお、沖縄方言については、上田は、現地調査を行なった岡倉由三郎から情報を得たものであろう。

上田万年はp音説の論拠として四つを挙げるが、どれも決定的な論拠というものはない (部分的には誤りも含まれている)。しかし、“四つを総合的に見ると、ハ行子音は古くはpであったと見るのが妥当である”ということになる。色々な人の著作を読み、色々な角度からの論を総合して「P音考」を書いた、ということである。

斉木美知世・鷲尾龍一 (2014) は「P音考」を以下のように評価する。

> 「上古」日本語にはP音が存在しなかったと主張する (あるいはそう信じている) 人々に対して、P音説否定論者に何が足りないのかをまとめて提示するのが「P音考」の目的であったと考えられる。上田はP音説を支持する議論の要点を整理し、これでも信じられないのかと挑戦的な論陣を張ったのであるが、議論を構成する個々の要素は上田の創見ではない

にせよ、上のような形で改めて問題を提起したこと自体に「P音考」の意義があったと言える。 (p.8)

注

1　上田は1896年からの東京大学での「言語学」の授業でドイツ語の「tonlos」(無声の)・「tönend, getönte」(有声の)を用いるが(上田 1975, p.92)、日本語の訳語は用いない。

引用文献

《Transactions of the Asiatic Society of Japan》(Asiatic Society of Japan, Yokohama)は《TASJ》と略称する。

アストン Aston, W. G. (1879)「A Comparative Study of the Japanese and Korean Languages」〔《The Journal of the Royal Asiatic Society of Great Britain and Ireland》New Series, Vol. 11.〕 ☆『Collected Works of W. G. Aston』Vol. 1. (Ganesha Publishing/Oxford University Press)に再録。

上田万年(1895a)『國語のため』、冨山房。

———— (1895b)「普通人名詞に就きて」〔上田『國語論』、金港堂〕☆『國語論』には刊年の記載がないが、国会図書館のデータによる。上田(1897)『再版國語のため』に再録。

———— (1895c;1895d)「清濁音」〔帝国文学会《帝國文學》第1巻第6、第9〕☆上田(1897)『再版國語のため』に再録。

———— (1897)『再版國語のため』、冨山房。☆初版(上田 1895a)に8編を追加。上田(2011)『国語のため』(東洋文庫808)に収録。

———— (1898)「語學創見　第四 P音考」〔帝国文学会《帝國文學》第4巻第1〕☆上田(1903)『國語のため　第二』に再録。

———— (1903)『國語のため　第二』、冨山房。☆上田(2011)『国語のため』(東洋文庫808)に収録。

———— (1975)『上田万年　言語学』、教育出版。☆東京大学での講義の筆録。

———— (2011)『国語のため』(東洋文庫808)、平凡社。☆上田(1897)『再版國語のため』と上田(1903)『國語のため　第二』を収め、安田敏朗による注・解説を付す。

内田智子(2005)「上田万年「P音考」の学史上の評価について」〔名古屋大学国語国文学会《名古屋大学国語国文学》第97号〕

エドキンス Edkins, J. (1880)「On the Japanese Letters "Chi" and "Tsu"」〔《TASJ》Vol. VIII.〕

大島正健(1896)「ハヒフヘホ古音考」〔《六合雑誌》第192号〕☆これは大島(1898)『音韻漫録』〔内外出版協会〕に再録され、その際、上田「P音考」を読んだ上で

の「附記」を付す。
大槻文彦（1897）『廣日本文典』、大槻文彦。
岡倉由三郎（1897）『日本文典大綱』、冨山房。
岡沢鉦次郎（1898a;1898b;1899）「日本音聲考」〔帝国文学会《帝國文學》第4巻第11、第12、第5巻第6。〕
岡島昭浩（2001）「半濁音名義考」〔迫野虔徳編『筑紫語学論叢奥村三雄博士追悼記念論文集』、風間書房〕
亀田次郎（1909）『國語學概論』（「帝國百科全書」第198編）、博文館。
クルチウス Curtius, J. H. D.（1857）『Proeve Eener Japansche Spraakkunst』, Leiden. ☆翻訳：三沢光博（1971）『クルチウス日本文典例証』、明治書院。
斉木美知世・鷲尾龍一（2014）『国語学史の近代と現代――研究史の空白を埋める試み――』、開拓社。
新村出（1929）「國語に於けるＦＨ兩音の過渡期」〔『三宅博士古稀祝賀記念論文集』、岡書院〕☆『新村出全集』第4巻、筑摩書房、に再録。
――――（1955）「國號とその稱呼――ニッポンかニホンか――（上）（下）」〔神道史学会《神道史研究》第3巻第5号、第6号〕☆『新村出全集』第4巻、筑摩書房、に再録。
ダラス Dallas, C. H.（1875）「The Yonezawa Dialect」〔《TASJ》Ser.1, Vol.Ⅲ.〕
チェンバレン Chamberlain, B. H.（1887）「The Language, Mythology, and Geographical Nomenclature of Japan Viewed in the Light of Aino Studies.」〔《Memoirs of the Literature College, Imperial University of Japan.》No. I.〕（Published by the Imperial University, Tōkyō）
――――（1888）『A Handbook of Colloquial Japanese』, London, Tokyo.
――――（1889）「A Vocabulary of the Most Ancient Words of Japanese Language」〔《TASJ》Vol. XVI.〕☆上田万年と共著。
那珂通世（1890）『國語學』、金港堂。☆あるいは1891刊か。
橋本進吉（1928）「波行子音の變遷について」〔市河三喜（編）『岡倉先生記念論文集』、岡倉先生還暦祝賀会〕☆橋本（1950）『國語音韻の研究』（橋本進吉博士著作集第四冊）、岩波書店、に再録。
浜田敦（1955）「Ｐ音考」〔国語学会『国語学辞典』、東京堂〕
肥爪周二（2000）「日本韻学用語攷（一）――清濁――」〔茨城大学人文学部《人文学科論集》第33号〕
ホフマン Hoffmann, J. J.（1868）『A Japanese Grammar』, Leiden.
三宅米吉（1884a;1884b）「蝦夷語ト日本語トノ關係如何」〔東洋学芸社《東洋學藝雑誌》第35号、第36号〕。☆大塚史学会（1929）『文學博士三宅米吉著述集　上』、岡書院、に再録。

文語教育における「文体」のあり方
——中国人日本語学習者の長所やニーズを考えて——

潘　鈞

(一)

現在、中国では日本語学や日本語教育の研究が大きく進展し、豊かな成果も収められている。それは、学習者人口の飛躍的な増加と、それを受けて日本語教育のレベルアップが求められることを背景に、特に新世紀に入ってからより顕著に見られる動きであると思われる。

しかし、それは日本語学や日本語教育に関するすべての領域が進化し、または進歩を遂げたとはいえない。例えば、古典文法の教育については、実施校だけで見ると以前より数は多くなってきたものの、研究の方は進むどころか、一種の停滞感があることは否めない。中国の教育部による8級試験（全国大学日本語専攻統一試験）の実施により、文語文法まで試験の内容に含まれているため、日本語教育のカリキュラムに文語文法を入れることが義務づけられるようになった。これに刺激されて、ここ10数年来、比較的多くの文語教材の開発や出版が進められ、文語教育はやや重視されてきたともいえる。しかし、教科書に限って見るだけでも、進歩は見えない上、短期間で編集したものが多く、中国人学習者の長所をふまえた独創的なものはあまり見られない。それに加え、日本語史という授業を設置する大学は、今でも相変わらずほぼゼロに近い状態である。ゆえに、それに期待される、文語教育を支えうる役割を果たすまでには至っていない。

一方、現在中国では日本語の学習は、従来と違って単に就職のためという初級段階を乗り越え、英語のように一種の教養または趣味という非功利・非実用的なものになりつつある。日本の古典文学に関心のあるものは前より大分多くなってきており、名著の翻訳版も盛んに多く出されている。こうした新しい情勢に応えるべく、教科書の開発や整備も含めて、これからの文語教

育のあり方を真剣に考え直す時期に既にきているのではないかと思われる。

（二）

従来、中国で出版されてきた文語文法の教科書は日本版の高校生向けのものを踏襲したと思えるものが多く、古典文学の読解や鑑賞を中心にすえて編纂するのが一般的な方針であった。逆にいうと、中国人学習者の長所やニーズをあまり念頭にいれていないことが指摘できると思われる。

例えば、中国でも従来古典文学の読解・鑑賞を主要な目的として実施する文語教育は、背景知識として物語や和歌、日記、随筆といった古典文学のジャンルに関する知識への説明には力を入れるが、和漢混交文（『平家物語』など）や和化漢文（『古事記』など）といった文体のことをあまり教えていない。むしろ、端的にいえば、教えようとしない姿勢をとってきたともいえる。しかし、「文体」は従来日本の国語学では研究領域の一つとして重視され、研究も多くなされてきている。それに対し、中国にも文体という概念や術語はあるが、日本の国語学でいう文体との質的な相違が見られる。文語教育をするとき、特にテクストを読む前に、それについて何の説明もしないままでは、学習者は文体という概念を誤解したり無視してしまったりという結果になりかねない。勿論、日本語史という科目がまだ設置されていない現在の中国における日本語教育の人材養成の目標やカリキュラムに合わせて考えれば、それはむしろ自然な成り行きである。恐らく教える側は、古典文学を理解するために、ジャンル知識は必要不可欠ではあるが、文体はあまり重要ではない、あるいは文体まで教えると難解であろうし、かえって学生に混乱をもらたすものというように考えているのだろうと推察する。

しかし、中国人学習者の特徴または長所に着目していえば、日本語の文章（様式）は長い間、漢文（古代中国語）の影響を受けつつ、和文的要素も混ぜたりして、様々な変容・変遷を受けて現在まで発展してきたものである。それを前提に考えれば、古代諸文体の由来や原理などを理解するために、あらかじめ訓読やそれに関連あるもの（例えば訓読文）などの文体知識から導入するのは一種の早道かもしれない。というのは、漢文に自然に親近感を抱く

中国人学習者はそれによって学習の動機が一層高まることとなるからである。もっと重要なのは、訓読は漢文読解を支える手段であるとともに、多くの文体（特に漢文系）の形成や種々のテクスト書記を支えるメカニズムの一種でもあるということである。ゆえに、結果として訓読（訓読文）は通時的に古代諸文体の形成に大きく関与し、多くの影響を与えてきた。と同時に、具体的なテクストに即してみれば、（日本の）漢文体や近代の漢文訓読体（欧文直訳体も）は勿論、和化漢文（記録体）や候文、ひいては現代日本語の中にも訓読的な要素が随所に見られることとなる。しかし、残念なことには、現在中国では専攻として4年間もの日本語学習歴のある卒業生、あるいは大学院まで進学できた院生まで、訓読（訓読文）のそうした役割をどれぐらい、どこまで理解把握できているかは、疑問である。極端な場合に、和文体こそ正真正銘の日本語であって、その他のものは日本語ではないと思いこんでいる学生や院生（一部の教員までふくむ）は、決して少数ではなかろう。それとも関連があって、日本語史の知識の欠如により、漢和辞典を中日辞典（語学的辞典）と短絡的に誤解してしまう院生も少なくない。それは、やはり現在中国における日本語教育のシステム、つまり日本語史や文体の知識に対する教授や研究の欠如によるものであり、深く反省すべき点が多いと思う[1]。

（三）

中国にも文体という術語とそれに託す概念がある。しかし、文学の研究に用いられる文体のみ、両国語において高度な一致は見られるものの、ここにいう文体に相当する中国語の術語はないのである。それは、日本語、特に文章様式の形成や原理及びそのメカニズムなどは中国語とは質的にも異なっているところから生まれたものである。

文語教育を行う際に、文体に関する知識の導入は少なくとも以下のような利点があると考える。

第一に、日本語史、特に文章様式（文体）の形成史が手にとるようにわかることである。つまり、古典のテクストをより深く理解するためには、歴史的把握の視座が必要不可欠だからである。上代や中古、中世ないし近世は勿論、

近代に入っても前の如何なる時代よりも多くの文体が併用され、いわば百花繚乱の状態を呈している。当時通用した実用文とされる「普通文」だけでも「訓読文」「今体文」[2]「文語文」「漢字片仮名交じり文」「読み下し文」「書き下し文」など多くの名称があり、その背後にある文体意識やそれまでの形成変遷史及びそれに基づく言語特徴などは、少しでも理解把握しておかないと、近代文学やその他の実用文への理解を妨げる恐れがある。更に近代文学だけではなく、近現代日本語の形成や変遷をより深く理解するためにも、日本語史、なかでも相当な文体の知識が必要であろうと思う。要するに、古代の文体から現代の標準文体である漢字平仮名交じり文に至るまで、どのような変容や変遷をへてきたのか、ということを考える際に、史的把握、特に文体というキーワードからの通時的考察をふまえた把握や認識がきわめて重要であると考えている。

第二に、テクストをより深く理解できるようになることである。文体が違えば、文字表記から語彙文法まで異なるわけである。文体の差はジャンルとも関連はあるが、同じジャンルのものでも文体が違うことが実に多いのである。例えば、同じ随筆というジャンルに分類されているものでも、『枕草子』と『方丈記』、そして『徒然草』は、それぞれ和文体、和漢混交文（漢字片仮名交じり文とも）、擬古文と呼ばれている。また、同じ物語といっても、歌物語もあれば、軍記物語もある。しかし、前者は和文体であるのに対して、後者は無論和漢混交文である。まして、歴史物語（『大鏡』など）や説話物語（『今昔物語集』など）といった、「物語」を名称に含むその他のテクストへの文体上の判断や理解は、一定の文体的知識を抜きにしては難しいのである。ゆえに、ジャンルだけでなく、文体の差もあわせて視野にいれて考えれば、テクストへの理解はより深まるものと考える。

前述の通り、従来の文語教育はもっぱら古典文学の読解への支援という目標が設定されてきているから、ジャンル知識のみ前面に掲げ、文体のことにあまり目をむけない向きがある。しかし、いま日本語専攻の学習者は卒業後の進路がより多様化し、古典文学の研究だけではなく、将来日本史や思想史などの専門研究へと進学する願望をもつ人も増えている。それに加え、専攻ではなく、日本史などを専門とする学習者は、日本語を第二外国語として独

学などで勉強した後、さらに大学院まで進み、日本史や思想史などの専門領域、つまり相当の文語文読解力が必要とされるものを研究しようと思う人も少なくない。史的研究志向を持つ学習者にとって、特に近世以来の日本史の資料は候文のものが多く、それが分からなければ、研究は無論できないはずである。しかし、候文は文学的なものでもないので、ジャンルとは無縁である。そのうえ、従来文語教育をする際、文体はあまりふれられてこなかったからこそ、候文のことはほぼ無視されてきてしまったと思われる。要するに、いまの文語教育の設定目標やカリキュラムのままでは、そうした学習者の期待に十分に応えうるものではないと考える[3]。

第三に、中日間の今までの言語交流は、決して音韻や文字語彙などのレベルにとどまるものではない。実は、古典テクストや文章様式の形成史においても多く且つ深みのある交流があり、それは漢文というテクスト、訓読という手段によって長きに渡って継続的に展開されてきたことがいえる。金文京氏が、従来の漢字文化圏（儒教文化圏）を訓読の文化圏（または漢文文化圏）と改称しようと提唱するのもそのためであろうと思われる[4]。魯迅先生を代表とする近現代中国の知識人の中には日本留学経験のある人が実に多い。現代中国語の文章様式や言語自体に強い影響を及ぼした彼らの文章や執筆活動は、近現代日本語の諸文体からの少なからぬ影響をうけたことは想像に難くない。文体はある意味では正にそうしたテクストや文章様式上の交流を総合的に考えるための視点の一つであるとも見られる。中国では、近現代の欧文からの影響を受けたことを認め、そのルーツやメカニズムへの解明を目的とする論考や著書はかなり以前から発表されているが、文体上、近現代日本語からの影響をうけることを検討する論考が今でもほとんどないことは残念であると言わざるを得ない。

（四）

先賢により史上諸文体に関する研究は日本では進められ、成果も多く挙げられているが、未解決な問題はまだ多くあり、場合によって外国人学習者を戸惑わせるものもある。例えば、次の諸点である。

1) 基準がまちまち

まず、和漢混交文という文体は果たして何を基準に判断するのか、正直なところ不明な点が多い。従来の国語学では、代表として軍記物語をさすのが普通であるが、場合によって、『今昔物語集』まで含めることもある。更に、それをもって近世の読本類までさすこともある。しかし、もっと広く見れば、史上ほぼすべての文体において、和と漢の要素を両方備え合わせたものが見られるから、いわば広義上の和漢混交とも言え、従って漢文体以外のものをすべて和漢混交文といってもよいぐらいであろう。まして、漢文でも多少和文的要素があるからこそ、和化か和臭という見方が生まれるゆえんである。要するに、和漢混交文という文体の内実をもう少し明確にさせたほうがよいと思う。

さらに、現在通用する諸文体の名称は、漢文体や和文体、和化漢文（変体漢文）のように、判断基準や方法が比較的明確なもので、名称だけでも大体把握できるものもあるが、そうでないものもかなりある。現段階では、表記や用途・言語特徴など様々な基準によって文体の命名がなされていることは否めない（表1参照）。例えば、漢字仮名交じり文は、主として表記上の特徴に基づいて分類されるのに対して、和漢混交文は、恐らく和と漢という構成要素の混合によって命名されたのだろうと思われる。なお、用途によって記録体（東鑑体）というやや特別な類まで立てられ、さらに候文や漢文崩し体[5]といったもののように、言語上の特徴に着目して名付けられたものもある。それぞれの命名は、それなりの理由や根拠はあるとは思うが、同じレベルのものではないので、門外漢は無論、一定の蓄積のある学者でも、馴染みのないテクストの文体の種類について聞かれると、戸惑って判断に苦しむことも度々あるのである。まして、外国人学習者にとってそれは至難の業である。

表1

要素	漢文体、和文体、和化漢文
表記	漢字平（片）仮名交じり文
用途	記録体（東鑑体）、普通文
言語（特徴）	候文、和漢混交文
手段（意識）	漢文訓読体、欧文直訳体、漢文崩し体

特に、和漢混交文という類は、はたしてどのようなものをさすのであろうか。換言すれば、何を以って和漢混交文と判断できるのかは、学習者を一番迷わせるのである。更にそれは表記上の特徴に基づく漢字仮名交じり文との違いは、どこに求められるかという素朴な疑問は初心者なら誰もが自然に思い浮かべるであろう。それから、漢文訓読体、欧文直訳体、漢文崩し体のような文体は恐らく「訓読」「直訳」「崩す」で示されるように、一種の意識の支配のもとで用いられる手段であろうと思われる。つまり、命名のポイントは、手段か意識かのいずれかである。しかし、その意味では和化漢文もこの類に入れるべきであろうかと思われる。「和化」は要素とも手段（意識）とも理解できるからである。要するに、手段や用途などを問わずに、訓読体や和化漢文などを、結果としての構成要素で判断すれば、すべて和と漢の両方の要素を混ぜたものと理解しがちであり、和漢混交文との境界線はあいまいになるのである。本当のところは如何であろうか。

和漢混交文という文体名の由来を調べると、小中村清矩が初めて、日本の文章類型に関して仮名文と漢文のほかに「和漢混交文」という類を立てているが、そこでは記録体の類をさして言い、説話や軍記などは仮名文の中に含めている。しかし、『古事類苑』（小中村清矩らが参加）になると、和文と漢文とを区別して、「和漢混交文」を和文に含めることにした。しかし後には、そのうち和漢混交文と名付けたものの中から記録体を除いたものを和漢混交文と称するようになった。一方、春日政治氏は、和文脈と漢文脈の混交したものを和漢混交文とし、それを中古まで広げられたことを示唆した。それに対して、築島裕氏は、『平家物語』などの軍記物語をさし、片仮名交じり文は、『打聞集』や『今昔物語集』のをさし、区別して用いられているが、片仮名交じり文は表記上の特徴にのみ着目するが、語彙・語法などの内容から見れば、漢文訓読体と和文体との両方をあわせ含んでいるため、これらも含めて和漢混交文と呼ぶことが可能である姿勢を示している[6]。以上でわかるように、ひとくちに和漢混交文といっても、学者により分類の基準や仕方が異なり、カバーする範囲もゆれ、そして時代によってもさすものが違うのである。そうした分類上の曖昧さや不明確さは、ある意味では現在まで続いていると思う。

2）カバーする範囲が重なる

前述の片仮名交じり文といっても、そのカバーする範囲は広くて、その起源は漢文訓読文にあるとはいうものの、実は記録体（『中右記』など）や和漢混交文（『今昔物語集』など）といったような類と重なる部分が多いことが指摘できる。というのは、片仮名交じり文は、上記のように、表記に用いられる片仮名に着目して呼ぶ文体名であるが、文体としての特徴は、単に表記のみによって付与されるわけにはいかず、語彙や文法まで多くの関連する要素が絡まることとなるからである。では、片仮名交じり文と和漢混交文などの文体との線引きは、どうすればいいのかは、問題となってくる。もちろん、上掲の和漢混交文の例と同様に、初出例の掲載した文献や命名する学者を調べ、それが用いられる文脈などを究明する必要性があるのであるが、しかし、それだけでは問題の解決には結びつかない。というのは、単なる表記上の特徴による分類であれば、質の違うものと混同してしまう結果になりかねないからである。要するに、表記特徴による分類には限界があることをここで指摘しておく。

3）全体か一部か

周知の通り、『今昔物語集』は、天竺・震旦・本朝の三部からなっている。文体上、『今昔物語集』を和漢混交文と認めれば、各部によって混交（混合）の度合いは違ってくるのである。内容の構成により、本朝部においては恐らく混交度が一番高いことがいえる。なお、『徒然草』も和漢混交文と見ている学者がいるが、これはすべての段にわたって均一的に同じ和漢混交文という文体で一貫して書かれているとは限らない。また、近世の人情本や洒落本など庶民向けのテクストは、会話文だけ口語体で、地の文は文語体という構成となっている。これもテクストの一部のみに着目して口語体と命名したのだろうと思われる。要するに、質の違う要素の混交の度合いによって、レベルのやや違うものまで混じっていることは、文体の判断や理解に困難さをきたすことが想像される。

4）名称が曖昧

あるテクストまたは文章様式（文体）の特徴に関して、訓読調や和文脈といったような言い方もしばしば用いられている。それが一体何をさして言っ

ているかは、曖昧である。「訓読調」の「調」や「和文脈」の「脈」を使っているのは、明言を避けてそのように感じさせる、またはそう判断させる証拠を示そうというニュアンスが滲み出ている。前掲の漢文崩し体という呼称もどのような文体的な特徴を以っていえるか、どこまでカバーできるかも不明である。明治期に誕生した「普通体」という文体は、前掲のように異名があまりにも多いことも、ある意味で命名（分類）の曖昧さや複雑さなどを伺わせるのではないかと思われる。なお、「訓読文」と「訓読体」の名称はともにあるが、区別して使い分けられている人もいるが、混同して使われているケースも多くある。それも不統一の命名によるもので、混乱をきたしかねない。ちなみに、少数ではあるが、「和漢混交文」とほぼ同じ意味で「和漢混交体」を使う例も見られる。よって、より共通性や一貫性のある命名が求められる。

（五）

中国では、前述のように文体という（日本の）国語学独特の領域は未だ開拓されていない。そうした実情に鑑みて、文語教育に携わってきた筆者としては、従来の古典文法教育の不足や欠陥のあることを反省し、十分な注目が与えられてこなかった文体という領域に留意しつつ、少し試みをしてきた。

1）東北大学のプロジェクト

数年前から、日本東北大学教授の佐藤勢紀子氏を筆頭に、新しい文語文教育をめざすプロジェクトが立ち上げられた。これは、従来と違って、中古の古典よりは、中古中世の記録体や近代文語文まで含む、よく多くの文体のものを盛り込むように、教科書づくりを中心として進められている。これに関して、佐藤氏は「一般に『古典教育』という用語がよく使われるが、『古典』は主に近世以前の文献で価値あるものとして今に伝えられ、原文、現代日本語訳、外国語訳などで読まれているものを指す。日本学研究者の研究対象はいわゆる「古典」のみではなく、近代の文献が扱われることも多いため、…『文語文教育』という用語を使用する」[7]とし、日本学を目指す留学生のために、あえて扱う文語文の範囲を拡大しようとする意図を述べている。筆者も研究協力者としてこのプロジェクトに参加させてもらい、多くのヒントや情報を

得ている。進行中ではあるが、テクストは、和化漢文まで入れられるなど、多くの新しい試みは見られる[8]。

2) わたしの試み

筆者は勤務先の北京大学で文語文法を担当して6年目を迎えた。ここ数年来、日本版の古典文法の教科書を使いながら、適宜に訓読や文体知識まで入れたりして、比較的慎重な改革を試みている。院生向けの授業は、従来はテクストの難解な部分への解釈や説明に終始するのが特徴であった。が、私の試みとして、内容上の難易度および中国人の読解力を考慮して、『竹取物語』などの和文よりは、まずは『徒然草』や『平家物語』など漢文調の強いテクストへの読解を優先させる。授業中、難解な言葉への説明は勿論、そのほかに訓読や和漢混交文の由来も話題に取り上げ、要はこうした文体の起源から成立までの歴史や原理ないし言語特徴などを、テクストの例に即して説明を加える。博士後期になると、予備知識として、真っ先に漢文訓読に関する知識や歴史、そして原理などを一通り教えておく。その上、明治期の近代文語文（例えば『米欧回覧実記』）を読ませ、テクストにおける難解な文字表記や語彙・文法などを中心に、現代日本語との関連性も視野にいれて、関係資料の調査をさせる。要するに、訓読や文体の知識をテクストまたは自分の関係資料の調査によって確認できることが何より大事であると考えるからである。

3) 教材の開発

中国従来の文語教材は日本版のものをほぼ踏襲したとまでいえる文法書以外に、「古典文学の鑑賞」のような作品の注釈や読解を中心としたものも多く出されている。20数年前から商務印書館より刊行された『日本語近代文語文選』（中国語書名「日本近代文言文选」）の続篇として、筆者はつい最近『日本語古代文語文選』を編集出版した。従来の類書と違う所は、日本漢文（『日本外史』）や記録体（『吾妻鏡』）のものを収録するなど、やや漢文的なものに偏る方針をとることにある。勿論、漢文といっても和臭や日本的な要素も投影されているので、誤解や理解しづらい所もある。そうはいうものの、古代中国からの影響を多く受けた日本文化を、中国人が学習するときにいつも一長一短という宿命的なものに遭遇するものである。要は、いかに短所を乗り越え、中国人ならではの長所を生かせばよいのかは、いちばん模索すべきとこ

ろである。筆者の試みも、そうした課題を目指して踏み出した一歩であるといえる。近い将来は、「例でわかる候文」というような教材をつくることを念頭にいれ、準備を今からはじめたいとも思っている。

(六)

中国の日本語文語教育は長い歴史を有し、本格的な展開は1970年代初頭にまで遡ることができる。あれから40年以上もの月日が経ってしまったが、進化させ改善すべき点がまだ多々ある。文語教育は受験のための文法の丸暗記を中心とした無味乾燥なものとなりがちである。しかし、日本の古典には中国古代文化の要素が投影されており、そのことをふまえて文語教育のあり方を再検討することが求められる。例えば、従来、漢文訓読はあまり重要視されていないが、筆者の今までの文語教育の実践でわかるように、中国人学習者の親近感を呼び起こし、文語文法への理解の助けとするためにも漢文訓読にまさるものはないと思う。ゆえに、受験という実用的な目標の外に、長きに亘る中日文化交流史を視野に、日本という異なる風土の中に、漢文を代表する中国文化をいかに根付かせ、今日まで発展させてきているか、という史実を、訓読または(漢文系)文体の形成をキーワードに丁寧に教え、学習者を、より真剣にかつ深く考えさせる必要があると思う。そうすればこそ、学習者の日本語への認識が一層深まり、将来性のある人材育成の目標に一歩近づくものと確信してやまない。

注

1　それは恐らく日本の日本語教育の方針や動向のみを見つめ、中国人学習者の長所やニーズなどを考慮にいれないためであろうと思われる。
2　齋藤(2007)に言及がある。
3　かつて、北京大学教授、中国の日本史界の大家でもある周一良先生は、北京大学で候文の読解を教えられたことがあるそうである。
4　金文京著『漢文と東アジア――訓読の文化圏』(岩波新書、2010)を参照。
5　小島(1998)に言及がある。
6　『日本語学研究事典』(飛田良文ほか編、明治書院、2007)の項目を参照。
7　佐藤勢紀子ほか(2017)による。

8　今は「日本語学習者を対象とする文語文e-learning教材および文語文教授法の開発」という新しい科研項目で進めている。

参考文献

小島憲之.1998.漢語逍遙.岩波書店

齋藤希史.2004.漢文脈の近代.名古屋大学出版会

――――.2007.漢文脈と近代日本.日本放送出版協会

佐藤勢紀子.2014.留学生を対象とする古典入門の授業――日本語学習者のための文語文読解教材の開発を目指して――,『東北大学高等教育開発推進センター紀要』(9)

――――――.2015.文語文を学ぶ日本語学習者が困難を感じる点――非漢字系日本学研究者に聞く――,『東北大学　高度教養教育・学生支援機構　紀要』(1)

佐藤勢紀子、潘鈞、楊錦昌、小野桂子、ALDO TOLLINI.2017.海外における日本語文語文教育の現状――パネル・ディスカッション報告,『東北大学言語・文化教育センター年報』(2)

副島昭夫.2004.留学生のための文語文入門試案,『東京大学留学生センター紀要』(13)

春口淳一.2007.非母語話者が古典日本語文法を学習する際の問題点：現代日本語訳におけるミステイク分析から,『長崎外大論叢』(11)

――――.2009.日本語学習者を対象とする古典日本語文法テキストの課題(3)：北京大学出版社『日語古典語法』を例として,『長崎外大論叢』(13)

――――.2010.日本語学習者のための古典日本語教育再考：学習者・日本語教師・国語教師の視点から,『長崎外大論叢』(14)

柳父章.2004.近代日本語の思想―翻訳文体成立事情.法政大学出版局

―――.1980.比較日本語論.バベル・ペレス

吉田島洋介.2013.日本近代史を学ぶための文語文入門漢文訓読体の地平.吉川弘文館

马斌，潘金生，1993,《日本近代文言文选》.商务印书馆

潘钧，2013,《日本汉字的确立及其历史演变》.商务印书馆

潘金生，2014,《日本文言助动词用法例释》.北京大学出版社

潘钧，2015，漢文訓読と日本語教育――漢字教育を中心に――,『日本語教育における日中対照研究・漢字教育研究』，駿河台出版

潘金生，潘钧，2018,《日本古代文言文选》. 北京大学出版社

三型アクセントと式保存

上野善道

1.　はじめに

アクセント単位の長さが増えてもアクセントの対立数が一定数N以上に増えないアクセント体系を「N型（えぬけい）アクセント」と呼ぶ。長さに応じて対立数が増えていく「多型アクセント」に対するものである。そのN型アクセントは、Nの値に応じて、「三型アクセント、二型アクセント、一型アクセント」などに分けられる。

「式保存」あるいは「式保存法則」（以下、「式保存」）とは、本来、『類聚名義抄』などで知られる平安末期日本語のアクセントにおいて、前部要素（X）と後部要素（Y）からなる複合語（Z）において、Xの「式」の特徴、具体的にはその始まりの特徴である高始まり（高起式）か低始まり（低起式）かに応じて、Zの高始まりか低始まりかが決まる法則を言う。前部要素の式の特徴が複合語に保存される現象である。この関係は相互的で、Zの式が分かればXの式も分かることになる。後部要素（Y）は式には関与しない。なお、式保存は、本来同源語間に認められるもので、活用形相互の間でも当てはまる。

これは金田一春彦の発見によるもので「金田一法則」とも呼ばれる。その後、私は「式」を、始まりの音調特徴（始起特徴）だけではなく、核があればそこまで、なければその単位末までの音調の動きを加えた音調パターンと規定し直しているが、このように見ても、金田一の式保存に影響はない。また、名義抄アクセント体系の音韻解釈に関しても、２式２核（高起式と低起式、下げ核と昇り核）を設ける上野（1977）に対して、（あえて私の用語で対比的に示すと）３式１核（厳密には、高起式、低起式、低起上昇式という「語声調」と、「高」から「低」に移る「アクセント」）を立てる早田輝洋（1977等）が対立していて「語声調保存」の方が制限が厳しいが、その低起式と低起上昇式が金田一の低起式に相当するので、本節での「式保存」に関する限りは同じことに

なる。

N型アクセントの中で最も研究されている二型アクセントの鹿児島市方言でも、前部要素XのA/Bに応じて複合語ZのA/Bが決まることが古くから知られている。ここでもZのA / BからXのA/Bも分かる関係になっている。AとZの関係はA⇔A、B⇔Bである（⇔は双方向に成り立つ意）。鹿児島方言のA/Bと式音調とは、性質は同じではないと考えるものの、史的にはAが高起式、Bが低起式に対応して元の式の特徴を反映しているので、私はこの現象もまとめて「式保存」と呼んでいる。

本稿で扱うのは、三型アクセントと式保存との関係、具体的には隠岐島および南琉球諸島の三型アクセントと式保存との関係である。結論を先に言えば、隠岐島では式保存が成り立たず（と私は見る）、南琉球では成り立つ理由を、特に史的観点から説明することがねらいである。その過程で、隠岐島方言の式保存に関する松森晶子説への私見を述べる。

2.　隠岐島方言

2.1　拙案：隠岐の式保存は成り立たない

広戸惇・大原孝道（1953）以来「三型アクセント」で知られる隠岐島方言について、旧五箇《ごか》村（現隠岐の島町）久見《くみ》を中心に据えて、私のこれまでの説を少し詳しく再述する。

まず、久見方言の音調型を（1）に示す（上野1975等。ただし、上野2012以来、他の論者との混線を防ぐためにレッテルのAとCを入れ替えてあるので注意）。1拍語にAはない。記号は、[上昇、] 下降、[[拍内上昇、]] 拍内下降、ᵛ下降上昇。Cの末尾は延びながら緩やかに上昇する。ただし、式保存に関わるのはA , B , Cの指定だけである。

（1）A:　――　　カ[ゼ 風　[サ]カ[ナ 魚　[カ]ネ[モ]チ 金持ち
　　B:　[エ]] 柄　[ヤ]マ 山　コ[コ]ロ 心　ア[サ]ガオ 朝顔
　　C:　ᵛエ 絵　[ソᵛラ 空　[オ]サ[[ギ 兎　[ニ]ワト[[リ 鶏

その「式保存」を話題にしたのはN型アクセントを提唱した上野(1984a)で、それをN型の一般特性の一つとできるかを問題にしたものであった。隠岐島の複合名詞については未調査で、「広戸・大原(1953)の巻末資料をざっと概観した限りでは、第１要素のA, B, Cに応じて複合語もそれぞれA, B, Cになるという形の規則は見出されないようである。」(p. 176. 下線は今回)と述べるにとどめ、その注15にいくつかの例を引いておいた。

その上で、複合名詞の式保存が成り立つか否かは、二型か三型か、あるいはN型か否かではなく、「類の統合」の仕方で決まるもので、祖体系に少なくとも想定される類(2)における「高起群//低起群の境界」を跨ぐ合流変化が起こったか否かによるとした。隠岐島方言は、(3)のような類の統合(統合を「.」で示し「/」と区別)をしており、(2)の「//」を越境する変化が起こっている。このために式保存が成り立たないと考えられる。隠岐の中で知夫《ちぶ》方言だけは二型アクセントであるが、(3)のAとCが合流してA=Cとなった(4)の類別体系で、やはり式保存は成り立たないと考える。式保存が成り立つ二型の鹿児島方言は、越境のない(5)となっている。三型アクセントでも、たとえば(6)のような統合の仕方をしていれば、A⇔A、Ā⇔Ā(Āはnon-A、すなわちBかCならBかCかのどちらかで、B→C、C→Bもありうる)という形の(拡張版)式保存が成り立つ可能性がある。

(2) 名義抄 Ⅰ-1/2(高)//3(低), Ⅱ-1/2(高)//3/4/5(低), Ⅲ-1/2/3(高)//4/5/6/7(低)
(3) 久見 Ⅰ-1.2(B)//3(C), Ⅱ-1(A)/2.3(B)/4.5(C), Ⅲ-1.2.3.4(A)/5(B)/6.7(C)
(4) 知夫 Ⅰ-1.2(B)//3(A=C), Ⅱ-1.4.5(A=C)/2.3(B), Ⅲ-1.2.3.4.6.7(A=C)/5(B)
(5) 鹿児島 Ⅰ-1.2(A)//3(B), Ⅱ-1.2(A)//3.4.5(B), Ⅲ-1.2.3(A)//4.5.6.7(B)
(6) (架空) Ⅰ-1.2(A)//3(C), Ⅱ-1.2(A)//3(B)/4.5(C), Ⅲ-1.2.3(A)//4(B)/5.6.7(C)

動詞の活用形も、大まかには終止形のA, B, Cに応じて各活用形もA, B, Cを取るものの、(7)のような式保存の例外があり、これらは、名詞に起こった規則的なアクセント変化の結果として生じていることが説明できる。これらの“例外”が本来の規則的な形なのである。

(7)「浮く（A）」→「浮け（B）」、「煮る（A）」→「煮た、煮ー（命令）（B）」
「起きる（B）」→「起きず、起きた、起きー（命令）（C）」
「書く（C）」→「書かん（B）」（本来形は「カカノ（B）」）

隠岐の12地点で式保存に焦点を当てた356語の複合名詞を調べた結果は上野（1984b）で扱った（助辞連続の系列化や活用形の式保存も調べたが、複合名詞後部要素のアクセントは時間の関係で省略）。鹿児島県吹上《ふきあげ》町（現日置市）、種子島西之表《にしのおもて》市、岩手県雫石《しずくいし》町、京都市、大阪市等の同項目のアクセントも掲載し、それらとの対比においても隠岐諸方言では式保存が成り立っていないことを知夫方言を例に述べた。地理的分布にも少し触れた。

上野（2012）はN型アクセント全般をまとめて述べ直したもので、隠岐島に関してはこれまでの要約をした上で、式保存関連の例（8）を示すとともに（9）の概観を述べた。そして、新たに隠岐島の三型アクセント、西南部九州二型アクセントの史的成立過程を論じた。

(8)「右」A →「右腕，右側，右左，右利き，右回り」全A（全＝隠岐の全旧町村）
「鍋」C →「鍋物，鍋敷き」全C
「庭」A →「庭石，庭仕事，庭箒，庭いじり，庭作り」全A；「鶏（庭鳥）」全C（「鳥」Aが普通で、「鶏」は借用語）
「夏」B →「夏服，夏みかん，夏物，夏休み，夏やせ」全A
「足」B →「足軽」全C；「足腰」多くの地点でBだが一部でA；「足跡，足音，足首，足留め，足並み，足掛り」全A

(9) 隠岐全島でA→Aは多く，C→Cも他に「兎」があって，(8)の前半を見ると規則的に見える。「鶏」も，借用時点で「庭」との繋がりが切れていたと見れば説明がつく。しかしながら，B→Bですべて揃っている例は私の調査では得られていない（「矢」と「矢印」は全地域Bであるが，「矢面」は稀用語でC【Aのミス】[1]の所もある）。Bは B→Aの例が多く，Cの例外もC→Aの例が多い。全体として，出来

上がった複合語はＡとなるものが最も多い。(p. 51)

2.2　松森晶子説：「原則的に」式保存が成り立つ

これに対して松森(2011)は、隣接する五箇での複合語調査を踏まえて(10)を提示した。

(10)①式保存が「原則的に」成り立つ。(「」は原文のまま。③においても同様)
②その例外は前部がＢ型の場合に生じやすい。
③全体的に複合語が「Ａ型への統合傾向」を示している。(p. 75)

続く松森(2016)では、詳しい調査データを示しながら「隠岐島五箇方言の複合名詞の韻律規則とその傾向」のまとめとして(11)を掲げる(そのａが規則、b, c が傾向であろう)。このように一般化すれば、私が掲げた(8)の例も予測できることになるという(p. 35)。

(11) a. 五箇方言のＺ(複合名詞)の韻律型は、原則的にＸ(前部要素)の韻律型を継承することによって決まる。
b. (a)の例外は、Ｂ型に多い。Ａ型にはその例外がなく、Ｃ型にも例外が少ない。
c. Ｂ型、Ｃ型ともに(a)の例外となる複合名詞は、すべてＡ型で出現する。

2.3　私見：式保存が成り立たないと見る根拠

隠岐島の式保存に関する私の見解は、専ら前部要素と複合名詞との間に「Ａ⇔Ａ、Ｂ⇔Ｂ、Ｃ⇔Ｃが成り立つか否か」という問題設定をした上で「否」と判断したもので、あくまでもＡ, Ｂ, Ｃの３つの型をセットとして扱っており、その一部だけを、あるいは全般的傾向を問題にしたのではない。いわんや、前部要素は関与しないと主張したものでもない。

松森の(11)の「一般化」については、細部は措くとして、Ａは規則的、Ｂは

不規則、Cはその中間であることは、もとより私も把握済みであった。その上で上記の意味で「不成立」と結論づけたのである。(9) もそれを物語るが、拙論 (1984b) の資料の分析結果を改めて示そう。

まず、五箇方言に合わせるため久見方言だけに絞り、かつ久見では調査をしなかった項目（残念ながら他より多かった）、および調査済みでも形容詞の語幹を前部要素とする例（「浅い」と「浅知恵」「浅漬け」など）は除いた240語の結果の一覧を (12) に掲げる。A型の単語を17語選び、それを前部要素とする複合語の数は計68語調べたが、その中でA型は61語 (90%)、B型はゼロ、C型は７語 (10%) あり、全項目中のA型で出た総数は135語で全体240語の56%を占める、の意である。

(12) 久見方言の式保存率

型	単語数	複合語数	A（比率）	B（比率）	C（比率）	全体数	比率
A	17	68	61 (90%)	0 (0%)	7 (10%)	135/240	56%
B	20	77	50 (65%)	24 (31%)	3 (4%)	40/240	17%
C	26	95	24 (25%)	16 (17%)	55 (58%)	65/240	27%

A型が全体として優勢で、9割は式保存されるが、残る１割はC型で出る；B型はそもそも劣勢で、その中の３割しか式保存がなく、A型になる例がその倍もあり、ごく一部はC型になる；C型は勢力がその中間で、58%は式保存されるが、25%はA型に、17%はB型になっている。A型だけは式保存があると言えても、これでは私の規定した「三型の式保存」には該当しない。しかも、全体を均した保存率は、わずか58% (140/240) に過ぎない。この値は、(13) の他地点（356項目調査）の式保存率と比べて、著しく落ちる。

(13) 式保存率：鹿児島99%、岩手県雫石96%；京都86%；久見58%

これらを踏まえ、さらに調査の場でも話者の答えを予測するのが困難であったことや、活用形の (7) の様相も加味して、隠岐では式保存は成り立たないと結論づけたものである。松森の批判を受けた後も、依然として「原則

的に成り立つ」と直す必要は感じていない。これさえ押さえれば、大きな傾向は両者で共通している以上、その先は「原則的に」の言葉をめぐる論争になって生産的ではなくなるので、別の角度から２点取り上げることにする。

2.4　調査語彙の性格の違い

今、松森（2016）の調査結果の数字を（12）に合わせて示すと（14）となる。全体数は私に計算した。式保存率を計算すると67%（204/305）となる。（12）との違いは、保存率が58％に対して9%高いのと、A→C、B→C、C→Bが皆無である点である。A→Aの率もより高い。（14）の方がバラツキが減って保存率も少し上がっており、この差の要因は考える必要がある。

（14）五箇方言の式保存率（松森）

型	単語数	複合語数	A（比率）	B（比率）	C（比率）	全体数	比率
A	?	80	79（99%）	1（1%）	0（0%）	179/305	59%
B	?	117	79（68%）	38（32%）	0（0%）	39/305	13%
C	?	108	21（19%）	0（0%）	87（81%）	87/305	29%

「五箇」と「久見」の集落差および話者の個人差はないものとして話を進めると、要因として考えられるのは「調査語彙の違い」である。松森は、前部・後部ともに２～３拍語で、かつ後部要素もできるだけ一定にして「小豆畑、小麦畑；メロン畑、わさび畑；苺畑、カボチャ畑」などを聞いている。私は、前部要素に１拍語を含み、後部要素もばらばらで、定着した個別単語がほとんどである。長さも３～５拍語が中心で、６拍語は少ない。

一言で言えば、松森はその場で作るものも含めた生産的な複合語を対象にしているのに対して、私は習得済みの個別単語が中心となっている。臨時的な生産的複合語では、とりわけ後部要素が効いていない方言の場合、話者にとっての手掛かりは前部要素の型しかない以上、前部要素を反映した規則的な形、ないしは多数を占める無標形で現われやすいことが考えられる。実際、松森の調査語彙を見ると、B→Bには「パイン籠、バナナ籠、メロン籠；パイン汁、バナナ汁、メロン汁」、C→Cには「苺籠、兎籠、鰻籠、胡瓜籠、鼠籠、葡

萄籠、蓬籠」など、いかにもその場で組み合わせたような項目が目立つ。一方、式保存されないＢ→Ａ、Ｃ→Ａにそれは少なく、特にＣ→Ａは「脂汗、窓ガラス、肩車、松林、春休み」など、定着した単語がほとんどである。また、「紅花油Ｃ→Ｃ」と「胡麻油、椿油Ｃ→Ａ」、「猿小屋Ｃ→Ｃ」と「犬小屋Ｂ→Ａ」を比較しても、同じ傾向が読み取れる。

参考となるのは、奄美の徳之島浅間方言（上野 2014a）や与論島麦屋方言（上野 2014b, 2016）の例である。両方言ともＮ型ではないが、「アメリカ旅行、オランダ旅行、鹿児島旅行」など、本来の方言にはなかった新しい生産的な複合語を聞くと、規則的な現象が観察される。浅間では、この場合高起／低起が完璧に式保存される。ところが、伝統的な方言の複合語では、単独で高起の「水-、酒-、中-」などが「水甕」など低起で出る例外が現われる。ただし、その例外は少数に留まり、式保存が成り立つ中で、生産的な単語の方がより規則的になる例である。一方、与論では、生産的な複合語では有核／無核が式保存される（前部が無核の場合、有核型もしばしば併用）が、伝統的な語彙では、複合語が無核のものは前部要素も無核とは言えるが、その逆方向は当てはまらなくなってしまう。与論の場合は、複合語は有核型が無標になっていて、前部要素に関わりなく多くの単語が有核型になるためである。

これらの方言においては、伝統的な語彙では程度の差こそあれ例外があるにもかかわらず、生産的な複合語では式保存が基本的に守られることから、隠岐島方言においても同じような見方ができるであろうか。しかし、隠岐の松森調査の場合は、生産的複合語を多数含むにもかかわらず、Ｂ→Ｂの保存例はわずか 32％に過ぎない点で、上記の方言とは決定的に異なるのである。

単語の長さとの関連では、長くなるほど丸ごと覚えている例が少なく、頭の中で作り出すものになるためにより規則化すると考えられる。なお、諸方言で最も典型的に複合語アクセント規則が適用されるのは前部要素が２～４拍、後部要素が３拍の場合であり、２拍＋２拍が最も捉えにくい。その点から見ると私の調査は全体的に短い複合語に偏ったきらいはある。しかし、それは主に後部要素との関係における規則の場合であり、こと「式保存」に関しては、鹿児島方言や岩手方言で短い場合でも成り立つ以上、それを理由に短い複合語は式保存の対象外だとするわけにはいかない（上野 2012: 51）。

松森調査の方が式保存率がやや高くなっているのは、上記の理由による規則化傾向の反映だと考える。その中でＢ型の特異性が目立つのは、次節に述べる史的変化の結果、長い複合語ではＢ型が有標型になったために、生産的複合語においても新しくその型で発音するのが避けられるものと見る。

2.5　隠岐島方言でＡ型が際立っている史的理由

本節では、(12) にせよ (14) にせよ、このような偏りの大筋は史的変化から予測できることを述べる。(16) は、上野 (2012: 59) で本土方言祖体系から隠岐島祖体系 (三型) への変化として、金田一語類の名詞に関して述べた内容である[2]。

(16) 本土祖体系で語頭１拍だけが低い型はＣ型になる。語頭２拍が低い型はＢ型になる。語頭３拍が低い型はＡ型に合流する。語頭から高い型は３拍語以上はＡ型になる (２拍語以下は後述)。

さらに、単純語５拍動詞の「現われる」(「あらはる」の連体形) 等がＡ型であり、４拍以上の単純動詞や形容詞は第１類／第２類相当の対立がなくすべてＡ型で出ることから、(16) の「語頭３拍が低い型」は「語頭３拍以上が低い型」はＡ型に合流する、となる。

ここで注目すべきは名義抄時代の複合語アクセント規則で、そこでは、私の見るかぎり、(17) の規則性が認められる。

(17) 複合名詞の上昇位置は、その前部要素の上昇位置よりも前 (左) にあることはない。

すなわち、複合名詞の上昇は、前部要素単独形と同じかそれより遅れる (右にある) のである。これが問題になるのは低起式の場合である。元々高起式に対応するＡ型は複合語になってもＡ型で、Ａ型だけなら式保存は成り立つ。

Ｂ型は単独形が語頭２拍が低い場合 (Ⅱ-3、Ⅲ-5) であるが、複合名詞でも語頭２拍だけが低ければＢ型で出て式保存が成り立つものの、その例は少な

く、通常は上昇が遅れる。上昇が１拍遅れただけで語頭３拍が低くなるとＡ型になってしまう（単独形のⅢ-4と同じ変化）。上昇がそれ以上遅れた型もすべてＡ型になる（Ⅲ-4を前部にもつ複合語は当然Ａ型になる）。その結果、Ｂ型の式保存率は低く、多くはＡ型になってしまうことになる。

なお、隠岐では類聚名義抄で高起式のⅠ-1、-2；Ⅱ-2もＢ型で対応している。これは、祖体系に想定される下降式音調のうち、２拍語以下の**[○‼（‼は拍内半下降）、**[○]]；**[○]○という、語頭部分のみが高かった型が、隠岐祖体系の*[○]]（Ⅰ-1・2）と*[○]○（Ⅱ-2。Ⅱ-3もこれに合流）になってＢ型化したものと考える。これらを前部要素とする複合語は元々３拍語以上の高起式だったのでＡ型になり、ここでも前部要素→複合語の関係はＢ→Ａになった。

Ｃ型は語頭１拍だけが低い型が対応する（Ⅱ-4・5, Ⅲ-6・7）が、これは複合名詞でも比較的保たれていた（特にⅢ-6）[3]。しかし、Ⅲ-6でも移行傾向はあり、他の類では移行する方が普通であった。１拍だけずれるとＢ型になるが、それは少なくて、ずれる場合は２拍以上のことが多く、結局それらはＡ型になった。こうしてＣ→Ｃの他にＣ→Ａが多くなった。

今、文献上の実例で逐一示す余裕はないが、全体の流れはこのようであり、そのためにＢ型の式保存は弱く、Ｃ型はそれに次ぐもので、保存されない場合はほとんどがＡ型になるものと考えられる。Ａ型が最多であるのもその結果である。Ａの多数派、Ｂの少数派が決まると、人の集団の動きと同様、少数派は中核部分を除いて櫛の歯のように欠けていき、多数派への合流が増えていく。その上にさらに「意味」がさまざまに関与し、類推変化などが起こったに違いない（上野1984b）。

3. 南琉球諸方言

近年、宮古・八重山諸島のアクセント研究が新展開をし、従来は二型アクセントとされてきた地域に三型アクセント体系が陸続と発見されている。宮古島与那覇《よなは》・池間・狩俣《かりまた》、多良間《たらま》島、黒島、小浜《こはま》島、西表《いりおもて》島古見《こみ》などである。以下では紙幅の関係で詳述を略し、多良間島方言に関する部分の要点のみ

を取り上げるにとどめる。引用文献も松森（2013, 2014, 2015）と五十嵐陽介（2015）に絞り、その他やその後の発表物は省く。

全体を通して、以下の「（ ）」で括られる「*P*（Prosodic Word, PW、韻律語）」（以下、*P*で統一）という単位（詳細は松森2015: 67参照）を新たに設定することによって初めて三型アクセント体系が姿を現わす、とする松森の説は画期的なものと考える。

「韻律語」では通常「アクセント単位」に相当する意になるので、名称としては再考を要するが、どう呼ぼうと重要なのは内容である。この*P*は、私の定義による「拍」の一種であり、「モーラ、音節、ビート≒フット」と並ぶ新たな単位が発見されたものと見る。従来○で示されていた単位に当たる。これで数え、これがアクセント核を担う。これらの方言における「モーラ」は、実現レベルで*P*の中の具体的な位置に関わるものと見られる。

興味深いのは、これらの南琉球諸方言では式保存がほぼ例外なく成立することに*P*が関わっている点、および、史的変化の上で、*P*という単位は、従来モーラや音節単位で起こったとしてきたものと同じに扱える点である。その観点から史的仮説を述べてみたい。

3.1　式保存が成り立つ理由

これらの諸方言では式保存が成り立つ。それは、A/B/C（大文字に統一）の系列ごとの３Ｐ {()()()-} までの指定で型が決まる形に変化した結果、型が決まる {()()()-} の中に単純語も複合語も助詞連続も、すなわち文節がほぼ丸ごと（時には次文節の一部も？）含まれるためと考える。単純語（Ｘ）も複合語（Ｚ）も同一指定を受ける以上、式保存は当然成立する。五十嵐（2015: 18）の「アクセント核付与規則」も同趣の考えに基づく共時版と見る。

3.2　南琉球祖体系と多良間方言の成立過程

松森（2015: 82-83）は、この*P*が南琉球祖語に生じた改新で、モーラを数える単位から入れ替わったものとした上で、その祖体系は（18）の三型アクセントであったと見ている。

(18) A 型：アクセントがない。
［アクセントは、ピッチの大幅下降（の位置）をさすと解される］
B 型：２つ目のPにアクセントを置く。
C 型：最初のPにアクセントを置く。

この仮説に賛成するが、そのA型に、私はここでも下降式無核型を想定する方が良いと考える。松森（2015: 84）によると、小浜島、西表島古見、波照間島のA型は２つ目のPに下降（]）が出るとある。この八重山諸島の下降（]）を（18）から導くのは自然とは言いがたい。さらに宮古の多良間方言でも、松森（2014: 34-35）に（mizI）（gami）（Nka] N）（ke）（水甕の中に）があり、五十嵐（2015: 29-31）にはA型の言い切り形は末尾モーラが下降するとある。

方言ごとの変化を述べる暇はないが、多良間方言は（19）の変化を経て成立したものと考える。「.」は言い切り形、「...」は接続形、中央部分が現在の音調で、その右の//は私の共時的解釈。長さごとに示した次行注記の「=」は音声レベルの中和、「≠」は対立を意味する。A型言い切り形で音声的に下降（]）が出る（ことがある）のは、かつての半下降（!）の反映と見る。

(19)	A :*[()()!()	>*[()()()‼.,*[()()()...	>[()()()]., [()()()...	/()()()/
	B :*[()()]()		=[()()]()	/()()]()/
	C :*[()]()()		=[()]()()	/()]()()/
				A≠B≠C
	A :*[()()‼	>*[()()]]., *[()()...	>[()()]., [()()...	/()()/
	B :*[()()]]	>*[()()]	=[()()]	/()()]/
	C :*[()]()		=[()]()	/()]()/
				言い切りでA=B≠C
	A :*[()‼	>*[()]]., *[()...	>[()]., [()...	/()/
	B :*[()]]	>*[()]	=[()]	/()]/
	C :*[()]		=[()]	/()]/
				言い切りでA=B=C

注

1　この引用文の直後の「「朝」は隠岐島の大半がA」も、正しくはCのミス。

2　私は、祖体系のたとえば3拍語に、III-1a *[サカ!ナ(! は半下降)、1b *[トコ!ロ]]、2 *[ア(!)ズ]キ、3 *[チ]カラ、4 *アタマ_、5a *イノ[チ、5b *アサ[ヒ]]、6 *ウ[サギ、7a *カ[ブ]ト、7b *ク[スリ]]、8 *[[ヒスイ、9 *[[エ]ヤミ(疫)を想定している(上野2006)。ここに設けたa, bの別は、隠岐島では同じ振る舞いをするようである(8, 9は未詳)。ただし、広戸・大原(1953:158)で指摘されたように、「油、柘榴《ざくろ》、襷《たすき》、箒、枕」はB型ではなくC型で出ることが問題になる。隠岐島だけを考えれば、新たに5c *[[アブラ(8との区別があるなら*[[アブラ]])を立てることになるが、他にも大きな影響を与える問題なので後考に俟つ。その後、福井県にも「油」群が別の型で出る方言が報告されている。

3　早田(1977)は他とは別の低起上昇式をこれに立てる。これはこの現象を説明する上で魅力的である。平子達也(2016)がこれを支持する理由も理解できる。類型的に見ても、2式2核を立てる拙案よりも、現代伊吹島方言に実在する3式1核の方がより自然ではあると自ら思う。また、その上昇位置(私の昇り核)は、下降位置(下げ核)に比して揺れがちである(早田p. 349の指摘したイナオホセドリは、LLLLLHLは1単位形、LLHHHHLは2単位サンディー形、XXXHHHLは欠点と見るが、LLLHHHLは誤点でもない限り、例外的である)。しかし、私は4拍語におけるLLHHの存在を重視する。これにも種々問題はあり、平子は鈴木豊(1999)の挙例を検証して123語中78語が表記上の揺れを持ち、さらに表記上安定していても単純に一語扱いできるか問題もあるものもあるとするが、私の見る限り、この型を否定しさることは不可能である。形態音韻論よりも体系自体の方を重視する私の立場からは、この型を組み込んだ解釈、すなわち昇り核を設定せざるを得ない。これは、上昇のない低起式(=低進式)において、下げ核の高まりがどこから来るかという問題にも繋がる。

引用文献

五十嵐陽介(2015)「南琉球宮古語多良間方言のアクセント型の記述」『比較日本文化学研究』8: pp. 1-42.

上野善道(1975)「アクセント素の弁別的特徴」『言語の科学』6: pp. 23-84.

————(1977)「日本語のアクセント」『岩波講座 日本語5 音韻』: pp. 281-321. 岩波書店

————(1984a)「N型アクセントの一般特性について」平山輝男博士古稀記念会編『現代方言学の課題2 記述的研究篇』: pp. 167-209. 明治書院

————(1984b)「類の統合と式保存—隠岐の複合名詞アクセント—」『国語研究』47: pp. 1-53.

————(2016)「日本語アクセントの再建」『言語研究』130 : pp. 1-42.

――――（2012）「N型アクセントとは何か」『音声研究』16（1）: pp. 44-62.
――――（2014a）「徳之島浅間方言のアクセント資料（1）」『国立国語研究所論集』8: pp. 141-175.
――――（2014b）「与論島麦屋方言のアクセント資料（1）」『南島文化』36: pp. 79-99.
――――（2016）「与論島麦屋方言のアクセント資料（3）」『南島文化』38: pp. 159-178.
鈴木豊（1999）「アクセント史研究における下降」『国文学研究』128: pp.125-136.
早田輝洋（1977）「生成アクセント論」『岩波講座 日本語5 音韻』: pp. 323-360. 岩波書店
平子達也（2016）「平安時代語アクセント再考―式（語声調）は幾つあったのか」田窪行則・ジョン ホイットマン・平子達也編『琉球諸語と古代日本語―日琉祖語の再建に向けて―』: pp. 77-96. くろしお出版
広戸惇・大原孝道（1953）『山陰地方のアクセント』報光社.
松森晶子（2011）「隠岐島五箇方言の「式保存」とその例外について」（短信）『音声研究』15（3）: pp. 74-75.
――――（2013）「宮古島における3型アクセント体系の発見―与那覇方言の場合―」『国立国語研究所論集』6: pp. 67-92.
――――（2014）「多良間島のアクセントを再検討する」『日本女子大学紀要 文学部』63: pp. 13-36.
――――（2015）「南琉球の三型アクセント体系―その韻律単位に関する考察―」『日本女子大学紀要 文学部』64: pp. 55-92.
――――（2016）「三型アクセント記述研究の現在と未来―隠岐島の三型アクセントに焦点を当てながら―」『音声研究』20（3）: pp. 24-45.

付記

2015年10月4日に神戸大学で開かれた日本音声学会「三型アクセントシンポジウム」のコメンテーターとして話したことの中から、隠岐島と南琉球の部分を文字化したものである。その後、松森（2016）が活字になったのを踏まえて隠岐の記述を詳しくし、南琉球を短縮した。本稿は2018年度JSPS科学研究費16K02619の研究成果の一部である。

間接疑問文による連体修飾について

大島資生

1. はじめに

日本語の連体修飾節は、「内の関係」と「外の関係」に大きく分類することができる(寺村(1975~1978))。「内の関係」は「田中さんが書いた本」のように、被修飾名詞(以下「主名詞」と呼ぶ)を修飾節中に戻すことができるもの(「田中さんが本を書いた」)、「外の関係」は「田中さんが本を書いたという事実」のように、主名詞を修飾節中に戻すことができないものである。外の関係の中には、次のように間接疑問文を修飾節としてとるものがある。

(1) 大量のデータをどのように処理するかという問題

この例では修飾節「大量のデータをどのように処理するか」は、主名詞「問題」の内容を表わしていると直観的にとらえることができる。では、次の例はどうだろうか。

(2) 大量のデータをどのように処理するかという過程

ここで「過程」の内容となるべきものは「大量のデータを……の方法を用いて処理する」など、疑問語を含まない文で表わされることがらだと考えられる。この両者の差異はどのような点にあるのだろうか。本稿ではこの問題を検討する。以下、2.で間接疑問文が表わすもの、3.で間接疑問文と主名詞との意味的関係を考察し、4.では3.で行なった分類の基準を検討する。そして、5.では間接疑問文で表現するということの意味を考える。

2. 間接疑問文は何を表わすか

本節では、間接疑問文が表わすものについて検討する。

まず、議論の準備として、疑問文が用いられるメカニズムについて考える。ある事象について、参与者は何であるか、原因は何であるか、といった疑念を主体が抱き、それを他者に問いかける。その際に用いられる文が疑問文である。一般に、独立した疑問文は聞き手に解答を要求する。それに対して間接疑問文は要求しない。このような違いはあるが、間接疑問文は基本的に疑問文であり、ある疑念を表明するものと考える。

なお、以下で用いる用例のうち、出典を明示しているのはいずれも国立国語研究所『現代日本語書き言葉均衡コーパス』（BCCWJ）から抽出したものである。新聞・雑誌・書籍（コアデータおよび非コアデータ）を対象に、検索アプリケーション「中納言」を利用して「間接疑問文＋という＋実質名詞」という構造を抽出した（2017年8月2日検索実施）。出典を明示しないものは、筆者による作例である。

また、ここでは主名詞として実質名詞が用いられている用例に限定して扱っている。「こと」などいわゆる形式名詞が主名詞となって、「［疑問文］ということ」の形をとる用例は多数見られるが、この場合、疑問文の形で表わしてみるとこうなるという意味合いをもつ、つまり、ある事態に対して疑問文の形式によるパラフレーズを示すと解釈できる。これは、形式名詞類の実質的意味が希薄であることに加え、大島（2010）で指摘した「という」の「言語によって表現する（言い表す）過程を経た要素を導く」という意味機能が働いているものと考えられる。このような事情により、実質名詞を主名詞とする場合とは意味的関係が大きく異なると考え、今回は考察対象から除外した。形式名詞を主名詞とする場合に関しては、今後さらに実際の用例を確認した上で検討したい。

以上をふまえて、考察を進めていく。まず、(1) やそれに類する例について考えてみよう。

(3) 大量のデータをどのように処理するかという問題（＝(1)）

(4) じゃあ、この先生は動物と話ができるのかという疑問から、私は先生にさまざまな質問を発してみました。(小原田泰久『犬と話ができる！動物たちの心の声を聴くレッスン』廣済堂出版 2002)

こういった例の間接疑問文は「問題」「疑問」として提起される疑念を文の形で表わしたものと解釈することができる。

一方、(5) (＝(2)) やその類例をみると、主名詞の内容は間接疑問文の疑問語を何らかの要素、すなわち答えで埋めた命題に対応している。

(5) 大量のデータをどのように処理するかという過程 (＝(2))

(6) これまで述べてきたような錯綜しやすい医者・患者関係をいかに整理していくかという過程に関わってくる。(吉松和哉『医者と患者』岩波書店　2001)

(7) たとえば実際の発話の産出や理解において、それぞれの要素がどのように関連するかというメカニズムは不問のままでした。(義永未央子「文化と歴史の中の学習と学習者」西口光一編著『日本語教育における社会文化的パースペクティブ』凡人社　2005)

(6) の「過程」の内容は「錯綜しやすい医者・患者関係を……ことによって整理していく」など、(7) の「メカニズム」の内容は「それぞれの要素が……形で関連する」のようにそれぞれ解釈できる。(6) (7) は間接疑問文が疑問語をもつWh疑問の場合だが、Yes-No疑問の場合もある。

(8) まず感情は，目標が達成されたかどうかという結果そのものから引き起こされ，(鎌原雅彦「はじめての臨床社会心理学」坂本真士・佐藤健二編『自己と対人関係から読み解く臨床心理学』有斐閣　2004)

このようなYes-No疑問の場合、当該のことがらの真偽が不明ということであり、その部分に疑念が呈される。そこで、不明である真偽値がWh疑問の疑問語に相当すると捉えることができる。以下では変則的な用語法ではあ

るが、「疑問語」にYes-No疑問の不明である真偽値も含めることとする。

さて、(5)～(8)の場合、「過程」「メカニズム」などの主名詞そのものは必ずしも疑念を抱いたり、それを他者に問いかけたりする行為を含意しない。そのため、間接疑問文自体がこれらの名詞の内容であるとは言いにくい。むしろ、主名詞の内容を表わすのは、上述の通り、疑問文の疑問語部分を答えで埋めた命題である。とすると、これらの例の間接疑問文は、答えを含む命題を表わすと考えるべきだろうか。これは奇妙である。疑問文は何らかの要素が不明で疑問語に置き換えられている、もしくは命題の肯定／否定が不明ということが成立の条件である。疑問文自体が答え、すなわち不明とされる要素の値を含むことはありえない。このことから、間接疑問文は「疑念」の提示という基本的な機能を保持するものと考える。したがって、(2)などの例においても、間接疑問文は「疑念」を提示しているということになる。次節では、ここでみた(1)(2)に代表される2つのタイプ間の差異を検討する。

3.　間接疑問文と主名詞の意味的関係

前節で、次の2つの例を対照した。

(9)　大量のデータをどのように処理するかという問題（＝(1)）
(10)大量のデータをどのように処理するかという過程（＝(2)）

結論を先取りすると、この2つの差異は、間接疑問文と主名詞との間の意味的関係の違いによるものだと考えられる。

(1)の間接疑問文は「問題」とされている疑念の内容を表わすといえる。だが、(2)の間接疑問文と「過程」との関係はそれとは異なっている。「過程」は2.で考えたように、必ずしも「問いかける」行為を含意していない。むしろ、「過程」と対応するのは、先述の通り、「大量のデータをどのように処理するか」という問いに対する答えを含む命題である。つまり、「大量のデータを……することによって処理する」が「過程」の内容と考えられる。

すなわち、この二者の間では、「問われているもの」自体が異なると言える。

別の例で考えてみよう。

(11) どの部署が注文を受け付けて、どの部署が処理を担当するかという問題

(11) の「問題」は問い自体であり、問われている対象（「注文を受け付け」る「部署」、「処理を担当する」「部署」）は「問題」とは別に存在する。
他方、次の例はどうか。

(12) どの部署が注文を受け付けて、どの部署が処理を担当するかというシステム

この例で主名詞「システム」の内容は、間接疑問文に対する答えを含む命題、たとえば「X部署が注文を受け付けて、Y部署が処理を担当する」のようなものである。すなわち、「システム」と呼ばれる対象そのものが問われていると言える。

では、間接疑問文が何を問うか、その明確な弁別基準はあるだろうか。「問題」など、主名詞が疑問文の疑念そのものを表わす場合、疑問（不定）項目を埋めた命題が主名詞の内容だとは言えない。たとえば、先の (1)「大量のデータをどのように処理するかという問題」においては「問題」は疑念を提示する「問い」そのものであり、間接疑問文は「大量のデータをどのように処理するか」は疑念の内容を表わす。

これに対して、「大量のデータをどのように処理するかという過程」（= (2)）では、疑問語部分を実際の情報で埋めたもの（「大量のデータを……によって処理する」）は主名詞「過程」の内容を表わすと言える。

したがって、「QというN」の構造において疑問文Qが「主名詞Nそのものについて」問うているか否かが二者を分ける基準となる。

このことは、次の例のように「事実」を主名詞とする場合により明確になる。「事実」自体は意味的に疑念を含むとは考えられない。「事実」の内容は「どちら側 = ××」という「答え」のみではなく、「××が先に手を出し、攻撃をしか

けた」というふうに「答え」の部分を補填された命題である。

(13)戦争の原因を、どちら側が先に手を出し、攻撃をしかけたのかという事実に求めている。（斎藤松三郎『夢のありかを求めて　ペーター・ハントケ論』鳥影社・ロゴス　企画部　2001）

もう1つ、次のような例もある。

(14)　いま何をしたいのかという答えに意味はあると思う。（ベンジャミン・フルフォード『日本マスコミ「臆病」の構造　なぜ真実が書けないのか』宝島社　2005）

この例で主名詞「答え」の内容は、疑問語部分を補填した「いま×××をしたい」というものである。

このように、(1) (2) は間接疑問文と主名詞の間にそれぞれ次のような関係があるということになる。

・(1) の主名詞の内容は、疑問文の表わす「問い」そのものであり、疑問文の疑問語部分を実際の情報で埋めた命題ではない。

・(2) の主名詞の内容は、疑問文の疑問語部分を「問い」に対する「答え」、すなわち実際の情報で埋めた命題に等しい

ところで、実際の用例をみてみると、次のようなものが見つかる。

(15)なにがボトルネックになっているのかを知り，それらに対して当社が貢献できることはなにかという一連の作業をつねに行っているわけです。（寺本義也・岩崎尚人編著『経営戦略論』（高井透執筆）学文社　2004）

(16)第二に、そもそも何を子供に教えるべきなのかという観点から、この問題を見ていくことにしよう。（東谷暁『教育の論点』文藝春秋　2001）

(17)その場で揉み合いになり、六人部屋にいる患者たちが何事かという

顔で目線を投げかけてくる。(安東能明『15秒』幻冬舎　2002)

(15) は「当社が貢献できることは何か (考える) 作業」のように解釈することができる。また、(16) は「「～か」という (ことを考える) 観点」のように解釈できる。これと同様の例は多数ある。(17) も「～か (聞きたい) という顔」などのように解釈することが可能である。これらの例の主名詞は疑問文の表わす「問い」そのものとは言えず、間接疑問文と主名詞とを関係付けるためには何らかの情報を補わなければ解釈することが難しい。

同様の例をさらに挙げよう。

(18) 自分でポジションをとるということになるとしても，結局どちらにポジションをとるかという関係ですから (神田秀樹責任編集・著『株式持ち合い解消の理論と実務徹底討論』財経詳報社　2001)

(19) 外人の人たちにとって、いわゆるジャポニズムといいますか、東洋はどういう国であるかという関心も、もちろん大きかったのだと思います。(髙橋克彦『大江戸浮世絵暮らし』角川書店　2002)

(20) 黒人も白人も、ありふれた話をいかにおもしろくするかという気質。だってトルーマン・カポーティって嘘つきでしょ？ウィリアム・フォークナーだって昔話ばっかりだし (笑)。(『クロワッサン』2004年12月25日号　マガジンハウス　2004)

(21) 人の健康に安全なのか，そうでないのかという基準が，社会全体の大きな問いかけとなってきています。(澄田新・磯貝暁成『生きるってなんだ3』(磯貝暁成執筆) 新教出版社　2002)

(18) ～ (21) を解釈する際には、それぞれ「～か (が問題になるような) 関係」「東洋はどういう国であるか (知りたい) という関心」「～か (と考えるような) 気質」「～か (を判断するための) 基準」のように情報を補う必要がある。

「大量のデータをどのように処理するかという問題」(＝ (1)) では、間接疑問文は「問題」の表わす「問い」そのものだと考えることができた。これに対し、以上に挙げた例の主名詞は「問い」を表わすとは考えにくく、間接疑問文

が直接に主名詞の内容を表わすとは言えない。だが、「大量のデータをどのように処理するかという過程」（＝(2)）とは異なり、間接疑問文の疑問語部分を実際の情報で埋めた命題は主名詞の内容ではない。

(15) ～ (21) を解釈する際は、上述の通り間接疑問文と主名詞との関係を明示するような情報を補う必要があった。このことから、これらの例は間接疑問文の「答え」を意識しているのではないと考える。間接疑問文の「問い」としての機能は保持したまま、その「問い」と主名詞の表わす事物との間に何らかの関係があり、解釈に当たってはその情報が補われるのだと考えたい。したがって、これらは (1) のタイプの変種と考えておく。

以上のことから、間接疑問文と主名詞の関係は次のように分類することができる。

A　主名詞の内容が、間接疑問文の表わす「問い」そのものである

Aの変種　間接疑問文の表わす「問い」と主名詞の内容の間に何らかの関係がある（ただし、主名詞の内容は間接疑問文の疑問語部分を補填した命題ではない）

B　主名詞の内容が、間接疑問文の焦点部分を「問い」に対する「答え」、すなわち実際の情報で埋めた命題に等しい

4.　分類基準と分類

前節で示した分類は、どのような基準によって成り立っているのだろうか。最も明確なのは、AおよびAの変種と、Bとを分けるもので、間接疑問文の焦点部分を実際の情報で埋めた命題と主名詞の表わす内容が等しいと言えるか否かというものである。たとえば、Aについて「大量のデータをどのように処理するかという問題」（＝(1)）であれば、「大量のデータを……の方法によって処理する」という命題は「問題」の内容であるとは言えない。また、Aの変種について、たとえば先に挙げた (17)「東洋はどういう国であるかという関心」であれば、「関心」の内容は「東洋は……国である」という命題とは言えない。

なお、同じ名詞であっても、AとBの両方の関係をとりうるものもある。

(22)統計の基本的な考えの一つに，データをいかに能率よく獲得するかという方法がある．(林知己夫『科学を考える　科学基礎論』勉誠出版　2004)

この例では疑問文の疑問語の箇所を埋めた「データを……ことによって能率よく獲得する」という命題が主名詞「方法」の内容となり、上の分類Bに相当する。

だが、(23) は「～かどうか（を調べる）という方法」と解釈でき、分類Aの変種にあたる。

(23)直ちに木綿ネル地で拭い、その指でさらし木綿等をつまむと血液が付着するかどうかという方法をとっている。(谷村正太郎『再審と鑑定』日本評論社　2005)

「報告」についても同じようなことが言える。

(24)消費者がどのような商品を好んで買うかという報告

この場合、焦点部分の情報を補填した「消費者が……を好んで買う」が「報告」の内容だと解釈することができる（分類B）。他方、「～買うかという（ことについて調べた）結果の報告」とも解釈できる（分類Aの変種）。

この2つの例が示す通り、分類A／分類Bのどちらのタイプの構文を形成するかは、名詞によって固定されているわけではなく、間接疑問文と主名詞との間の意味的な関係によって決まるものだと考えられる。

BCCWJから抽出した用例を上の分類基準によって分類すると、次のような結果になった。

分類A	分類Aの変種	分類B	分類AとB両方の可能性あり	計
525	96	319	34	974

分類Aとその変種と、分類Bとがほぼ2：1の割合と言え、かなり偏りが

あることがわかる。だが、分類Ｂもある程度まとまった用例数が見られることから、１つの分類範疇をなすと考えることができよう。

分類ＡとＢの両方の可能性があるとしたのは次のようなものである。

(25) 発想を転換して、人間が植物や動物をどうすれば良いのかという考え方は止めてみることにしました。（中日新聞・朝刊（押井守執筆）2003/9/25）

「考え方」が"問題提起"を表わすならば分類Ａと考えられるが、"考察過程やその結果"を表わすのなら分類Ａではなく、分類Ｂだと考えられる。

5. 間接疑問文で表わすということ

前節でまとめた分類のうちの分類Ｂは、間接疑問文を用いながら、意味的にはその「答え」を含む命題が主名詞の内容を表わすものであった。本節では、そのような場合になぜ疑問文を用いるのかを検討する。まず、次の (24) と (25) を比べてみよう。

(26) 大量の情報をどう処理するかという過程（＝ (1)）

(27) 大量の情報を処理する過程

(26)（＝ (1)）は (27) とどう違うだろうか。(1) に含まれる間接疑問文の部分では、仮想的にではあるが、問いかけがあると考えられる（ただし、2.で検討した通り、埋め込み文であるため、他者に対する応答要求はない）。すなわち、話し手による一種の自問自答ということもできよう。話し手は答えを知っていてもかまわない。他方、(27) には問いかけが一切ない。

では、あえて自問自答をすることの意味は何か。間接疑問文の機能を、文レベルと談話レベルとで考えてみる。まず、文レベルでの機能として、疑問文にすることで、当該命題の中で最も重要だと考えている部分を焦点化することによって明示できるということがある。

一方、談話レベルの機能としては、疑問文によって当該命題の中のある要素が焦点化され、聞き手の注意がその要素に向けられる、ということが考えられる。それゆえ、その要素、もしくはそれを含むことがらを話題にして話を展開する可能性が生まれる。さらに、間接疑問文を用いる際、話し手は自らの思考プロセスをそのまま言語化していると言えるのではないか。「大量の情報をどう処理するかという過程」(=(1))であれば、「過程」という名詞の内容を述べようとしている。あることがらを記述しようとする際、当該のことがらがどのようなものであるのかを問うところから始まるはずである。疑問文によって示すということは、そのことがらの内容の記述が答えとなるような疑問文を提示することである。疑問文に対しては何らかの回答がなされることが期待される。

したがって、話し手が答えを知っていて、あえて疑問文を用いた場合、その後の談話の中で答えが明らかにされる可能性がある。他方、話し手が疑問文に対する答えを知らない場合、必要であるにもかかわらず欠如している情報が存在するということが明らかにされる。それゆえ、後続の談話の中で、その答えが追求される可能性がある。

ここで考えるべきことは、話し手が答えを知っているにもかかわらず、あえて間接疑問を使うのはなぜかということである。1つの考え方として、答えを表わす命題よりも、問いのほうが簡潔で済む場合が多いということが挙げられる。たとえば、「係の人がこの機械がどうやって動くかという仕組み/ことを説明してくれた」という例であれば、「説明」の内容を表現しようとすると非常に長い記述が必要になる。だが、間接疑問文を用いれば、短く「この機械がどうやって動くか」と表現することができる。つまり、間接疑問文はあることがらの簡潔な要約として機能しうるのである。このことは、言語の経済性という点からも有用である。また、疑問文が書籍や文章の章・節のタイトルとして用いられることも、こういった事情が背景にあるのだろう。

(28)『君たちはどう生きるか』(吉野源三郎著)

(29)『誰が「本」を殺すのか』(佐野眞一著)

なお、2.で述べた通り、間接疑問文はあくまで疑問文であり、基本的な機能は疑念を表明すること、つまり「問い」を表わすことである。この前提に立つならば、文全体の解釈の中で、間接疑問文に対して「答え」が読み込まれるのは、あくまで語用論的な解釈によるのであって、疑問文そのものが答えまでを意味するわけではないと考えることができる。

7. おわりに

本論文では「間接疑問文＋という＋主名詞」構造を取り上げ、間接疑問文と主名詞の意味的関係から次のように分類することを提案した。

A　主名詞の内容が、間接疑問文の表わす「問い」そのものである

Aの変種　間接疑問文の表わす「問い」と主名詞の内容の間に何らかの関係がある（ただし、主名詞の内容は間接疑問文の疑問語部分を補填した命題ではない）

B　主名詞の内容が、間接疑問文の焦点部分を「問い」に対する「答え」、すなわち実際の情報で埋めた命題に等しい

また、間接疑問文を用いて表現することの意味合いにも触れた。述語がとる間接疑問文については江口（2014）などの一連の考察がある。そういった構造との比較対照は今後の課題である。

参考文献

江口正（2014）「主節の名詞句と関係づけられる従属節のタイプ」益岡隆志他編著『日本語複文構文の研究』pp.143-167　ひつじ書房

大島資生（2010）『日本語連体修飾節構造の研究』ひつじ書房

寺村秀夫（1975 ～ 1978）「連体修飾のシンタクスと意味―その1～その 4」『日本語日本文化』大阪外国語大学研究留学生別科　寺村秀夫（1992）『寺村秀夫論文集 I』くろしお出版　所収

語の意味記述はなにをしていることになるのか

山田　進

1.「記述する」という語の一般的了解

これまで、具体的な語について、その意味を記述し、また記述方法についてあれこれと考えてきた。ここにいたって、そもそも「語の（あるいは言語表現一般の）意味を記述する」というのが一体なにをしていることになるのか、ということがふと気になりはじめた。

まず、「記述」という用語についての一般的理解（と思われるもの）を確認しておく。

> 物事を書きしるすこと。特に、対象とする物事の性質がはっきり分かるように、秩序立てて書き記すこと。（『岩波国語辞典』第7版　以下、『岩波7』という）
> 観察・考察・調査・経験した事などを（客観的に）文章で述べること。また、述べられた内容。「―式解答」（『新明解国語辞典』第7版　以下、『新明解7』という）

ここに引用した辞典の語釈によれば、「記述する」とは、「書き記す」ないし「文章で述べる」ことである。「書き記す」と「文章で述べる」とは同じことではないが、これらの語釈から読み取れるのは、「一般の言語表現で表す」ということである。たしかに、なにかの記述といえば、文章表現が多いことはたしかだが、記述のすべてが「普通の言語による表現」にかぎられるものでもない。

「普通の言語以外の手段によって記述する」例には、下記のものがある（「中納言 2.2.2.2データバージョン 1.1」によって検索した結果の一部。関連箇所に下線を付した）。

画像以外にも、さまざまな形式のデータをXMLで記述することが可能です。
その座標や使用する図形の指定などで記述する方法は，ベクタグラフィックスとよばれる。
液体の水になり、さらに気化して水蒸気に変化する様子を粒子モデルで記述させたものである。
スピンのことを学んで，1つの電子の波動関数を完全な形で記述することができた.
従来の高級言語より自然言語に近い言語で，しかも，図や表の形で　　　記述されており，
能力理論は記号論理などの形式的体系で　記述されることが多い.

これらの例から、「記述する」とは、「なんらかの記号体系によって表現する」ことだとわかる。以下、「記述」を、このより一般的な解釈で用いることにする。また、普通の言語をふくめ記述に用いる記号（体系）を、「メタ言語」ということにする。

2. 「言語表現の意味」の記述形態

私はずいぶん前に、「語の意味の分析と記述」の共同作業をおこなったことがある。その結果は、柴田武他（1976）『ことばの意味－辞書に書いてないこと』にまとめられた。その「まえがき」で、編者である柴田武が以下のように書いている。

意味を分析するということは、特徴をいくつもとり出して、それらを加算するような形で、そのことばの意味を記述できるようにすることである。この場合、それぞれの特徴は、できるだけ他のことばの特徴にもなりうるようなものでなくてはならない。たとえば、アガルという動詞の意味の特徴として、
①空間的な移動

②下から上への移動

③到達点に焦点を合わせた移動

などをとり出すことができる。アガルの意味は、①+②+③+……で示すことができるであろう。ところで、この特徴の①と②はそのままオリルという動詞の意味の特徴でもある。②の代わりに、上から下への移動を加えればいい。(柴田武他1976:3-4)

ここで「そのことばの意味を記述できるようにする」という言い方がされている。そして、その記述のかたちは、「特徴をとり出して、それらを加算するような」ものだとしている。ここでいう「特徴」は「意味特徴」あるいは「意義特徴」などとも称されるもので、メタ言語は記述対象と同じ、日本語を使っている。

『ことばの意味』は、続篇をふくめて3巻あり(柴田武他1976、柴田武他1979、国広他1982)、動詞を中心に「類義語の意味記述」をおこなっている。

そのなかで私が担当したもののなかから、いくつかの記述例を示す。

まず、上記「まえがき」にあったアガルはノボルとともに分析されたもので、下記の特徴をもつと記述した。

特徴①アガル——到達点に焦点を合わせる。

　　　ノボル——経路に焦点を合わせる。

特徴②ノボル——自分で動き得るものの全体的な移動を表わす。

特徴③アガル——始めの状態(基点)を離れることを表わす。

特徴④アガル——非連続的移動である。完了を示す。

特徴⑤アガル・ノボル｝上への移動である。その結果、顕在化する。

これらの特徴は両語の用法のすべてにかかわるわけではなく、ある範囲の用法にかかわるものとして設定されている。例えば、特徴①は以下の用法の対比にかかわる。

　呼ばれて二階にアガッタ。
×呼ばれて二階にノボッタ。
×川をアガル。
　川をノボル。

上記の特徴で以下のような慣用的用法を説明しようともしている。

火の手（土煙・悲鳴）がアガル。

これは、特徴④⑤で説明でき、つぎのものは①⑤で説明できるとしている。

あの人のことが噂にノボッタ。[1]

これを見てわかるように、『ことばの意味』での意味記述は、基本的に、用法ごとの特徴を個別に提示していて、対象となる語の意味のある面についての記述であり、全体的な記述とはなっていない。

一般に、アガル・ノボルのような動詞では、動詞そのものだけでなく、動詞とともに用いられる要素（「主体」「対象」「到達点」など）について記述することが必要になる。これらは十分な記述では明示されるべきものだが、上記の特徴では明確に述べられていない。しかし、なかには下記に示すように、統合される語句との対応を明示的に示そうとしたものもある。これは、「ツク・サス・ツツク」について考えた際の記述であり、まず、3語の「構文型」を以下のように規定する（柴田武他1979:221）。

　ここで、「動かされるもの」をX、「Xが接触するもの」をYとすれば、三語のとる構文型は次のように示せる。
　XでYを――。〔**で－を**型〕
　サスは次の構文型もとる。
　XをYに――。〔**を－に**型〕

その上で、ツクについて以下のようにいう(同前222)。

　要するに、ツクは〈棒状のもの(X)をまっすぐ速く動かし、その先端を他のもの(Y)に接触させ、そのYに衝撃を与える〉ということである。

また、サスについては以下のように記す(同前226)。

〔で－を型〕〈棒状のもの(X)をまっすぐに動かし、それが(鋭い)先端から他のもの(Y)の内部に、穴をあけて入るようにし、そのものに関して何かをする〉
〔を－に型〕〈(X)をまっすぐに動かし、X, Yのうち棒状のほうがその先端から他方の内部に入った状態にする〉

　こうした構文型だけでなく、ある語についての意味にかかわるさまざまな情報を網羅しようとして作られた辞書がある。例えば、情報処理振興事業協会編(1990)『計算機用日本語基本動詞辞書IPAL(Basic Verbs)』(本稿ではFTP版から引用し、一部の表記を改めた。以下『IPAL』という)には基本的な動詞(861語)について、形態・意味・統語・慣用表現などに関する情報が詳細に記載されている[2]。これは機械処理を前提とする「辞書」として作られたもので、以下は、多義的な動詞「さす」の1つの語義についての記述である。

　さす/3/3/6/先の尖った物を、身体の内部に突き入れ(て人を傷つけ)る。/押す/突く、突き刺す、突き立てる、突き通す/抜く、抜き取る/破壊・切断など/2. 1571/突き/388/動作(動き)、(状態)変化、加力/刺す、螫す/五段/sas//他/させる/ささす/ささる//////N1ガ　(N2デ)　N3ヲ/スズメバチが　毒針で　を　刺した。犯人は　短刀で　組長を　刺した。/O2c, IN、(PAgd)、A/ガ{HUM：犯人、職人／ANI：蜂}/デ＊{PRO：短刀／PAR：毒針}/ヲ{HUM：店員}////ニ使役/直受、間受、尊敬/ヲ→ニ//能動/未来/進行/テシマウ、カケル/命令/意志・勧誘/タイ・タガル、ナサイ、ナ(禁止)/3b/マス、ナイ/＜野球用語＞走者

を〜。/N1が″昆虫″の場合、「螫す」とも書く。/

このような記述に対し、一般の国語辞典の記述は以下のようなかたちをとる。「さす」についての記述の一部を以下に示す（適宜省略した箇所がある）。

さ-す㊀（略）㊁【刺す・差す・挿す・鎖す・注す・点す】《五他》①先の鋭い物、棒状の物等を突き込む。【刺】㋐突き入れる。「腕に注射針を―」「短刀で人を―」㋑虫が針を人の肌などに突き立てる。「蚊が―・した程度の事で大騒ぎする」㋒針で縫いつづる。「ぞうきんを―」㋓さおを水中に入れて使い、舟を動かす。さおさす。【差】㋔もちざおを鳥などにつけ、捕らえる。㋕野球で走者をタッチアウトにする。（『岩波7』）

さ・す（略）【刺す】（他五）㊀（略）㊁〈なにデなにヲ－〉危害を加える目的で、相手の体を細長い物で突く。「毒虫が－／鳥を－〔＝もちざおで つかまえる＝〕㊂〈なにデだれヲ－〉殺す目的で、相手を刀などで突く。「寝ている所を－／一塁に－〔＝野球で走者をタッチアウトにする〕㊃〈なにヲ－〉針を突き通して縫う。「ぞうきんを－／畳を－」（『新明解7』）

これらの国語辞典の記述を、『ことばの意味』とくらべたときに違っているのは、項目分類を別として、X・Yなど「言語記号以外の記号」を使わないことがあげられる。この点では、記号を多用する『IPAL』とはおおいに違う。

一方、『IPAL』と国語辞典とは、多義のひとつひとつをこまかく記述しようとする点が類似する。『IPAL』とこれら国語辞典が類似するもうひとつの点として、メタ言語に関するものがある。ここでの記述対象語サスの意味記述に、『IPAL』は「突き入れる」を使い、『岩波7』はサスと意味的に関連するツクを構成要素とする複合動詞の「突き入れる／突き込む／突き立てる」などを使い、『新明解』ではそのまま「突く」を使っていることである。

また、『岩波7』では、「構文型」を示していないが、これは、『新明解7』を例外として、国語辞書一般について言えることである。

ここまでいくつかの「意味記述」をみてきたのだが、ここに共通してみら

れることは、

語の意味を記述する表現のかたちは、句のかたちになる。

ということである(ここでは、句を「複数の語が、派生や複合でなく、統語的な規則にもとづいて結合した構成体」と規定する)。これは、あまりにも当然のことのようであり、なにをいまさらと言えなくはなさそうだが、このことについてもう少し考えてみようと思う。

3.　句のかたちによる意味の記述

前節で、「語の意味を記述する表現のかたちは、句のかたちになる」と述べた。ただ、国語辞典の記述のなかには、見出し語の「意味記述」として、見出し語とは異なる他の1語を提示するものがある。

けもの【獣】けだもの。▽「毛物」の意。(『岩波7』)
シーツ1〔sheetの日本語形〕敷布。(『新明解7』)

ここで「意味記述」として示された「けだもの」や「敷布」は、それぞれの見出しのところでは句による説明をあたえられる。

けだもの【獣】全身が毛でおおわれ、四足(よつあし)で歩く動物。けもの。▽「毛の物」の意。なお、人をののしって言うのにも使う。(『岩波7』)
しきふ0【敷布】敷き布団の上に敷く(白い)布。シーツ。(『新明解7』)

こうした「例外」は、全体から見れば多いとは言えず、原則は、「句のかたちによる表現」になる。なお、ここにあげた「けもの／けだもの」「シーツ／敷布」の意味・用法は、厳密に言うと、なにからなにまで同じというわけではない。この種の「言い換え式記述」には、あまり使用頻度の高くないものや、外来語・和語・漢語などの語種の違いだけであるものがすくなくないようで

あり、一般の国語辞典の場合、紙面の制約などもあって、こまかいところまでふみこんで違いを記述しないのだと考えられる。

さて、「語の意味記述が句のかたちになる」のとは逆に、「句についての意味記述が語のかたちになる」ことはあるのだろうか。句の数はその性質上、語の数とくらべてはるかに多い（理論的には無数である）ので、ある句の「意味記述」が適当な1語になることは一般的ではない。ただし、例えば、「危ない橋を渡る→冒険する」「型にはまった→類型的な」「穴があったら入りたい→恥ずかしい」「いざという時→非常時」などでは、「1語で言い換える記述」が成立しているようにみえる。この場合に注意すべきことは、これらの「句」が、いわゆる慣用句あるいは、かたちの決まった固定表現であり、語と同等の性質をもつ、語彙の構成単位だということである。

こうした固定的な表現ではない一般の句についてはどうだろうか。例えば、「生きることと死ぬこと」という句について、それが意味の観点から「生き死に」あるいは「生死」という1語に相当すると言うことはできる。しかし、「生きることと食べること」「走ることと死ぬこと」などの句に相当する1語はいまのところないといっていいので、これらの句について意味記述しようとするなら、どうしても、他の句による記述をするしかない[3]。

また、文も（一語文をのぞき）、句と同じく、「複数の語が、派生や複合でなく、統語的な規則にもとづいて結合した構成体」である。したがって、句の場合と同じく、「文の意味の記述は句（あるいは文）のかたちをとる」といえる。この場合、記述に用いられる句（あるいは文）は、いうまでもなく、記述対象となるもとの文とは異なる。

なお、語よりも小さな単位である「形態素」の場合も、やはりその意味記述が句のかたちをとることは言うまでもないことである。

結局、言語表現のどのような単位についても、その「意味記述」は、もとの言語表現とは異なる、句のかたちをとる（これは、普通の言語だけでなく、どのようなタイプのメタ言語についても言える）。

4. 「意味の記述」がおこなっていること

前節では、言語表現のどのようなレベルの意味記述でも一般的に句のかたちをとるということを確認した。ここでは、分析対象となる言語表現と、「その言語表現を記述する句」との関係について考える。このことを少し違った言い方で言うと、以下のようになる。

言語表現Xと、Xの意味を記述する表現Yとは、意味の観点からみたとき、どのような関係にあるのか。

この答えは、次のようになる。

言語表現Xと、Xの意味を記述する表現Yとは、異なるかたちをもつ単位であり、それら二つの表現の意味は完全に同一ということにはならない。すなわち、「Xの意味と完全に同一な意味を表す表現」はX以外にはない。

この考えにしたがうかぎり、『ことばの意味』や国語辞書、あるいはIPAL辞書などで、いままでおこなわれてきた「Xについての意味の記述」は、「Xの意味」とは別物だといわざるを得ない[4]。

ここまで、言語表現Xの意味と、句のかたちで表される意味記述Yについて、両者は異なる表現なのだから、「Xの意味」がそのままで、「Yの意味」と同等であるということにはならないということをみてきた。

しかし、『ことばの意味』の分析・記述をおこなっているときには、すくなくとも私はこうしたことを意識していなかった。当時は、分析対象とするXについて「Xの意味」そのものを別の表現Yで表せるのではないか、と考えていた。すなわち、上記『ことばの意味』のツク・サスの例のように、「Xの意味そのものを、一度に言い換えることができる表現がある」、「分析対象となる語が使われる文脈でそうした表現がそれらの語に置き換えて使うことができる」ので「同じ意味を表している」という暗黙の想定があったように思える。

しかし、あらためて考えるまでもないことなのだが、「言語表現Xの意味」にかかわる要素は実に多くあり、また多面的でもある。『ことばの意味』の記述がとらえているのは、分析対象語の意味のすべてではなく一部である。にもかかわらず、そうした記述をおこなったのは、意味記述の対象が動詞だったからだと考えられる。この語類は、「言い換えがそのまま、文脈にあてはめられそうにみえる」語類で、まさに「一度に表せる」とみなされやすいものである。

また、『ことばの意味』をはじめ、意味分析の多くは、動詞を対象にする[5]。これに対し、例えば副詞類や、助詞・助動詞などの機能語の類については、言い換え方式の記述がまったくできない。

では、「Xについての意味の記述」が「Xの意味」として通用するような記述方法はあるのだろうか。

これに対する答えを以下のように考えたい。

> 「言語表現Xの意味記述」は、「Xの意味そのもの」ではなく、「Xの意味の多面的な性質についての、さまざまな角度からの説明」になるほかない（これは、言語表現Xを、他のどのようなメタ言語表現を用いて表してもかわらない）。

このことについてひとつ補足しておくことがある。それは、「Xの意味の多面的な性質」にはいわば重要度の違いがあるということである。意味の要素、あるいは「意味特徴」「意義特徴」などとしてしばしばあげられる要素には、例えば、「統語的」「語義的」「文体的」などとして分類される多くの特徴がある[6]。このうち、「語義的」な特徴が、先に述べた「Xの意味そのものを、一度に言い換えられそうにみえる」重要度の高い特徴に相当する。この特徴は、動詞および名詞の多くにみられる典型的な意味特徴であり、これまでの意味記述研究でとりあげられることの多かった語類である。

ある語の意味記述を、「その語の意味の表示」すなわち、「その分析対象語の意味そのままの（ありのままの、正確に対応する、等々のようにとらえられる）表示」と考えるのではなく、「その語の意味についての説明」と考える

のである。もちろん、そのような理解のもとでの「意味記述」の際には、「分析対象語にかかわる多面的な意味の性質を矛盾なく合理的に説明すること」を目標とすべきであることはいうまでもない。

注

1　「噂はパッと広がるものであるが、噂になるまでには、はじめ一部の人に知られていたことが徐々にひろまるという経過が含まれているのである。従って、特徴①⑤で説明される。」(柴田武他 1976:22)

2　動詞のほかに、形容詞 (136 語)、名詞 (1081 語) についても別に辞書が作られている。

3　句の意味記述に関して、「生き死に」や「生死」という1語を、「生きることと死ぬこと」という句の「意味記述」とするのはためらわれる。それは、「ある言語表現Xの意味をYによって記述する」あるいは、「ある言語表現Xの意味記述がYである」というとき、「XよりもYのほうが、意味をよりわかりやすく表現している」ことを期待するからであり、単に1語を示すことによってそれが達成されるとは感じられないからだろう。この場合の例で言えば、「生き死に」や「生死」よりも「生きることと死ぬこと」のほうが、意味をよりすなおに表現していると感じるからではないか。ただし、「生きることと死ぬこと」という句の「意味記述」をどのような句で表すのがいいのかは簡単ではない。この句は「AとB」というように一般的な表現形式にして考えることができ、全体の意味記述としては、A, Bそれぞれの意味記述を、「と」とかかわらせて記述することになる。その際、「と」もなんらかの別のメタ言語表現を用いて記述することになる。

4　これまでに、意味記述のための「道具立て」として実にさまざまなものが提案されてきていて、例えば以下のようなものがあげられる。

　意味成分・語彙概念構造・普遍的意味原素・クオリア構造・イメージスキーマ・メンタルスペース、など

　これらのいずれの方法による「意味記述」も、Xとは異なるメタ言語表現であり、やはり「Xの意味そのものを表す」とは言いがたい。

　ここで注意しておいたほうがいいのは、これらの「意味記述」によって、対象としている言語表現の意味に関して、その記述がなされるまでは気づかれなかったことが明らかになる、ということがありえたことである (いつでもというわけではないが)。例えば、語彙概念構造は、個々の語の個別的な意味についてなにも教えてくれないが、統語的環境を同じくする一定の語群に共通する意味の特徴や性質を明らかにすることができたし、普遍的意味原素は、

言語間の対照的な意味研究に一定の貢献をしている

5　『ことばの意味』3巻で分析した語の種類と数は以下のようになる。
第1巻（動詞32組100語）、第2巻（動詞31組 95語）、
第3巻（動詞7組31語、補助形式（ハジメル・カケル・ダスなど）5組15語
形容詞類（ウレシイ・タノシイなど）4組12語、
副詞類（タチマチ・スグニ・キュウニなど）8組24語
名詞類（カド・スミなど）7組18語、第3巻合計31組87語）

6　例えば、国広哲弥（1982:67-68）には以下の分類がある（書式を変更して引用）。
文法的特徴 {品詞的特徴（word-class）、統語的特徴（syntactic）}
語義的特徴 {前提的特徴（presuppositional）、本来的特徴（inherent）}
含蓄的特徴 {文体的特徴（stylistic）、喚情的特徴（emotive）、文化的特徴（cultural）}

引用文献

国広哲弥（1982）『意味論の方法』大修館書店
国広哲弥・柴田武・長嶋善郎・山田進・浅野百合子（1982）『ことばの意味3－辞書に書いてないこと』平凡社
柴田武・国広哲弥・長嶋善郎・山田進（1976）『ことばの意味－辞書に書いてないこと』平凡社
柴田武・国広哲弥・長嶋善郎・山田進・浅野百合子（1979）『ことばの意味2－辞書に書いてないこと』平凡社

引用辞書類（刊行年順）

情報処理振興事業協会編（1990）『計算機用日本語基本動詞辞書IPAL（Basic Verbs）』（FTP版）情報処理振興事業協会技術センター
西尾実・岩淵悦太郎・水谷静夫編（2009）『岩波国語辞典』第7版　岩波書店
山田忠雄・柴田武他編（2011）『新明解国語辞典』第7版　三省堂
国立国語研究所「中納言 2.2.2.2 データバージョン 1.1」【2017.12月閲覧】

編集後記

このたび、沖森卓也先生は立教大学を定年退職されました。そこで、これまでの御功績を記念して、御研究の主たる領域である歴史言語学をテーマとした論集を編集することを企画し、先生に編者をお願いし、ここに刊行するものであります。

沖森卓也先生は一九五二（昭和二七）年七月に三重県上野市（現、伊賀市）にお生まれになりました。御実家は古書肆を営まれており、幼い頃から和書に囲まれてお育ちになりました。三重県立上野高等学校を卒業後、一九七一年には東京大学文科三類に入学され、文学部に進学されました。一九七五年三月に文学部第三類国語国文学専修課程を御卒業になった後、同大学大学院人文科学研究科修士課程（国語国文学専門課程）に進まれ、文学修士の学位を得られました。卒業論文は『正倉院文書の国語学的研究』、修士論文は『続日本紀宣命の国語学的研究』であり、最初の発表論文は「続日本紀宣命の用字と文体」（一九七六年九月「国語と国文学」第五三巻第九号）でありました。一九七七年に東京大学国語研究室助手、一九七九年に白百合女子大学専任講師、そして同助教授を経て、一九八五年に立教大学に助教授として着任されました。そして、一九九〇年には教授に昇格され、一九九九年四月には『日本上代における表記と文体に関する研究』によって東京大学から博士（文学）を授与されました。こうして、二〇一八年三月に定年退職を迎えられた立教大学においては、日本語学の研究・教育に精励され、留学生を含む多くの専門研究員を育成される一方、学科長や大学院専攻主任のほか、学部長補佐、立教学院評議員、そして文学部長も務められるなど、大学実務にも多大の貢献をなさいました。海外との研究交流では、一九九二年に北京日本学研究センターに派遣されたのを手始めとして、主に中国、韓国の諸大学・学会で講演等に積極的に関わり、国際交流の面でも大きな役割を果たされました。学外では、一九九二年には語彙・辞書研究会を立ち上げ、その中核的メンバーとして活動される傍ら、二〇〇四年には国文学研究資料館運営委員、二〇〇七年からは文化審議会臨時委員に任じられました。この文化審議会国語分科会漢字小委員会ではワーキンググループの一員として二〇一〇年の常用漢字表改定に直接携わり、その後は漢字小委員会主査として、さらに二〇一六年からは文化審議会委員として国語施策に主導的役割を果たされています。

先生の研究分野は日本語の歴史的研究、特に奈良時代を中心とする資料の校訂・読解・注釈を通した語学研究であります。また、日本語の通史や辞書の歴史にも造詣が深く、日本語学の諸分野に渡って広く見識を有していることから、多くの編著書を上梓される一方、さまざまな辞書編集をも手がけられました。それは国語辞典・漢和辞典・古語辞典・語源辞典など多方面に及ぶとともに、『大辞林』の第二版以降では、改訂作業の中心的役割を任じるなど、社会的貢献も大なるものがあります。このように、研究において斯界を常にリードする立場にあって、日本語学全般にわたって多大の業績を残される一方で、日本語学の啓蒙的普及においても概説書や辞書などの編集を積極的に手がけられ、カルチャーセンターや講演会などを通して広く一般市民への日本語の知識の普及に努められてきました。

長きにわたって御活躍なさってきた先生が御定年を迎えるという一年ほど前に、日頃より特に親しくお付き合いしている数名が集まり、記念の論集を出版しようという話となり、先生に御意向を伺ったところ、御快諾をいただきました。そこで、先生と様々の段階で関わりのある方々にお声をかけ、国内外から多くの賛同を得て、最新の研究成果をまとめた原稿が寄せられました。日本語学のさまざまなジャンルにわたる論考を時系列の順序で目次に掲げ、本文は縦組みと横組みと、それぞれに配置する構成としてまとめた結果、このたび御退職の記念論集が出版できるという運びとなりました。昨今の出版事情の厳しい中で、出版を快くお引き受けくださった三省堂に心より感謝申し上げます。なかでも、窓口となっていただいた瀧本多加志氏、具体的な編集作業に力を注いでいただいた山本康一氏には一方ならぬお世話をおかけしました。ここに衷心より深く謝意を表します。また、編集委員の中にあって庶務全般を一手にお引き受けいただいた阿久津智氏にも御礼申し上げます。願わくは、末永く我々とともにこの道を、沖森先生が穏やかに歩まれんことを。

二〇一八年一〇月

編集委員　陳　力衛
阿久津　智
山本真吾
木村義之
木村　一

執筆者一覧（五十音順）

阿久津　智（あくつ・さとる）　拓殖大学
井島　正博（いじま・まさひろ）　東京大学
李　漢燮（い・はんそっぷ）　高麗大学名誉教授
上野　善道（うわの・ぜんどう）　東京大学名誉教授
大島　資生（おおしま・もとお）　首都大学東京
沖森　卓也（おきもり・たくや）　立教大学名誉教授
金子　彰（かねこ・あきら）　東京女子大学名誉教授
川嶋　秀之（かわしま・ひでゆき）　茨城大学
木村　一（きむら・はじめ）　東洋大学
木村　義之（きむら・よしゆき）　慶應義塾大学
倉島　節尚（くらしま・ときひさ）　大正大学名誉教授
齋藤　文俊（さいとう・ふみとし）　名古屋大学
坂詰　力治（さかづめ・りきじ）　東洋大学名誉教授
佐々木　勇（ささき・いさむ）　広島大学
笹原　宏之（ささはら・ひろゆき）　早稲田大学
鈴木　功眞（すずき・のりまさ）　日本大学
鈴木　豊（すずき・ゆたか）　文京学院大学
孫　建軍（そん・けんぐん）　北京大学
田中　牧郎（たなか・まきろう）　明治大学
趙　大夏（ちょ・では）　ソウル女子大学
曺　喜澈（ちょ・ひちょる）　東海大学
陳　力衛（ちん・りきえい）　成城大学
常盤　智子（ときわ・ともこ）　白百合女子大学
永井　悦子（ながい・えつこ）　玉川大学
仁科　明（にしな・あきら）　早稲田大学
服部　隆（はっとり・たかし）　上智大学
林　史典（はやし・ちかふみ）　筑波大学名誉教授・聖徳大学名誉教授
潘　鈞（はん・きん）　北京大学
半藤　英明（はんどう・ひであき）　熊本県立大学
肥爪　周二（ひづめ・しゅうじ）　東京大学
古田恵美子（ふるた・えみこ）　横浜国立大学
安田　尚道（やすだ・なおみち）　青山学院大学名誉教授
屋名池　誠（やないけ・まこと）　慶應義塾大学
山田　進（やまだ・すすむ）　聖心女子大学名誉教授
山本　真吾（やまもと・しんご）　東京女子大学
尹　幸舜（ゆん・へんすん）　ハンバット大学

歴史言語学の射程

二〇一八年一一月二五日　第一刷発行

編　者――沖森卓也
発行者――株式会社三省堂　代表者――北口克彦
印刷者――三省堂印刷株式会社
発行所――株式会社三省堂
〒一〇一-八三七一
東京都千代田区神田三崎町二丁目二二番一四号
電話　編集（〇三）三二三〇-九四一一
営業（〇三）三二三〇-九四一二
http://www.sanseido.co.jp/
Printed in Japan

落丁本・乱丁本はお取り替えいたします。

ISBN978-4-385-36243-4
〔歴史言語学の射程・六二四頁〕